JN087310

カント
と
自己実現

人間讃歌とそのゆくえ

渋谷治美

花伝社

カントと自己実現
——人間讃歌とそのゆくえ——

◆

目次

はじめに

　本書は筆者の五十年に亘るカント研究の集大成である。出発は、1974年12月末に大学院に提出した修士論文「カントに於ける人間理性の叡智性と自由」であった。以来これを下敷きとした査読論文を学会誌に掲載して頂いたのを手始めに（1977年3月、本書第Ⅰ部第一章の原形）、その後曲がりなりにもカントに関する論文、書評、解説の類いなど四十点ほどを公けにしてきた。今般、そのうちの十本の研究論文に二本の書き下しの〈研究ノート〉を加えて本書を構成した。

　本書は三部構成となっているが、第Ⅰ部を「認識存在論」と題した点についてまず一言する。第Ⅰ部の五章を通しての筆者のカント解釈は、一読して下されば明らかなように、カントのコペルニクス的転回を梃子とした超越論的観念論が、実質的には〈人間悟性の自己対象化的性格〉の剔抉を意味すること、いい換えれば、認識の成立を説いた学説がそのまま人間に特有な「可能的経験」の成立の解明ともなっている、ということを強調するものである。これは結局、カントにおいて認識論がそのまま人間存在論となっていると読めることを意味する。さらに約めていえば、人間の〈認識の仕方〉は人間の〈存在の仕方〉である、となるだろう。これが本書第Ⅰ部を「認識存在論」と題した理由である。ひょっとするとわれわれはここに、あのアリストテレスの「すべての人間は、生まれつき、知ることを欲する」（『形而上学』第一巻第一章冒頭）という至言の近代的な変奏の響きを聴くことができるかもしれない。第Ⅱ部を「実践価値論」と題した点については説明は不要と思われる。

　ここで自分自身を客観視したもののいい方を許して頂くとするならば、本書第Ⅰ部の五章と第Ⅱ部の四章とは、カントの「認識存在論」と「実践価値論」のそれぞれの思想領域に関する研究において、修士論文の水準から出発してその未熟さを徐々に乗り越えていく道程を示しているといえる。どちら

も到達点はそれぞれの〈研究ノート〉にある。一言付け加えるならば、上に第Ⅰ部第一章（「カントの純粋統覚と物自体」）は修士論文を下敷きとして仕上げたと記したが、そのなかの p.27 に示した「図：カントにおける超越論的四極構造」は修士論文にはなかったもので、この応募論文の執筆時に新たに着想・作成した。いわば修士論文から離陸する第一歩がこの図であったといえる。筆者としてはこの図の故だけであってもいいので、本書が読者の注意を牽いてくれるようにと願っている。

　第Ⅲ部「カントの真意を読む」は、カント『実用的見地における人間学』の訳業（2001 ～ 2003）の過程で気がついたカント特有の〈二枚舌〉という文章術の解読を試みた三本の論考からなる。この読解については、筆者自身が抱く確信に比して読者がどのていど得心して下さるか、心配でもあり楽しみでもある。

　話の順番が逆のような気もするが、次に本書全体の標題に関しても簡単に確認しておきたい。本題の『カントと自己実現』については上記した本書第Ⅰ部を「認識存在論」と命名した事由から明らかであろうし、第Ⅱ部の道徳論が或る種の、より高次の〈自己実現論〉となっているのは自明であるとして、第Ⅲ部でさえも大局的には、あるいは究極的には、カントが抱いていたであろう〈人類の自己実現〉を展望しているといえよう。——つまり本書はカントを全体として〈自己実現論〉という視角から読む、ということとなる。

　次いで副題にある「人間讃歌」であるが、カントの生涯に亘る哲学的な営み全般を特徴づけるに最も相応しい言葉はこれである（これしかない）と、この歳になって確信するようになった。カント自身の言葉でいえば、『実践理性批判』の「結語」にある、天空に輝く星々と内なる道徳法則に対して抱く「讃嘆と畏敬」という二つの念が、そのままカント本人の〈人間讃歌〉の様をいい表わしてしているといえるであろう。というのも、上記の二つのものは人間の「現存在の意識」と、いい換えれば、私は掛け替えのないものとして現に生きている、という自覚と直結しているからこそ「讃嘆と畏敬」に値するのだ、というのがカントの思想だからである（以上 KpV, Aka.V161f.）。とすると、星々と道徳法則に対して二つの念を抱く前に、カントはそもそも

〈人間存在〉そのものに「讃嘆と畏敬」の念を抱いていたことは間違いない。これが副題の前半を「人間讃歌」とした理由である。

　副題の後半の「そのゆくえ」とは結局は〈価値ニヒリズムの方へ〉を意味するが、これについての補言は「あとがき」に譲る。──ともあれ本書の本題副題を合わせた標題全体が〈名は体を表す〉となっているかどうかは、本書をお読み下さったあとに読者ご自身でご判断頂くようお願いする。

　それにしても本書には、内外の諸先行研究との対質が十分とはいえないなど、研究書一般という観点からすれば難点が少なからず存在する。また、文学をはじめとする哲学分野以外からの援用、擬えが多用されているとか、ときに文体が砕け過ぎていて研究書に似つかわしくない等の点で眉を顰める読者がいらっしゃるかもしれない。内容面でのご批判とは別にこれらの点についても読者からの率直なご指摘を俟つばかりである。

2021 年 5 月

初出一覧

第Ⅰ部　認識存在論

第一章「カントの純粋統覚と物自体」：日本倫理学会編『倫理学年報 第二六集』以文社 1977.03 所収（原題のまま）。のちに第七回国際カント学会（マインツ 1990.03~04）にて口頭発表、その後「国際カント学会記念論文集」Akten des Siebten Internationalen Kant-Kongresses. Bd. II. 2., Bouvier, 1991 に収録

第二章「カントにおける〈身心問題〉の止揚――人間悟性の自己対象化的性格の剔抉へ――」：日本倫理学会編『倫理学年報 第三六集』慶應通信 1987.03 所収（原題のまま）

第三章「『純粋理性批判』「演繹論」の「三つの難問」再考――〈自己認識の二重拘束〉をめぐって――」：『埼玉大学紀要 教育学部 第 59 巻第 1 号 別冊 1 白井宏明教授退職記念特集』2010.03 所収（原題：「『純粋理性批判』「演繹論」の根本問題・再考――三つの難問の同型性をめぐって――」）。元々は 1986.11 日本カント協会第 11 回学会における一般研究発表の部で口頭発表したもの

第四章「カント「観念論論駁」再考――「定理」の主語の二重性を中心に――」：『埼玉大学紀要 教育学部 第 58 巻第 2 号』2009.09 所収（原題のまま）

第五章「〈研究ノート〉悟性による内的触発の現場を索めて――「感性論」と「演繹論」をつなぐもの――」：書き下ろし

第Ⅱ部　実践価値論

第一章「カント〈実践理性の優位〉の構造と射程――人間にどこまで希望が許されるか――」：カント研究会編『現代カント研究 3 実践哲学とその射程』晃洋書房 1992.01 所収（原題：「カントにおける価値の序列――〈実践理性の優位〉の新しい解釈のために――」）

第二章「カントと黄金律」：坂部恵・佐藤康邦編『カント哲学のアクチュアリティー 哲学の原点を求めて』ナカニシヤ出版 2008.02 所収（原題のまま）

第三章「カントにおける価値のコペルニクス的転回――価値ニヒリズム回避の対スピノザ防衛戦略とその破綻――」：G. ペルトナー・渋谷治美編著『ニヒリズムとの対話――東京・ウィーン往復シンポジウム――』晃洋書房 2005.04 所収（原題のまま）。元々は 1998.11 日本カント協会第 23 回学会における一般研究発表の部で口頭発表したもの。のちに第九回国際カント学会（ベルリン 2000.03）にて口頭発表、その後「国際カント学会記念論文集」,Kant und die Berliner Aufklärung' Akten des IX. Internationalen Kant-Kongresses. Bd. 3., De Gruyter, 2001 に収録

第四章「〈研究ノート〉カント実践哲学における演繹の戦術転換とその帰趨」：書き下ろし

第Ⅲ部　カントの真意を読む

第一章「カントと愛国心の問題──フリードリヒ大王賛美の真意──」：日本カント協会編『日本カント研究 8』理想社 2007.09 所収（原題：「カントと愛国心批判」）。元々は 2006.11 日本カント協会第 31 回学会における共同討議「カントと愛国心」で提題者の一人として口頭発表したもの

第二章「〈見える大学〉と〈見えざる大学〉──または学問論を装ったカントの党派性について──」：『埼玉大学紀要 教育学部 第 60 巻第 1 号』2011.03 所収（原題のまま）。元々は 1997.11 日本カント協会第 22 回学会におけるシンポジウム「カントの大学論・教育論」でパネリストの一人として口頭発表したもの

第三章「カント『人間学』の諸問題──解説に代えて──」：『カント全集 15 人間学』岩波書店 2003.11 所収（原題：「解説 実用的見地における人間学」）

□　書き下ろしの二本の〈研究ノート〉は別にして、他の 10 本の論文は本書に収録するに際して初出論文に少なからず修文、増補、一部削除を施した。それはひとえに、現時点における筆者のカント理解の水準に平仄を合わせるためである。

□　「余録」に収めた三本の随想については、それぞれの文章の末尾にその初出を記す。

凡例

１．**カント**からの引用の**出典指示**または原典の参照指示は、基本的にアカデミー版カント全集（Kant's gesammelte Schriften, herausgegeben von der Königlich Preußischen Akademie der Wisssenschaften）を用い、まず Aka. と記したうえで巻数をローマ数字で、頁数をアラビア数字で示す。例えば、同第 5 巻 156 頁であれば「Aka. V156」のように記す。

２．『純粋理性批判』からの引用の出典指示は、慣例に従って第一版（1781）を A, 第二版（1787）を B と表記したうえで頁数を後続させ、例えば「A589B617」のように記す。A 版にしかない箇所は例えば「A120B なし」のように、逆に B 版で新たに書き加えられた、ないし書き改められたため B 版にしかない箇所は例えば「A なし B154」のように記す。ただし自明の場合「A なし」「B なし」を省略することもある。なお『純粋理性批判』はアカデミー版カント全集では Ⅲ 巻に B 版が、Ⅳ 巻に A 版が収められており、それぞれ頁脇に B 版 A 版の頁数が示されている。

３．カントの著作等の日本語の文献名は原則として各章の初出時は正式名称で示し、そののちは慣用の省略名で示すことが多い。例：『道徳形而上学の基礎づけ』⇒『基礎づけ』

　なお第 Ⅰ 部第二章「カントにおける〈身心問題〉の止揚――人間悟性の自己対象化的性格の剔抉へ――」においては、初期および晩期の諸著作名を初出時から慣用の省略名で示す。

４．カントの著作の独語の略記は、慣例に従って以下のようにする。

『純粋理性批判』Kritik der reinen Vernunft ⇒ KrV

『道徳形而上学の基礎づけ』Grundlegung zur Metaphisik der Sitten ⇒ GMS

『実践理性批判』Kritik der praktischen Vernunft ⇒ KpV

『判断力批判』Kritik der Urteilskraft ⇒ KU

『単なる理性の限界内における宗教』Die Religion innerhalb der Grenzen der bloßen Vernunft ⇒ Rel.

５．【重要】本書全般に亘って鍵括弧「　」はすべて、カントをはじめとする先行文献からの引用であることを示す。引用文中の丸括弧（　）は原著者によるものである。書名には『　』を用いる。それ以外の各種の強調、即ち圏点（例えば「単なる」）、太字（例えば「叡知者」）、斜字体（例えば「経験的統覚」）、各種の括弧〈　〉《　》〔　〕〚　〛は、カントからの引用文中を含めてすべて筆者による。カント自身による強調はそのつどその旨明記する（ときにカント自身による強調を解除したうえで引用する場合もある）。引用文中の角括弧［　］はすべて筆者による補言である。引用文中に筆者が①②などの記号を挿入することがあるが、それについ

てはその都度その旨を断ることとする。

6．カントから引用する語、句、文の原語を示す場合、当該の訳語、訳句、訳文の直後に原語を示す。例：「理性 Vernunft」。動詞の原語を示す場合、原文の形のままで示す場合と、不定詞形で示す場合とがある。例：「遊ぶ spielt」（三人称単数現在形のまま）、「神は存在する sein」（不定詞形。原文は ist、とか）、等。また形容詞または冠飾句が付いた名詞句を原語で示す場合、その格（主格、属格、与格、対格）を肩付き数字で表示することがある。例：「純粋理性の der ^{2} reinen Vernunft」。

7．名詞については単数形か複数形か、冠詞が不定冠詞か定冠詞かは、文脈の解釈にとって決定的な役割を果すことが少なくない。そこで本書では日本語の流麗さを犠牲にすることを承知のうえで一々それを表記することにした。例：原語が複数形の場合 → 訳語の名詞の前に「諸」を冠する、不定冠詞 ein → 「一つの」または「或る」、他。

8．カントから引用する場合、既存の各種邦訳を参照したが、最終的にはすべて筆者の手により訳し直した。

9．8．の事情もあってカントからの引用の場合邦訳の頁は示さないが、読者がいずれの文献のいずれの邦訳を参看しようとする場合であっても、上記1．2．の原則によって提示された出典箇所から容易に該当する翻訳の頁を見いだすことができる。例外として『実用的見地における人間学』（岩波書店刊『カント全集15』所収）については翻訳書の頁も示す。

10．注は慣例にしたがって章ごとに通し番号で示したうえで、章の末尾にまとめて掲載する。

第 **I** 部

認識存在論

第一章　カントの純粋統覚と物自体

　カント哲学の客観的意義の一つがその自由論にあることは当初から認められていた。すでにヘーゲルは「カント哲学の真実なる点は自由を容認せることにある」と述べている[1]。

　だが歴史的にみてそのように評価されるべきであるという以上に、筆者は自由論こそカント自身の思索の最高関心点であったと考えたい。そしてその内容は、まず《如何に人間の自由を救うか》という問題をめぐってのものであり、次いで《人間は悪の責任を負う自由な能力をも有するか》という問題に展開していくものであったと思う。自由を人間のものとして問題とするということは、カントの思想背景、時代背景を考慮すれば、まず自由を神の手から人間の手に移す、あるいは取り戻すことを意味する。即ち、それまでの神学および形而上学から人間の自由を救うのである。「したがって自由の可能性の問題は……その解決をも含めてもっぱら超越論哲学の取扱うところでなければならない」（『純粋理性批判』A535B563）。だが他方、せっかく人間化した自由を逆に自然必然性に解消してしまわないように、自由を自然必然論（機械論的唯物論）の手から救うことも彼にとって喫緊の課題であった。カントは『純粋理性批判』の「弁証論」の、自由による因果を認めるか否かを論じた「第三の二律背反」を解決するにあたって次のように述べている。「ここでは私はただ次のことに注意を向けたかったのである。即ち、自然の脈絡におけるいっさいの現象の汎通的な連関は中断することのない法則であるから、もしわれわれが現象の実在性に執拗に固執しようとすれば、この法則はいっさいの自由を必然的に覆さざるをえないであろうということである」（A537B565）。こうした二重の救出を同時に保証するものとしてカントが提示したのが、《人間は経験的性格（感性的性格）のみならず叡知的性格を有する存在者、すなわち自由な叡知者である》という思想であった。そしてこの叡知者たるゆえんの根本こそ、純粋統覚の意識であった。

　そこで本書の巻頭に位置する本章では、カントの人間自由論のなかで枢要な位置を占める〈純粋統覚の意識〉に関するカントの思想を理解するための一つの基礎作業として、『純粋理性批判』のなかの「純粋悟性概念の超越論的演繹」論（A84-130B116-169, 以下「演繹論」と略記する）と、「観念論論駁」（Aなし B274-279, 以下「論駁」とも略記する）との思想的連関を考察することを主題としたい。それはとりもなおさず、純粋統覚と物自体[2]との連関をカントはどう考えていたのか、それをどの程度まで語りうると考えていたのか、を追求することとなるだろう。

　　一

　まず純粋統覚を登場せしめる前提として、現象とはどういうものであったかをカントに即して確認するところから始めよう。
　カントによれば、われわれが感性的経験認識を問題とする限り、いっさいが現象であった。そして経験 Erfahrung は、受容能力としての感性と自発的な思考能力としての悟性との総合統一から成立した（A50B74）。前者はわれわれの経験認識にとって根源的第一次表象たる感性的直観の多様をもたらし、後者はその純粋概念（カテゴリー）の結合力によって、この第一次表象（直観）を素材（対象）として、第二次以降の高度の抽象概念に至るまでの諸表象を形成する（もちろんすべて経験概念といわれる）。したがって「現象は、それ自体としては、即ちわれわれの表象様式をほかにしては、何ものでもありえない」（A251B なし）。ここでの「われわれの表象様式」とは、感性と悟性の両方を意味していることは自明であろう。
　例えば私が感性から、一定の大きさ、一定の重さ、特有の丸み、特有の赤味、静止してあること、特有のほのかな香り、等々の直観の多様[3]を得、これらの諸表象を対象として、（この例の場合）単一性、実在性、実体と属性、現存在の四つの純粋悟性概念による総合統一を施すと、「ここに（いずれ何らかの名前づけがなされるはずの）一つの物体が諸々の属性を伴いつつ現に存在している」という判断が成立し、その結果「この一つの林檎」という第二次表象（＝第一次経験概念）が成立する。次いでいくつかの似たような林檎

を総括して「紅玉」と品種づけするとすれば、それは第二次諸表象を対象として新たに一つの第三次表象（＝第二次経験概念）が形成されたことを意味する。このようにして次々と、林檎一般、果物、食物、固形物、……というようにより高次で抽象的な経験概念へと辿ることができる。

　この系列は（数多の表象からなる）ピラミッドに喩えることができよう。というのは、林檎一般というブロックの横には蜜柑一般、バナナ一般等々のブロックたちが連なり、これらの層の一つ上の層には果物一般というブロックが乗っている、以下同様、と考えられるからである。

　ここで四つの点に注意するべきである。一つは純粋悟性概念という概念は（これも一つの特別な表象であるが）このピラミッドを構成するブロックの数のなかに含まれていない、ということである。むしろそれは、このピラミッドを上から（超越論的に）アプリオリに構築していく働きそのものとして喩えられるであろう。第二に、このピラミッドの最低層は概念（という表象）でなく、直観（という表象）であって、それも経験的な感性的直観である、ということである。ここで予示的にいえば、この最低層のさらに下に横たわっていて、それらの直観を生みだしているものがあるのかもしれない。この点についてはすぐあとに触れる。第三に、反対にピラミッドの頂点に据えられる表象（概念）は何か。それはカントがいうように、「自然」ないし「世界」という概念である（A418f.B446）。

　第四に、ピラミッドを構成する第 n 次諸表象（下から n 番目の層を構成する諸表象）と第 n+1 次表象（単数形に注意）との関係をみるとき、前者が後者にとっての対象であり、後者が前者を対象として形成される一つの表象である、という関係にあるということである。カントの認識論において〈表象の表象〉および〈表象の対象〉という表現を正確に理解することが重要であるが（A68B93 参照、後出）、この二つの表現は同じ事態を相互に逆向きに表現していると受け取ることができる。即ち第 n 次諸表象（これを A とする）を一つの第 n+1 次表象（これを B とする）に総合統一する場合、「表象 B が諸表象 A を表象する」とは、「諸表象 A が表象 B の対象となる」ことを意味する。ここで基本的な確認をすると、感性的経験的直観であれ経験概念であれ通常の場合、表象 Vorstellung が表象機能をまって初めて成立するのと

同時に、その対象もその同じ表象機能によって初めて成立するのである。なぜなら、何ものかを前に立てる機能（vor-stellen 表象する）があって初めて、同時にその何ものかがその機能に対して立ってしまっている（gegengestanden）、つまり対象 Gegenstand となってくれるのだからである。カントはこの機能を「種々なる諸表象を一つの共通な表象の下に秩序づける働き」（ibid.）といい表している。

　このように、われわれの経験はすべて上下左右に連なりあう諸表象の網の目から成り立っている。「可能的経験の対象はすべて現象にほかならない。換言すれば、……単なる表象にほかならない」（A491B519）。ではわれわれは、主観の働きが生みだす表象の大海のなかをどこまでも泳いでいるにすぎないのであろうか。カント自身はそうは考えなかった。彼は次のようにいう。「もし果てしのない循環論が生じるべきでないとすれば」、「現象には、それ自身現象ならざる或るものが」、即ち「感性から独立した対象たらざるをえないような或るもの」が「対応しなければならない」（A251f.B なし）。

　この「感性から独立した対象」とは、同じく「表象の対象」といわれるにしても、これまで論じてきた「表象の対象」とは性格を異にするものであることは明らかである。つまり、われわれの経験がそこから与えられるところの多様な感性的直観という表象の、さらに向こうに（ピラミッドの例でいえば、最下層の表象群のさらに下に）あってこれを支えており、それ自身はもはやわれわれの経験的感性的表象ではありえない「或るもの」である。カントがこれを何と呼んでいるかはきわめて周知の事柄である。「さてこれら［直接に対象に関係する直観と呼ばれる］諸現象は物自体そのものではなく、それ自身単に表象にすぎず、それはさらにその対象を持つのであるが、それは……超越論的対象＝Ｘと呼ばれてもいいだろう」（A109B なし）[4]。

　またカントは次のようにもいう。「現象の根底には現象を単なる表象として規定する一つの超越論的対象が横たわって liegen いるはずである」（A538B566）、と。この表現に接して、われわれはこのものの「感性から独立した」（A251B なし、前出）根源的な存在性が主張されていると気づかないであろうか。とすればこの超越論的対象＝Ｘを、存在概念としての（狭義の）物自体と同じものと考えることが許されるであろう。このことは、或る箇所で

「この超越論的客観は、けっして感性的与件と分離されるものではない」（A250B なし）とあるが、この「感性的与件」が他の箇所で「物自体がわれわれを触発する[5]に用いる表象」（A190B235）と表現されたもの、即ち経験的な直観の多様を意味していることからもいえよう。

　ここで確認しておくべきことは、この超越論的対象はわれわれの「感性から独立して」「横たわっており」「われわれを触発し」ていることは確かであるが、それがそれ自体としてどのように存在しているかについては、われわれはいっさい語りえないということである。というのは、周知のようにカントにおいては、われわれの認識は直観の多様という表象（ピラミッドの最下層）から出発し、そこからのみ内容づけられるからである[6]。

　さて、本節で見てきた事態を通覧した場合、カント自身の言葉を用いて次のようにまとめることができるであろう。「それゆえ感性的諸直観が諸印象の受容性に基づくのと同様に、諸［経験］概念は思考の自発性に基づく。……単なる［感性的］諸直観以外にはいかなる表象も直接に対象［ここは超越論的対象の意］に関係することができないから、或る［経験］概念はけっして直接には或る［超越論的］対象に関係せしめられず、この［超越論的］対象についての何か或る一つの他の表象（それが直観であろうと、それ自身すでに［経験］概念であろうと）に関係せしめられる［だけな］のである。判断とはしたがって、或る［超越論的］対象についての間接的認識、即ち［超越論的］対象の表象の表象 die Vorstellung einer Vorstellung desselben [= eines Gegenstandes] である」（A68B93）[7]。引用の最後に出てくる「対象の表象の表象」は、丁寧に訳すならば「一つの対象についての一つの表象［直観］についての表象［概念］」となるが、この二段構えのいい回しでカントが何を意味させようとしていたかは、さきの〈表象の表象〉〈表象の対象〉の検討からいまや明瞭に理解しうるであろう。

　　二

　これまでわれわれをとりまく現象について論じてきたが、ではわれわれ自身はどうであろうか。実は「人間もそれ自身現象である」（A552B580）。した

がって外的な現象の場合と同様に、現象的存在者としての人間の根底にもこれを現象たらしめている（狭義の）物自体が存しているといわなければならない。ともあれ、人間が現象である限り、その現象もやはり自然必然的であって、自然科学によって認識されうる。運動生理学とか脳科学とかである。カントはさらに、通常の人間の行為すらもが経験心理学（や動物行動学）等によってその必然性を（原理的には）十分認識されうるものと考えていたようである（意志決定の経験的性格、即ち意志の他律の場合）。「もしわれわれが人間の随意志 Willkür におけるいっさいの現象をその根底まで探究することができるならば、われわれが確実性をもって予言できず、またそれに先行する諸制約［原因］からして必然的なもの［結果］として認識できないような人間の行為は一つもないことになろう」（A550f.B577f.）。

　もちろんこの引用文が接続法Ⅱ式で書き表わされていることから推察されるように、実際には時間的制約とか科学の社会的歴史的制約の問題があるうえに、因果関係の無限連鎖の認識という独断を避ける意味でも、いまただちに完全な認識が得られるというのでないことはカント自身が十分に承知していた。が、彼としては他の現象の認識と同様に、「不定的に in indefinitum」（A511B539）、つまり任意にどの地点までも探究しうると考えていたはずである。

　だが人間と（広義の）物自体の世界、叡知界とのつながりはこれに尽きない。人間は「ある種の能力に関しては端的に叡知的な対象」（A546B574）である。カントはこれに該当する能力として「悟性および理性」（ibid.）を挙げている。だとすればもはや人間は対象に非ずして、「超越論的主観」ないし「超越論的主体」である（A346B404）。実は前節でみた純粋悟性概念の結合能力としての表象機能は、われわれ人間の超越論的主観としての能力そのものであった[8]。そしてこの超越論的主観としての人間の自己意識が純粋統覚 reine Apperzeption の意識である。したがって次に、純粋統覚を主要に論じている「演繹論」[9]を考察しなければならない。

　「演繹論」での根本問題は次のようなものであった。即ち、われわれはそれ自身偶然的な現象しか与えられていないのに、何ゆえに根源的な存在性、自発性、必然性（それゆえ真理性）を主張することができるのか。

　この問いは次のような問いの立て方を通してその解答が得られる。カント
は問う、「考える私は、己れ自身を直観する私〔内感における経験的統覚、
時間から見られた現象我〕から区別されつつ……しかも同じ主観としてこの
後者と一つであるのはどのようにしてであるか」（A なし B155）。また「私が
私自身にとって一般に一つの客観であることが可能であり、それも直観の一
つの客観、しかも内的諸知覚の一つの客観であることが可能であるのはどの
ようにしてであるか」（ibid.）、と。二つの問は結局は同じものであるが、こ
の問題が難問であることはカント自身同じ個所で認めている[10]。

　ここでわれわれには、自己意識、自己把握の無限後退が危惧される。私は
（のちに詳しく見るように）外感からの直観に助けられつつ内感において現象
として現れるが、この現象としての私を認識している私を少しでも規定（認
識）しようとすると、このものは再び現象として捉えられるほかはないから
である。だがカントはここで主観の無限後退という考えを退ける。これは
（第一節で見たように）外的現象の場合に「果てしのない循環論」を避けたの
と同様の考え方である。H. ハイムゼートの言葉を借りていえば、カントは
ここに「内的経験のまったく具体的で多様なものとしての自我対象〔現象
我〕でもなく、超個人的抽象的に考えられた認識主観、つまり『意識一般』
でもない、第三のもの」[11]を求めているのである。即ちそれが〈ich denke
（私は考える）としての純粋統覚の意識〉であった。ではこのものによってわ
れわれはいかにして存在性、自発性、必然性等を保証されるのか。換言すれ
ばそれは、われわれは（広義の）物自体としての純粋統覚についてどこまで
語りうるのか、という問いでもある。カントの解決を見てみよう。

　純粋統覚はまず、「私が私に現象する仕方でもなく、私が私自身において
ある在り方 wie ich an mir selbst bin〔表現に注目されたい。私の物自体の
在り方〕でもなく、単に私が存在するということだけ nur daß ich bin」の、
即ち「私の現存在 mein Dasein」の意識でしかない、といわれる（A なし
B157）。だがここに物自体としての私、即ち（上記の）「私それ自体 ich an
mir selbst」（これは同時に超越論的主観でもある）がその存在を顕わしている
ことは確かである。即ち、第一に純粋統覚の意識はわれわれに根源的な存在
性を保証するものとしてある、といえよう。

　次に、純粋統覚の意識において私は「単に〈私は考える〉の自発性 Spontaneität meines Denkens を、即ち規定作用の自発性を表象するだけである[この表象は経験的表象ではない]……が、この自発性こそは、私が自分を叡知者と名づけるゆえんのものである」（A なし B158Anm.）。これはのちに「観念論論駁」において「考える主観の自己活動性 Selbsttätigkeit eines denkenden Subjekts」（A なし B278）ともいわれる。かくして第二に、純粋統覚の意識は人間の叡知的自由の根拠としてある、といえる。

　だがこの自発性は『純粋理性批判』ではさしあたって思考の自発性として、即ち認識の場で語られているのではなかったか。多様なものの結合 Verbindung が認識の必然性の根拠であるが、結合は純粋統覚の自発性の働き、機能である（A なし B129f.）。これは前節でわれわれが表象機能、あるいは判断と呼んだものである[12]。したがって第三に、純粋統覚の意識は認識（および最終的には意志決定も含めて）の必然性の根拠でもあるのである。

　この、私の根拠としての存在がその結合の能力としての自発性をもって私に必然性をもたらすという事態を、カントはまた、私の物自体（「悟性」）が私の内感を触発するという風にも述べている（A なし B153ff.）。即ち、純粋悟性概念の結合の機能は、純粋悟性（結局は純粋統覚）がわれわれの内感を触発する際に働くのである[13]。しかしこの触発は、（外的な）超越論的対象がわれわれの感性（外感）を触発する場合とは異なって、判断をもたらすのであり何ら具体的な多様な直観をもたらすのではない。とすると未だわれわれは、「演繹論」の根本問題である純粋悟性（純粋統覚）と現象我（経験的統覚）とはいかにして同一の主観であるか（A なし B155、前出）、という難問に答えていないことに気づく。というのも、現象我は純粋悟性（純粋統覚）によって内容的にまでも規定されるのではないからである。とすれば、現象我はどのようにして成立するのであろうか。

　そこでわれわれは次に、内感は純粋統覚によっては（質料的な意味で）規定されない、という事情を、主観の「常住不変性 die Beharrlichkeit」と外なる現象における「或る常住不変なもの etwas Beharrliches」（A なし B275）との関係を検討することによって詳察しよう。それはとりもなおさず「観念論論駁」を考察することにほかならない。

三

さて、根源的存在性の意識としての純粋統覚の意識は、自己同一の意識、つまり時間意識の根拠でもあるはずである。前節の最後でわれわれは純粋統覚が内感を触発するという事態に触れたが、内感が司る先天的な感性形式が時間直観であった。その時間との関係で純粋統覚を語るとき、カントは「常住不変性」という規定を用いる [14]。例えば「原則論」の「第一類推」は時間について論じているところであるが、そこに「常住不変性の原則、あるいはむしろ、現象において本来的な主観が恒存的に immerwährend 現存在していることの原則」という表現がある（A185B228）。即ち、純粋統覚の根源的存在性、自己同一性、常住不変性という規定は相互に異なるものではない。

しかし問題はこの常住不変性がわれわれ自身に直観として与えられず、したがってそのままでは無規定のままであるという点にある。これについては「観念論論駁」の「注解2」が極めて重要である（A なし B277f.）。そこでは次のようにいわれる。「われわれは、或る一つの［現象的な］実体の概念に直観として宛がう unterlegen ［下支えとして置く］ことができるかもしれない［或る］常住不変なものとしては、単に物質 Materie 以外にはありえず、しかもこれ［常住不変なもの］の常住不変性さえもが外的経験から汲み取られるのでなく、あらゆる時間規定の必然的な条件として、したがってまた、諸々の外物の現実存在を通してわれわれ自身の現存在を観察する際に in Ansehung unseres eigenen Daseins durch die Existenz äußerer Dinge [15] 内感を規定することとして、アプリオリに前提されるのである」（A なし B278）[16]。後段の「常住不変性」とは純粋統覚の存在性のことであった。だからこそカントは「アプリオリに前提される」という。だがこの常住不変性が「諸々の外物の現実存在を通してわれわれ自身の現存在を観察する際に内感を規定することとして」ある、とはどういうことか。右の引用文に続く言葉を見てみよう。「私という表象における私自身についての意識はまったく直観ではなく、……したがってこの私はまた、内感における時間規定に際して常住不変なものとしてその相関者の役を果すことができるかもしれないような、直観

としての述語をこれっぽちも持ち合わせていない」(ibid.)。だから、「[超越論的] 主観は、時間のうちにあるその固有な存在を、時間を通して [だけでは] 規定することができない」(A なし B422) のである。

　つまり純粋統覚は自己の同一性の意識において常住不変性そのものとしてあり、私の内感を触発するのだが、自分は何ら直観でないため自ら常住不変なものとして内感に現れることができず、私の外なるものに、即ち私の外感を通して直観として現れる「物質」にこれを委ねるのである [17]。例えば、私の机の上の右すみに置いてある（つまり、動かない）筆立てであるとか、祖父の代から掛けられたままの古びた柱時計であるとか、街角の郵便ポストとか、はたまた北極星とかであったりする。要するに「われわれがあらゆる時間規定を知覚することが可能であるのは、空間中の常住不変なものとの外的関係による変易（運動）によってである」(A なし B277) [18]。

　ハイムゼートはこの事情を次のようにまとめている。「具体的で充実した自我意識を規定すること、私のなかで『規定するもの』を規定することは、つねにまた外感に与えられるものとの連関を前提する」 [19]。このようにして私ははじめて私自身をも時間規定することができ、私自身を現象として捉えることが可能となる。これを裏返していえば、本来的自己としての純粋統覚はどこまでもそのものとしては客観として現われることができないのであって、外的現象のなかに相対的に現存在している〈現象としての私〉としてしか自己を客観として把握できないのである。が、ともあれここにおいてようやく「私が私自身にとって一般に一つの客観であることが可能であるのはどのようにしてであるか」(A なし B155) という「演繹論」の根本問題が完結的に解答された、と一旦はいうことができるであろう。

　だが、常住不変性を委ねられた外物、即ち「或る常住不変なもの」が単なる現象にすぎないのであれば、右のカントの演繹は水泡に帰してしまうだろう（なぜかは次節で述べる）。とすれば、カント自身この「物質」の存在を、その基体としての物自体の存在までを射程に入れて考えていたのではないか。なぜこのような疑問と推論をするのかは後で述べるとして、この疑問は換言すれば、「論駁」で証明される「定理」における「私の外なる空間中の諸対象の現存在 Dasein der Gegenstände im Raum außer mir」(A なし B275)、或

いは「私の外なる他の諸物の現存在」（AなしB276）と表記されているものは、その基体としての物自体（超越論的対象）の存在までも射程に入れられたうえで証明されているのではないか、ということである。われわれは次にこの点を考察しよう。

四

「論駁」のなかで証明されている「定理」は次のような命題である。「私自身の現存在の、単なる、しかし経験的に規定された意識は、私の外なる空間中の諸対象の現存在を証明する」（AなしB275）。われわれはこの外物を主観の形式たる時空を通して捉える。問題は、この外物がわれわれの主観の表象にすぎない現象とのみ考えるべきものであるかどうかであった。筆者がこのように疑問を抱くのは、もしそうであるとすれば、その思想はまさにカントがこの「論駁」で批判しようとした「デカルトの蓋然的観念論」（AなしB274）と何ら変わらなくなりはしないだろうか、と思うからである。というのは、「現象は現象である限りわれわれの外に生起できるものではなく、われわれの感性中にのみ在するものである」（A127Bなし）からである。仮に外物をこのような現象とのみ考えるとすれば、そこにおいて確実なものは最初の私の現存在の意識のみとなり、とすると、「『私は存在する ich bin』をもって疑うべからざるものと説き」はするが、それ以外の物の存在は直接には証明されないとするデカルト（AなしB274f.）と同じことになるからである。

だがカントはここから断然一歩を進める。確かに人間は物自体をそのものとして（それ自体としてあるがままに）認識しはしない。したがって〈或る常住不変なもの〉としての外物は、あくまでわれわれにとっては現象以外の何ものでもない。だがそれは幻想かもしれないような曖昧な表象としてではなく、確たる表象として現れる。北極星がいつのまにか消えていたり、方角を変えていたりすることはありえないのである。その《確たる》のゆえんは、この物の背後にその基体としてその物それ自体が控えている（存在している）ということ以外にはありえない。カントが「論駁」の「証明」のなかで、〈或る常住不変なもの〉は「私の外なる物によってのみ可能であって、私の

外なる物の単なる表象によってではない」（Aなし B275）というとき、右に述べた理解を許しているといえるだろう。

　もしこの理解が正しければ、カントは「観念論論駁」において、表象としての空間中の外物の存在のみならず〈私の外なる物自体の現存在〉までを証明の射程に入れていた、と結論されよう。このことは第一節で考察した、直観の多様の表象の背後に超越論的対象が横たわっている liegen という事情（KrV, A538B566）を思い起こせばいっそう確かになるであろう。

　以上、根源的な主観の無規定性が外物の基体たる物自体の現存在を証明するという論理を追ってきた。では純粋統覚と（狭義の）物自体との関係をカントは直截には何と語っているであろうか。注目されるべきは、「超越論的客観は」「統覚の統一の相関者 Correlatum」であって、「けっして感性的与件と分離されない」、という言葉である（A250B なし）。後段は第一節でも引用したが、これを逆にしていえば、〈或る常住不変なもの〉としての外物の背後には、その「感性的与件と分離されない」超越論的対象が控えているのである。また前段の「相関者」という語をわれわれは、両者が認識過程を介して互いにその存在に触れあう関係にあることを示す語として理解しても差し支えないであろう（第五節の図を参照されたい）。

　ここでこれまで考察してきたことを、「論駁」の「定理」の主語にあたる部分の一つの解釈の試みを通して補強しよう。「定理」をもう一度引くと、「私自身の現存在の、単なる、しかし経験的に規定された意識 Das bloße, aber empirisch bestimmte, Bewußtsein meines eigenen Daseins は、私の外なる空間中の諸対象の現存在を証明する」（Aなし B275）というものであった。問題は原文で示した「定理」の主語の部分であるが、これまで筆者が見た限りでの解釈では、主語は bloße を含めて全体として私自身の現存在（私は現にある）の経験的な意識を意味していると取られ、「単なる bloße」について深く検討されることがなかった。別様にいえば、主語全体で現象我の意識（経験的統覚の意識）が意味されている、という受けとめ方がなされてきた。その場合、この命題（「定理」）のなかには明言されていないが、直後の「証明」や「注」で触れられているように、純粋統覚は背後に前提されている、と解釈されるのであろう。確かにこの解釈でも問題はないように見える。だ

が次のような読み解きも可能ではないであろうか。

　即ち、「私自身の現存在の、単なる意識」と「私自身の現存在の、経験的に規定された意識」とを二つの別々の意識として区別し、前者を純粋統覚の意識と取り、後者を経験的統覚の意識と取るのである。そして両者をつなぐ「しかし aber」を、事態の展開・推移が避けがたいものであることを示す接続詞と取る。つまり、単なる bloße 純粋統覚の意識は、自己の現存在を意識しているのであるが（前出「単に私が存在するということだけ」A なし B157）、しかし aber 具体的な規定は単独では何一つ伴わないので、やむなく内的直観を経て、最終的には外的直観（或る常住不変なもの）に頼って経験的に規定されて empirisch bestimmte いかなければならない、という事態の展開・推移をこの主語から読み取りたいのである。

　このような解釈は、本章のこれまでの議論と積極的に整合するというだけでなく、次のことからも是とされないであろうか。それは、カントにおける「単なる bloß」という形容詞の特殊な、超越論上の意味合いである。もちろんこの語は単に（通常の意味での）「単なる」という義で用いられることも多いが、他方で一般に『宗教論』と呼びならわされる『単なる理性の限界内における宗教』（1793）の書名が端的に示しているように、経験的なものをいっさい揮い落としたあとの〈純粋な〉あるいは〈形式のみに関わる〉という極めて超越論的な意味で用いられることもしばしばある語なのである。ここでもこの語感を感じないであろうか。

　ともあれ以上で「観念論論駁」の考察を終えよう。ここでのカントの外物の現存在証明が成功していると読むかそうでないかはまったく別問題として残るとしても、われわれは先に見た「演繹論」における純粋統覚をめぐる思想と、「論駁」における外物の現存在の証明構造とが相互に補いあう関係にあり、かつ論理的にも見事に整合的であることを確認することができるであろう。また、外物の現存在証明と、第一節で検討した超越論的対象についての思想とが相互に整合的に理解しうることも確認されたであろう。

五

　以上の考察で明らかになった諸関係を、仮に《カントにおける超越論的四極構造》と名づけて図示すれば下のようになるであろう。

図：カントにおける超越論的四極構造

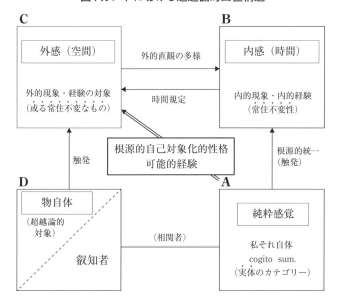

　この図でいえば、われわれは第一節においてC（経験的表象）とD（物自体）との関係を主要に見てきたのであり、第二節ではA（純粋統覚）とB（現象我）との関係を主要に見てきた。そして第三節と第四節を通してAからCへのいわば人間主観の《根源的自己対象化的性格》を見ることによって、A→B→C→Dの〈現象我の成立〉の系列（これは同時にD→C→B→Aの〈現象認識の成立〉の系列でもあった）、およびAとDとの相関関係を考察してきた[20]。

　図においてAからCへの二重線の矢印で示されている《根源的自己対象化的性格》とは、もはや詳述するまでもなく主観の客観への「常住不変性」

の仮託、および後者の「或る常住不変なもの」としての登場を指すのである
が、これまでの考究の末に筆者は、カントはこの性格を人間存在に避けがた
いものとして強調したかったのではないか、と考えるに至った。さらにはこ
の性格（外化的性格といってもよいであろう）のもつ構造は、いわゆる〈疎外
Entfremdung〉といわれるものの原型ないし祖形をなしているのではないか、
とも考えたい。というのは、この性格は〈自らに本来具備しているものを他
のものを通して現実化させるために自分の自発的な能力を駆使する、ないし
駆使せざるをえないこと〉といい換えることができるであろうが、この現実
化した対象が再び自らのものとして還帰しないとき、普通この事態を〈疎
外〉と呼ぶからである。とすればカントのこの思想はのちにヘーゲルからマ
ルクスへと展開していく人間疎外論、物象化論をすでに潜在的に問題提起し
ていたといえるのかもしれない。が、この点は今後の課題として残しておく
ほかはない。

　ただし話題が理論認識および仮言命法に関わる実用実践（質料的なものを
要求する）の局面から純粋実践の局面に移行したとき、この《根源的自己対
象化的性格》が果たしてそのままそこに貫かれるものとしてカント自身が考
えていたかは問題であろう。なぜなら、人間の純粋実践における叡知的性格
は、質料的なものと、したがって人間の経験的性格といっさい関わらない次
元に現に可能である、とカントはいうからである。そこにこそ叡知的価値の
序列として、純粋実践の、実用実践および理論認識に対する優位がいわれた
のであった（『実践理性批判』「思弁的理性との結合における純粋実践理性の優位
について」参照）[21]。とはいえ叡知的性格といえどもそれが意志決定の原因
となって或る現実的な行為がこの現象界に結果するときには、右のような対
象化的性格を通してのみ質料的なものに橋渡しされざるをえないという宿命
に人間は置かれているという点は、今後、純粋意志 reiner Wille と随意志
Willkür との関係、ひいては悪の帰責能力の問題を考察していく際に一つの
示唆を与えてくれるであろう。

　ところで筆者はいま、叡知的性格という枠のなかで話を純粋統覚から純粋
意志に移したが、ひとこと説明が必要であろう。本章では純粋統覚の意識を
人間の叡知的性格の根本にあるものとして、これのみを考察してきたが、筆

者はこれら二つのものは必要条件と十分条件の関係にあると考える。つまり、純粋統覚は純粋意志の必要条件としてあり、逆に純粋意志は純粋統覚の十分条件としてある、ということである。そして必要条件は十分条件に比して外延的に広く、十分条件は必要条件に比して内包的に豊かなのである。換言すれば、純粋統覚は理論認識、実用実践、さらには純粋実践（純粋意志）の領域を統御しているのであり、純粋意志は己れと重ならない限りの純粋統覚の他の諸能力よりも叡知的に価値が高いといえよう。そもそもわれわれ人間の根源的存在性、自発性等を保証するものとしてある純粋統覚の意識が、単に理論認識における思考の結合能力にすぎないはずはないのであって、おそらく叡知者たる限りのわれわれの全活動、全営為の根拠でもあるであろう。そして実践の局面にまで至った際には、純粋統覚は価値の根拠としてもあるはずである。だがこれ以上のことは他の機会に譲らなければならない[22]。

　ともあれ、われわれがカントの思想から多くのものを吸収しようとする場合、まず彼の人間観において、存在、自由、価値の三者がいわば三位一体となって基本骨格を成していることに気づくべきであろう。本章はこの三つのものを支える根源としてある純粋統覚の意識についての考究の端緒を確保すること、およびこのものが自らにおいて自足しているのではなく他の存在との関係を前提にしてしか存在しえないことを確認すること、を目指したのであった。

注

1 ）G.W.F.Hegel, Vorlesungen über die Geschichte der Philosophie. 藤田健治訳『哲学史 下巻の三』岩波書店、p.72.
2 ）カントにおいて「物自体 Ding an sich」という用語（およびこれに類する表現）は多義的である。広義には純粋統覚も物自体である。狭義には、現象における対象的な事物の、それについての主観の側の諸表象をすべて剥奪したあとになおその「根拠」（A537B565）として残るものを意味する。これは第一節で論じる「超越論的対象＝X」と同じものであると思われる（注4）を参照されたい）。本章の表題にある「物自体」は狭義のものである。どちらにしても、この概念を単に認識論上の「限界概念」（A255B310f.）とのみ受け取るのでなく、存在概念と捉えることによってカント理解を進めたい。
3 ）したがって多様な感性的直観をいい換える場合、正確には「第一次諸表象」というべきであろ

う。先に「第一次表象」（単数形）「第二次以降の諸表象」（複数形）と表現したのは、階層の差を念頭においてのことであって、実はそれぞれの階層の表象も諸々の表象群としてあるのである。

4）カントは「超越論的対象」という用語を、必ずしもここでの意味、したがって以後本章で使用するときの意味でのみ限定的に使用しているのではない。例えば「理念の超越論的対象」（A679B707）という用例もある。なお A478Anm.B506Anm. も参照されたい。

5）「触発する affizieren」を能動態で使用していることから、カントは（狭義の）物自体にも、たといそれが人格が有する自発性とは大いに隔たっていようとも、一種の自発性を認めていたといえよう。能動態の使用例としては、他に A19B33, A なし B155 等を参照されたい。

6）したがってカントの認識論における真理観は、けっして物自体の存在する様態とわれわれの判断との対応説ではない。むしろ感性的直観から高次の経験的諸概念に至るあいだの諸表象間の、純粋悟性の総合的諸原則を規準とした整合説といえよう（「超越論的親和性」（A114B なし）の概念）。ただし議論を先どりしていえば、われわれの認識はわれわれの主観の内で自足しているのでなく、第一次的、根源的な質料を他の存在から与えられている、という点に注目するべきである。

7）以上の引用において「対象」を〈超越論的対象〉の意で理解する根拠については、本書第 I 部第五章後篇「「感性論」§8 の B 版増補部における感性と悟性との出会い」第二節を見られたい。

8）ここでは純粋実践の能力については触れない。第五節の最後で少し触れるであろう。また本書第 II 部も見られたい。

9）「演繹論」は周知のごとく第二版で全面的に書き換えられた。第一版は二つの節（第二節と第三節）に分かれている。第二版は一つの節のみである。第一版では第二節より第三節の方が早く書かれたようである（批判の作業が着想された最初期か）。そして第一版の第二節はむしろ第二版の叙述に近い。第一版第三節と、第一版第二節および第二版との最も大きな相違は、構想力の位置づけである。第一版第三節では把捉 Apprehension から始まる総合の機能をすべて構想力のものとし、最後の根源的統一の機能だけを純粋統覚に任せる。したがって構想力の役割が中心的に強調される。これに対して第一版第二節と第二版とでは、すでに〈把捉の総合〉からして統覚の総合的統一の機能が感性的直観に最初に適用されたものであるとされ、構想力の役割は後退する。

　　カントはとくにこの演繹の思想を長い時間を掛けて苦闘しつつ形成していったのであろう。したがって第一版では未だ不明瞭なところや誤解を招きやすい表現が見られる（例えば A127B なしを見られたい）。だが第二版の叙述は逆に第一版の叙述を暗黙のうちに前提しているため（とくに超越論的対象＝X と統覚との関係、A109f.B なし）、やはり難解さを免れていない。われわれは二つの版の叙述を統一的に理解しなければならない。これについては詳しく本書第 I 部第五章「〈研究ノート〉悟性による内的触発の現場を索めて――「感性論」と「演繹論」をつなぐもの――」を参照されたい。

10）この点については本書第 I 部第三章『『純粋理性批判』「演繹論」の「三つの難問」再考――〈自己認識の二重拘束〉をめぐって――」で詳しく考察した。

11）H.Heimsöth, Persönlichkeitsbewußtsein und Ding an sich in der kantischen Philosophie, 1924, *in* Studien zur Philosophie Immanuel Kants, Bd.1., 1956, S.236. H. ハイムゼート、渋谷治美訳「カント哲学における人格性の意識と物自体」（H. ハイムゼート、小倉志祥監訳『カントと形而上学』以文社、1981、所収）p.30.

12）これは結局は〈アプリオリな綜合判断〉に帰着する。『純粋理性批判』「第二版序論」A なし

B19 を参照されたい。

13）悟性の内感への触発については本書第Ⅰ部第五章「〈研究ノート〉悟性による内的触発の現場を索めて──「感性論」と「演繹論」をつなぐもの──」の後篇第三節で詳しく検討した。

14）「常住不変性」という概念については本書第Ⅰ部第四章第四節で詳しく論じる。

15）ここはこれまでの翻訳では例外なく「私自身の現存在に関して」のように軽く訳されている。これは in Ansehung et^2 という熟語が「〜に関して」「〜を顧慮して」の意であるから自然な訳し方といえる。しかしここではカントは、動詞 ansehen（見る、観察する）の名詞形として Ansehung を自覚的に使っていると理解するべきであると考えて、このように訳す。本書第Ⅰ部第四章注6）も参照されたい。

16）ここの引用文についてはのちに本書第Ⅰ部第四章「カント「観念論論駁」再考」第四節で詳しく分析する。

17）『純粋理性批判』「第二版序文」の末尾の原注 BXL を参照されたい。

18）つづいてカントは括弧書きで、「（例えば太陽の運動が地球上の［人間の目には動かないと見える］諸対象との関係によって生じるように）」といっている。見られるように、ここでカントは、〈太陽を不動点として地球がその周りを運動している〉（つまり地動説）といっているのではなく、太陽の日周運動（朝東から昇って夕方西に沈む）のことをいっていることに注意する必要がある。これについては本書第Ⅰ部第四章「カント「観念論論駁」再考──「定理」の主語の二重性を中心に──」の注6）を参照されたい。

19）H.Heimsöth, op.cit., S.241. 前掲訳書、p.40.

20）また、図の上の二極（B と C）が現象界を示し、下の二極（A と D）が（広義の）物自体の世界を示しているといえよう。いわゆるカントにおける世界の二元論的構造である（A379B なし参照）。

21）これについては本書第Ⅱ部第一章「カント〈実践理性の優位〉の構造と射程」で詳述する。

22）この点も本書第Ⅱ部第一章「カント〈実践理性の優位〉の思想の構造と射程」で論じるので参照されたい。

第二章　カントにおける〈身心問題〉の止揚
——人間悟性の自己対象化的性格の剔抉へ——

はじめに——仮説の設定——

　カントの『純粋理性批判』は通常、近代主観主義・構成主義の確立を宣言した認識論の書として受けとめられてきた。この評価に間違いはないが、それが固定化されて、この書が認識論の書としてのみ読み取られ議論の対象とされるとしたら誤りとなるであろう。これは自明のことである。では他に可能な評価としてどのような視点があるであろうか。その一つとして筆者が抱いている仮説は以下のとおりである。

　（ⅰ）『純粋理性批判』の核心的主題は、人間の自己実現論である。換言すれば、『純粋理性批判』はまずもって人間に免れられない随一の根本的な存在性格、即ち人間の外化的自己対象化的性格を剔抉した人間的自由論の書である。それはさしあたっては、悟性のもつ自己対象化的性格の解明として論じられる（現象我の成立）。極論すれば、〈現象認識の成立〉を論じる認識論としての見かけは、この〈現象我の成立〉論に相補的に伴う（裏返し的な）副産物なのであって、その奥にカントのかの主要動機を読み取らないとすれば、それはもはや誤読である。（ⅱ）この主題は、カント以前のいわゆる大陸合理論の流れにおける〈身心問題 das Leib-Seele Problem〉に対するカントの批判・克服・止揚の過程から明確化してきたと考えられる（『純粋理性批判』の第二版の叙述において最終的に鮮明となった）。（ⅲ）したがって大陸合理論の〈身心問題〉の展開のなかにも、事態的には人間の自己実現論、観念が心から身体を通して外界へと対象化されていく過程、即ち実践論の契機が孕まれていたと捉えることができるはずである。

　本章におけるわれわれの課題は、上の（ⅲ）に軽く触れつつ、（ⅰ）（ⅱ）の仮説に市民権を与えるべく最小限の論証を試みることにある。以下本論に

入るが、まずはじめに、大陸合理論における〈身心問題〉の系譜を、デカルト、スピノザ、ライプニッツに限定して簡潔に回顧してみたい。

一 〈身心問題〉の史的回顧

デカルト[1] は その身心二元論を不動の前提としつつ、「一人の真の人間を形づくることができるためには、精神は身体に……密接に結ばれ合一しているのでなければならない」(『方法序説』第五部)という人間観を抱いていたので、著作の至るところで身心問題を論じることになった。それを『省察』と『情念論』を中心に概括してみよう。

『省察』六で「精神は……脳髄……の一つの小さな部分 [松果腺] ……から [のみ] 直接に影響される」ことを認めたデカルトは、『情念論』で「欲望」の情念に関して次のように論じる。①身体は精神を刺激して、身体の保存という「欲望」の情念(受動)を生む(ここだけがデカルトにおける狭義の身心関係論の範囲内)、②この「欲望」の情念は、「精神を促して」、身体の保存を「未来にむかって意志するように促す」(以上 §86 および §137)。このかぎりで、「本性上自由である」(§41)はずの精神の意志が二層の受動性を蒙るわけである。事態としてはこのあとに、③精神がそれを実際に、能動的に「未来に向かって意志する」、④それによって身体が運動し、その目的(身体の保存)が達成される、という過程が続くはずである。筆者としては①に加えて②③④までの過程全体を広義の〈デカルトにおける身心問題〉と見なしたい。が、デカルトは③④については『情念論』のみならず他の著作においても明確には論じていない。しかしこの点に関係すると思われる三つの論点を順次取りあげていこう。

第一に「有意運動 motus voluntarius」についての議論である。『省察』付録「第二答弁」付録の「幾何学的な仕方で配列された、神の存在および霊魂と肉体との区別を証明する諸根拠」の「定義一」で、デカルトは、それ自身延長実体に属する「有意運動は、確かに思考を原理として有する」という。これを受けて彼は『情念論』のなかで、意志の活動の二つの型のうちの一つである「われわれの身体において終結する活動」の例として「散歩」を取り

あげる（§18）。これは「精神の身体に対する支配力」（§41の表題）が示される行為の一つの具体例でもあり（§42, 43）、先の③④の過程の存在をデカルトが暗に認めていたことを示している。

　第二に、「生起に関する原因 causa secundum fieri」についてである。『省察』付録「第五答弁」のなかでデカルトは、「建築家は家の、また父親は息子の、単に生起に関する原因であるにすぎないのであって、それゆえ製作物が［ひとたび］完成された場合には」この原因と無関係に、「存在に関する原因」としての神によって存続する、という。先に有意運動が「思惟を原理として」有するといわれたのは、つまりこの「生起に関する原因」としてであった。だから、父親の息子に対する関係（つまり母親に受胎させる）は先の散歩の例と同程度の有意運動でしかないこととなる。他方建築家の例は（それ以上に）、典型的な目的定立実現活動であり〈自己実現〉の例である（家の観念が原因となって実物の家が結果する）。

　これに密接して第三に、デカルトの「自然」概念の二義性が注目される。『省察』六で彼は通常の常識的な「自然」概念の他に、「病気の人間や悪く作られた時計を、健康な人間の観念や正しく作られた時計の観念と比較する、私の思考に依存するところの規定」としての「自然」概念を提示する。壊れた時計は通常の意味ではそれでも「自然」物であるが、後者の目的的な自然概念に照らしていえば、不自然な時計なのである。

　以上の諸点からわれわれは、デカルトが狭義の〈身心問題〉の延長線上で、人間の技術や他の営為（とりわけ学問）における目的的な因果関係を考慮していたことを不十分ながら読みとることができる。とはいえ、デカルト自身の狭義の身心問題に立ちかえるならば、その特徴は第一に、感覚ないし情念（ともに精神の低次の働き）のところでの身心の関係が問題にされており、第二に、身体（物体）から精神への影響という方向性、即ち精神からすると受動性の関係のみが議論されている、の二点であった。

　スピノザ[2]は周知のようにデカルトの身心関係論を、身心二元論と〈松果腺〉における身心結合説との絶対的矛盾のゆえに厳しく批判した（例えば『エチカ』第五部序言）。そして彼自身は〈神即自然〉の実体一元論を展開する。

そのなかで身心関係論はどのように語られているか。一言で表わせば、身体と精神のあいだにはまったく因果関係ないし影響関係はない[3]、なぜならば両者の過程は「本性上相等しく同時的であっ」て（Ⅲ 28 証明）、「同一」（Ⅱ 7）だからである。同一だから関係がない、というこの奇妙な身心無関係論を納得するためには、彼特有の〈身心平行論〉を理解しなければならない。

　スピノザは『エチカ』第二部定理七で、「観念［思想］の秩序および連結は、物［延長］の秩序および連結と同一である」という。これはどういうことか。第二部定理一三によれば「観念の対象は［己れの］身体である」。例えば眼前の景色を眺めている場合、その観念の対象は山や川などの自然そのものではなく、眼（および視覚に関連する身体的組織）の一定の状態である。しかもこの場合、観念（景色の表象）とその対象たる身体（目の状態）とは相互にまったく影響をもたないとはどういうことか。スピノザは、ある物体は他の物体によって影響され、「ある思想［観念］は［別の］ある思想［観念］によって限定される」のみだ、という（Ⅰ定義2）。いま、観念 B が観念 A によって「限定される」とする。すると「観念の秩序」として A → B という「連結」が生じる。ところで観念 A は身体の状態 a を対象としており、観念 B は身体の状態 b を対象としているとする。すると身体の側では a → b という「秩序および連結」があることになる。ここで実は、（A → B）と（a → b）とは平行である、だから函数としては「同一」である、というのが、さきほどの定理七の意味である。したがって観念 B が結果するのは（前提のとおり）あくまで観念 A を原因としてであって、身体の状態 a ないし b のいずれとも因果的に何の関係もないのである。これが〈身心平行論〉かつ〈身心無関係論〉の内実である。

　スピノザは他の存在者と同様人間にとっても「自己の存在［生存］に固執するよう努める」ことがその「現実的本質」であるというが（Ⅲ 6, 7）、人間の意志、欲望、衝動、本能 impetus とはこの同一の努力の平行した諸名称であるにすぎないという（Ⅲ 9 備考、Ⅲ感情の定義1）。意志が本能と同一で並行であるならば、スピノザにおいて意志の自由が否認されるのも当然であろう（Ⅱ 48、Ⅲ 2 備考）[4]。

　しかしデカルトと同じく家の建築の例を取りあげるとき、スピノザは少な

くとも「家を建てようとする衝動」を——これまた師デカルトと同様——建築された家の「起成原因 causa efficiens」として容認する（Ⅳ序言）。また『エチカ』第二部の途中に挿入された要請六で、人間身体の外界への能動性が確認される。ただしこれは直接には、同じ延長属性の二つの様態間の影響を意味するにすぎない。身体も外界もともに延長属性に属するからである。しかし再びここに平行論を導入して解釈すれば次のようになるだろう。即ち、精神の能動（妥当な観念）とさきの第二部要請六の〈身体の能動〉とは「同時的」に進行する「同一」の過程であり、精神の受動（非妥当な観念）と〈身体の受動〉も同様である（Ⅲ1,3参照）。とすれば、身体が何かを外界に十全に実現すると、同時にそのものは精神において妥当な観念として把握されているはずであり、逆に何かを妥当な観念によって認識すれば、同時にそのものは身体の運動によって外界に実現されているはずである（非妥当な観念と身体の受動との関係も同様に両様に考えられる）。ここからわれわれは自ずとデカルトの第二の自然概念を思い浮かべるのである（正しい時計の観念が正しい時計を作る）。

　しかしスピノザはそこにけっして目的的因果の関係を認めない。彼の身心関係論は（たといその根拠が〈身心の平行的同一論〉ではあっても）あくまで身心無関係論であって、精神の外界への能動性を語ることは誤謬である、とされる。だが他面、身体から外界への能動性という方向性は確保された。

　ライプニッツ[5]といえば〈単子論〉とともに〈予定調和説〉が有名であるが、これがもともとは身心問題の解決のために彼が編み出した「仮説」（『新説』§17）であることは案外知られていない。ライプニッツによれば、理性的精神としてのモナド（人間）は各自自分の身体をもつが、この身体はそれ自身モナドの集合体である（『単子論』§25, 66, 70.『新説』§17. レモン宛て未発送の『解明』）。ところで精神にせよ身体にせよモナドは「いずれも別々に独立した世界」であって、「内部知覚」ないし「内部表象」によって「それ自身をもって足りて」いる（『新説』§14, 16）。だから「物体［身体］は精神に何ものも伝えないし、精神も物体に何ものも伝えない」（『新説』第一原稿）。ここにデカルト、スピノザと同様の身心問題が発生するが、解決の仕

方は先の二人とはまるで異なる。

　この身心問題を集中的に解決しようとして書かれたのが『実体の本性および実体の交通ならびに精神・物体間に存する結合についての新説』（1695）である。ここでライプニッツは、（精神）モナドと身体（モナド）についていったんは次のようにいう。モナドは「自分の外にある存在［世界］を、自分の［身体的］器官に応じて表出することができる」（同§14）のであって、その意味で身体はモナドにとって「世界における視点」である（『新説』第一草稿）、と[6]。とすれば、モナドは「窓を持たない」（『単子論』§7）といわれながら、実質的には身体が外的世界に通じる「窓」の役割を果しているのではないかと思われてくる。しかしライプニッツはあくまでモナドと身体とのあいだの実在的な「交通」「結合」を否定する。というのは、もしそれがあるといってしまうと、両者の関係の仕方の説明がたいへん困難となり、デカルトと同じ轍を踏んでしまうからである（この賢明さはスピノザから学んだと思われる）。

　そこで彼が「仮説」として提起するのが〈予定調和説〉であった。それは「神がはじめにモナドを創ったとき、そのモナドに生じるすべてのこと［内部表象］が、モナドそのものから見ると完全な自発性によっていながら、しかも外界の事象と完全な適合を保って……いるような具合に［予め］しておいた」のだ、という「仮説」である（『新説』§14）。これを受けて『単子論』（1714）においても、精神と身体とはそれぞれ独立の法則を持つが、「しかも……一致するのは、あらゆる実体のあいだに存する予定調和によるためである」とライプニッツは語るのである（§78）。

　結局この〈予定調和〉のおかげで、無関係のはずの精神と身体とのあいだにも「あたかも相互作用があるかのように」見なせるのである（『新説』第二解明）。さらには、「モナドが判明な表象をもつかぎり」身体に「能動的に作用を及ぼし」、ついで「外に作用を及ぼす」（『単子論』§49）と理解してもかまわないのである[7]――ただし、あくまで「あたかもそうであるかのように」。このような意味でライプニッツは、（スピノザが否定した）「目的原因」としての人間の「意志」の働きを認知する（『単子論』§36および、レモン宛て未発送の『解明』）。そして人間の外的世界への目的定立実現活動が、モナ

ドの本性として積極的に肯定されるのである（『単子論』§79参照）。

　以上の考察から、ライプニッツにおける〈身心問題〉の解決としての〈予定調和説〉が、「表象」の問題であることがわかる。デカルトでは人間の知性の能動性を確保しようとしてかえって身心関係が受動的な性格のものとなり、スピノザでは逆に意志の自由が否定されつつも身体から外界への能動性という方向が示された。これを受けてライプニッツは、スピノザのベクトルはそのままに、デカルト的に人間主観（モナド）の主体性の立場に戻っている。

　だが彼は大きな仕事をし残したように思われる。彼によればモナドの「内部表象」は実は「辻つまの合った夢」（『新説』§14）、「しっかりした根拠があって」「正確で永続する夢のようなもの」（レモン宛て未発送の『解明』）であるが、結局ライプニッツはこの「辻つま」と「しっかりした根拠」を示さないままに終わっているのではないか。『単子論』にも「モナドが制限を受けているのは、……その対象を認識する仕方においてである」（§60）とあるが、その「対象を認識する仕方」ははたして彼において十分に解明されたであろうか。

　まさにこのような〈身心問題〉即ち「表象」の問題、即ち「対象を認識する仕方」の問題を根本的に批判し解明する任を委ねられたのがカントであった。しかしそのとき問題の地平は〈自己実現論〉へと昇華するのである[8]。

　二　初期カントと〈身心問題〉

　カントが哲学の道を歩み始めた最初から、前節で概観した三人の議論を熟知・検討していたことは間違いない。その点を批判期以前の初期カントの諸著作に当たることによって確かめよう。

　すでにカントの処女作（卒業論文）『活力測定考』[9]（1747.二三歳）において、身心問題への言及が見られる。ここではカントは、ライプニッツの予定調和説を批判して物理的影響説を主張したといわれる師クヌッツェンの考えに比較的忠実のようであって、広義の身心二元論を前提にしつつも心の内的状態と外的物体との連続を認める。したがって物体から心への作用も、心か

ら外界への作用も同格的に認めている。注目されるのは、その理由の一端として「心は一定の場所［空間］にあるのだから」とされている点である（Aka.I 20f.）。

　この立場は『第一原理』（1755）に至ってもほとんど変わっていないように思われる。依然として「心が……物質と不可分的に結合している」とするカントは、逆に、孤立したモナドに「変化」が生じるはずはないという理由で、ここでもはっきりとライプニッツ＝ヴォルフの単子論と予定調和説に反対を表明する。したがって当然この段階でのカントは表象の問題としてはいわゆる実在反映論としての対応説であって、自身それを明言している。だから、カント自身は己れに対する「唯物論の嫌疑」を強く否定するが（神概念の相違を理由に）、かえってその嫌疑を認める格好になっている（以上 Aka.I 410-412）[10]。

　ところが1755年と56年のあいだに一つの断絶があるように思われる。というのは『物理的単子論』（1756）では、カントは「実体にはその外的現前……のほかにその内的規定がある。……ところがこの内的規定は空間内には存しない」と述べるからである（Aka.I 481）。もちろんこれは物理的単子についていわれているのであるが、ここから心の内面性の非空間性が示唆される。というのは、一方で物的なものに（その規定の一部においてではあれ）非空間性を容認しながら、他方で心的なものにはそれを認めないということは考えにくいからである。とすればこの点でこの一年のあいだに一八〇度の転向があったと考えるほかはない。心的なものに関するこの新しい姿勢は、今後晩年のカントに至るまで貫かれるであろう。

　さらに『負量の概念』（1763）に至るとカントは表象の問題に関してはっきりと主観主義への転換を示す。即ち、「［心の］外にある物にも概念があれこれの形で現れる［必要］条件は見つかるかもしれない。が、物に概念を実際に作り出す力はない。」「そのような種類の概念も心の内的な働きだけに根拠を持つはずである」（Aka.II 199）と述べる。もちろんここでは外物の現象性が語られていない点だけからも直ちに分かるように、依然として超越論的実在論即ち独断論の立場にある。とはいえ思うに、ここまでの過程においてカントは延長実体に重きをおいた物理的影響説、実在反映論の立場から、外

的実体の承認を温存しつつもライプニッツ的内面性の立場、「表象」中心の立場へと転換を果たしつつあったのではないだろうか。

　これら批判期以前における身心問題を中心とした議論のいわば総決算として、われわれは『視霊者の夢』(1766) に注目しなければならない。ここにおいてカントは、①内的な表象を空間的な外部関係として語ることが矛盾であることを再び表明しつつ [11]、新たに②これまでの身心関係論の独断論的性格に対する批判を明言する。それは単に「視霊者」スウェーデンボルクに対する辛辣な皮肉として語られている [12] だけでなく、同時にスコラ哲学および当時の形而上学に対する、即ち「種々なる思想的世界の空中楼閣建築師たち」(ヴォルフ、クルージウスの名が挙げられている) に対する皮肉・批判・訣別でもあった (Aka.Ⅱ342ff.)。とすれば、加えてそれはそれまでのカント自身の身心関係論の独断性に対する自己批判をも意味したはずである。

　ただしこの時点でのカントは、どこに独断論的思考に対する批判の核心が存するべきかを見定めてはいなかった。それはこの自己批判ののち十余年にわたる苦闘の末に誕生した彼の「超越論的観念論」を俟って確定する。そこにおいて〈カントの身心問題〉はどのように生まれ変わったであろうか。

三　『純粋理性批判』における〈身心問題〉の止揚

　「はじめに」で確認したように、『純粋理性批判』(第一版1781 第二版1787) の核心的主題は、旧来の身心問題 (自分のものを含めて) に対する批判から導かれた〈悟性の自己対象化的性格の剔抉〉にあるのではないか、というのが本章における筆者の仮説であった。これを検討するための素材としてとりわけ「純粋悟性概念の超越論的演繹」(とくに第二版の。以下「演繹論」と略記)、「原則論」のなかに第二版で増補・挿入された「観念論論駁」(第二版の「序文」の末尾の原注における訂正と補強を含めて)、そして「弁証論」のなかの「誤謬推理論」(とくに第一版の) の三か所に注目したい。

　カントは旧来の身心問題に対して以下の三つの態度をとっていると思われる。まず彼は、これまでの身心関係論が形而上学的・神学的議論 (α) と経験科学的議論 (β) との奇妙な混合物であることを喝破し [13]、(α) にはそ

れは独断論であるとして徹底的な批判を加え、（β）は哲学から切り離して自然科学（生理学や経験心理学など）の仮説の問題として独立せしめる。だがそれにとどまらず彼は、この問題にももともと事態的に孕まれていた人間的自由論としての性格（γ）にはじめて本格的な光を当てたのである。われわれはこの、（α）の批判、（β）の切り離し、（γ）の照明の三つを合わせたカントの営為に、〈身心問題の止揚 Aufhebung〉という言葉を呈したい。以下これら三点を、先に示した三か所に依拠しながら順次吟味していこう。

　一読すれば明らかであるが、第一版の「誤謬推理論」は全篇これ身心問題批判である（とくに A384 を参照されたい）。カントはここで徹底的に旧来の身心問題の形而上学的独断性（α）に批判を加える。カントによればこれまでの議論の致命的な誤りは「われわれの外にある物を、われわれから独立に存する真の対象であると見なす」という「独断的な」考えにある（A389）。この考えはしかし、その基礎にある、「時間と空間とをもってそれ自身として（われわれの感性から独立に）与えられたものと見る」（A369）という同じく独断的な考えからの当然の帰結である。カントは右の一連の思想を「超越論的実在論」と名づける（ibid.）。片や自分の心の働きと存在を絶対確実なものとしておき（カントもこの点は然り）、他方、われわれが認識している身体・物体をそのまま物自体と見なすならば、当然そこに身体と精神との間の関係に関する問題が発生し、しかもこれが絶対に解決しないことも当然である。カントはこの二重の〈当然〉をここで明るみに出したのである。

　これに対してカントは自分の立場を「超越論的観念論」として対置する（ibid.）。これの内容はいわゆるカントの認識論である。周知のようにカントは、単に、判断の諸形式が悟性の自発性のアプリオリな主観的形式として先行するとしただけでなく、まずもって、時間空間を感性における受容性のアプリオリな主観的形式であるとした。これらの能力に基づいて、カントにおいては一般に次の過程をへて認識が成立する。（1）まず外感において私の外なる物自体からの触発を受けて空間的な経験的直観の多様を得、（2）ついでこれを内感において時間化する、（3）そこへ悟性が思考を加えてその直観の多様を概念化する。こうして通常の現象認識が成立する（〈現象認識の成立〉）。ここでわれわれは（超越論的実在論とは反対に）、「あらゆる現象を単

なる表象と見なして、物自体そのものとは見なさない」ことが肝心である
(ibid.)。これこそが、ライプニッツが「対象を認識する仕方」の「しっかり
した根拠」（前出、p.38）を明らかにしないままに放置した作業を、カントが
自己批判の苦闘のすえ、批判的・超越論的に解明した「対象を認識する仕
方」なのである。裏を返せば、この「超越論的観念論」を確立したからこそ、
『視霊者の夢』においては（冷静に見て）単にそこからの訣別を宣言したに留
まっていた旧来に形而上学に対して、はじめて本格的な批判を加えることが
できたのであり（「弁証論」）、したがってその一環としての身心問題の（α）
の側面に対しても根本的な批判を展開することができたのである（「誤謬推
理論」）[14]。

　身心問題の（α）の批判が「合理的心理学」批判だったとすれば、（β）
の自然科学的側面の切り離しは「経験的心理学」に関わる。「経験的心理
学」とはカントによれば「内感に関する一種の生理学」であるが（A347B405）、
内感とは時間を司る感性能力であった。問題は人間の行為における身心関係
がこの「生理学」によって自然科学的に解明されうるかどうかである。カン
トは「二律背反論」で次のようにいう。「人間はそれ自身現象である。人間
の随意志は或る経験的性格を有し、この経験的性格が人間のあらゆる行為の
（経験的）原因をなす」（A552B580）。この、「現象」としての人間、「経験的
性格」から見られた人間は、当然「自然の法則に従う」が、それというもの
も現象とは「時間において生起する」からである（ibid.）。とすれば、行為
における意志決定（随意志）も内感と関わり、したがって経験的心理学の研
究対象となる訳である。だからカントは次のようにいうことができた。「も
しわれわれがもっぱら観察を旨として、……人間の行為に関してその諸起動
原因を生理学的に研究しようとするならば」、そしてこの研究をずっと推し
進めて「人間の随意志におけるいっさいの現象をその根底まで探究すること
ができるならば、……必然的なものとして認識されえないような人間の行為
は一つもないことになろう」（A550f.B577f.）。

　かくしてカントにおいて、身心問題の（β）の側面、即ち経験的心理学は
「本格的な（経験的）自然学」の一員とされて「純粋哲学」から独立せしめ
られるのである（A848B876）。

　では（α）の批判、（β）の独立を仕とげたカントにとって、もはや〈身心問題〉はすっかり雲散霧消してしまったのであろうか。ところで直前の議論から明らかなように、現象としての人間に関しては、換言すれば人間の「経験的性格に関しては、自由はまったくない」（A550B578）。この言葉からわれわれはスピノザの（自由の全面的否定論の一環としての）人間的自由否定論を思いだす。だがカントの人間観はむしろデカルトないしライプニッツ的であって、その「経験的性格」の他に、人間のより本質的な（とわれわれには思われる）存在性格として「叡知的性格」を語る（「二律背反論」A539B567）。人間はこれによって元来、自由なのである（「経験」認識におけるアプリオリな総合統一においても純粋実践の意志決定においても）。これは、現象界に対して「物それ自体 Ding an sich selbst」の世界を想定するいわゆるカントの二元論に並行である [15]。即ちこの「叡知的性格」とは、〈現象としての私〉に対するところの「私それ自体 ich an mir selbst」（A なし B157）における存在性格である。

　ところが人間の性格をこのように二つに分けたとたんに、一つの困難が生じる。それは自由（叡知的性格）と自然必然性（経験的性格）とが一人の同じ人間においてどう接合しどう調和するのか、という問題である。この表現の限りでカントは、デカルト以来もともと身心問題が意味した根本問題に還っている。しかしカントはこれを、もはや独断的、「超越論的実在論」風に（α）でなく、また生理学的仮説として（β）でもなく、まさに（γ）の人間自由論として、即ち、人間悟性の自己実現の問題として解明するべきであることを（哲学史上かつ自分自身）初めて明確に自覚したのであった。われわれはこれを（従来の意味を脱した）〈カントに固有な身心問題〉と呼んで差しつかえないであろう。以下われわれは、A）悟性と内感との関係、B）内感と外感との関係、を検討したうえで、A）B）を接続して、C）悟性（自由）と外感ないし外界（自然必然性）との関係をカントに即して明らかにしていこう。

　およそ自由とは（何らかの意味で）その自由の主体の自己関係が自己意識として自己完結（ないし自己還帰）していなければ成立しない、と思われる。ところでカントによれば、人間は純粋悟性において「私の思考の自発性」を

「表象する」が、このゆえに「私は私を叡知者 Intelligenz と呼ぶ」(第二版
「演繹論」B158Anm.)。人間の叡知的性格はここに根差す。右の限りで人間は
自由の主体であり、かつ自己関係としての自己意識を有しているといえよう。
だがはたしてそれは自己完結するであろうか。

　A) 確かにこの自発性の表象において「私は私自身を意識している」ので
あるが、それは「単に知性的な表象」であるにすぎず (B278)、「単に〈私は
存在する〉ということだけ nur daß ich bin」を意識していることを意味す
るにすぎない (B157)。つまりこの自己意識には内容が欠けている。「〈私は
存在する〉という表象における悟性の純粋統覚によっては、まだ何ひとつと
して多様なものが与えられない」(B138)。だから人間の自己意識は、結合の
自発性の機能主体たる悟性のみによっては自己完結しない。

　そこで「悟性は……諸感官［内感および外感］のなかに直観を求めなけれ
ばならない」(B135) のであるが、そのためにまず「悟性は内感を触発す
る」(B155)。というのは、私は「内感を通じて内的に自己自身［悟性］に
よって触発されるとおりにのみ自己自身を直観する」からである (B156)。
カントはこの悟性から内感への触発を「［生産的］構想力の超越論的総合」
と名づける (B153)。これは自己関係の一種としての自己触発であるといえ
ようが、とすれば、右の過程を通して悟性は自己意識の内容となってくれる
直観を内感において自力で入手する、といったんはいうことができそうであ
る[16]。即ち、私は「私の現存在［現に存在していること］の規定」のために、
つまり「己れを認識する」ために、純粋統覚の統一（「悟性結合」）と内感に
おける時間規定（「構想力の超越論的総合」）とを必要とするのであって、この
両者が相俟つことによって私は「私が私自身に現象するとおりにのみ」自己
認識することができるのである (以上「演繹論」§25. B157ff.)。

　B) だが話はここで終わらない。というのは、私たちは「内感にとっての
認識の全素材さえも」「私たちの外なる諸物から得ている」(第二版「序文」
BXXXIXAnm.) からである。現象としての自己の認識が成立するためにも、事
情は同じである。とりわけ重要なのは、外的現象の変異（運動）を内感にお
いて時間規定するために必要な「或る常住不変なもの etwas Beharrliches」
は「［内感における］内的直観においては全然与えられていない」(第二版

「誤謬推理論」B420) という点である[17]。だからこれも外物から取ってこざるをえない（B156 参照）。ゆえに外界の諸変異とその変異の基準となるものとの二重の論点から、「外感は内的経験の可能性の条件として、この内的経験自身と離れがたく結合している」（BXLAnm.）のである。

C）いまやわれわれは、A）悟性が内感へ、B）内感が外感を通して外物へ、と超出的に関与していかざるをえない事情を見てきた。さて B）の議論から一挙に A）B）を貫いて、C）悟性と外界との関係へと論を進めるのが「観念論論駁」である。ここで証明される「定理」は次の通りである。「私自身の現存在の、単なる、しかし経験的に規定された意識 Das bloße, aber empirisch bestimmte, Bewußtsein meines eigenen Daseins[18] は、私の外なる空間中の諸対象の現存在を証明する」（B275）。この命題において最も肝要な点は（筆者の知る限り例外なく見落とされるのであるが）、主語が二重に語られている点である。即ち、「私自身の現存在の、単なる意識」と「私自身の現存在の、経験的に規定された意識」とである。筆者理解では、前者は純粋統覚における「私は存在する ich bin」という意識のことであり、後者は〈内感における自己認識〉を意味している。ではこの二つの異なった私の現存在意識はなぜ「しかし aber」という逆接の接続詞で結ばれなければならないのか。その点こそが最も得心されるべき点である。カントはそれを「観念論論駁」の「注解1」の後半において、同じ aber という接続詞を用いつつ語っている。（1）まず、純粋悟性の自己意識は自己の現存在を明白に含んでいるが、しかし未だ「認識」とはいえず、（2）したがって自己に関する「内的経験」を形成するためには内感における「内的直観」が必要である。（3）しかるにこの内的直観が規定されるためには「絶対に外的諸対象が必要とされる」（B227）のである。つまりあの「しかし」は、右の事態の展開・推移が何としても避けがたいものであることを示す人間の現存在特性を担う接続詞であったのである。カントはこの「定理」の主語（S）の二重性に A）（上記の（1）（2）悟性→内感）を、述部（V＋O）に B）（上記の（3）内感→外感）を置き、両者を一つの命題として結合することによって、C）悟性の外界への存在論的依存を表現したのである[19]。

改めてわれわれは右の過程全体を、悟性の「経験」の成立、悟性の自己対

象化の必然性（必要性）を示すものと捉えたい。ここに至ってようやく悟性は己れをかろうじて現象我として実現することができたのである。

　大事なことは、ここに確認された（1）（2）（3）の〈現象我の成立〉の過程は、この節のはじめの方で確認した「超越論的観念論」による〈現象認識の成立〉の（1）（2）（3）の過程（p.41）と、ちょうど逆向きではあるがまったく同じ道程であると気づくことである。いい換えれば、あそこでの〈現象認識の成立〉の過程と、ここでの〈悟性の自己対象化〉の過程とは、同一の過程を二方向からたどったものとして、表裏の関係にある。したがってこれら二つの過程は、悟性から出発して悟性へと帰ってくる往還の道として、不可分離的に理解されるべきである。

　筆者には、ここにカントの超越論的観念論の理解の要が存すると思われる。第一版の「演繹論」に次のような有名な言葉がある。「一つの可能的経験一般のアプリオリな諸条件は、同時にその経験の諸対象の可能性の諸条件で［も］ある」（A111）。いまやこの謎めいた命題も、われわれには「観念論論駁」の「定理」の含意とぴったり重なって明瞭に理解されうる。即ち「可能的経験一般」とは悟性の自己対象化の旅（悟性がたどる「経験」）を意味し、「その経験の諸対象」とはその旅の目的地、即ち「［悟性の］経験の諸対象の総括としての自然」（BXIX）を意味する、と。そして右の第一版の「演繹論」の命題と第二版の「観念論論駁」の定理との二つの命題において、主部（悟性の旅）と述部（対象の成立）の方向性が一致している点にも注目するべきである。即ち、悟性が自らは直観たりえないというその制限的な自由のゆえに、やむをえず自己を己れの外に対象化していかざるをえないからこそ、悟性にとって外界の自然認識が成立する、と。かくして人間の自由は、厳密にいえば、辛うじて（不完全に）自己還帰するとはいえるが、自己完結はしないというべきであろう[20]。

　こうした人間に固有な自由の内実を解明する任をになう営みは、独断的形而上学（合理的心理学など）でもなければ自然科学（経験的心理学など）でもありえなかった。カントは『純粋理性批判』「二律背反論」のなかで、「自由の可能性の問題は……その解決をも含めてもっぱら［カント自身の］超越論的哲学の取り扱うところでなければならない」（A535B563）という。これは

純粋実践における〈意志の自律〉の思想を遠望しながら述べられた言葉であると思われるが、われわれはこの言葉がまずは〈悟性の自己実現の自由〉の解明にこそ当てはまるものとして受けとめたい。

　以上が『純粋理性批判』における身心問題の止揚と、そこから導かれた〈悟性の自己対象化的性格〉の剔抉の概要である。筆者の冒頭の仮説（ⅰ）（ⅱ）は最小限の市民権を得たであろうか。それを少しでも補うために、このあとわれわれは、右の〈身心問題の止揚〉の思想が批判哲学確立以降の後期カントにおいてどう再確認されるかを一瞥してみよう。

四　後期カントと〈身心問題〉

　「魂の器官について」（1796）はきわめて短い論文であるが[21]、冒頭にカントの最後の著作『学部の争い』（1798）の先駆的叙述が見られる点で貴重である。とはいえこの小品はもっぱら身心問題を論じており、われわれとしてはその点に注目したい。

　カントはまず、「アプリオリな根拠を至上のものとして要求する」「形而上学者としての哲学者」（α）と、「経験論的原理のうえにすべてを基礎づける」「生理学者としての医学者」（β）とを区別する。（α）はカント自身を、（β）は（この文章の依頼主である）ゼマーリンク S.T.Sömmering（1755 – 1830）という医者を念頭においたものである。ここに二つの問題がある。（ア）「魂の座 sedes animae」の決定と（イ）「共通感覚中枢 sensorium commune」の探究とである。（β）が（イ）を経験科学的に研究するのはよろしい。ところで彼は（ア）については専門外であるので、「欠けているものを補ってくれるように形而上学者［（α）つまりカント］に依頼する」ことになる。しかしカントは、（α）としては（ア）の問題を「むしろまったく除去した方がいい」という。それは、「私の魂、即ち私の絶対的自己」は「自己自身の意識の統一」として「単に悟性にのみ属し」、「内感の対象であってその限りで時間的条件によってのみ決定されうるもの」であるが、そのような魂に「座［場所］」を決定せよと要求することは、これに「空間的関係を与える」よう主張することになって、「そのために魂は……自己を自

己自身の外に移さなくてはならない」ことになるが、これは「自己矛盾」だからである。この論拠ははるか四十年前に『物理的単子論』で逆転的に確定した思想から一貫している。結局カントは次のようにいう。「形而上学に要求される〈魂の座〉という課題の解決は、不可能な数（$\sqrt{-2}$）へと導くのです」（Aka.ⅩⅡ35）。

　実はデカルトの〈松果腺〉とは一般に、（ア）「魂の座」と（イ）「共通感覚中枢」とを兼ねたものとして理解されていたと思われる。するとカントはここで松果腺の問題、即ちデカルトの（狭義の）身心問題を、生理学としては物質を問題とする限りであるいは有効な仮説がありうるかもしれないとしながらも[22]、「魂の座」の証明の問題としては否定した訳である。ここには身心問題に対するカントの三つの態度のうち、（α）独断的議論の禁止（禁欲）と、（β）経験科学的探究の可能性の容認、の二つが鮮やかに示されている、といえよう。

　だからカントは、「私が自分を間近に取り囲む物質を知覚するのとまったく同じ感官［外感］により自己自身を知覚する」ことを「魂の座」の決定に適用することは否定するが、「私が人間として世界における自己の位置を決定しようとする場合」としては当然ながら肯定する（Aka.ⅩⅡ34）。後者の場合には「私は私の身体を私の外にある他の物体に関係させて観察しなければならない」（Aka.ⅩⅡ35）からである。この点は前節で考察した「観念論論駁」の思想と呼応しており、したがってカントの身心問題への第三の態度（γ）と関係している。と同時に、悟性の自己対象化があくまで「観察するbetrachten」の態度に留まるという、カントの自己実現論の特質（限界）もここから読みとることができるであろう[23]。

　次に『純粋理性批判無用論』（1790）を見てみよう。この論争的著作は周知のようにエーベルハルトへの反駁として書かれたが、内容的にはライプニッツの予定調和説への批判が主題である。

　カントによれば、ライプニッツの予定調和説が示そうとしたのは、究極的には「われわれの内の心の力、つまり感性と悟性との予定調和」であった、という。これが「魂と身体とのあいだの一致」の問題（身心問題）へと、さらには「自然の国と恩寵の国とのあいだの一致」の問題へと展開されていっ

たのだ、とカントは解釈する（Aka.VIII250）。それが理論的には独断論であって批判されるべきであることはいうまでもない。しかしカントは明らかにライプニッツのこの一連の意図は活かそうとする。そのために彼は、予定調和の右の展開をさらに自分の立場に引きつけて、「自然概念からの結果と自由概念からの結果の間の調和 Harmonie」といい改めつつ、この「調和」を解明するのが自分の「批判［哲学］」の任務であったのだと（再び）いう（ibid.）。この「調和」も彼の道徳思想における〈意志の自律〉を示唆しているのであろう。

　だからカントはこの論文の末尾で次のようにいうことができたのである。「それゆえ『純粋理性批判』は彼［ライプニッツ］を尊敬することにならない褒め言葉によって持ち上げようとする追随者ども［エーベルハルトもその一人］に反対して、ライプニッツ自身に対する本来的な弁明でありたいのである」（ibid.）。味わい深い一文である。そしてこの「本来的な弁明」が、〈意志の自律〉の思想とともに、（本章第一節の末尾と第三節の前半とで論じたように）人間固有の自由の在り方の解明、即ち〈悟性の自己対象化的性格の剔抉〉に帰着すると筆者は考えたい。かくしてこの著作においても（α）の批判と（γ）の提示とを再確認することができたであろう。

おわりに──まとめと展望──

　カントにおける〈悟性の自己実現論〉はデカルト、スピノザ、ライプニッツの「身心問題」の議論と（内容上）どこが決定的に違うのであろうか。それは第一に、精神の自由が外界とまったく無関係なところで成立するとか、あるいは居ながらにして外界を動かすとかいうものではなくて、心の内面から外界へという一つの運動・過程として明らかにされた、という点である（悟性の「経験」）。つまり自由とは機能であり働きでありふるまいである、と。第二に、主体のこの「経験」という運動の舞台として、その対象世界（「その経験の諸対象」）が同時にしかも主体の客体への依存というかたちで成立する、とされた点である。

　確かにカント自身はこの〈悟性の自己実現論〉をいわゆる認識論（「観

察」）の範囲内で、それと背中合わせの限りで論じていることは否めない。また、これの剔抉によって確保された〈自由と必然との調和〉、即ち「自然必然性の普遍的法則と一体化した、自由による原因性」（『純粋理性批判』「二律背反論」A538B566）が、こののちカントにおいて純粋道徳における〈意志の自律〉および理性宗教の方向へと論じられていったことも明白な事実である。

　しかし翻って考えてみれば、悟性が自然界に現象我として登場すること自体が自由なのであり、しかもその現象我は一つの現象として自然必然性に従うのは当然なのであるから、現象我と自然必然性の二つが結合した事態そのものをカントにおける〈自由と必然との調和〉と理解することは十分に許されるであろう。またカントのこの人間的自由論は、先に確認した二つの特徴のゆえに、フィヒテを介してヘーゲル、マルクスへと学説史的に受け継がれていき、かつその間に、実用的・技術的・社会的に実践的な、さらには学知的・芸術的・身体的に実践的な自己対象化論、さらには疎外論、物象化論へと展開していったと捉えることができるのではないか。結局のところカント以降の思想の流れから振り返って眺めてみても、デカルト起源の〈身心問題〉はカントを転轍手としてヘーゲルらによる〈自己実現論〉から〈疎外論〉〈物象化論〉へと止揚された、と捉えうるのではないか。だがこれらの見通しがさらなる仮説として成立するかどうかの判断は、今後の研究に委ねなければならない [24]。

注

1）以下デカルトからの引用は次の翻訳によった。『方法序説』『情念論』野田又夫訳（中公文庫）、『省察』三木清訳（岩波文庫）、『省察』付録「第五答弁」増永洋三訳（白水社・デカルト著作集第二巻）。訳文は文意を損なわない範囲で仮名遣い等改めた箇所が多い。

2）以下スピノザの『エチカ』からの引用は畠中尚志訳（岩波文庫）によった。なお、例えば同書第三部定理五をⅢ 5 と表わす。

3）「身体が精神を思惟に決定することはできないし、また精神が身体を運動ないし静止に……決定することもできない」（Ⅲ 2）。この言葉の前半からはデカルトの身心論が否定され、後半からは意志の外界への〈自己実現〉が否定される。

4）スピノザ自身は明確に語っていないが、彼において意志の自由は、①単に延長界への目的的連

関においてのみならず、②思惟界の内部においても否定される。思惟属性内部の「秩序」も必然的「連結」だからである。

5）以下ライプニッツからの引用は河野与一訳『単子論』（岩波文庫）による。『単子論』以外の引用文献もすべてこれに収められている。なお『実体の本性および実体の交通ならびに精神・物体間に存する結合についての新説』は、以下『新説』と略記する。

6）ほとんど同じことを『単子論』（1714）§62で繰り返す。この論理はスピノザの「観念の対象は［己れの］身体である」という定理を思い起こさせる。

7）ここでもスピノザの「妥当な観念」の能動性と〈身体の能動性〉とのあいだの平行論との親縁性が指摘できるだろう。

8）本節のデカルト、スピノザについての詳しい分析は以下の拙論を参照されたい。「身心問題と自己実現（1）——デカルトの場合——」（『埼玉大学紀要教育学部（人文・社会科学）（Ⅰ）第32巻』1983所収）、「身心問題と自己実現 (2-1)——スピノザの場合（その一）——」（『同 第34巻』1985所収）。

9）これに限らずカントの初期の諸著作は慣用の略称を用いる。翻訳は岩波書店版カント全集を参照した。

10）ここでの外物の存在証明の論法が、デカルトの『省察』六におけるそれと、またのちの（カント自身の）『純粋理性批判』「観念論論駁」におけるそれと、どうつながりどこが異なるかはたいへん興味深い。

11）カントは件の視霊者の言説を念頭におきつつ、「構想力の幻影」「心のうちに含まれている表象……［としての］形像」を「自己の外に移し」「外的に一つの場所に……移す」ことをきっぱりと「欺瞞」と呼んでいる（Aka.II344. 他に Aka.II362 参照）。

12）カントは回りくどいいい方でではあるが、彼のことを精神病理学的にいって「入院候補者」であると「嘲笑」している（Aka.II348）。筆者はのちにこの〈回りくどいいい方〉をカント特有の〈二枚舌という文章術〉として主題的に取り上げる。第Ⅲ部第三章第四節を俟たれたい。

13）（α）と（β）とをごちゃまぜにしている他の例として、（奇しくもカントの処女作と同じ1747年に出版された）ラ・メトリの『人間機械論』（岩波文庫）を見られたい。

14）この点でカントはスピノザに対しては特別な態度をとる。「もし時間と空間のあの［カント自身の超越論的］観念論を採らないとすれば、あとはただスピノザ主義が残るのみである」（『実践理性批判』V101）。カントとスピノザの関係については本書第Ⅱ部第三章および第四章第一節で詳しく検討する。

15）前章第五節に掲げた「図：カントにおける超越論的四極構造」（p.27）を参照されたい。

16）これは〈悟性の内感への自己触発によって時間直観形式そのものが産出される〉ことを意味しない。この点については本書第Ⅰ部第五章「〈研究ノート〉悟性による内的触発の現場を索めて——「感性論」と「演繹論」をつなぐもの——」後篇第一節に当たられたい。

17）これはライプニッツのモナドの「内部表象」の自足への批判であると受けとめることができる。

18）「定理」の主語部のコンマの打ち方は、アカデミー版でなく哲学文庫 Philosophische Bibliothek 版によった。

19）「観念論論駁」については詳しくは本書第Ⅰ部第四章「カント「観念論論駁」再考——「定理」の主語の二重性を中心に——」に当られたい。

20）筆者の理解では、「観念論論駁」においてカントは外物の基体たる物自体の現存在まで証明の射程に入れていると思われる。さもなければ、われわれがたどってきた悟性から外界への旅、即

ち「経験」が「虚構 Erdichtung」（BXLAnm.）のうえに成り立っていることとなって、この「観念論論駁」で批判しようとするデカルトの蓋然的観念論どころか、バークリの独断的観念論と何ら変わらなくなってしまうからである（B274f. 参照）。この点で再び第二版「序文」末尾の注の次の言葉に注目したい。「外感はすでにそれ自体で、［外的］直観の、〈私の外なる或る現実的なもの〉への関係であり……」（ibid.）。これは私の外感に作用する wirken（＝触発する affizieren）基体を意味するであろう。もちろんこのとき、〈それがそれ自体でどのようにあるか〉の認識はわれわれには許されていないことはいうまでもない。他に「観念論論駁」の「証明」および「注解３」を見られたい。つまりカントは悟性の「経験」の成立のための「しっかりした根拠」（ライプニッツ、前出）として、単に「超越論的観念論」を確立する必要があっただけでなく、純粋統覚の統一にとってその「相関者」（A250B なし）となってくれる物自体の現存在までを証明する必要があったと考えることができるであろう。

21）アカデミー版カント全集ⅩⅡ31-5.

22）カント自身（戯れに？）ここで（β）の「生理学者としての医学者」になったつもりで、一つの生理学的な仮説を自信ありげに示している（Aka.ⅩⅡ34）。その記述は意外と冴えていて、現代脳生理学の分野における画期的な発見の一つであるニューロ・ペプチドをこの時点で仮説的に予言しているかのように読める。

23）前章注 15）の、in Ansehung et^2（〜を観察する際に）についての記述を参照されたい。なおカントの自己実現論においては ansehen と betrachten とは「観察する」という意味で同義とみなしていいであろう。

24）最近［1987］日本において身心問題がさかんに議論されている。たとえば市川浩『精神としての身体』（勁草書房）、湯浅泰雄『身体――東洋的身心論の試み――』（創文社）、山本信・井上忠・黒田亘・広松渉・大森荘蔵『「心−身」の問題』（産業図書）、坂本百大『人間機械論の哲学心身問題と自由のゆくえ』（勁草書房）。ただしすべての論者が身心問題そのものを哲学的に解明しようとしているので、本章における筆者の学説史的・思想史的展開に関する仮説にとって先行研究として直接活かすことができなかった。加えて敢えて記せば、筆者にはこれらの議論の多くが依然としてα）形而上学的議論か、β）経験科学的議論か、あるいは両者の混淆かに留まっているように思われた。反対に、身心問題の可能性のなかにわれわれが見て来たようなγ）自由論的・実践論的・外化論的性格を見ようとする論者は見当たらなかった。

第三章　『純粋理性批判』「演繹論」の「三つの難問」再考
——〈自己認識の二重拘束〉をめぐって——

はじめに

　筆者は年来、カントの主著『純粋理性批判』を、単に人間の経験認識の成立を超越論的に解明した認識論の書とのみ捉えるのでなく、認識論の書としての性格の根底に〈人間基礎存在論としてのカントの人間思想〉が横たわっていると捉えることができるし、そう捉えるべきではないかと考えてきた[1]。〈「経験」とは何であるか〉についての認識論的な解明の総体が、同時にそのまま人間に特有な存在仕方の解明になっている、と。その際『純粋理性批判』のなかでもとくに、「諸純粋悟性概念の超越論的演繹」（A84ff.B116ff.. 以下単に「演繹論」とする）と「原則論」中の第四原則「経験的思考一般の諸要請」に第二版で書き加えられた「観念論論駁」（B274ff.）に注目し、これら二箇所がカント特有の人間基礎存在論を読み取るうえで密接な思想的連関を有しており、また相補的な関係にあるのでもあると読解してきた[2]。本章ではこのうち、筆者がこれまで「演繹論」の§24 に提示された三重の「難問 Schwierigkeit」（B155f.）[3]をめぐって重ねてきた考察を最終的に総括したい。そのうえで、この難問と「演繹論」の根本問題との関連についても簡単に確認したい。なお本章では、この三重の「難問」を〈演繹論における自己認識をめぐる難問〉とも呼ぶこととする[4]。

一

　まずカント自身が「演繹論」のなかで「難問」であると明言している三つの問いを確認する。第二版で書き換えられた「演繹論」の§24 にこうある。最初に筆者による補訳、強調をいっさい加えない形で筆者の試訳を示す（太

字体は原文の隔字体を示す）。

「それにしても、考える私は、己れ自身を直観する私から区別されつつ（それは、私がなお別の直観様式を可能なものとして少なくとも表象することができるからであるが）、しかも同じ主観としてこの後者と一つであるのはどのようにしてであるか、それゆえ、**私は叡知者として、つまり考える主観として、私自身を考えられた客観**と認識するが、ただしそれは、そのことを超えて私が私になお直観のうちに与えられる限りであり、それも、私が悟性を前にしてあるがままにでなく、他の諸現象と同様に、単に私が私に現象する通りにであるのはどのようにしてであるか、と私は語ることができるか、は、私が私自身にとって一般に一つの客観であることが可能であり、それも直観の一つの客観、しかも内的諸知覚の一つの客観であることが可能であるのはどのようにしてであるか、とちょうどぴたり同等の困難 Schwierigkeit を抱えている」（B155f.）。

　もちろんこれら三様の問いは、「演繹論」のなかでも中心的に重要な論点を三通りに分解していい換えたものとして読まれなければならない。カントに課された課題は、第一の問いから比較的容易に読みとられうるように、二つの異なる「私」がしかも「同じ主観［私］として一つである」のはどのようにしてであるか、という問いを解くことであった。筆者の理解によれば、この問いは最終的には、カントが「純粋理性の本来的な課題」と命名する「アプリオリな総合判断はどのようにして可能か」（B19）という問いに帰着する。ところでこれら三つの問いは、問われている事柄そのものがきわめて難しいことに加えて、この一文自体が読者の読解を拒否するかのごとき複雑で難解な構文となっている。それは、カント研究が専門であってもドイツ語が母国語でない日本人や英米人ほかにとってそうであるだけでなく、ドイツ語を母国語とするカント研究者にとってすらそうであろうと思われるほどである。

　そこでまず、上記のカントの問題提起を（必要な範囲で文法にも目を配りながら）詳細に解剖・分析してみよう。そのために次に三様の問いを①②③と

番号づけしたうえで、筆者の補訳、強調を施しながら独立に示す。そのさい
[　] は筆者による補訳ないし解釈を示し、圏点および〈　〉は筆者がその
の文脈上重要だと判断する語句の強調に用いる。対して太字体は原文の隔字
体である。それぞれ原文も示す。

① 「それにしても、[「私は考える Ich denke」というときの]〈考える私〉は、
　〈己れ自身を［時間的に感性的内的に］直観する私〉から区別されつつ（そ
　れは、[考える]私が [時間という感性的内的直観以外に、己れ自身を内的に
　直観する]なお別の直観様式を [例えば内的な知的直観あるいは時間以外の感
　性的内的直観を]可能なものとして少なくとも表象する [考える]ことがで
　きるからであるが）、しかも [それでいながら]同じ主観としてこの後者
　[己れ自身を時間的に感性的内的に直観する私]と一つであるのはどのように
　して [可能]であるか、[という問い,]」

Wie aber das Ich, der ich denke, von dem Ich, das sich selbst anschaut,
unterschieden (indem ich mir noch andere Anschauungsart wenigstens als
möglich vorstellen kann) und doch mit diesem letzteren als dasselbe
Subjekt einerlei sei,

② 「それゆえ、**私は叡知者として、つまり〈考える主観〉として、私自身
　を〈考えられた客観〉**と認識するが、ただしそれは、そのこと [〈考える
　主観としての私〉が私自身を〈考えられた客観〉と認識すること]を超えて私
　が私になお直観のうちに与えられる限りで [という条件の下にで]あり、
　それも、私が悟性を前にしてあるがままに [内的な知的直観のうちに与えら
　れるというの]でなく、他の [外的]諸現象 [が私に感性的（外的・空間的）
　諸表象のうちに与えられるの]と同様に、単に私が私に現象する通りに [感
　性的（内的・時間的）諸表象のうちに与えられる限り]であるのはどのよう
　にしてであるか、と私は語る [「説明」する]ことができるか、[という問い
　は]」

wie ich also sagen könne : I c h , als Intelligenz und d e n k e n d Subjekt,
erkenne m i c h selbst als g e d a c h t e s Objekt, sofern ich mir noch über

das in der Anschauung gegeben bin, nur, gleich anderen Phänomen, nicht wie ich vor dem Verstande bin, sondern wie ich mir erscheine,

（②の問いと③の問いとのあいだにカントの原文では、「［うえに述べた①と②の問い］は［以下の③の問い］とちょうどぴたり同等の困難 Schwierigkeit を抱えている hat nicht mehr auch nicht weniger Schwierigkeit bei sich, als, 即ち」という文言が入る。）

③　「［一方で］私が私自身にとって一般に一つの客観であることが可能であり、［他方で］それも直観の一つの客観、しかも内的諸知覚の一つの客観であることが可能であるのはどのようにしてであるか［、という問いである］。」
wie ich mir selbst überhaupt ein Objekt und zwar der Anschauung und innerer Wahrnehmungen sein könne.

　このあと本章の前半では、①②③の一つ一つについて、この難問群がおかれた前後の文脈（§24, §25）をいったん視野から外して、これらの問いそのものから何が読み取られうるかを厳密に検討したい。はじめに文法的に注意するべき点に a）b）c）の順で触れ、ついで問いの焦点はどこにあるかの分析を（ア）（イ）（ウ）の順で試みる（二～四）。これを承けて三つの問い全体を貫いてさらに何がいえるかを確認したのち（五）、後半ではまず、そもそもカントがこれらの難問を発せねばならなかった一連の事情に一瞥を加えたうえで（六）、最後に振り返って、「演繹論」の文脈と根本問題とに照らしてみると何がいえるか、を検討することになるだろう（七）。「おわりに」では、本章の成果を本書第一章で提示した「図：カントの超越論的四極構造」（p.27）と関連づけながら、この難問はさらに「観念論論駁」へと引き継がれるであろうという見通しを述べて締め括る。

二

　①から分析を施そう。まず文法的に確認しておくべきは以下の諸点であろう。

　a）出だしの「考える私は」の表記法が注目される。das Ich, der ich denke, となっている。最初に das Ich となっていて ich（私は）が（中性単数の定冠詞 das つきで）大文字で書きだされている点は、「私は」を名詞として表記しているからであり何ら問題はない。怪訝なのは中性名詞の Ich を受ける関係代名詞の主格が中性単数一格の das でなく男性単数一格の der となっており、つづいて人称代名詞の一人称単数一格 ich がきて、それに呼応して動詞の人称変化が denke となっている点である[5]。三点記す。（ⅰ）まず、文法書にも載っていたと思うが、ここは（この関係代名詞の用法のままで）素直に「考えるところの私は」の意味に取ることができる（すべての邦訳および英訳もそのように取っている）。（ⅱ）のちに改めて触れるが（（ア）），「私は考える ich denke」の意識は「純粋統覚」（B132）の意識としてカント哲学において中核的な役割を担う。その一つの頂点が「演繹論」のこの箇所である。それもあって冒頭に der ich denke と明示することによって ich denke という語形を読者に意識してもらいたかったのではないか。その意味で①の試訳では冒頭に「[「私は考える ich denke」というときの]〈考える私〉は、」と補訳した。（ⅲ）カントは別の箇所でデカルトの「私は考える、ゆえに私は存在する Cogito, ergo sum.」（ラテン語版『方法序説』第四部）について或る一点で批判を加えているが（「私は存在する」は「私は考える」から推論によって帰結するのではない、と）、ここの der ich denke の表記はそれに密接していると思われる。つまりこの表記法には、その点でもカントの意図が籠められているであろう[6]。

　b）unterschieden（区別されて）の後ろには①の問いの末尾に位置する sei（である）が遡って掛かっていると読まねばならない。試訳では「区別されつつ」とした。

　c）wenigstens（少なくとも）という副詞がどこに掛かっているかは悩まし

い。常識的には直後の als möglich（可能なものとして）に̇だ̇け̇掛かっている
と見て、「少なくとも可能なものとしては」と読まれるところであろう（大
半の邦訳、英訳もそう取っている）。しかしここは、直後の als möglich vor-
stellen kann 全̇体̇に掛かっている様相の副詞であると受けとめるべきではな
いだろうか。「可能なものとして表象することは少なくともできる」の意で
ある、と。さらにいえば、そのなかでもと̇く̇に̇「表象すること vorstellen」
に掛かると思われる。つまりカントの真意は、《もちろん人間には現実とし
ては、そのような別種の直観様式にしたがって己れを直̇観̇することはできな
いが、しかし「少̇な̇く̇と̇も̇」「可̇能̇な̇も̇の̇と̇し̇て̇表̇象̇す̇る̇こ̇と̇は̇で̇き̇る̇」》と
いうところにあるのではないか。この際に「表象する」がここでは「考え
る」を意味すると理解しておくことも重要な点である（次の d）を読まれた
い）。そこで試訳では「少なくとも」の位置をさらに微調整して、「なお別の
直観様式を可能なものとして少なくとも表象する［考える］ことができる」
とした[7]。

d) 括弧のなかの indem（……することによって、のゆえに）で導かれる節
にある vorstellen（表象する）はここでは denken（考える）の意で用いられ
ていることは確かであるが、「表象する」は「考える」を含みつつ外延的に
さらに広い概念であるので（「直観する」も「表象する」の一種である）、納得
のいかない向きもあるかもしれない。だがこの indem 節の主語の「私は
ich」が①の冒頭にある「考える私は」を承けていることは明瞭であるから、
その「考える私」が「表象する」といえば、それは「考える」ことを意味す
ることもまた明瞭であるといえよう。そこで「表象する［考える］」と補訳
しておいた。

e) ①の末尾にでてくる einerlei（同一の）という形容詞が多少問題を含ん
でいる。というのもこの語はここでは述語として用いられているが、どの辞
書をみてもこの語が述語的に用いられる場合には「どちらでもよい」「気に
ならない」の意である、とあるからである（「どちらでも構わない gleich-
gültig」「どうでもよい egal」と同義）。だがカントがこの語をここで「同一の」
「一つの」の意で用いていることは文脈上明らかであるのでこれ以上問題と
しない。

　以上で文法上の地ならしを終える。ここから以下①の問いの文意の分析となる。

　（ア）①を縮めていい直せば、「〈考える私〉は〈己れ自身を直観する私〉から区別されつつ、しかも同じ主観として後者と一つであるのはどのようにしてであるか」となる。この問いの主語に位置する「考える私」とは何を意味するのか。それを明らかにするためにここで次の二点を確認しておこう。

　まず第一に、「演繹論」は §13 から始まるが、本格的に展開されるのは（B版でいえば）§16 からである。その §16 は、カントといえば有名な「〈私は考える Das : Ich denke〉は私のあらゆる表象に伴うことができるのでなければならない」（B131）という文言から始まっていた。この命題の主語に位置する「私は考える」が、デカルトの「私は考える、ゆえに私は存在する」（『方法序説』第四部）の前半の命題に淵源することはいうまでもない。

　第二に、「私はこの〈私は考える〉という表象を**純粋統覚**と名づける」とカントはいう（B132. 太字体は原文の隔字体）。この命名の理由はどこにあるかというと、「経験的統覚から区別するため」（ibid.）であった。このことからすると、①の問いの冒頭の「考える私」は純粋統覚を意味し、他方の「己れ自身を直観する私」は内感ないし（純粋統覚に対置された）経験的統覚を意味すると理解していいであろう。このとき「直観する」の目的語である「己れ自身」は、当然ながら「考える私」（純粋統覚）を指している。こうしてカントにおける〈自己認識をめぐる難問〉が浮上する。その事情についてはこのあと詳しく検討する。

　ここで一つの見通しを前もって示しておくならば、「考える私」と「己れ自身を直観する私」とが一つになった暁には、そこに〈認識する私〉即ち〈「経験」する私〉が現前するであろう。それはまた当の〈私〉にとって最初の原初的な〈アプリオリな総合判断〉が成立する瞬間でもあるであろう[8]。

　（イ）①の問いの文意を正確に理解するうえで無視しえない役割を果すのは、括弧のなかの indem（……することによって、のゆえに）で導かれる理由節である。これが、〈二つの私が何ゆえに区別されるのか〉に関してその理由を、（①の問いのなかでの限りで）述べているからである。さて①の冒頭にある「己れ自身を直観する私」の直観様式 Anschauungsart（「直観の仕方」と訳し

てもいい）とは、〈時間という感性的内的「純粋直観」（A20B34f.）〉にほかな
らなかった。いうまでもなくこの「純粋直観」を現に私は有している（「感
性論」の第二節「時間論」）。ところが「考える私」は、この直観様式以外に、
己れ自身を内的に直観するための「なお別の直観様式を可能なものとして少
なくとも表象することができる」、と括弧のなかでカントはいう。ところで
上記のc）d）で確認したように、「考える私」が「表象する」といえば、そ
れは「考える」ということである。カントは具体名を何も挙げていないが、
ここで「可能なものとして」考えられる「別の直観様式」としては、〈内的
な知的直観〉あるいは〈時間以外の感性的内的純粋直観〉がその候補となる
だろう[9]。ここからはカント特有の反実仮想を読みとることができる。即ち
仮にもし「考える私」が「己れ自身を［知的にか感性的にかは問わず何らかの
様式で］直観する私」と元々寸分異なるところがなく一体のものであったと
したら、「なお別の直観様式」を想定する（考える）ことは不可能である（二
つのあいだに差異つまり距離がないから）。しかるに「考える私」は「己れ自
身を［時間的に感性的内的に］直観する私」の直観様式とは別の、己れ自身
を直観する直観様式を〈少なくとも考えること〉が現に可能である。だから
この一点だけからでも「考える私」と「直観する私」とは「区別される」、
つまり異種のもの、身分を異にするものである、と十分にいえる。そのよう
にカントは括弧のなかで理由づけているのである[10]。

　（ウ）だがそもそもどうして、二つの私は「区別されつつ、しかも一つで
あるのはどのようにしてであるか」、という問いをカントは発せなければな
らなかったのだろうか。――お気づきのようにこの疑問は①だけでなく②③
にも貫かれる疑問であるので、三つの問いの個別検討と総括が終わったのち、
第六節で一括して検討したい[11]。

　　　三

　②の分析に移ろう。三様の難問のなかでもこの問いが最も難解である。まず文法的な留意点を確認する。
　a）②の複合的な疑問文に関していえば、「どのようにしてであるか wie」

という疑問詞は、文法からしても内容上からいっても、直後に続く「私は語ることができる ich sagen könne」に掛かるというよりも、sagen（語る）の目的節全体（「私は……として Ich, als」以下②の末尾まで）に掛かると受けとるべきである[12]。つまりここは、〈どのようにして私は……と語ることができるか〉というのでなく、〈私は……私自身を考えられた客観と認識するが、ただしそれは、……単に私が私に現象する通りにであるのはどのようにしてであるか〉と取るべきである。そこでここでは「……であるのはどのようにしてであるか、と私は語ることができるか」と訳した[13]。

　b）「それゆえ also」も問題含みである。「それゆえ also」は、①のゆえに、の意味であることは自明であるが、②の行文を一読するだけでは、どうして「それゆえ」なのかが判然としないであろう。老婆心ながら確認すると、ここにも a）と同様の事情が存する。つまりこの also は sagen（語る）の目的節全体に掛かっているのであって、これを also が挟まれている「私は語ることができる ich sagen könne」に掛かる副詞であるととるのは的外れである。そこで改めて判然としない事情をいい直すと、also は、①の内容からして、②で語られている「私は叡知者として」以下の目的節全体の事情が事態的必然的に導かれるのだ、という意味であることは分かるが、その〈事態的必然的に〉の論理必然性を受けとめることが困難なのである。この点についてのこれ以上の分析はのちの（ア）に委ねることとする。

　c）sagen（語る）の目的節の主文の主語の全体 I c h , als Intelligenz und d e n k e n d Subjekt を、筆者は und をいい換えの「つまり」の意ととったうえで、「私は叡知者として、つまり〈考える主観〉として」と訳す。これには明確な根拠がある。難問群が提示された直後の「演繹論」§25の原注に次のようにある。「私は考える」という純粋統覚による総合的根源的統一において、「私はただ〈私は考える〉という自発性を、即ち、規定するものの自発性を表象するだけである……。しかしこの自発性によってこそ、私は私を叡知者と名づけるのである」（B158Anm.）。これが、試訳において原文の und を「つまり」と訳した所以である[14]。

　d）上記の als Intelligenz und d e n k e n d Subjekt（叡知者として、つまり**考える主観として**）のなかの d e n k e n d（考える）は厳密には d e n k e n d e s

とあるべきところである。直後の「**考えられた客観**」の原文が厳密に ｇ ｅ -
ｄ ａ ｃ ｈ ｔ ｅ ｓ Objekt と表記されていることに照らすと、語尾の -es が欠けて
いるのは不思議である（下記 **g**）参照）。あるいはカントは -es を付けない形
によって現在進行形の意味を強調したかったのかも知れない。そうだとすれ
ばここは「考える主観」でなく「考えている主観」と取るべきことになる。

　e）erkenne（認識する）は、カントがここで sagen（語る）の目的節の間接
話法を daß-Satz（ということを）でなく「私は私自身を認識する Ich erkenne
mich selbst」（隔字体を解除）と直叙的間接話法で書いているところから判断
すると、接続法 I 式の一人称単数現在の erkenne であることが分かる（ちな
みに①の末尾の sei（である）、③の末尾の könne（可能である）も同様に接続法 I
式である）。

　f）über das（それを超えて、ないし、そのことを超えて）の das（それ、ない
し、そのこと）が何を指すかは文法的に考えても悩ましいが、それ以上に内
容的な解釈に深く関わるので、このあと（**ウ**）で論じることとする。

　g）nur, gleich anderen Phänomen（それも、他の諸現象と同様に、単に）の
gleich（と同様に）はここでは副詞であり、前か後ろに三格の名詞をしたがっ
えて「何々と同様に」という副詞句を形成する。したがって後置の anderen
Phänomen は、anderen の形（複数三格）から判断すると Phänomen（「現象」、
中性名詞、複数形は Phänomene）の複数形三格のつもりであろう（仮に単数形
のつもりであったならば anderem となる）。だとすれば、ここは正確には
anderen Phänomen*en*（斜字体は筆者）とあるべきところである。あるいは **c**）
とことことを重ねて見てみると、単にカントはときおり形容詞ないし名詞の語
尾変化には頓着しなかっただけなのかもしれない。

　h）「私が悟性を前にしてあるがままにでなく nicht wie ich vor dem
Verstande bin」の vor（の前に）も明義的でないが、ここでは「悟性を前に
して」、「悟性に対して」（天野訳ほか）の意であろう。有力な辞典に依拠して
「悟性から見て」「悟性の立場から見ると」と訳すことも可能であろう（小学
館『独和大辞典』）。肝心なのは、ここでいわれている「私が悟性を前にして
あるがままに」（筆者の訳文）とは、私が悟性によって知的直観として観取さ
れることを意味しており、カントはそれを nicht（でなく）で否定している

ことを読みとることである。どうしてここは知的直観の話をしていると取るべきかといえば、この句はこの句の前に位置する「そのことを超えて私が私になお［何らかの］直観のうちに与えられる限りであり」という先行条件に縛られているからであり、つまり「私が」（感性を前にしてでなく）「悟性を前にして」直観として「あるがままに」の意であるからである[15]。

文法的な詮索は以上として、内容的な検討に移ろう。

　（ア）冒頭に「それゆえ also」とあるが、上の b）で指摘したようにこの語の解釈は容易でない。思うにこの順接の理由を示す副詞は、①と②とが wie（どのようにしてであるか）で問われる問いとして意味上密接な（順接的な）連関を有しているのは当然として、さらに一歩踏み込んで推量すれば、二つは問いとして同型であるとカントは考えていたことを示している、と読みとるべきではないだろうか。ここで（このあとの③も含めて）三つの難問群を貫く同型性というのは、《α が β と異なりつつしかも同一であるのはどのようにしてであるか》という問いの〈型〉が同じであることを指す。①では α は〈考える私〉であり β は〈直観する私〉であった。のちに詳しく見るように（第六節（Ⅰ）β）および（Ⅱ）β））事実これら二つは合して一つの主観を形成する。だが、それは「どのようにしてであるか wie」がここで問われているのである。──ついで②に移ってカントは、《二つの〈主観-客観〉関係が異なりつつしかも同一であるのはどのようにしてであるか》、を問題としている。大事な点は、②における一つ目の〈主観-客観〉関係は〈考える私〉に関わるものであり（「考える主観」としての「私」と「考えられた客観」としての「私自身」との関係）、二つ目の〈主観-客観〉関係は〈直観する私〉に関わるものである（「己れ自身を直観する私」〔①にあった〕と「私に直観のうちに与えられる限りでの」「私」〔②〕との関係）、という点である。ところでこれら太字体で示した二つの〈私〉はまさに①で問われていた二者であった。「それゆえ also」ここ（②）ではそれら二者にまつわる二つの〈主観-客観〉関係が異なりながらしかも同一であるのは〈どのようにしてであるのか〉が問われる訳である。これが「それゆえ」の意味であった。

　（イ）sagen（語る）の目的節のなかの主文（「私は叡知者として、つまり〈考える主観〉として、私自身を〈考えられた客観〉と認識する」）を目を凝らして

よく読んでみると、カントは、「考える主観」としての私は私自身を「考えられた客観」と「認識する」、と（いったんは）断言していることに気づく[16]。このとき一瞬頭をよぎるのは、何らかの直観なしにそのようなこと（認識）が成立するだろうか、という疑念である。カントにおいて認識は概念と直観との総合から成り立つのだからである[17]。と思いきや、原文の独文の語の順序にしたがって読み進めていくと、まさにここでも、この認識が（自己）**認識**として成立するためには以下のような**縛り・条件・制約**が必須なのですよ、と続いている。それが「ただしそれは、……限りであり sofern」以下の副詞的従属節である。この sofern 節はこのあと②の最後まで続く。それはまた前段（「与えられる gegeben bin」まで）と後段（「それも、……単に nur」以下）に分かれ、加えて後段が込み入っていて全体が極めて複雑になっている。

　その縛り・条件・制約を簡潔に示すならば、自己認識が成りたつためには《〈思考〉＋何らかの〈直観〉、それも何らかの〈感性的直観〉》となっているのでなければならないのですよ、となるだろう。これをこのあと〈**自己認識をめぐる二重拘束**〉と呼ぶこととしたい（本章の副題を見られたい）。念のために確認すると、一段目の拘束は、自己認識は（自己についての）〈思考〉（概念）単独では成立せず（自己についての）〈直観〉が伴うのでなければなりません、という制約であり、二段目の拘束は、直観といっても（自己についての）〈知的直観〉でなく（自己についての）〈感性的（内的）直観〉でなければなりません、という縛りである。——おそらくこの点に注目することが、②だけでなく三つの難問の全体を理解するうえで最も肝要であり、ひいては「演繹論」におけるカントの最奥の思想を剔抉することにも繋がるであろう。ではその〈二重拘束〉（ないし〈二段縛り〉）の内実はどのようなものであるのか。以下、この観点から分析を続けよう。

　（ウ）②においてもう一点気になる箇所は、原文の über das（それを超えて、ないし、そのことを超えて）の das（それ、ないし、そのこと）が何を指すか、である。das が中性単数の指示代名詞であることを踏まえると、文法的に解釈可能な正答候補は三つある。「考える主観 denkend[es] Subjekt」（原文の強調は解除）、「考えられた客観 gedachtes Objekt」（同）、そして sagen（語る）の目的節のなかの主文として直前に語られていたことの全体、即ち、「私は

叡知者として、つまり〈考える主観〉として、私自身を〈考えられた客観〉
と認識する」こと（筆者の訳文。原文の強調は解除）、の三つである。思うに
第三の候補が十全な答えであろう。ただし（神経質にいえば）後続の表現
（「私が私になお直観のうちに与えられる」）と平仄を合せるならば、〈私自身は、
……〈考える主観〉としての私によって〈考えられた客観〉と考えられる〉
とするべきところであろう。それはともあれ、とすると第二候補も「〈考え
られた客観〉であることを超えて」、と読むのであれば正解といえる。なぜ
そういえるか。――（イ）で検討したように、主文がいう事態、即ち「私は
……、私自身を〈考えられた客観〉と認識する」だけでは、いまだ「認識」
とはいえなかった。だから、私が私を本当に「認識する」といえるためには、
そのことを越えて、私が私に（何らかの形で）「なお直観のうちに与えられ
る」のでなければならなかった。逆に、そうでありさえすれば（「～の限りで
sofern」は「～でありさえすれば wenn nur」でもある）、自己認識は（まずは差
しあたって）可能となるといえるはずだ、とカントはいっているからである
[18]。

　それに対して第一候補の「考える主観」は、カントのここでの趣旨を微妙
に外しているように思われる。たしかに先の二重拘束の公式によれば、最初
に〈思考〉が挙げられたあと、次に〈直観〉が問題とされるのであるから、
ここで〈超えられる〉「それ das」を「考える主観」と取るのにも一理ある
といえる。だが先に（ア）で確認したように、①が〈主観〉に関して〈自己
認識の二重拘束〉を語っていたのに対して、ここの②では、場面を〈主観-
客観関係〉に移したうえで（①と同型の）〈自己認識の二重拘束〉が語られて
いるのである。つまり、「考える主観」を超えて「直観する主観」が対置さ
れる話はすでに①で終わっているのであって、②では〈考える主観-考えら
れた客観〉の関係を超えてそれに対置されているものは〈直観する主観-直
観された客観〉の関係なのである。したがって原文に戻って、それを超えて
「私が私になお直観のうちに与えられる」という事情が対置されている「そ
れ」は、〈私が私によって考えられる〉という事情を指す道理となるだろう
[19]。

　（エ）ところで sagen（語る）の目的節の主文を大胆に縮めていえば、《〈考

える私〉が私自身を考える》となる。この表現に直結する箇所として、筆者
が気がついた限りでいえば、『純粋理性批判』のなかでカントが端的に〈私
は私を考える［思考する］ich denke mich.〉と表記している箇所が少なくと
も二箇所ある。そのうちの一箇所を参照することによって②全体のカントの
問題意識がいっそう鮮明となると思われるので、簡単に触れておこう。それ
は、三つの「難問」の列挙の直後の「演繹論」§25である。該当する表現
の少し前から引用する。「それゆえ……自己自身を意識する［考える］こと
は自己自身を認識することからほど遠い。……私自身を認識するために私は、
……〈私は私を考える〉ということ [20] のほかに、なお私の内部における多
様なものの直観を必要とするのであって、そうした直観を通して私はこの
［〈私は私を考える〉という］思考を規定するのである」(B158)。見られるよ
うに、カントは§24で難問を提示した直後のここで、「私は私を考える」を
梃子とすることによって、②の難問と同趣旨のこと、つまり〈私が私によっ
て認識されるためには思考に加えて直観が必要である〉、を反芻しているの
である [21]。

　（オ）②に戻って、sofern（ただしそれは、……限りであり）以下の従属節の
後段の「それも、……と同様に、単に nur, gleich」以下も重要である。（イ）
で検討したように、カントは同じ従属節の前段で、いったん「私が私になお
直観のうちに与えられる限りで」〈考える私〉は「私自身を〈考えられた客
観〉と認識する」といった。ここに例の小さな、しかし侮ることのできない
心配が生じる。というのは、直観には感性的直観のほかに知的直観もある
（と考えられうる）からだ（いまいちど①の括弧内のカントの記述を確認された
い） [22]。知的直観とはここでの表現に従えば、「私が悟性を前にしてあるが
ままに」与えられる直観のことであるが、h）で検討したように、ここで人
間に対して知的直観はきっぱりと否定されている。そのうえでカントはさら
なる限定・条件づけとして、そうではなくて、「他の諸現象と同様に、単に
私が私に現象するとおりにである」、と書き足したのである。

　（カ）この「他の諸現象と同様に、単に私が私に現象するとおりに」の部
分も意味深長である。まず「他の諸現象」とは、②に補訳したように〈外的
な諸現象〉を指すとみていいであろう。問題はこの箇所の含意であるが、思

うにそれは二面から汲みとることができよう。一つには〈外的諸現象が（外的に）触発されることによって受容されるのと同様に〉を意味していると思われる。つまり現象であれば、たといそれが内的な現象であってもやはり〈触発されて受容される〉のでなければならない、というところに眼目がある。この論点は〈悟性の内感への内部触発の問題〉に直結するが、ここでは措こう（注36）を参照されたい）。二つには、「私が私に［内的に］現象する」結果受容される諸表象は、カントが他の箇所で「心の内的状態」（A22B37）と呼ぶものであろうが、その実質は結局のところ外的諸表象、即ち〈空間直観＋諸感覚〉から構成されるはずである。つまり感性的存在者としての人間に可能な自己認識は、外的諸表象のおかげで成立するのです、とカントはここで示唆していると読むことができよう。しかしここもいまはそうした解釈可能性を示すにとどめる[23]。

（キ）ところで、ここの「私が私に現象するとおりに wie ich mir erscheine」における主語の「私が ich」は②の出だしにあった「考える主観としての私」（つまり純粋統覚）を指すのに対して、その私がそこへと「現象する」後者の「私に mir」の私は、当然〈内感〉（経験的統覚）を意味する。つまり〈考える私〉が〈直観する私〉へと現象するのであり、その産物が「心の内的状態」（A22B37. 前出）なのである（（カ））。ところでこの②の表現と表裏一体の関係にあるのが、①にあった [das] Ich, das sich selbst anschaut（己れ自身を直観する私）という表現であった。もういちど確認すると、あそこでは「己れ自身 sich selbst」が〈考える私〉を意味し、それを「直観する私」が〈内感〉を意味した。①と②のこれら二つの命題を照合しつつ整理し直してみると、次のようになる。「〈考える私〉は〈内感〉に現象する」（②）、かつ、「〈内感〉は〈考える私〉を直観する」（①）。ここの「かつ」は、二文が主語述語を入れ替えることによって成り立つ〈相互互換性〉にあることを示す。

以上でとりあえず②の検討を終える[24]。

四

　最後に③を検討しよう。①②を検討してきたわれわれにとって、③は他の二つに比べると文が短く構文も単純であることもあって、比較的理解しやすいといえる。とはいえ、落とし穴が二つある。それについての検討はあと回しにすることとして、まずは文法的な確認から入ろう。

　a）überhaupt ein Objekt（一般に一つの客観）のうしろには、（①のときと同様に）この間接疑問文の末尾にある sein könne（であることが可能である）が入る。その結果③の冒頭は、「私が私自身にとって一般に一つの客観であることが可能であり」となる。

　b）der Anschauung の der は定冠詞の女性単数形 die の二格の der であるから、これの前に（すでに直前に一度書かれている）ein Objekt を挿入して ein Objekt der Anschauung と読まねばならない。「直観の一つの客観」の意である。

　c）innerer Wahrnehmungen の innerer は形容詞 inner の複数形二格であって、b）と同様これの前に ein Objekt を挿入して ein Objekt innerer Wahrnehmungen と読まねばならない。「内的諸知覚の一つの客観」の意である。

　（ア）第一の落とし穴は überhaupt（一般に）の含意に潜んでいる。この落とし穴を避けて直截にいえば、「一般に一つの客観である」とは〈一つの考えられた客観である〉という意味である。そもそも何であれ何かについて〈一般〉を語ることができるのは〈考える私〉（悟性）だけだからである。ところで客観の集合の提示としては〈一般〉といわれる場合が最も広い。〈単に考えられただけの客観〉であるからである。するとこれは、②における「私は私自身を考えられた客観と認識する」を主客を逆にしていい換えただけであって（私自身は私によって〈考えられた客観〉と認識される）、両者は正確に対応している、と気づく。

　（イ）だがこれだけでは「認識」とならないことは、すでに②の吟味のさいに確認した（第三節（イ））。そこで次にカントは「それも und zwar 直観の

客観であることが可能である」ことが必要となる、と「客観」の集合を狭める（何らかの直観が加味されねばならない）。これは②でいえば、「そのことを超えて、私が私になお直観のうちに与えられる限りで」に対応する。ここまでは、一般（概念）から直観へ、の話であった。二重拘束のうちの第一拘束を意味する。

　（ウ）③の問いの最大の落とし穴は、und innerer Wahrnehmungen の und にある。この und も（②の c）のときと同じく）無神経に「と」とか「および」と訳すのは論外であることはいうに及ばず、この場合は②の c）のときのように「つまり」（いい換えの意）と訳すのも的外れであって、ここは「しかも」と訳さなければならない。理由は以下の通りである。（イ）で触れたように、「それも直観の客観」といわれたからといってまだ一抹の不安が残るのであって、そこでそれを払拭するべくカントは、「しかも内的諸知覚の客観であることが可能である」ことが必要だ、と念を押すのである（直観という条件にさらに〈感性的なそれでなければならない〉が加わるということ）。念のために確認すれば、「内的諸知覚」とは〈時間的な直観の経験的意識〉を意味する（B160 参照）。②でいえば、「単に私が私に現象するとおりに」に対応する。要するに内感における多様な時間的直観の意識のことをいっているのである。つまりは二重拘束の第二段の拘束を意味する[25]。

　（エ）結局この③でカントが問題としているのは〈客観としての私〉の集合の話であって、その集合を、まず「一般に überhaupt」といって最も広く表わし、ついで「それも und zwar」と制限を設けて狭め、最後に「しかも und」とさらに狭めながら着地する、というように二段階にわたって絞りこんでいるのである。これが③における〈自己認識の二重拘束〉の表現であることはいうまでもない[26]。

五

　以上、三つの難問の《同型性》を見抜くことが難問を正確に理解するためにも、ひいては「演繹論」全体の把握にとっても重要な鍵となるのではないか、という仮説を提起してきた。《同型性》とは〈α が β と異なりつつしか

も同一であるのはどのようにしてであるか〉という問いの型の一貫性を意味した。しかし三つが内容的にまったく同じ問いであるならば、一つで済むはずである。では同じ問いを三様に書き分けたカントの真意はどこにあるであろうか。

　そのような角度から改めて①②③の問いを見つめ直してみると、次のことに気づくであろう。即ち、カントはここで、一つの問題（二つの私はどのようにして一つの私でありうるか）を、主観から客観へと論点をずらしながら三様に表現し換えようとしている、と。この点についても本章第三節（ウ）で部分的に触れた。それをここで改めて丁寧に確認してみたい。

　まず、最初の①では私の主観のみが問題とされており、最後の③では私の客観のみが問われていることが容易に確認される。つまり①から③にかけて、〈私をめぐる二つの**主観**〉から〈私をめぐる二つの**客観**〉へと論点が移動していることに気づくであろう[27]。するとそれに導かれて自ずと、①と③に挟まれた②の記述は①を③へと媒介するべく〈私をめぐる二つの**主観−客観関係**〉をいい表わしているはずであるが、事実その通りであった。この、〈二つの主観の対比〉から〈二つの主観−客観関係の対比〉へ、さらに〈二つの客観の対比〉へと展開する様を、ここで三つの難問の間の**異相性**と名づけよう。これを纏めると、三つの問いは、〈私をめぐる二つの主観〉がこういう事情だから、〈私をめぐる二つの主観−客観関係〉もこういう事情となっていて、その結果〈私をめぐる二つの客観〉もこういう事情となります、という流れになっていると捉えることができる。このとき一連の「こういう」が〈同型性〉を意味するのであって、その実質はあの〈自己認識をめぐる二重拘束〉に帰着することはいうまでもない[28]。

　三点補足する。（ⅰ）たしかに②と③とが〈二重拘束〉という点で同型といえることは分かるが、①では最初の〈思考＋直観〉までしか語られていないではないか、つまり、直観は感性的でなければならないとまでは語られていないのではないか、と訝しく思われるかもしれない。だが筆者の理解によれば、知的直観でなく感性的（内的）直観でなければならないのだ、という後半の制約（拘束）は、原文の丸括弧のなかに隠れ潜んでいる。ここでそれを詳細に再確認することはしないが、補訳、解釈の角括弧の部分を含めて①

の訳文、および第二節（イ）の分析に再度当たって確認されたい。（ⅱ）②において〈（己れを）直観する主観としての私〉がどこに語られているのか見あたらないではないか、という疑念が湧くかもしれない。が、②の原文の最後にある「私が私に現象するとおりに wie ich mir erscheine」のなかの「私に mir」が指す「私」がそれであって、これは前述したように（第三節（キ））、①において「己れ自身を直観する私 dem Ich, das sich selbst anschaut」といわれていた「私」にほかならない。つまり「私が己れに現象する」（②）ということと「私が己れを直観する」（①）ということは、直観をめぐる二つの「私」の関係を表裏二様にいい表わしているのである。（ⅲ）表に現れた文字をたどるかぎり③では〈（己れによって）考えられた客観としての私〉についてどこにも言及されていないではないか、となおも怪訝に思われるかもしれない。だがすでに第四節（ア）で分析したように、③冒頭の「私が私自身に対して一般に一つの客観であること」は、遡って②の「私自身を考えられた客観と認識する」に呼応しており、結局は〈（己れによって）考えられた客観としての私〉を意味した。「一般に」とは思考の働きがもたらすものだからである。

　以上で三つの難問そのものの分析を終える。

六

　ここでようやく第二節の（ウ）で問題提起したまま残してある問いに戻ることができるだろう。それは、二つの私は「区別されつつ、しかも一つであるのはどのようにしてであるか」（①の表記）、という問いがカントによってそもそも発せられなければならなかったについてはどういう事情があったのであろうか、という根本的な問いであった。この点をまず理論内在的に検討したうえで、ついでそれを踏まえつつさらに大所高所から大局的に論じることを試みてみよう。

　（Ⅰ）まずカントの超越論的観念論の枠内でこの難問が発生する背景を省みた場合、次の三点が指摘できるだろう。

　α）第一にそれは、周知のようにカントが人間主観の能力をまずもって悟

性（自発性）と感性（受容性）とに峻別したからである（「感性論」と「分析論」）。この、悟性と感性の峻別が前提となってこそ、話が純粋統覚（「考える私」）と内感ないし経験的統覚（「己れ自身を直観する私」）との峻別に及ぶことになった。さらにそこから、〈私の主観〉だけでなく〈私の客観〉さらには〈私の主観‐客観関係〉もそれぞれ二つに分かれることになったのであり、これら三様の分離関係の再統一が難問として提起されることになったのである。

β）第二にそれは、カントの真理観に起因するともいえる。カントにとって真理とは〈対象が概念に従う〉形で〈概念と対象が一致する〉ところに成立する（B版「序文」BXVIff.）。いい換えれば、真理は〈客観〉が〈主観〉に従う形で〈**主観**〉と〈**客観**〉が**一つになる**ところに成立する。すると〈主観〉と〈客観〉が一つになるにはその前提として、二つの〈主観〉が一つになり、二つの〈主観‐客観関係〉が一つになり、二つの〈客観〉が一つになることが求められる。しかるにこれら三相における〈悟性と感性の分裂と和解〉を問うているのが三つの難問であった（直前のα）。つまりこれら三相のすべてにおいて〈概念（思考）と直観との一致〉が成就した暁に真理が誕生するのである。

γ）つまり真理とは〈概念と直観との一致〉ともいえるのであるが、これをまた別の言葉にいい換えると、それは「アプリオリな総合判断」のことであった。したがって第三に、「アプリオリな総合判断はどのようにして可能か」という『演繹論』の「本来的な課題」（B19）と難問とのあいだにも何らかの理論根拠づけの関係が指摘できるはずである。遡って考えれば、そもそも悟性と感性の峻別（α）が「アプリオリな総合判断はどのようにして可能か」という課題を彼に突きつけることになったのである。しかし驚くべきことに何と、同じこの峻別が同時にこの課題の解決方向性を示してくれたのでもあるのではないか。その解決方向性（いまは分裂している二つが一つになりさえすればいいのだ）に沿って提起されたのが三つの難問にほかならなかった、と。なぜならば、第二節でも述べたように、〈アプリオリな総合命題〉の原初型は「考える私」と「己れ自身を直観する私」との総合、即ち〈アプリオリな概念〉と〈アプリオリな感性的直観〉との総合によって成立するか

らである[29]。

　（Ⅱ）次に科学史、哲学史の視点から大局的に見てみると何がいえるであろうか。

　α）カントにとって「アプリオリな総合判断」とは必然的で普遍的な命題のことであるが（当面は理論的な命題に限る）[30]、一つの典型例として、当時の科学的成果を代表するニュートン力学の、そのまた核心ともいえる第二法則 $f = ma$（力は質料と加速度との積である）が考えられていたことは間違いない。まずこの関係式は、いくつかの「純粋悟性の原則」（これもまたアプリオリな総合命題群である）に支えられているはずである[31]。ついでこの法則を使った実際の数値的な計算は、感性から受容される「経験的直観」からのデータを基にして、悟性が構成した幾つかの経験概念（ロケットの総重量、エンジンの出力、加速度、飛行距離、飛行時間、空気抵抗、等）に関する数値を第二法則に当てはめて演算し、その結果を最終的に「私は考える」が自発的に統一するところに成り立つ。否むしろそのようにしてしか成り立たない。さて前二者（経験的データと経験概念）は大雑把にいって経験的統覚の守備範囲であり、後者（「私は考える」）は純粋統覚の働きそのものである。カントによれば、人間の「経験 Erfahrung」はこのようにしてしか可能でないのだ。したがってカントにおいては、どんな「経験」もまずもって二つの私（悟性と感性）が区別されていなければ成立しないのである。

　β）しかしそれにしても一人の人間が或る「経験」をする場合、当の人間が主観（主体）として一つであることは〈感性と悟性の事実〉、詳しくは〈感性と悟性とが総合統一された事実〉といっていいであろう。周知のように、のちにカントは〈道徳法則の意識〉のことを「いわば純粋理性の一つの事実」（KpV, Aka.V47）と呼んだ。「経験」する主観が〈感性と悟性の事実〉と呼ぶことができようといったのは、それに照応させていったまでのことである。しかしこちらには「いわば gleichsam als」（ibid.）はつかない。なぜなら、カントの時代において物理学、化学、医学、生物学等の諸科学（一般的にいって近代自然科学）が、周知のように社会的歴史的事実として続々と輝かしい成果を挙げていたからである[32]。そしてこれらは観測（感性）と理論（悟性）とが総合統一された産物であることは（カントの立場に立っていえば）

明らかである³³⁾。ここで見落してならない点は、その総合統一は一人の同じ科学者（例えばガリレオならガリレオ）によってそのつど果たされた、という事実である。さきほど〈感性と悟性とが総合統一された事実〉といったのは、勝義にはこの事実を指す。こうした事情は、複数の研究者による共同研究の場合であっても変わらない。最終的には個々の、ないし一人の主導的な研究者の純粋統覚が〈総合統一する〉のだからである。

　γ）だが事柄の本質はさらに奥にある。それは、デカルト以来の身心二元論のアキレス腱ともいえる〈二つの異なった元の間の交流可能性の問題〉である。つまり一方で〈主観は同一〉という事実が厳存する（（Ⅱ）β））ところへ、他方でカント自身が主観を二つに分離した（（Ⅰ）α））のであるから（これが即ち〈カントにおける身心二元論〉）、こうした相反する諸事情から、「区別されつつ、しかも同じ主観として一つであるのはどのようにしてであるか」（①の文言から）という「難問」が生じ（これが即ち〈カントにおける身心問題〉）、これを苦労して（沈黙の十年！）「演繹」しなければならなくなったのは、カントにとって避けがたい成り行きであったのであり、自縄自縛であったとさえいってもいいであろう。つまり結論として、三つの難問が提起され、自らこれの解決を図らなければならなかった根本因は、（Ⅰ）α）に述べた、カントの超越論的観念論の随一の特性である〈悟性と感性の二元論〉にあるといっていいであろう。——ではカントは「三つの難問」の解答として提起した〈自己認識をめぐる二重拘束〉論を、実際に「演繹」論のなかでどのように展開したのか。この点の本格的な検討は次々章の「〈研究ノート〉悟性による内的触発の現場を索めて——「感性論」と「演繹論」をつなぐもの——」で果すこととしたい。

七

　ここで論点を第五節にまで戻して、この難問が「演繹論」のなかでどのような文脈において登場したかを振り返ってみよう。

　【Ⅰ】「演繹論」（§13〜§27）のB版での書き換えは§14の後半から始まって§26でクライマックスに達し、残り少しで閉じる。その流れからす

ると、三つの難問の提示とその解決（§24 半ばから §25 の終わりまで）は一見すると寄り道の議論のように感じられかねない。というのは、まず見た目からしてカントはわざわざ段落と段落のあいだに飾りラインを挿入して話題が大きく変わることを暗示しながら、「さてここで Hier ist nun」と難問を切りだしているからである（B152）。加えて議論の内容上からいってもカントは唐突に、はるか前の「感性論」§8（A なし B66ff.）における「時間論」を振り返って、§8 に残してきた「逆説 das Paradoxe」（B152）をここで解決しておこう、と切りだす [34]。この話題の転換の仕方からは、それまでひとしきり「構想力の超越論的総合」に関して緻密な議論を展開してきた文脈とこれ以降の議論とが不連続であるかのような印象を受けるであろう。

　ところでその「逆説」というのが、私は内感において「［己れによって］内的に触発されるとおりに己れを［感性的に］直観する」（B153）のだから、自発性の主体たる私が自分に対して受け身に立たされることになり、これは矛盾である（ように見える）、というものであった。つまり、私は「純粋統覚」と「内感」とに分裂しているのであるが、この分裂はこのあといったいどうなるであろうか、という疑惑である。たしかにこれは難問である。いい換えれば〈自己の主体性と同一性の危機〉の問題である。当の「感性論」§8 のなかではこの「困難」は、「或る［叡知的な］主観はどのようにして自分自身を内的に直観することができるか」と表現されていた（A なし B68）。この表現が §24 での「三つの難問」の①の問いに通じることは容易に確認できるだろう。ところで筆者は本章の「**はじめに**」でこの難問を〈「演繹論」における自己認識をめぐる難問〉と命名したのだが、それは裏を返せば〈**自己分裂**〉の危機でもあったのだ。この難問（苦境）をわれわれは①②③と分節しながら第一節から前々節の第五節まで詳細に検討してきた訳である。それらを踏まえたうえで改めて冷静に省みるならば、論の切りだし方、進め方に多少のぎこちなさが残ることは否めないとしても、§24 に至ってこれら三つの難問が浮上したについては、「演繹論」の本質的な課題の突破と着地の仕方との関連で必然性があったと受けとめ直すことができるであろう。加えて、すでに何度も言及されたのであるが、この「逆説」の震源地がカントに特有な身心二元論に存するはずであることも得心されるであろう。

【Ⅱ】　ではこの難問に改めて正対し直したカントは、これにどう対処したのであろうか。実は三つの難問を提示し終ったところから、カントは直ちにこれに対する解答を展開している（§24の残りから§25の最後まで）。それをごく簡単に概括すれば、次のようになるだろう。

カントはまず難問とは一見して無関係に思えるような（解決のための）糸口を述べる。即ち、「空間が、外感の諸現象の単なる純粋な形式と見なされるのであるならば」（B156）、と。つまりこの条件節（wenn-Satz）が満たされれば事態の見通しは明るくなり、〈自己分裂〉の危機が回避されるだけでなく、おまけに〈自己認識〉が成立してくれるのだ、とカントは予告しているのである。ここから二つのことが確認できる。第一に、カントの超越論的観念論の枠組みからいって、この条件が満たされないはずはない（外的直観の承認）、ということ。すると第二に、こちらの方が先の wenn-Satz（仮に……であるならば）が驚くべき発言であることの確認となるのであるが、（難問全体を代表させて①に即していうならば）純粋統覚と内感とが「区別されつつ一つである」という難問は、二者からすれば他者になるはずの外感のおかげで解決する（難問③のさらに一歩先で）、とまずもって最初にカントは種明かしをしているのだ。

カントはいま問題としている行文の途中で次のようにいう。「したがって［われわれは］内感の諸規定を、われわれが外的諸感官[35]の諸規定を空間のなかで秩序づけるのとまさに同じ仕方［様式］で、時間における諸現象として秩序づけるのでなければならない」（B156）、と。お気づきのようにここでカントはまたもや、三つの難問中②にあった sofern（ただしそれは、……限りであり）節の後半、「他の諸現象と同様に、単に私が私に現象するとおりに」私は私を（内的に）認識する、をここで繰り返しているのである（第三節（カ）参照）。その観点から読めば容易に分かるように、直前の引用文の出だしにある「内感の諸規定」（内的諸現象が概念化され規定された状態）とは結局は〈内的自己認識〉を意味する。

だが大事なことは、ここでカントは外感によって直接的に「自己認識」が可能になるといっているのでなく、「触発される」という点で外感の場合と「同じ仕方で」（ibid.）ありさえすれば内的自己認識が成立するはずであって、

だから内感についても〈内的に触発される〉とおりに「己れ自身を直観する」（B155.②の難問中）と理解するべきである、といっている点である[36]。とはいえ内感が「己れ自身を直観する」といっても、時間そのものが一本の線の形象によって外的にしか認識されえない（B156）のと同様に、やはり〈内的自己認識〉も実質の点で（最終的には）外的諸感官から受容される諸現象に依存するほかはない、とカントは語ろうとしていると理解して間違いない。

　結局〈自己認識をめぐる二重拘束〉がさらに外感からの援助（これはいわば〈第三の拘束〉といえよう）を得たところで最終的に〈自己認識〉が成就し、このようにして二つの〈私〉は一つとなる。どうしてそういえるかといえば、〈自己認識〉が成就したということは〈私の主観〉と〈私の客観〉とが結合して一つになったのであって、つまり一つの認識、一つの真理が成就したことを意味するからである（第六節（I）参照）。そしてこの〈このようにして〉が、三つの難問に貫かれていた問いの同型性としての「どのようにしてであるか wie」への最終解答にあたるわけである。このとき〈私の客観〉は外的現象的な〈客観〉となって、経験世界の舞台に登場する[37]。

　【Ⅲ】　最後に、難問のこうした解決方向性は「演繹論」の根本問題とどのように関連しているのであろうか、について一瞥しておこう。

　そもそも「演繹論」の根本問題とは何であったか。カントはまず、「諸純粋悟性概念」（カテゴリー）が「［経験の］客観に……どのようにして関係することができるのか」、「その仕方の説明 Erklärung を当の諸概念の超越論的演繹と呼ぶ」（A85B117）という。この定義から出発してカントは、「［可能的］経験は（思考の形式からいえば）諸カテゴリーによってのみ可能である」（A93B126）へと言を進め、さらに、カテゴリーを通して「自然」に対して法則を「指定する vorschreiben」（前もって書きあげる）ことによって「自然」が（つまり「［経験の］客観」が）可能となるのだ、といいきって着地する（AなしB163）。

　ではこのような「演繹論」全体の課題の解決に対して三つの難問の解決はどのように寄与するといえるのか。これについてはおりおりに触れてきたので繰り返しになるが、それを最終的に纏めると次の三点となるだろう。

　第一に、三つの難問の解決はカントの超越論的観念論に特有の〈身心二元論〉につきまとう〈身心問題〉を回避することに寄与する。そのさい難問の解決の方向を〈自己認識をめぐる二重拘束〉に定めることによって、身心問題につきまとうアキレス腱をどのように回避したか、その回避の仕方にカントの最大の苦心があるのだが、その詳しい解明は次々章の〈研究ノート〉に委ねたい。

　第二に、難問の解決は〈真理の誕生〉に道を拓くことに寄与する。三つの難問を連結すると、〈二つの主観が一つになり〉、かつ〈二つの《主観−客観関係》が一つになり〉、かつ〈二つの客観が一つになる〉ことが可能となるのは〈どのようにしてであるか〉となる。しかるにこれら三通りの〈二つが一つになる〉事態を串刺しにして捉えるとき、（前節（Ⅰ）β）で述べたように）〈主観と客観が一つになる〉、つまり真理が誕生するのである。

　第三に、難問の解決は、『純粋理性批判』の「本来的な課題」としての「アプリオリな総合判断はどのようにして可能か」（B版「序論」Ⅳ, B19）の解明に寄与する。というのも、（上に述べた）三通りの〈二つが一つになる〉が可能となる結果、「私を考える私」（アプリオリな概念）と「私を直観する私」（アプリオリな直観）とが一つとなって「自己認識」が成立するが（とこではいっておこう）、ここに原初的な「アプリオリな総合判断」の誕生が指摘できるからである。そしてこの、「アプリオリな総合判断」の祖型の役割を担うという点こそが、「難問」とその解決が「演繹論」に対して果たす最大の寄与であるといっていいであろう。これを第二の寄与と関連させていえば、〈アプリオリな総合判断〉が真理の本質を担うのである。

おわりに

　われわれは本章で〈自己認識をめぐる難問〉と取り組んできた。それはいい換えれば、〈内的自己認識〉の成立の解明であった[38]。ここでこれを、本書第一部第一章「カントの純粋統覚と物自体」の第五節に掲げた「**図：カントにおける超越論的四極構造**」（p.27）と照らしてみよう。すると A 象限から B 象限へむかう矢印が〈内的自己認識〉に対応する。ここから〈外的自

己認識〉、即ち私は自然をどのように〈私の世界〉として「経験」するのか、という視点へはあと一歩である。図でいえば **B** 象限と **C** 象限のあいだの双方向的な矢印がそれである。そのうえで **A** から **B** へ、**B** から **C** への二つのベクトルを合成すると、**A** から **C** へと斜めに伸びる人間（悟性）の「根源的自己対象化的性格」のベクトルが形成される[39]。

　ただし問題は残る。それは、「演繹論」および「三つの難問」の論述の範囲内では、**B** 象限から **C** 象限への方向性は（色濃くとはいえ）暗に示唆されていたに止まっており、十全な論証がなされているとはいい難かったからである[40]。そこでわれわれはこのベクトルに沿ってテキストを「観念論論駁」に移し、「演繹論」においていったん伏流となって視野から消えたかにみえる思想的脈絡がそこに再湧出しているあり様を鑑賞することとしたい。これについては章を改めて次章の任とする。

注

1) ここでいう〈人間基礎存在論〉とは、筆者の理解として、人間はどのような存在仕方の下へとアプリオリに条件づけられているか、いい換えれば、どのような生き方へと根源的に規定されているか、を明らかにする哲学的な営みを意味する。

2) これについては本章の姉妹編として、次章「カント「観念論論駁」再考——「定理」の主語の二重性を中心に——」を参照されたい。

3) こののち Schwierigkeit を文脈に応じて「難問」とも「困難」とも訳す。

4) この命名の根拠は「演繹論」§25 の次の文言にある。「私たち自身を認識するためには、……〈考える〉作用のほかに、……一定の直観様式が必要である……」(B157)。ここでいう「私たち自身を認識する」は、直前の §24 で示された三つの難問のうち第二の問い（後掲）の主文のいい換えであるが、それについては本章第三節を読まれたい。

5) 『哲学文庫』版の旧版 (PhB37a) の当該頁 (S.172b) 下の欄外注「²)」によれば、H. ファイヒンガーはここを das Ich, das denkt,（考える私は）と改訂するように提案しているという。一瞬こちらの方が文法に適っているように思われるが、カントの思想からすればこの改訂には問題が潜んでいる。次注を見られたい。

6) ここを仮に注 5) にあるようにファイヒンガーの提案にしたがって改訂したとすると、第一に（ii）で述べた ich denke という語形が読者の目から遮断されることになるに加えて、それ以上に問題なのは、この改訂がカントのデカルト批判の論拠に抵触することになるからである。これについて詳しくは次章「カント「観念論論駁」再考——「定理」の主語の二重性を中心に——」の注 46) に訳出した「誤謬推理論」にある長い原注 (B422f.Anm.) の出だしを読まれたい（ただしそこでのカントのデカルト批判がデカルトの真意を誤解していないかどうかは別途問題とな

るだろう）。

7）既存の全邦訳十点および手許にある六点の英訳が「少なくとも wenigstens」をどこに掛けて訳
　しているかを見てみると、筆者の読み方に近いものが邦訳に一点と英訳に一点あったのを除き、
　他は直後の「可能なものとして als möglich」に掛けて訳していた。とはいえこの点での解釈の
　違いから①の理解自体に大きな差が生じる訳ではない。

8）ただし、〈認識する私〉〈「経験」する私〉が登場するためには、さらにここにもう一つの私、即
　ち〈空間意識として外物を感性的外的に直観し表象する私〉が加わって、そこから全面的に質料
　的な援助を受けることが必須となる。この事情がほかでもないカントの認識論＝人間存在論の際
　立った特質であるが、本章では第七節の【Ⅱ】で軽く触れるに止める。詳しくは本書第Ⅰ部第一
　章「カントの純粋統覚と物自体」および第五章「〈研究ノート〉悟性による内的触発の現場を索
　めて──「感性論」と「演繹論」をつなぐもの──」に当たられたい。

9）〈内的な知的直観〉あるいは〈時間以外の感性的内的純粋直観〉については、（表現はこの通り
　ではないが）「演繹論」§17ですでに言及されていた（A なし B138f.）。当然そこでは両者とも
　人間の主観には否定されている。また〈知的直観〉が人間には備わっていないことが明言されて
　いる箇所として、他に A なし B68 や A なし B159 を参照されたい。興味深いことに、『純粋理性
　批判』A 版には〈知的直観〉への言及がない。したがって、人間には知的直観は許されていない、
　という言辞は見当たらない（当然そう考えていたであろうが）。この点については、本書第Ⅱ部
　第四章「〈研究ノート〉カント実践哲学における演繹の戦術転換とその帰趨」注 23）注 25）を参
　照されたい。そこでは筆者は、A 版と B 版とのあいだに見られるこの大きな懸隔がその間のど
　のような事情に由来するか、についての一連の仮説を述べた。

10）石川文康氏によれば、第二版に至ってことさらにここで知的直観を人間に否定する趣旨の言を
　付加したのは、第一版に寄せられたフェーダー＝ガルヴェ、ヤコービらの批判への論駁という意
　味があったのであろうとのことである。石川文康『カント第三の思考　法廷モデルと無限判断』
　（名古屋大学出版会 1996）p.214 参照。念のために書き添えれば、この指摘は筆者がここまで
　（イ）で述べてきた解釈と矛盾しない。

11）ここで①について、既存の十の邦訳と手許にある六つの英訳を取りあげ、特記するべき点に限
　定して筆者の読み方との異同を確認する。先行邦訳を引用する際の訳文中の斜字体は、原文に照
　らしてそれぞれの訳者の独自な訳し方になっていると思われる箇所を示す。②③についても同様
　の注を施す（注 13）注 14）注 24）注 25）注 26））。なお問題とするべき異同が多いのは②である。
　ただしこれらの注が煩わしいと思われる場合には、読まずに本文に戻られても何ら差し支えない。
　　まず①についてであるが、十通りの邦訳は総じて筆者と同様の読み方となっていて、疑問点は
　少ない。「少なくとも wenigstens」をどこに掛けるかの解釈の違いについてはすでに注 7）で述
　べたので、例外の邦訳、英訳を除いて他の訳については詳述しないこととする。
　　天野貞祐訳（岩波文庫 1928、［復活版］講談社学術文庫 1979）：日本で最初の『純粋理性批判』
　の全訳であるが、いまでも活用するに値する正確さと厳密性を有している。①についていえば、
　筆者の読み方とほぼ同じである。
　　篠田英雄訳（岩波文庫 1961）：『純粋理性批判』の邦訳のなかで一番流布していると思われる。
　①についていえば、筆者の読み方とほぼ同じである。
　　高峯一愚訳（河出書房〈世界の大思想〉1965）：一冊本で便利であり、訳文も比較的信頼できる。
　①についていえば、筆者の読み方とほぼ同じである。
　　原佑訳（理想社〈カント全集〉1966）：カントの原文は一文の息が長いのが特徴であるが、それ

を忠実に再現しつつ（つまり句点がなかなかこない）、しかも比較的通りのいい日本語に再現しているところに本翻訳の特徴がある。①についていえば、原文の括弧のなかの訳し方が独自であるほかは、筆者の読み方とほぼ同じである。原文の括弧の部分は「（というのは、私はなお別の直観様式を表象しうることは少なくとも*可能である*から）」となっている。つまり wenigstens（少なくとも）を als möglich（可能なものとして）に掛けたうえで、工夫を加えて「少なくとも可能である」と訳しているのであるが、「しうる kann」と「*可能である*」が重複と感じられる結果となっている。

有福孝岳訳（岩波書店〈カント全集〉2001）：岩波書店の戦前からの悲願であった〈岩波版カント全集〉の掉尾を飾るべく満を持して出版された翻訳である。①についていえば、筆者の読み方とほぼ同じである。

宇都宮芳明監訳（以文社 2004）：要所要所に訳者たちの手による「注解」が配されている。①についていえば、筆者の読み方とほぼ同じである。後半で「この後者と」を*直観する私と*と丁寧に訳しているのは首肯できる。

原佑・渡辺二郎訳（平凡社ライブラリー 2005）：上記の理想社版〈カント全集〉を基にして渡辺が手を加え、文庫化したものである。総じて一段と堅実な訳文になっていると思われる。①についていえば、上記の理想社版〈カント全集〉の原佑をそのまま踏襲している。

中山元訳（光文社古典新訳文庫 2010）：この翻訳は大胆にかつ全面的に意訳する方針で一貫しており、原文の段落も細分化されている。その結果訳文がカントの論理を正確に写しているかどうか判然としない箇所が少なからず見られる。①についていえば、筆者の読み方とほぼ同じである。原文の括弧の部分が「（というのは、少なくとももっと別の直観の方法を心のうちで思い*描く*ことは可能だからである）」となっていて、「少なくとも wenigstens」を「*心のうちで思い描くこと* vorstellen」に掛けて訳していると読める。だとすれば（vorstellen を「心のうちで*思い描く*」と訳すことには疑問が残るが）wenigstens の掛かりぐあいの解釈については同感である。

熊野純彦訳（作品社 2012）：一冊本にまとまっていて便利であるほか（この点は高峯訳と同じ）、A版B版の記述の別が活字の字体の違いによって一目瞭然である、などの編集上の工夫が光っている。訳文もほぼ正確でありかつ流麗である。①についていえば、筆者の読み方とほぼ同じである。

石川文康訳（筑摩書房 2014）：この翻訳は全体に日本語としての歯切れのよさを特色としている。したがって副詞などを敢えて訳していない場合が見られる。①についていえば、冒頭の「どのようにしてであるか Wie」（筆者の訳文）を「どうしてか」と訳しているが、〈なぜか Warum〉の意に取られる心配がある。原文の括弧のなかの「表象する vorstellen」が「*想定する*」と訳されているのは訳者の確信に基づいた一貫した方針によるが、ここについては「表象する＝考える」の意が汲み取れない虞がある。括弧が終わったあとの後半も、「それでいて*両方とも*同一の主体として、どうして等しいのであろうか」と、いくぶん自由に訳している。

無名氏英訳（William Pickering, 1838）：総皮製本でありながら、翻訳者の名がどこにもでていない不思議な英訳本である。「訳者前書き」から判断すると、これが英語圏での最初の『純粋理性批判』の全訳であることは間違いない。全体として、語順も含めて直訳調になっている。①についていえば、「である sei」を「でありうる can be」で受けている。「直観する anschaut」を「観察する、心に描く envisage」と訳している。原文の括弧を外して訳しているのも一つの工夫であるが違和感はない。

F.M. Müller 訳（Anchor Books, 1881）：この英訳は全体として意味を取ることに重点をおき、読

みやすい。①についていえば、冒頭に「[以下の事情を] 理解することは困難と思われる It may seem difficult to understand」と長い補訳を挿入しているが、適切である。anschaut（直観する）を「見るないし知覚する see or perceive」と訳している点に苦労が見える。原文の括弧のなかの「……可能なものとして少なくとも表象することができる」（筆者の訳文）の部分を簡潔に「少なくとも考えられうる being at least conceivable」と訳しており、ここから、wenigstens（少なくとも）を als möglich（可能なものとして）にでなく vorstellen kann（表象することができる）に掛けて取っていることが分かるが、この解釈は筆者と同じで心強い。——なおこのミュラーは、シューベルトの二つの有名な歌曲集『美しき水車小屋の娘』と『冬の旅』の原詩を詠った詩人 Wilhelm Müller（1794-1827）の子息である。1823 年デッサウに生まれ（英訳本の訳者紹介に 1832 生まれとあるのは誤植）、生後四年で父親と死別。東洋学を専攻し、のちイギリスに渡り（1846）、オックスフォード大学教授となる（1850）。1900 没。リグ・ヴェーダの英訳全集の刊行等で著名。したがってもともと独語は母語。こうしてカント（1724-1804）とシューベルト（1797-1828）は意外な縁で結びつくことが判明した。

J.M.D.Meiklejohn 訳（Dover Philosophical Classics, 1900）：原頁の指示がない、第二版の「序文」が訳されていない等々、手抜きが目立つ。①についていえばほぼ問題ない。

K.Smith 訳（Macmillan Student Editions, 1929）：この英訳は原文を忠実に英語に移すことに徹底しており、[ ]を使った訳者による補訳が多用されている。①についていえば、（「少なくとも wenigstens」の取り方を別とすれば）正確に訳されている。

W.S.Pluhar 訳（Hakett Publishing Company, 1996）：装丁が堅固で総ページ数が千頁を越える。原文の独語の表示、訳書としては異例なほどに長くしかも訳者独自な解釈などを頁下欄外に脚注として多数配したうえに、巻末の文献一覧、索引も充実しており、力の籠った翻訳である。①についていえばほとんど問題はないように見える。ところが Pluhar のこの①の解釈には問題が潜んでいる。それは、「考える私は、自己自身を直観する私から区別されつつ」（筆者の訳文）の英訳の箇所に付した脚注に関わる。Pluhar はカントの括弧書きから読みとれることとして、〈二つの主観が同一でありつつ区別される〉という事情をめぐる難問は「[カント自身におけるように] 感性的な直観を考える場合よりも、……或る直観的悟性の知的直観を視野に入れて考える場合の方がなおいっそう問題として顕在化してくるように思われる」と述べる。この言から、むしろ後者の知的直観の場合には件の難問はいっさい生じない（とカントは考えている）ことが理解されていないことが明らかとなることもさることながら、そもそもカントが二つの異なった主観がどのようにして一つの主観でありうるのかと問うていることの焦点が〈悟性と感性のアプリオリな総合〉の「演繹」の困難さに存することに訳者がまったく気づいていないことが露顕する。

Guyer & Wood 訳（Cambridge University Press, 1998）：カントの英訳の決定版を目指したケンブリッジ版カント全集の一巻に収録された翻訳である。①についていえば、（「少なくとも wenigstens」の取り方を別とすれば）忠実な訳で問題ないと思われる。

12）②の出だしの wie で導かれる長大な複合疑問文は、受験英語で習う挿入疑問文（例えば Who do you think he is?）の語順がさらに間接疑問文として並び変えられた形と理解すればいいであろう。

13）この点を従来の十の邦訳について見てみると、九点が wie を「私は語ることができる ich sagen könne」に掛けて訳していた。例えば**天野訳**では「……いかにして私はこういうことができるか。」となっている（他の八つも大同小異）。例外は**中山訳**であるが、その様子は注 24）を見られたい。対して英訳では、例えば **F.M.Müller 訳**を見てみると and how, therefore, I can say :

..... となっていて、how が実質上 say の目的節の内容に掛かっていることが読みとれる（同じ欧米語であるから当然であるが）。またこの訳の場合 therefore の前後にコンマが配されている点も芸が細かい。これによって therefore も後ろのコロン（:）以下の目的節に掛かっていることが伝わってくるからである（他に **J.M.D.Meiklejohn** 訳、**K.Smith** 訳も同様）。この点についてはさらにすぐあとの本文 b）および（ア）を見られたい。

14) ここでこれまでの邦訳を見てみると、多くが筆者と同様 und をいい換えの意で訳しているが（訳し方はさまざま）、三つの訳が「及び」または「および」としている。この訳し方だと und の前に位置するものと後ろに位置するものとが異なったものであって（A と B）、それら異なった二つのものがここで（偶然に）併存的に列挙されていることになるだろう。すると奇妙なことに、カントは〈叡知的な私〉が二種ないし二様に存在すると考えていたことにならないだろうか。他方、すべての英訳が文字通り機械的に und を and に置きかえて済ましているが、英訳の訳者および読者はその and をどのような意味あいで受けとめているのであろうか。

15) ここで否定されている事情は、これら難問の提示に続く§25 の冒頭で述べられる「私がそれ自体としてどのように存在しているのか wie ich an mir selbst bin」（B157）とまったく同じ事態を意味している。当然後者も、私が統覚の統一において意識するのはそれ「でもなく nicht ... noch」と否定される。

16) カントがここで「認識する」という動詞を使うのにはれっきとした根拠がある。それは、「認識する」の主語は〈考える私〉であり、〈考える私〉は悟性でもあるが、そもそも「悟性は、一般的にいえば、認識の能力である」（B137）からである。——とはいえここでは以下本文にあるような疑問が湧く。

17)「内容のない思考は空虚であり、概念のない直観は盲目である」（B75）。「それゆえ何か対象を**考える**ことと何か対象を**認識する**こととは同じことではない」（B146. 太字体は原文の隔字体）。

18) ここで「（まずは差しあたって）可能となるといえるはずだ」と含みをもたせて述べた根拠については、sofern（ただしそれは、……限りであり）節の後段の nur, gleich（それも、……と同様に、単に）以下の検討（オ）を見られたい。

19) über（超えて）の目的語 das（それ、ないし、そのこと）を後ろに続けて das in der Anschauung（直観におけるそれ）という句を構成すると取る可能性もないではない。その場合、超えられる das の先行詞は Objekt（客観）または Ich（私）のいずれかであると解釈されるであろう（「直観における客観を超えて」、または「直観における私を超えて」）。しかしこの解釈が無理であることはこのあとの分析全体から判明となるだろう。なお実際にこのような解釈を示している例として、注 24）の **K.Smith** の英訳についての件を見られたい。

20) 厳密にいうと、ここの「〈私は私を考える〉ということ」の原文は ich denke mich. でなく daß ich mich denke, と daß-Satz になっている。

21) もう一箇所は、「演繹論」と同じく第二版で書き換えられた「誤謬推理論」に付録として書き加えられた「魂の常住不変性に関するメンデルスゾーンによる証明の論駁」の途中にある。そこに「私が私を考える限りでは so fern ich mich denke,」（B420）とある。こちらの用例では、カントはいまここで検討している事態のさらに先を論じており、すなわち、「私が［何かを］考えているときには私は現実存在している ich existiere denkend」（ibid. デカルトの「私は考える、ゆえに私は存在する Cogito, ergo sum.」のカント風表記）といえるためには、（いまここで問題にしているように）「私は私を考える」に内感の直観が加わるだけではなお不充分であって、さらに外感に助力を求めなければならず、それが「或る常住不変なもの etwas Beharrliches」の話

なのだ、という事情を論じている重要な箇所である。この点については次章「カント「観念論論駁」再考──「定理」の主語の二重性を中心に──」第五節を見られたい。

22）精密にいうならば、注9）で軽く触れたように、感性的直観にも人間のもつそれ（時間と空間）と人間以外の「感性的」存在者が有する（と考えられうる）他の（時間・空間以外の）感性的直観がある、とカントは周到に考えていた（例えばAなしB72参照）。とはいえカントによって「感性的直観」と書かれた箇所はほとんどの場合、人間の有するそれのみを指す。

23）「心の内的状態」が実質的には外的諸現象に依存せざるをえないという事情について詳しくは本章第七節【Ⅱ】および本書第Ⅰ部第五章〈研究ノート〉前篇◇5.を見られたい。さらにこのへんの事情については本章注35）も参照されたい。

24）ここで②について、既存の邦訳、英訳と筆者の読み方との異同を確認する。ここでは多数の先行訳が多くの箇所で筆者の読み方と大きく異なっている。なお注13）注14）で触れた点（冒頭の wie〔どのようにしてであるか〕をどこに掛けるか、und〔つまり〕をどう訳すか）については繰り返さない。

天野訳：途中を省略しながら示すと、「知性としての、*思惟的主観としてのわれは、われがわれによって単に思惟せられるばかりでなく、なおその上に己れ自らに直観において与えられている*……というかぎりにおいて*己れ自らを思惟されたる客観として*認識する」となっている（傍点は天野訳、以下同様）。斜字体を施した文節「*われがわれによって単に思惟せられるばかりでなく、なおその上に*」は、原文の「そのことを超えて über das」（筆者の訳文）についての正確で丁寧な補訳である（ここからだけでも訳者の力量が感じられる）。全体として筆者の読み方とほぼ同じである。

篠田訳：この訳はいろいろと問題が多い。全文を示すと、「私は、どうして次のようなことを言い得るのか、──知性者であり*思惟する*主観であるところの私は、*私自身*を同時に思惟された客観と認める、しかもかかる*客観*は単に思惟された『*私*』というだけではなくて、そのうえ直観においても与えられている『*私*』である、ただこの『*私*』はほかの現象と同じく、私に現われるままの私であって、*悟性によってのみ思惟されるような私自体*ではない、と」、となっている。原文の「ただしそれは……限りであり sofern」（筆者の訳文）以下の訳はかなり自由奔放な訳し方となっている。まず sofern は訳されていないか、或いは「しかも」がそれに当たるか、のどちらかであるが、いずれにせよ原文の文脈が不鮮明にされている。ついで「しかも」以下の訳文の主語を原文の「私が ich」でなく「かかる*客観*は」と変えているのは大いに疑問である。「そのことを超えて……なお noch über das」（筆者の訳文）のところを「単に……だけではなくて、そのうえ」としているが、これは意訳として許容範囲であろう。篠田訳で最も驚くのは、sofern（ただしそれは……限りであり）以下の「私が悟性を前にしてあるがままにというのでなく」（筆者の訳文）の従属節を、「*悟性によってのみ思惟されるような私自体ではない*」と訳していることである。（ⅰ）ここの訳文中、「悟性」と「ではない」以外の訳語、即ち「によって」「のみ」「思惟されるような」「私自体」のすべてが原文にない。この訳し方から、当該の箇所（sofern 以下）ではもはや「*思惟される*」かどうかでなく知的直観として与えられるかどうかが問題となっていることがまったく理解されていないということが露呈してしまっている。（ⅱ）「悟性を前にして vor dem Verstande」（筆者の訳文）を「悟性によってのみ」と訳しているが（「のみ」の補訳の適否については問わないとしても）、vor（前にして）を von（によって）の意で訳すのは、単なる見誤りかそれとも意図的な読み替えかは別として、明白な誤訳である。（ⅲ）加えて、ここに「*私自体*」という訳語が登場する。すると「*私自体*」という誰もが瞠目するはずの表現をカ

ントはここで用いているのだと読者（例えば学生）が早とちりし、それを（卒論に）引用したとすればどうであろうか（その場合、原文と照応することを怠った学生の側の責任であろうか）。ちなみに「私それ自体 ich an mir selbst」という表現はようやく次の§25になって登場するのであり（B157）、しかも厳密な表現としてはおそらくその一回限りである。

高峯訳：全文を示すと、「知性及び思惟する主観としてのわたくしが、なおそれより以上に、単に他の現象と同じく、わたくしが悟性に対してある通りにではなく、わたくしがわたくしに現象する通りに直観において与えられているかぎりにおいて、わたくし自身を思惟された客観として認識する」となっている。冒頭、「知性及び思惟する主観」とあるが、この訳し方に伴う難点はすでに注14）で指摘した。この訳の一番の特徴は、「そのことを超えて」を主文の主語「知性及び思惟する主観としてのわたくし」の直後にもってきて、「なおそれより以上に」と訳している点にある。つまり「そのこと」を、筆者や他の訳のように②の目的節の主文の「……私は、私自身を考えられた客観として認識する」（筆者の訳文）こと全体を指すとするのでなく、主語の「叡知者すなわち考える主観としての私」（同）だけを指す、としている点である。この「そのこと das」が意味するものを〈考える主観〉と取るか〈考えられた客観〉と取るかの違いは小さいとはいえず、本文の（ウ）で述べたように前者はやはり誤解であろう。

原訳：全文を示すと、「英知体および思考する主観としての自我は、私が思考されたものであること以上におのれに対して直観において与えられており、しかも他のフェノメノンと同じく、私が悟性にとって存在するとおりにではなく、私がおのれに現象するとおりに直観において与えられているかぎりにおいて、私自身を思考された客観として認識する」となっている。冒頭の「および」が疑問であることは高峯訳の場合と同様である。そのほかは全体として筆者と同じ読み方である。総じて日本語の通りとしてはこの訳文を取りたい。

有福訳：全文を示すと、「知性にして思惟的主観としての私は、私自身を思惟された客観として認識する、と私は自らにどのようにして言えるのであろうか。——ただし、それは、私が悟性に対してあるがままにではなく、私が私に現象するがままに、ただ他のフェノメナと同様に、思惟された客観であることの他にさらに直観において私が私に与えられているかぎりにおいてであるが」となっている。冒頭の「どのようにしてであるか wie」がどこに掛かっていると取るかの問題には触れないとすれば（第三節 a）参照）、第一の問題は、この「私は……どのようにして言えるのであろうか」の置かれている位置からすると、この疑問文が「どのようにしてであるか」と問題としているのは〈考える私が私を考えられた私と認識するのはどのようにしてであるか〉までであって、そのあとに続く sofern（ただしそれは、……限りであり）以下の条件文は疑問の範囲に含まれていないことになってしまう点にある。第二に問題なのは、（有福訳でいって）「ただ他のフェノメナと同様に」以下の読み方である。見られるようにこの訳文では、この「ただしそれは、……他の諸現象と同様に」（筆者の訳文）を（筆者を含めて他の邦訳のように）それより後ろに掛けて理解するのでなく、それより前の「……私が私になお直観のうちに与えられる限りで」（筆者の訳文）に掛けて解釈している。だがこのように訳すと、原文の行文においていったん「直観のうちに与えられる」（同）といったあとで、ついでその直観は知的直観でなく感性的直観なのだ（これが「単に私が私に現象するとおりにである」の意味のはず）、と自己認識を二段構えで条件づけようとするカントの意図が見逃されてしまうことになるのではないだろうか。

宇都宮監訳：原文の出だしの「それゆえ……どのようにしてであるか、を私はどのように語ることができるか wie ich also sagen könne：」（筆者の訳文）は「考えられた客観と als gedachtes Objekt」（同）にまでしか掛からないとして訳しているのは有福訳と同じであって疑問である。

冒頭「知性としての、つまり思考する主観としての私が」となっており、und を「つまり」と訳しているが賛成である。「そのことを超えて」の「そのこと」を「思考する主観」と取っているのは高峯訳と同様であって疑問である。

原・渡辺訳：理想社版〈カント全集〉の原佑訳とまったく同じである。

中山訳：全文を示すと、「ここで叡智的であり、思考する主体であるわたしは、わたしが思考されたものであるだけでなく、直観において与えられたものであることにおいて、みずからを思考された客体として認識するのである。しかも他の現象と同じように直観において、「わたしが知性にとっての〈あるがままに〉ではなく、〈わたしに現れるように〉与えられるのはなぜか」という問いが生まれる」となっている（引用文中の「　」は訳者のもの）。まず②の原文の冒頭の「それゆえ……を私はどのように語ることができるか」（筆者の訳文）が訳されていないことが目につく。それ自体は意訳の範囲内にあるとして、それに連動して、第一に疑問詞「どのようにしてであるか wie」（筆者の訳文）を「なぜか」と訳したうえに、それを「わたしが……〈わたしに現れるように〉与えられるのは」の部分にだけ掛けて訳しているのは（他の邦訳がすべて「私はどのように語ることができるか」に掛けて済ませているに比して独自ではあるが）、二重に疑問である。第二にそれによって「それゆえ also」が訳文から消えているのも見過ごせない瑕疵といえるだろう（第三節（ア）参照）。それ以外の箇所は概ね妥当である。

熊野訳：出だしの主語が「知性であり思考する主観である私が」となっていて同感である。「そのことを超えて」の「そのこと」を「思考する主観」と取っているのは、高峯訳、宇都宮監訳と同様に疑問である。この点を除いて、全体として筆者の読み方とほぼ同じである。

石川訳：全文を示すと、「私は英知として、考える主体として、私自身を考えられた客体として——私が、考えられた客体を超えて、直観において私に与えられているかぎり——私が知性に先立ってどのようにあるかではなく、単に私が私に現象する仕方で認識するが、それは他の現象と同じである」となっている。出だしの主語が「私は英知として、考える主体として」と訳されていて頷ける。「そのことを超えて」は「考えられた客体を超えて」となっていて同感である。「悟性を前にして」（筆者の訳文）は「知性に先立って」と訳されているが疑問である。全体としてカントの〈二重拘束〉の趣旨が把握されたうえでの訳文なのかどうか判断に迷うところである。

無名氏英訳：原文の「そのことを超えて……なお noch über das」（筆者の訳文）を「そのうえさらに moreover」と一語で表しているが、確かに「そのこと das」を訳さなくてもこれで意は通じる。「私が悟性を前にして」（筆者の訳文）を（石川訳と同様）「悟性より先に prior to the understanding」としているのは疑問である。

F.M.Müller 訳：全体に簡にして正確な訳だと思う。二点指摘する。まず、原文の「そのことを超えて über das」を一言「さらに also」と受けて済ませているが、無名氏訳の moreover とは微妙に異なって、これで意が通じるかどうか心配である。逆に原文の「それも、……単に nur」（筆者の訳文）は②の最後の句に掛かっていると取ったうえで、「しかし私が私に対して現象するとおりにのみ but *only* as I appear to myself」と英訳している点は、筆者が「単に私が私に現象するとおりに」と訳したことと呼応していて心強い。

J. M.D.Meiklejohn 訳：原文の noch über das（そのことを超えて……なお）を無名氏訳と同様に「そのうえさらに moreover」とだけ訳しているが、その前の「一つの考えられた客観として as an object *thought*」（斜字体は英訳原文）を超えて、の意にとることができるから問題ない。「私が悟性を前にしてあるがままにでなく」（筆者の訳文）を「私が私自身においてあるがままにでなく、つまり悟性によって［そうと］考えられるがままにでなく not as I am in myself, and as considered by the understanding」としているが、後段から、ここでカントは知的直観を否定していることが理解されていないことが分かる。「単に私が私に現象するとおりに」（筆者の訳文）は「しかし単に私が現象するとおりに but *merely* as I appear」とだけ訳されている。nur（それも、……単に）を「単に merely」で受けている点は無名氏訳と同様に評価されるが、他方「私に mir」が訳されていないのは見逃せない欠陥といえよう。

K.Smith 訳：この訳の最大の問題は、noch über das（そのことを超えて……なお）の das（そのこと）を「私 das Ich」とのみ取ったうえで、直後の「直観における in der Anschauung」につなげて解釈している点である。つまりここを〈直観において与えられている私〉と取っている。原文の sofern（ただしそれは、……限りであり）から gegeben bin（与えられる）までの従属文のスミス訳は次の通り。in so far as I am given to myself [as something other or] beyond that [I] which is [given to myself] in intuition（[ ] はスミスの補訳）。訳すと、「直観のうちに [私自身に対して与えられて] ある私 [とは別の何かとして、あるいはその私] を超えて私が私自身に対して与えられてある限りで」となる（ここに限って [ ] はスミスの補訳）。つまり「……限りであり」を、目的節の主文である「私は……〈考える主観〉として、私自身を〈考えられた客観〉として認識する」（強調は解除）に付帯する条件（sofern）と取る点では筆者の読み方と同じであるが、スミスはその条件を、主文が直観とは独立に〈考える−考えられる〉関係のなかだけで語られるための条件である（「直観のうちに [与えられて] ある私を超えて」）と解釈しているようだ。つまりここを〈自己認識の二重拘束〉の一段目（〈思考〉＋〈直観〉でなければならない）と取っていない点で筆者の読み方と決定的に異なる。——どちらの読み方が正しいかは読者の判断に委ねるほかはないが、この英訳からは、カントは知的直観を肯定しているという解釈に道が開かれるであろう。

W.S.Pluhar 訳：原文の隔字体を斜字体にするなど細かい点での配慮は行き届いている。「そのことを超えて noch über das」の訳も妥当である（英訳は略）。反面、「それも、……単に nur」以下を直前の「私が私になお直観のうちに与えられる」にでなく、さらに前の「私は、……私自身を考えられた客観と認識する」に掛けて訳している。ということは、ここが sofern（ただしそれは、……限りであり）以下の条件づけ（直観が必要）の範囲内で語られていて、直観といっても知的直観でなく感性的直観が必要なのですよ、と条件を畳み掛けている箇所であることが理解されていないことが分かる。それと同じ欠陥を意味するが、Pluhar 訳の最大の問題は、原文の sofern の前（「私は、私自身を考えられた客観として認識する」と後ろ（「私が私になお直観のうちに与えられる限りである」）とを「即ち、つまり viz.」（＝ namely）という接続詞で連結している点にある。つまり Pluhar は、sofern の前後（思考＋直観）においてカントは同じ事柄を（いっそう具体的に？）いい換えている（にすぎない）のだ、と受けとっていることになる。これは致命的な誤読といわざるをえない。

Guyer & Wood 訳：全体として原文に忠実な訳である。ただし「そのことを超えて……なお noch über das」を訳さずに済ませているのは問題であろう。

25）ちなみに既存の邦訳は、九つがここの und を「と」と訳していて、一つだけ「および」としている（高峯訳）が、すべて疑問である。いずれも③における二重拘束の二段目に気づいていないといわざるをえないからである。他方英訳は②のときと同様にこの und をすべて and と訳している。筆者はここでも注 14）で述べたと同じ心配を抱かざるをえない。

26）ここで③について、既存の邦訳、英訳と筆者の読み方の異同を確認する。邦訳は総じて皆同じ読み方となっていて、肝心な（と筆者が考える）ところで筆者の理解と異なる（注 25）参照）。

天野訳：全体として正確な翻訳である。しかし後段を「しかも直観と内的知覚との客観」として
いるについては疑問が残る。というのは、この訳し方からすると「直観」と「内的知覚」とは
別々のものとして対等に並置されたままであり、両者の連関（集合関係）、つまり〈二重拘束〉
の二つ目の縛りが判然としないからである。

篠田訳：少し驚くのは、②では「客観」と訳されていた Objekt がここでは「対象」と訳し変え
られていることである。カントにおいて「客観 Objekt」と「対象 Gegenstand」とを同義と扱っ
ていいかどうかは措くとして、読者は、するとここの原語は Gegenstand に違いないと早とちり
するに違いない。

高峯訳：「いかにしてわたくしがわたくし自身に対して一個の客観たりうるか、しかも直観及び
内部知覚の客観たりうるのであるか」となっている。この訳には二箇所問題点を指摘することが
できる。第一に、前段において原文の「一般に überhaupt」が訳されていない点であるが、これ
は重大な訳し落としといえる。第二に、後段を「直観及び内部知覚の客観」としている点。これ
は、「と」と訳している天野訳（ほか）以上に疑問である。というのも、「及び」には「直観」と
「内部知覚」とはまったく別のものであるという意味合いが強く伴うからである。

　他の七つの邦訳については、und を（天野訳と同様に）「と」としている点を除いて、特に記
すべき疑問点はない。

無名氏英訳：「一般に überhaupt」を「一般に in general」と、「それも und zwar」を「かつ、実
際には and, in fact」と訳している。いずれも妥当と思われる。

F.M. Müller 訳：冒頭に「しかしながら現実には In reality however」と補訳されているが意図不
明である。逆に「一般に überhaupt」を訳していないのは高峯訳と同様に問題である。或いは
überhaupt を in reality と訳しているのであろうか。ところが面白いことに、und zwar を「ついで、
さらに特殊に and, more especially」として客観の集合を絞っていて、これは正解である。

J.M.D.Meiklejohn 訳：「私自身にとって一般に一つの客観 mir selbst überhaupt ein Objekt」（筆
者の訳文）を「私自身に対する一つの客観 an object to myself」とだけ訳していて、überhaupt
（一般に）の意が消えている点は問題である。ついで und zwar（それも）を「あるいはこれは
── or this ─」とハイフンまで駆使して訳しているが意図不明である。他方「直観の der
Anschauung」は of my own intuition と訳しており、「内的直観」の意であろうからこれは正訳と
いえる。

K. Smith 訳：überhaupt（一般に）を「ともかくも at all」と訳したうえで、und zwar（それも）
を「ついで、さらに限定して and, more particularly」と訳している。どちらも認められる。

W.S.Pluhar 訳：überhaupt（一般に）を K. Smith 訳と同様に「ともかくも at all」と訳している。
問題は und zwar（それも）を（②の場合と同様）ここでも「即ち、つまり viz.」と訳している点
にある。つまり Pluhar は（原文でいって）最初の überhaupt ein Objekt（一般に一つの客観）と
二番目と三番目の [ein Objekt] der Anschauung und innerer Wahrnehmungen（直観の一つの客
観、しかも内的諸知覚の一つの客観）とは互いにいい換えることのできる間柄にあると理解（誤
解）していることが分かる。

Guyer & Wood 訳：überhaupt（一般に）を（無名氏英訳と同様に）in general としたうえで、
und zwar（それも）を「しかも実際には and indeed」と訳している。後者は少し疑問に思われ
る。

27）ここで、③では〈客観一般〉〈直観の客観〉〈内的諸知覚の客観〉の私をめぐる三種の「客観」
が語られていたのではないかという疑問がでるかもしれない。しかし第二の客観と第三の客観の

関係は〈直観の、しかも内的諸知覚としての直観の〉という限定になっているので、結局③でも異質性と同一性が問題となっているのは〈客観一般〉としての私と〈感性的直観の客観〉としての私との二者の関係であると理解していい。

28）この実質の本質がさらに〈カントにおける身心二元論〉に深く根ざす事情については、このあと本章次節の（Ⅰ）α）、（Ⅱ）γ）および本書第Ⅰ部第五章〈研究ノート〉後篇第七節を見られたい。

29）ではなぜカントは悟性と感性とを峻別したのか（α）。なぜ彼は常識的な〈概念が対象に従う〉真理観を覆して〈対象が概念に従う〉説を高唱したのか（β））。なぜ彼は、彼以前には誰もいわなかった（非常識の極みといってもいい）「アプリオリな総合判断」なる組みあわせを考案したのか（γ）。お分かりのようにこれらの考想は一つとなってカントの「コペルニクス的転回」（『純粋理性批判』第二版「序文」BXXⅡAnm. 参照）という戦略に収斂する。それはまた、おそらく合理論の独断性を避けながらひとえに〈普遍的で必然的な〉真理を確保するというところに狙いが置かれていたはずである（第一版「序論」A9B なし）。──以上、誰もが知るところを確認した。

30）それは、当該の判断（命題）において、量のカテゴリー綱のうち「総体性」のカテゴリーが、また、様相のカテゴリー綱のうち「必然性」のカテゴリーが、この命題を下す判断の際に悟性の自発性として働いている、ということを意味するであろう。

31）この点についての筆者の暫定的な理解を示せば、ニュートン力学の第二法則が〈アプリオリな総合命題〉として成立するに際しては、諸原則のうち「直観の公理」、「経験の類推」に属する三つの原則、「経験的思考一般の要請」のうちの（必然的をめぐる）第三の要請の、少なくとも五つの原則が働いているとカントは考えていたと思われる。

32）これに関連して「演繹論」§14 の A なし B128 にあるカント自身の記述を参照されたい。

33）純粋数学も、観測に依拠するというのではないが、純粋直観と純粋悟性概念とのアプリオリな総合という意味で感性と悟性との総合である、とカントは考えていた（第二版「序論」A なし B14-20)。

34）カントの原文（B152）がここを§6 と指示しているのは§8 の間違いである。

35）ここでカントは「外的諸感官の諸規定 die [Bestimmungen] der äußeren Sinne」（B156. [ ] は筆者の補い）と「感官 Sinn」を複数形で書き表しているのを見落してはならない。したがってここには単に空間の純粋直観としての「外感 der äußere Sinn」（単数形）による空間的な「諸規定」のことだけが含意されているのでなく、加えて（「外感」以外の）「外的諸感官 die äußere Sinne」（＝諸感覚器官）から受容する諸感覚（色、音、匂いなど）の「諸規定」をも含んで語られている。これについては本書の次々章〈研究ノート〉前篇◇2．の注 4）も見られたい。

36）この内的触発は結局のところ悟性が内感を触発することを意味する。そのことをカントは難問の直前に語っていた（B155）。この点をめぐっては次々章の〈研究ノート〉後篇第三節～第七節で主題的に解明したい。その際とくに第三節 p.152 の〚　〛で括った挿入句を確認されたい。

37）この解決法は「観念論論駁」（これも第二版で新たに書き加えられた）における外物の現存在の証明論法に籠められたカント特有の思想に直結するのであるが、それについては、次章「カント「観念論論駁」再考──「定理」の主語の二重性を中心に──」を読まれたい。

38）この内的自己認識は、のちの「観念論論駁」では「内的経験 innere Erfahrung」と呼ばれる。「われわれの……内的経験さえも、外的経験を前提してのみ可能である」（A なし B275)。

39）カント自身はこの事態の総体を「一つの可能的経験一般のアプリオリな諸条件は、同時にその経験の諸対象の可能性の諸条件で［も］ある」（A111B なし）という周知の命題によっていい表わしている。──ここに至って、〈自己認識（経験）の実現・成立〉と〈世界認識（自然）の構成・成立〉と〈真理の創成・成立〉とは三つ巴になって相互依存の関係にあること、いわば三者は三位一体であることがカントによってすでに語られていると捉えてもいいのではないか。かくして眺望はヘーゲル『精神現象学』の哲理へと及ぶであろう。

40）この点については次章の注 48）を見られたい。

第四章　カント「観念論論駁」再考
——「定理」の主語の二重性を中心に——

はじめに

　カントが 1787 年に『純粋理性批判』（初版 1781）の第二版を出すにあたって、随所に大幅な、ないし全面的な書き換えや重大な増補を施したことはカント研究者ならずとも周知の事柄である。後者の代表が「観念論論駁」（B274-279. 以下「論駁」とも）であることもよく知られている。ただしこれが増補・挿入された箇所を正確にいえるひとは少ない。それは「原則論」の第四の原則「経験的思考一般の要請」のうちの第二の要請「経験の質料的諸条件（感覚）と連関するものは現実的である」の叙述（A255ff.B272ff.）の末尾である。つまり「観念論論駁」において〈私自身の現存在の意識によってすでに証明されている〉ことが証明されるところの「私の外なる空間中の諸対象の現存在」（B275）は、一方で「感覚」と密接したうえで、他方で「様相」の綱の「現実性」のカテゴリーに直結しているのである。

　ここで第二要請論の本論（A 版時からあった叙述）の末尾から「観念論論駁」（B 版時に増補）への移行の様子を見ておこう。すると、一見して論がうまくつながっていないように見える。カントが直前で話題としていたのは「磁気物質」など、知覚（意識された感覚）によっては直接的に捉えられないものの現存在であった。カントはこの種の物質の現存在を当然ながら「間接的に証明しようとする」（A226B274）。ところがこれに「強力に反論しようとする」のがデカルトの蓋然的観念論なのだとして「観念論論駁」に移行する（B274）。——ところで、このあと本章の行論で判明するように、「論駁」では、外的事物の現存在は「私自身の現存在の意識」によって「直接的に」証明されているのだ、と主張される（「証明」B275f.）。読者はここで一瞬「間接的」と「直接的」の食い違いに戸惑いを覚えるであろう。しかしカントの

主張に矛盾はない。つまり、「磁気物質」を含めてすべての外的事物の現存在（現に存在すること）は超越論的にいえば「私自身の現存在の意識」と同時に「直接的に」証明されてしまっているのであるが、他方、現象を研究する経験科学の話としては磁気物質が実際に現存在するのかしないのかは（直接的に知覚されない以上）「間接的に」証明されざるをえない、と理解すればいいのである。

　次に「論駁」の構成について確認しておこう。1）まず簡単な〈まえがき〉風の導入があったのち、2）いきなり「定理」が示される。3）ついでただちにその「定理」の「証明」が施され、4）続いて「注解1」「注解2」「注解3」が述べられる。ちなみに「注解1」には原注が一つ付されている。3）で証明される2）の「定理」の命題は次の通りである。

　「私自身の現存在の、単なる、しかし経験的に規定された意識は、私の外なる空間中の諸対象の現存在を証明する」（B275）。

　以下本章では、この「観念論論駁」について、次の二点を問題提起する。
　（1）「論駁」でカントによって証明される「定理」の主語、即ち「私自身の現存在の、単なる、しかし経験的に規定された意識」は、「私自身の現存在」についての二つの（密接に関連しつつも）相異なる意識を二重に表現している、と読むべきではないか[1]。
　（2）「論駁」において「証明」や「注解2」に頻出する「或る常住不変なもの etwas Beharrliches」（およびこれの類似表現）と「注解2」に一度だけ登場する「常住不変性 die Beharrlichkeit」とは（密接に関連しつつも）決定的に異なった意味を担っているのではないか[2]。
　これら二つの論点を証ししていく行程のなかで、自ずと（1）（2）の二つはカントの思想的論脈に照らして密接に連関していることが明らかになるであろう。以下、本論に入る。

一

　第一の論点を少し丁寧に確認しよう。「観念論論駁」で証明される「定理」の命題を原文とともに再掲すると、

「私自身の現存在の、単なる、しかし経験的に規定された意識は、私の外なる空間中の諸対象の現存在を証明する」（B275）。
Das bloße, aber empirisch bestimmte, Bewußtsein meines eigenen Daseins beweiset das Dasein der Gegenstände im Raum außer mir.　(B275)

であった[3]。この命題の主語を、筆者は年来、

「私自身の現存在の、単なる意識」と

「私自身の現存在の、経験的に規定された意識」

とが重ね合わされた表現と読むべきであり、カント自身が当初からここにこうした二重性を意図的に籠めていたはずだ、と考えてきた[4]。最初に論証抜きで示すとすれば、前者が「私は考える ich denke」という**純粋統覚**における「単に私は存在しているということだけ nur daß ich bin」（B版「演繹論」§25, B157. 後出）の意識を指し[5]、これに対して後者は、内感における私自身の内的経験についての**経験的統覚**の意識を指す、と考える。定理の主語に籠められたこの重層的な事態が、なにゆえに定理の後半の述部、即ち「私の外なる空間中の諸対象の現存在を証明する」のかを正確に把握することが、「観念論論駁」に集約されるカントの根本思想の解明に繋がるのではないか。その際に一つの小さな鍵となるのは、重ねあわされた二つの主語をさりげなく接続している「しかし aber」という逆接の接続詞である。——詳しくは以下の本論に委ねる（第二、三節）。
　第二の論点についていえば、カントは、空間中を運動する或る物体の運動

が運動として時間規定されうるのは、その物体と（それとは別個の）「**或る常住不変なもの**」（不動のもの）との関係の時空的変化によるのであって、およそこのことを通して外的経験が可能となる、という（「論駁」「注解2」）。だから「或る常住不変なもの」自身が空間中に存在する外物であることは明らかである。例えば大航海時代の船乗りたちにとっての北極星や、カント自身が「論駁」「注解2」で語る例でいえば（「太陽の運動」にとっての）「地上の諸対象」等がそれに当たる[6]。この「地上の諸対象」の例をさらに他の具体例で示すとすれば、東京スカイツリーとか遠くの小山の頂きに映える一本杉とか、挙げれば切りがない[7]。他方、カントが「**この常住不変性**さえもが外的経験から汲み取られる**のでなく**」（「論駁」「注解2」B278）というときの「常住不変性」が、空間中の外物を意味しないことはカントの文言から明らかである[8]。したがってここでわれわれは両語の（超越論的な）身分差と連関性をしっかりと読み取るべきである。これを通して、「定理」の主語の二重性という第一の論点が補強されるであろう（第四節）。

　さらに、上の二つの解釈視点がカントの真意を射当てているとすれば、従来認識論の書とのみ受けとめられてきた彼の主著が、ずっと射程の深い人間の基礎存在論でもあったという、新しいカント評価が拓かれるであろう（第六節）。

　ここで予め「論駁」以外の箇所で「論駁」の議論と密接する叙述が見られる場所を一覧風に確認しておきたい。それは、このあと「観念論論駁」を内在的に読み解く試みにとって、論脈の必要に応じてそのつどそれらの箇所に目を配ることが有益となると思われるからである。

　(a) 本小論の冒頭で述べたように、「観念論論駁」は『純粋理性批判』のB版（1787）で増補・挿入された。ならば同じくB版で大幅に書き替えられた「演繹論」の書き替えの内容と関連づけて解釈されるべきであろう。両者の増補ないし書き替えには密接な関連があるはずだからである。

　(b)「論駁」が「原則論」の第四の原則「経験的思考一般の要請」のなかに増補・挿入されたことは冒頭で確認したが、その第四原則との関係は当然として、加えて同じ「原則論」中で「論駁」より前に位置する第三の原則「経験の類推」（A176ff.B218ff.）との呼応関係も把握する必要がある。とりわ

け「第一の類推」（A182ff.B224ff.）との連関が重要である。

　（c）カントの体系では「原則論」の前に「図式論」が置かれているが、その「図式論」と「論駁」の関係性の検討も欠かせないであろう[9]。

　（d）逆に下っては、「弁証論」冒頭の「誤謬推理論」の付録「魂の常住不変性に関するメンデルスゾーンによる証明の論駁」（B413-B426.「観念論論駁」と同じくＢ版で新たに挿入された）との関連は特段の注目に値する。そこで「誤謬推理論」でのカントの叙述の検討に一節を充てることになるだろう（第五節）。

　（e）再び遡って、Ｂ版「序文」の末尾の長い原注（BXXXIXff.）を視野に入れる必要がある。というのは、この原注は「論駁」を書きおえたあとＢ版の出版間際になって、さらに正確を期すべくカントが「論駁」の記述を修正するために加筆されたものだからである。

　このあとこれら（a）〜（e）について、触れる度合いの濃淡の違いはあれいずれにも言及する機会があるであろう。

　　二

　さて「定理」の直訳風の試訳はうえに示したが、これを少々ほぐして丁寧に訳し直すとすれば、次のようになるであろう。

「〈私自身は現に存在している〉ということを単に［端的に、純粋に］意識すること、しかしそれを経験的に［内的時間的に］規定されて意識することが、〈空間のうちなる諸対象が私の外に現に存在する〉ということを［直接的に］証明している」（B274）。

　最後の「証明している」の前に［直接的に］を補ったのは、「定理」の直後にある「証明」および「注解１」の原注でカント自身が二回に亘って「直接的な［に］unmittelbar」と明言しているからである。例えば「証明」の末尾には、「私自身の現存在の意識は、同時に、私の外なる他の諸物の現存在の直接的な意識である」（B276）とある。だとしても「定理」の命題を一

読しただけで、なるほどそういうことか、と即座に（直接的に）理解が効かないのは、これが未証明のままにいきなり提示された「定理」であり断定命題であって、〈どうしてそういえるのか〉が証明されるのはこのあとだからである。つまり即座に理解が効かない方がまともなのである（さもなければ「証明」は不要であろう [10]）。——とはいえそれにしても「定理」の内容を理解することが困難であることは、これに後続する「証明」と三つの「注解」を読んでも変わらない。そこでわれわれはこれを何とかして解きほぐしていくことにしよう。

　ところで「定理」は単文であって、（英語の文法の構文でいうと）Ｓ＋Ｖ＋Ｏの第三文型に当たる [11]。ここで多少解釈の先取り気味になることを怖れずに確認すると、上の「定理」は、主語Ｓが成立するのは目的語Ｏ（ないしＯ＋Ｃの事情）を直接の前提ないし条件（厳密には等根源的な相互前提ないし相互条件）としているからである（Ｖの部分）、といおうとしている、と取ることができる。つまり、「私自身の現存在の、単なる、しかし経験的に規定された意識」（S）は「私の外なる空間中の諸対象の現存在」（O）を前提とすることによって（のみ）成立するのだ、ということである [12]。とすれば同じ関係を逆にして、次のようにいい表すこともできるであろう。主語における「私自身の現存在の意識」にまつわる二重性の内実を十分に理解するとき、その二重性がそのまま自ずと空間中の外的な諸対象の現存在の証明になっていることが納得される、と。

　ここで前節の末尾で確認した「論駁」と密接する他の箇所どものうち（a）に関わる重要な点を確認しておこう。即ち、Ｂ版の「演繹論」において「アプリオリな総合判断はどのようにして可能か」（B19）という問いが『純粋理性批判』の「唯一の課題の公式」として提起されるが [13]、この問いと「論駁」とは何か関係があるのであろうか。筆者が考えるに、カントにとってこの「アプリオリな総合判断」の可能性の問題は、「純粋数学」「純粋自然科学」「学としての形而上学」（B20-22）が学として成立するか否かに関わる問題である以前に、何よりも「演繹論」における「難問 Schwierigkeit」（B155f.）、即ち〈二つの相異なる私はどのようにして一つの私として同一であるか〉に遡源する。ここでいう〈二つの相異なる私〉とは、つきつめていえば純粋統

覚（悟性）と経験的統覚（内感）を指す。これら二者の区別と統一がとりも
なおさず、「アプリオリな総合判断」の原基的な姿なのであり、したがって
「論駁」の「定理」の主語の二重性に直結するはずである。カントとしては
B版の「演繹論」の論旨を（とくに三つの難問のあたりを）きちっと読み取っ
てくれた読者であるならば、「論駁」の主語が二重に語られており、そこに
おいて自分が二者の区別と同一を論じているのだということも、当然何の苦
もなく読み取ってくれるはずだと思っていたに違いない[14)]。

　ここでこのあとの議論の展開の理解のために、かつて遠い昔に筆者が提案
したカント解釈の図を再提示しておく[15)]。

図：カントにおける超越論的四極構造［再掲］

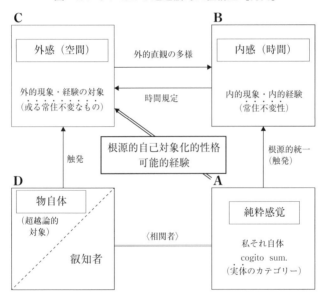

　以上の準備を経て、ここで「論駁」の「定理」の主語の二重性の問題に戻
ろう。二重の主語をＡＢとし、それぞれを別個に提示してみよう。はじめに
直訳調の（通常の）訳文で、ついで（先に試みた）丁寧な訳文で示すと次の
ようになる。

A：「私自身の現存在の、単なる意識」あるいは
「〈私自身は現に存在している〉ということを単に［端的に、純粋に］意識すること」

B：「私自身の現存在の、経験的に規定された意識」あるいは
「〈私自身は現に存在している〉ということを経験的に［内的時間的に］規定されて意識すること」

　前節冒頭の概要で述べたことの再確認であるが、Aが純粋統覚における〈私の現存在意識〉に対応し [16]、Bが経験的統覚における〈私の現存在意識〉を意味する。つまり内感における時間意識としての「内的経験」（B275）における〈私の現存在意識〉を意味する。これに対して「定理」の目的語に当たる「私の外なる空間中の諸対象の現存在」が〈外感における「外的経験」(ibid.)〉に対応する。これをCとすれば、これらABCがちょうど上に示した四極構造の図におけるABCに当たることを確認されたい [17]。
　まず最初に触れるべきは、主語の第一契機（A）「単なる意識」が純粋統覚を指すということを直示する文意が「論駁」の「証明」自身のなかにはでてこないという事実である。これは筆者の（1）(p.92) の提案への有力な反駁となりうる。しかし、「論駁」の「注解1」に次のようにある。「〈私は存在する ich bin〉という表象は、あらゆる思考に伴うことができる意識を表現しているのであるが、……」（B277）。まず出だしの〈私は存在する〉という表象」が「定理」の主語の「私の現存在の単なる意識」（A）を指していわれていることは、文脈上明らかである。次に「あらゆる思考に伴うことができる意識」とあるが、これはB版「演繹論」の、「統覚の根源的・総合的な統一」について論じる§16冒頭における「〈私は考える〉は、私のあらゆる諸表象に伴うことができるのでなければならない」（B131）という有名な表現とぴったり照応している。つまりここで（も）カントは、「私は存在する」と「私は考える」とは置換可能な二つの命題である、と前提しているのである [18]。この一点からだけでも、「定理」の主語のうち「単なる意識」は純粋統覚を意味していると確証されたといっていいであろう。

　加えて無視できない傍証として次の事情もある。カントにおいて「単なる bloß」という形容詞は、多くの場合「純粋な rein」の意味で用いられていることに鑑みると [19]、Ａ「私自身の現存在の、単なる意識」は「私自身の現存在の、純粋な意識」ともいい換えることができるだろう。すると結局Ａが「純粋統覚」における〈私の現存在意識〉に対応することがいっそう確かなこととなる（そこで「定理」の主語の丁寧な訳文の方に［純粋に］と補訳した）。

　もう一点傍証らしきものに触れると、「定理」の主語には「私自身の現存在の meines eigenen Daseins……」とある。ここでは meines eigenen を「私自身の」と訳したが、「私固有の」とも「私の掛け替えのない」とも訳すことができる。重要なのは（いずれに訳そうとも）この表現からここで叡知者としての「私」、「私それ自体 ich an mir selbst」（B157）が示唆されていることを察知することである。それについての意識が、一つは「単なる」と形容され、他が「しかし経験的に規定された」と形容されるのである。つまり前者の「私自身の現存在の、単なる意識」は〈私は叡知者として存在している〉という純粋な意識、即ち「単に〈私は存在しているということ〉だけを私は意識する」（ibid. 再掲）ことといい換えることが可能であり、ひいてはこの表記自身が純粋統覚 ich denke を示唆していると気づくのである。

　これに対して主語の第二契機（Ｂ）が経験的統覚に対応する方は明瞭であって、「定理」に続く「証明」「注解１」を読み進めていけば容易に納得されるであろう。そこには「時間の内なる私の現存在 mein Dasein in der Zeit」（B275）という表記が二度繰り返されるが、これがＢの契機を指しつつ経験的統覚を意味することは自明であるからである。また「定理」の前後で「内的経験」という鍵概念が頻繁に語られるが、これまた主語の第二契機の現存在意識に繋がることが確認できる。一例を挙げると、「注解２」の本文の真ん中あたりに「時間の内なるわれわれ自身の現実存在の規定、即ち内的経験」（B277）とある。

　以上でＡは純粋統覚を、Ｂは内感における経験的統覚を意味することが確認されたであろう [20]。

三

　次に問題となるのはＡＢの区別と同一である。ここを掴むことが「論駁」の思想をわがものとするに最も肝要な点である。ここで前章で詳細に検討した「演繹論」§24 での三つの「難問」を再び思い起こしてみよう。あそこでは二つの私が「区別されつつ、しかも同じ主観として一つである」（B155）のはどのようしてであるか、という問いを三通りにいい換えていた（前章参照）。そしてその二つの私というのが「論駁」の「定理」の二重の主語に他ならない、というのが本章の眼目であった。

　この点について理解をさらに深めるために、主語の第一契機Ａ（純粋統覚）を念頭に置きながら、Ｂ版の「演繹論」§25（三つの難問に解決を示す項）の次の件を見てみよう（一部はすでに引用済み。①②③、圏点はすべて筆者による）。

　「私は、諸表象の多様なものの超越論的総合一般のうちで、つまり［純粋］統覚の総合的根源的な統一のうちで、私自身を意識しているのであるが、それは、①私が私にどのように現象しているのかをでなく、また［ましてや反対に］、②私がそれ自体として ich an mir selbst どのように存在しているのか［私の物自体としての在り方］をでもなく、③単に私は存在しているということだけを意識しているにすぎない。この表象は一つの思考する働きであって、一つの直観する働きではない」（B157）。

　ここもカントの人間哲学を正確に把握するうえでたいへんに重要な箇所であるが、それだけに厳密かつ立体的・複合的な理解が要求される。まずもってカントはここで、人間は己れの純粋統覚（の意識）において、「単に私は存在しているということだけ nur daß ich bin を意識しているにすぎない」というのであるが、「論駁」「定理」の主語のＡの契機「私自身の現存在の、単なる意識」は、まさに「演繹論」のここに呼応しているはずである。その際「論駁」の「定理」の主語の「単なる bloß」という形容詞と上記の「演

繹論」からの引用文中の「単に……だけ nur」という副詞が意味上呼応している点を確認することが有益である。さらにこの「単なる」＝「単に……だけ」が「純粋な rein」の意味でもあることはすでに確認した通りである。

　つまり、純粋統覚とは「③単に私が存在しているということだけ」の**存在**意識であり、存在**意識**（存在思考）であるのであって（「この表象は一つの思考する働きであって」）、何でないかというと、私の現存在の存在仕方を巡っての「一つの直観する働きではない」ということである[21]。このときわれわれは後者の〈直観をもたらす働きではない〉には二重の意味が籠められていることを読み取るべきであって、まずは、先の引用文で最初に否定された「①私が私にどのように現象しているのか」という「表象」、その場合は或る種の感性的「直観」となろうが、そうした**直観**ではない、と念を押しているといえる。だがそれ以上に重要な含意として、純粋統覚、即ち「③単に私が存在しているということだけ」の意識はけっして「②私がそれ自体としてどのように存在しているのか」についての**知的**直観ではないのだ[22]、というカントの強い主張をここから読み取るべきであろう。

　では私に欠けている「私の現存在」の〈存在直観〉を代理（代表）して担ってくれるものは何か。それが「或る常住不変なもの」にほかならないというのがカントの答えである。そしてこの思考と直観とが総合統一された暁に〈アプリオリな総合判断〉が、つまり「認識」が成立するというのがカントの考想である。

　ここでようやく「定理」の主語の二つの契機を媒介している「しかしaber」に注目することが可能となった。ではこの接続詞が担う媒介の役割の内実はどのようなものか。

　まず、先にも引用したが「論駁」の「注解1」の途中に、「……もちろんあらゆる思考に伴うことができる意識を表現している〈私は存在する〉という表象は、〈一人の主観［私］の現実存在〉を直接自らのうちに含むものである」（B277）とあった[23]。この引用の全体でいわれている「意識」が、「定理」の主語の第一契機（A）を意味することも確認した。さてこの行文は、続いてどのように語られていくか。

「……が、しかし aber［この意識は］まだその主観についてのいかなる認識でもなく、それゆえまたその主観についての経験的な認識すなわち経験ではない。というのはそのためには、〈或る現実存在しているもの etwas Existierendem [3]〉についての思考［A］のほかになお直観が、ここでは内的直観が必要だからである」（B277）。

つまりここでカントは、Aの意識は「単なる」現存在意識（思考）にとどまっていて、まだ「経験的認識」即ち「経験」ではないのだから、「経験」となるためには「経験的に規定され」なければならない（「定理」の主語のB）、といっているのである。「……思考のほかになお直観が……必要」である、とはそういう意味である。この、《AはBへと必然的に推移せねばならない》という事情が、「しかし」を媒介としてここに述べられている。したがって「定理」中の aber とこの「注解１」の aber の二つの「しかし」がまったく同じ役割を務めていることは明瞭であろう。

だが事態はここに留まらない。さらにB（内的経験）はC（外物）を要求するからである。上の引用文はさらに次のように続く。

「この内的直観に関して、即ち時間に関して主観は［経験的に］規定されなければならない［B］のであるが、そのためには外的な諸対象が何としても要求されるのであり、……」（B277）。

この「外的な諸対象」が「定理」の目的語としての「私の外なる空間中の諸対象」を指していることはいうまでもない。こうして、純粋統覚をめぐる事情（A）から内感をめぐる事情（B）を経て「私の外なる空間中の諸対象」が「要求」される経緯（C）が「証明」された。ここで「私の外なる空間中の諸対象」が何を意味するかといえば、その代表が「或る常住不変なもの」にほかならない [24]。このことはB版「序文」末尾の原注でもっと分かりやすく記述されている。「……それゆえ内的経験自身は、私のなかには存しないところの〈或る常住不変なもの〉に依存している」（BXLf.Anm.）。

ここでAからBへ、〈A＋B〉からCへの展開がいかに不可避なものであ

るかをいっそう明瞭にするために、一つの操作を施してみたい。それは「定理」の命題の適当な箇所に「常に同時に」を挿入してみたらどうか、というものである。

『道徳形而上学の基礎づけ』定言命法の第二法式、および『実践理性批判』「純粋実践理性の根本法則」の表現のなかに「常に同時に jederzeit zugleich」[25] という二つの副詞の組み合わせが登場し、それらが極めて重要な役割を担っていることは誰しもが知っている[26]。そして、この独特の表現によってカントが、実践の局面における叡知的な自己（純粋実践理性ないし純粋意志 reiner Wille）と経験的な自己（随意志 Willkür）の二つの異種なものの重ねあわせ、あるいは前者の司る道徳法則と後者の司る格率の二つの異なったものの「アプリオリな総合」をいい表そうとしていることも周知のことがらに属する。であるならば、経験ないし経験的認識の局面における純粋統覚と経験的統覚の二者の区別と同一（「アプリオリな総合」）を語ろうとする「論駁」の「定理」にも同様にこの「常に同時に」を挿入することができ、それによって「定理」が意味するところをいっそう鮮明に理解することが可能となるのではないだろうか。

実は「同時に」の方は、もともと「論駁」のなかに見られる。即ち、「証明」のなかに「……〈私自身は現に存在している〉という意識［A＋B］は、同時に私の外なる他の諸物が現に存在することを直接に意識することなのである」（B276）とあるのがそれである。これによって、「同時に」を「定理」のなかにも挿入することが正当づけられるであろう。

では「常に」の方はどうであろうか。こちらの副詞は「定理」のなかはもちろんのこと、「証明」および三つの「注解」を通じて「論駁」中には一回も用いられていない。だが、「証明」の出だしの第二文に注目したい。「あらゆる時間規定は、知覚における〈或る常住不変なもの〉を前提する」（B275）。一般的にいって「あらゆる」は語義として「常に」に通じる。そこでここに「常に」を補って、「あらゆる時間規定は常に……前提する」としても、意味が強化されこそすれ意味の変質は生じないであろう[27]。よって「定理」の命題に「常に同時に」を挿入した形でいい表わすことが許されるはずである。否、そのように補強することによって事態をいっそうカントの人間思想に肉

薄した形で理解することができるであろう。筆者の見たところ、それも二箇
所に挿入することができる。それを次に示そう。

　私自身の現存在の、単なる、しかし常に同時に経験的に規定された意識は、
私の外なる空間中の諸対象の現存在を常に同時に証明する。

　前者の挿入は、しばらく前に検討した aber が担う〈AとBとを媒介す
る〉という役割の内容から自ずと正当化されるだろう。即ち〈常に同時に〉
は二つの〈私の現存在意識〉が異なりつつも相即していることを示す。後者
の挿入については直前の二つの段落における B276 からと B275 からの引用
によって正当化された。即ちＡＢ二つの意識が重なるにあたってはその必須
の条件として外物の現存在Ｃを「常に同時に」求めることを示す。
　以上で「定理」の主語の二重性の問題についての基本的な検討は終えたこ
ととしよう。
　だがそれにしてもどうして「内的経験」が経験として規定されるためには
外的諸対象に依存しなければならないのであろうか。また確かに依存しなけ
ればならないとしても、外的諸対象は実際どのようにして（どんな風にして）
「内的経験」を「規定」するのであろうろうか。この、或る意味で「観念論
論駁」の最奥の、最も肝心な〈超越論的〉謎についてカントがどう考えてい
たのか。その考案・思想は、残念ながら「論駁」の範囲内では語られていな
い。実はこの点が（きわめて難解な叙述を通して）語られていたのは、何とは
るか前の、それも「感性論」においてであった（§8Ⅱ,Ⅲ）。いうまでもな
くその箇所も当然ながらＢ版で増補された部分にあたる[28]。──これにつ
いての詳細な検討は次章の〈研究ノート〉、とくにその後篇に譲る。事柄は
〈自己触発論〉〈悟性の内感への触発〉の問題に関わる。本章においては、
「定理」の二重の主語（Ａ＋Ｂ）が目的語Ｃを「要求」する経緯が、「証明」
と「注解１」においてほぐされて語られつつ「証明」されていることを確認
するに止めたい。

四

ここから本章の第二の論題に移る。即ち「或る常住不変なもの etwas Beharrliches」と「常住不変性 die Beharrlichkeit」の差異と連関の問題である。

すでに本章の出だしで部分的に取り上げた箇所であるが、「論駁」の「注解２」に次のようにある。長いが一気に引用する。

「……だから［現象的な］一つの実体の概念に直観として宛がうことができるかもしれない［或る］常住不変なものとしては、単に物質以外にはありえず、しかもこの常住不変性さえもが外的経験から汲み取られるのでなく、あらゆる時間規定の必然的な条件として、したがってまた、《諸々の外物の現実存在を通してわれわれ自身の現存在を観察する際に内感を規定すること》として、アプリオリに前提されるのである」（B278）。

これもまた難解な文であるが、引用中に「［或る］常住不変なもの」と「常住不変性」とが一つの文脈のなかに対比的に登場する。そして「常住不変性」が「論駁」中に出てくるのはここ一箇所のみである（対して「或る常住不変なもの」とその類似表現は七回出てくる[29]）。

まず引用文の前半に、「［或る］常住不変なもの」とは通常の言葉でいえば「物質」のことであるといわれている。ところですでに「原則論」の「第一の類推」に「〈或る常住不変なもの〉とは、……〈現象における実体〉である」（A182B225）とあった。ここで「現象における実体」といわれるのは、〈カテゴリーとしての実体〉ではなく、の意である。ここからすると、〈或る常住不変なもの〉≒物質＝〈現象としての実体〉、と受けとっていいであろう[30]。

次に、引用の後半の《　》で括った件、即ち、「常住不変性」は「諸々の外物の現実存在を通してわれわれ自身の現存在を観察する際に内感を規定すること Bestimmung」である、という部分を解きほぐそう。まずここから「常住不変性」は「こと」（動詞の名詞形）であって「もの」（「或る常住不変な

105

もの」）でないことが読みとれる。ここで「こと」とは超越論的観念論上の
不可避的な事情、事態を意味するであろう。次に「内感を規定する」の「規
定する」は「認識する」に通じる。するとここは、われわれが時間のなかで
現に生きているとそれなりに「認識」されるのは外物のお蔭であって、外物
が現実に存在してくれているからである、と語っていることになる。とする
とここの件こそ、「論駁」の「定理」のなかの〈主語の第二契機Ｂが外物の
現存在Ｃを証明する〉という機微を噛み砕いて解説してくれているのだと分
かる。

　ではあいだに挟まれた部分、「この常住不変性さえもが……あらゆる時間
規定の必然的な条件として……アプリオリに前提される」とはどういうこと
か。ここで、「この常住不変性さえもが selbst diese Beharrlichkeit」の「こ
の diese」と「さえも selbst」とに少し拘ってみよう。まずここの「この」
は〈これの〉の意であって、それはまずもって直前にある「物質」を指すが
（原文でも直前にある）、結局は「［或る］常住不変なもの」を指していると理
解していいだろう。すると、問題となっているのは、「或る常住不変なも
の」の「常住不変性」、〈或る常住不変なもの〉が体現している〈常住不変
性〉とは何であるか、ということになる。ところで引用冒頭に、「［現象的
な］一つの実体の概念に直観として宛がうことができるかもしれない［或
る］常住不変なものとしては、単に物質以外にはありえず」とあった。つま
りここでは、「常住不変なもの」は「直観」の側に位置づくのである。する
とこれに対して、「常住不変性」は「概念」の側に立つはずだと見当がつく。

　それにしてもどうして「さえも」といわれるのであろうか。このようにい
われるということは、この前にこれとは別のものが「外的経験から汲み取ら
れるのでなく、……アプリオリに前提され」ていたはずである。その観点か
ら改めて「観念論論駁」を読み直してみると、ほかでもない「定理」の主語
の第一契機（Ａ）「私自身の現存在の、単なる意識」がそれであることに気
づくであろう。つまり「純粋統覚」＝〈私は考える〉である。するとこれに
加えてさらに「常住不変なもの」の「常住不変性」「さえもが」「アプリオリ
に前提される」のである、とカントはいっていることが理解される。

　ではこの「常住不変性」が「アプリオリに前提される」という場合、何に

とっての「前提」として前提されるというのであろうか。カントは、それは「あらゆる時間規定の必然的な条件として」である、という。だが、これはまたさらにどういう意味であろうか。

ここで一つの種明かしをしよう。『純粋理性批判』において「常住不変性」という術語は、B版の「序論」に二回出てきたあと「感性論」「演繹論」には出てこず、集中的に再登場するのは「図式論」「原則論」（「論駁」はここに含まれる）に進んでからである。その「図式論」にこの単語が最初に登場する箇所に、「［純粋悟性概念としての］実体の図式は、時間における実在的なものの常住不変性である」（A144B183）とある（これが種明かし）。ここから三つのことが確認できる。第一に「常住不変性」は（カテゴリーとしての）「実体」の「超越論的図式」（A138B177）である、ということ。第二に、それは「時間における実在的なもの」が帯びる（体現する）「常住不変性」である、ということ。第三に、その「時間における実在的なもの」とは結局、現象的な実体、物質、つまりここでは「或る常住不変なもの」を意味する、ということ。

ところで「図式論」の出だし付近の行論を辿れば、超越論的図式とは、悟性が「時間を超越論的に規定する」ことによって時間直観とカテゴリーとを媒介する働きの別名であると理解できる（「図式論」A138f.B177f.）[31]。ここで注目するべきは、「図式論」での「［悟性が］時間を超越論的に規定する」という物いいと、先ほどらい問題としている（「論駁」の「注解２」の）「あらゆる時間規定の必然的な条件として」という物いいとがぴたりと照応している、という点である。すると、「論駁」自体にはたった一回しか出てこないとしても、実は「常住不変性」という術語は「論駁」の「定理」の主語の第二契機、即ち内感における時間意識を「図式」の立場から、いい換えると悟性の立場から語っている基軸概念だったといえるであろう。

加えてこの事情は「原則論」の第三の原則「類推論」のうちの「第一類推」論からも読み取ることができる。先に引用したように、すでに「図式論」で「常住不変性」が「実体の図式」であるといわれていた以上、「実体」のカテゴリーの原則を論じる「第一の類推」論のなかで「常住不変性」が主役として登場することに何の不思議もない。その「第一の類推：実体の

常住不変性の原則」の「証明」の途中に次のような記述がある。

　「というのは、単にこの［図式としての］常住不変性は、現象に対してわれわれが実体のカテゴリー［純粋悟性概念］を適用する根拠なのであって、……」（A184B227）。

　ここで常住不変性が実体のカテゴリーを現象に適用する根拠である、といわれていることからすると、いい換えれば、悟性が「常住不変性」を仮託した相手が現象としての「実体」、つまり「或る常住不変なもの」にほかならない、と理解していいであろう[32]。

　以上に明らかとなった事態を総括的に述べると、**純粋統覚においては**（カテゴリーとしての）「**実体**」、**内感においては**（「実体の図式」としての）「**常住不変性**」、**外的現象としては**（現象的な実体としての）「**或る常住不変なもの**」、となるであろう。ところでこれら三者の関係は再び、先に示した図「カントにおける超越論的四極構造」において**ＡＢＣ**として図示されている関係そのものであることを確認されたい（p.97）。現実的な時間認識、あるいは物体の運動の認識の奥には、その可能性の条件としてこの三者関係が控えている、というのが「論駁」におけるいわば本丸に位置するカントの思想であるといっていいであろう。

　以上の検討から、この「常住不変性」は「定理」の主語の第二契機に関連しているのであって、けっして「定理」の目的語に位置する「私の外なる空間中の諸対象」、つまり「或る常住不変なもの」の側に属しはしない、ということが確定された。両者は悟性（思考）の内感への介入（図式）とそれを仮託される側の直観との対置的な位置関係にあるのであって、けっして（多くの場合そのように読まれるのだが）同種・同義のもののいい換えではないのである。

五

　ここまでの四節で本章の二つの問題提起について一定の正当性が確保され

たとしよう。それを受けて本節では、この二つの主張をともに補強してくれる他の箇所に目を向けてみたい。

　興味深いことに、「観念論論駁」は『純粋理性批判』の「分析論」に収まっているのに、その「論駁」で展開される一連の事情が、のちに「弁証論」に移って、B版の「誤謬推理論」のなかでまったく同様に論じられているという事実がある。具体的にいえば、それは「魂の常住不変性に関するメンデルスゾーンによる証明の論駁」（B413-426. 以下「メンデルスゾーン論駁」）[33]においてである。その「メンデルスゾーン論駁」のなかほどに次のようにある。

　「［〈私は考える〉という］第一命題における私の現存在［〈私は存在する〉］が意味しているのは、〈およそ考えている存在者はみな現実存在している〉ということではなく（……）、むしろ単に、〈私が考えているときには私は現実存在している ich existiere denkend〉ということだけである[34]ことからして、私の現存在は〈与えられてあるもの〉と als gegeben 見なされるがゆえに、この第一命題［〈私は考える〉］は経験的な empirisch［命題］であって、つまり第一命題は《私の現存在は私の諸表象をひたすら時間のうちで観察する限りでのみ規定されることができるということ》を［既に］含意している。しかし aber 私はさらにこれに加えて、まずもって〈或る常住不変なもの〉を要求するが、そのようなものは、〈私が私を考える〉限りでは内的直観において私に全然与えられていないのであって、……」（B420）。

　ここもこれ以上ないというほどに全容の把握が難しい箇所である。その困難は前節で検討した「観念論論駁」の「注解２」からの引用文のときと同質である。ここでカントは〈私は考える〉（純粋統覚）は「経験的な」命題であるという。これは驚くべき発言といえる。というのは、カントのいう純粋統覚が「知性的な」ものであることは、カントにとっても『純粋理性批判』の読者にとっても大前提であるからである[35]。そして常識的なカント理解からすると「知性的な」と「経験的な」とは相互に相容れない関係にあると

受けとめるのが普通であるからである。この戸惑いの解消はのちに試みる。

　ともあれ引用文の後半でカントは、（以下、再引用）「しかし私はさらにこれに加えて、まずもって〈或る常住不変なもの〉を要求するが、そのようなものは、〈私が私を考える〉限りでは内的直観において私に全然与えられていないのであって」という[36]。そこでどうなるか。当の「メンデルスゾーン論駁」では以下、「だから私が現実存在する仕方はどのような身分なのか、実体としてかそれとも偶有性［実体の属性］としてか……を規定することはまったく不可能である」(ibid.) と展開していく[37]。だがここで「メンデルスゾーン論駁」から離れて「観念論論駁」に戻るとすると、だから（第三節p.102 に引用した通り）「そのためには外的な諸対象が何としても要求されるのであり、……」（「論駁」「注解1」B277）と続くところである。このように読み継ぐことが許されるとすれば、このあとの分析を通して最終的に明らかになるように、上の「メンデルスゾーン論駁」からの引用は「観念論論駁」における「定理」にいい表わされている事情（A→B→Cの推移の必然性）をほとんど全面的に再現している、といっていいであろう。

　まず副次的な確認を二つしておこう。（ア）引用文の出だしに「第一命題における〈私の現存在〉は」とあるが、ここからもカントにおいては〈私は考える〉と〈私は存在する〉とが相互置換可能な（相互が相手の意味を含んでいる）関係にあると読みとることができる。というのは、この文脈で「第一命題」といえば「私は考える」を指していることは明らかであり（B419 に掲げられている四つの命題を確認されたい）、他方「私の現存在 mein Dasein」は元々〈私は存在する ich bin〉の名詞表現であるからである。（イ）引用文の後半に登場する「しかし aber」もすでに検討した「観念論論駁」の「定理」中の aber と同様の役割を果していることが分かる。ただし「定理」の aber が〈A→B〉を媒介したのに対して、こちらの aber は〈B→C〉の移行の必然性を媒介しているという違いがある。

　ここから引用文の前半（第一文）を、（先の試訳を信頼して頂いたうえで）カントの論理をたどりながら丁寧に読み直してみよう。すると最初に、〈私の現存在〉つまり〈私は存在する〉は、〈私が考えているときには私は現実存在している〉ことを「意味している」といわれる。次に、「［この］ことから

して indem」「私の現存在は〈与えられてあるもの〉と見なされる」という。そして〈与えられてあるもの〉と見なされる「がゆえに Weil」〈私は考える〉は「経験的である」といえるのだ、とカントはいう。このとき〈与えられてある〉とは一般的にいわれているのでなく、〈現象として与えられてある〉の意であることはこのあとすぐに判明する。——この時点で「経験的」という形容詞の述語的用語法に対する驚き（戸惑い）は残ったままであれ、ともかくカントの論理の筋道はすっきりしているといえよう。

　さらには、その戸惑いに関しても、冷静に受け止めるならば、ここでいわれる「経験的な empirisch」とは、（いずれは）「経験 Erfahrung」に関わるもの（関わらざるをえないもの）、の意味でいわれているのではないだろうか、との気づきに至るだろう。このとき「経験」とはいうまでもなく、カントが「一つの可能的経験一般のアプリオリな諸条件は、同時にその経験の諸対象の可能性の諸条件で［も］ある」（A111）と高唱するときの「一つの可能的経験一般」を意味する。では「経験」に関わるとはどういうことか。

　それを詳しく叙述し直してくれているのが、引用文の「経験的であって」のすぐあとに続く「つまり und」以下の、二重鍵括弧を付して訳した文言である。即ち《私の現存在は私の諸表象をひたすら時間のうちで観察する限りでのみ規定されることができるということ》という事情なのである。この箇所の原文は Bestimmbarkeit（［被］規定可能性）を巡っての長大な複合名詞句となっている。それを示すと、die Bestimmbarkeit meines Daseins bloß in Ansehung meiner Vorstellungen in der Zeit である [38]。これを試みに直訳風に硬く訳すとすれば、「私の諸表象の、単に時間の内における観察による、私の現存在の［被］規定可能性」となるだろう。ここで何といっても一番重要な語句は in der Zeit であって、（先の柔らかい訳でいえば）「時間のうちで」または（直訳風の方でいえば）「時間の内における」の部分である。先に〈与えられてある〉とは〈現象として与えられてある〉の意味でいわれているのであろう、と述べたことが間違いでなかったことがここから確かめられるであろう。さらには既にお気づきのように、ここでいわれる「時間のうちで観察する限りでのみ」という事態は、内感における自己認識、つまり「内的経験」を指していると理解して間違いない。すでに第二節末尾に引用したので

あるが、「観念論論駁」の「注解2」に「時間の内なるわれわれ自身の現実
存在の規定、即ち内的経験」とあったからである（B277. このときまだ外的現
象に関しては語られていなかったことに注意されたい）。

　ここでしばらく立ち止まって、次の疑問について考えてみよう。それは、
引用文において〈存在する sein〉と〈現実存在する existieren〉とは一部の
隙もなく同義の動詞として語られているであろうか、という問いである。通
常のカント解釈ではこの二つは同義と見なされており、大局的にはそれで問
題はない[39]。だがカントがここで〈私は現実存在している〉と表記すると
きには、「単に〈私は存在する〉ということ」（B157）とは微妙に異なった語
義を籠めているとも思われる。この小さな疑念は、上の引用中「〈私の現存
在〉は〈私の現実存在〉を意味している」（大意）の「意味している heißt」
が〈含意する〉の意味であり、したがって〈同義である〉の意でなく〈それ
を含みもっている〉の意であるところからも増幅される[40]。

　思うに前者は端的に〈存在する〉を意味するだけであるのに対して（B157
にあった「単に私は存在するということ」）、後者はそれに加えて、〈そこに何
らかの直観がこののち加わる〉ことが超越論的にいって必至であることまで
を意味しているのではないだろうか。後者についてどうしてそのようにいえ
るかといえば、先ほど確認したように、引用文にある「私の現存在は私の諸
表象をひたすら時間のうちで観察する限りでのみ規定されることができる」
という記述が、第一に「私の**現存在**」がいずれ〈「経験」に関わる〉ことを
担保していると同時に、第二にここの「私の諸表象をひたすら時間のうちで
観察する限りでのみ規定されることができる」という事情は「私は**現実存在**
する」のいい直しとして書かれていると読むことが可能であるからである[41]。
だとすると、「私の現実存在」は直観に関して（いつでも）「規定されること
ができる bestimmbar」状態にあるといっていい[42]。

　この差異に密接して、ここで次の表現に注目したい。カントは「メンデル
スゾーン論駁」の中で「〈私は考える〉は経験的な命題である」という趣旨
のことを三回繰り返しているが、その二回目で次のようにいう[43]。「経験的
な［命題でありながらも］、しかし直観のあらゆる種類からいって未規定的
な unbestimmt 命題〈私は考える〉を通して……」（B421）。つまり、〈私は

考える〉という命題は「直観のあらゆる種類からいって」「未規定的」である、といわれている[44]。とすると、直観に関して「私の現存在 Dasein」は〈未だいっさい規定されていない unbestimmt〉状況に留まっているが、「私の現実存在 Existenz」は〈規定されることが可能な bestimmbar〉状態にあり、つまり直観に向かって一歩前進した状況に位置づけられていることが判明する。そしてその先〈私〉は内感へと降りたって、経験的統覚として「経験的に規定された bestimmt 意識」（B275. 定理の主語の第二契機）へといわば衣替えするのである。

以上の経緯からして、まずは〈規定可能な〉「私の現実存在」の仕方が（躊躇なく）「経験的な」と形容されうる、とカントは考えたのではないか。次に（引用文の冒頭にあったように）「私が考えているときには」「私の現存在」は「私は現実存在している」を「意味している」のであるから、〈未規定的な〉第一命題〈私は考える〉もいわば間接的に「経験的な」と、つまり（いずれは）「経験」に関わることになると形容していいのだ、とカントは語法を押しすすめたのであろう、と筆者の推解は進むのである[45]。

以上が「メンデルスゾーン論駁」における「経験的な」の用語法についての検討であった。小括すれば、ここの〈私は考える〉という命題を形容する「経験的な」は、けっしてここだけに見られる例外的で特異な用語法というのでなく、むしろカント特有の超越論的認識批判の最重要な術語の一つである「可能的経験一般」（A111）に密接する語法であることが判明した。したがってわれわれが前節まで検討してきた「観念論論駁」「定理」主語 B の「経験的に規定された」の「経験的に［な］」と同義であると結論づけることができよう。

以上で「メンデルスゾーン論駁」の検討を終えることとする[46]。

六

ここで論点を再び「観念論論駁」に戻すこととする。

先に確認したように、カントにおいては「或る常住不変なもの」≒〈一つの物体〉＝〈一つの現象としての実体〉であった。ではこの「或る常住不変

なもの」に「常住不変性」が仮託されている、とはどういうことを意味する
のか、を具体的に確認してみたい。例として再び先の注7）で挙げたペン皿
を思い浮かべながら考えてみよう。いま私の机のうえの片隅にペン皿が置か
れているとする。そこには、じっとして動かない、という感じが漂っている、
ないし付着しているだろう。この感じは、思考ではない。そうではなくて、
これが「常住不変な beharrlich」という直観であろう。つまり、ペン皿から
の触発による〈受容された感じ〉（感覚といっていい）である。この種の感じ
が感じられる〈現象としての実体〉を「或る常住不変なもの」という。だが
このもの（いまの場合ペン皿）に〈仮託された〉「常住不変性」、厳密にいい
直すと、このもの（ペン皿）が「［現象的な］一つの実体の概念に直観とし
て宛がうことができるかもしれない［或る］常住不変なもの」（再出、「注解
2」B278）としての役割を担っているという事情から遡って〈「類推」され
る〉「常住不変性」は、カテゴリーとしての「実体」のいわば（第一次的な）
代理としての「図式」であった。その「常住不変性」が（いわば第二次的に）
さらに仮託された仮託先が「或る常住不変なもの」である、といえよう。
——すると次のように総括することができよう。或る外的対象（ペン皿また
は東京スカイツリー）を「或る常住不変なもの」と見なし、それを基準にし
て羽蟻または太陽の運動（時空変化）を認識できるのは、根底的にはカテゴ
リー（この場合は「実体」のカテゴリー）として働く純粋統覚の構成する働き
による、と（もちろん他方で、外的現象の受容がなければならない）。この構成
こそが、概念と直観の「アプリオリな総合判断」なのだ、とカントはいおう
としているのであろう。
　以上に鮮明となったカントの認識＝「経験」論、人間観、世界観は、やは
り彼独特の画期的なものと評価されるべきであろう。先に注7）で「カント
の超越論的観念論の真骨頂は、別のところにある」と留保したのは、この意
味においてであった。この延長上で次のようにもいえるだろう。おそらくカ
ントにおける「経験」は、人間の主体的な行為、即ちあらゆる判断（道徳的
判断、美的判断、目的論的判断を含む）、認識、意志に基づく身体活動（道徳的
行為も含む）、日常生活全般、社会政治経済活動、芸術スポーツ余暇活動、
科学研究、宗教的ないし非宗教的な信仰などを意味し、それに対して「経験

の対象」とは広く外界、自然、（身体的存在者としての限りの）自分および他者、社会一般、大学・会社・国・国際機関などの制度、新幹線やコンピューターをはじめとする数多の物的人工物、芸術作品、あるいは真善美をめぐる観念世界、来世などの精神世界に至るまでのすべてを意味するのではないか、と[47]。本書第一部第一章第五節で概略的に示唆したことをここでもう一度確認すると、このカントの「経験」は人間の〈根源的な外化 ursprüngliche Entäußerung〉を意味するのであって、その出発点には人間に備わる、否、人間それ自体そのものといっていい〈叡知的な自発性 Spontaneität〉ないし〈自己活動性 Selbsttätigkeit〉が考えられているであろう。またカントが「経験一般の可能性の［アプリオリな］諸条件は、［常に］同時に、その経験の諸対象の可能性の［アプリオリな］諸条件で［も］あり、……」（A158 B197）という印象的ないい回しで語ろうとしていたことも、このことであったと理解することができよう（A111B なしの命題も同様）。そしてこれがこののち個々人の生涯において、人類の歴史において、物からの、他者からの、自己自身からの疎外 Entfremdung へと（否定的に）止揚されざるをえない事情を剔抉したのがのちのヘーゲル、マルクスにほかならないことにもすでに本書第一部第二章の「おわりに」で触れた。

　このように見てくると、この事情を別様に、しかもいっそう直截に表現しているのが、まさに「観念論論駁」の「定理」そのものだということに改めて気づくであろう。「定理」には、「私自身の現存在」の「単なる」つまり純粋な意識は、それが「単なる意識」に留まるのでなく「内的経験」として「認識」へと進むためには、（内的知的直観が人間には許されていない以上）さらにやむなく「外的経験」の世界へと踏み出していかざるをえないのだ、という事情の全容が籠められていたのであったからである[48]。

おわりに

『実践理性批判』（1788）の末尾の「結語」をカントは「私の頭上の満天の星の輝きと私の内なる道徳法則」とがわれわれに「讃嘆と畏敬 Bewunderung und Ehrfurcht」の念を抱かせる、という言葉で結んだ（KpV, Aka.V161）。

だが、どうしてこれら二つのものにわれわれは「讃嘆と畏敬」の念を抱くというのだろうか。そう思いつつ後続の文を読むと、それは二つのものが「直接に私の現実存在 Existenz の意識と結び」ついているからである、と述べられている（KrV, Aka.V162）。

　ところで『純粋理性批判』のB版（1787）と『実践理性批判』（1788）の出版は一年しか隔たっていない。ということは、「観念論論駁」の執筆と『実践理性批判』の「結語」の執筆とはほんのわずかな月日しか違わなかったのであろう[49]。道徳法則が讃嘆と畏敬の念をもって心を満たす理由は、『実践理性批判』をこの「結語」まで読んできた読者にとって明瞭である。それは、道徳法則が私の内なる叡知性、自発性を証しつつ「私の現実存在」を直接に証しているからである。ではもう一つの、〈天空の星の輝き〉が讃嘆と畏敬の念をもって心を満たすのはなぜであろうか。それは、「私自身の現存在」についての二重の意識が直接に証明するところの「私の外なる空間中の諸対象」の、その代表中の代表として「満天の星の輝き」が眼前に広がってくれているからであり、その意味で「満天の星の輝き」は「直接に私の現実存在の意識と結び」ついているからである（KpV, Aka.V162）。——このように、『純粋理性批判』の「観念論論駁」の「定理」と『実践理性批判』の「結語」とが、カントにとって思想的にも哲学理説的にも不可分なものとして密接していること、さらにそれが人間讃歌を意味することを確認することも、新鮮な発見といえるかと思う。

　【付論】筆者は近年、「観念論論駁」は、哲学史上一八〇度逆説的なともいえるほどの、独特で、気がついてみれば唖然とするほど見事な綱渡りの芸を展開しており、しかも最後まで破綻することなく一応成功裡に終わっているといえるのではないか、と考えようになった。どういうことかといえば、それは、ここでカントは、現象界における物質実在論（理論内容的にはほとんど「唯物論 Materialismus」といっていい）を、精神の端的な実在性から出発して「直接に証明」したという点にある。いわばデカルトの「私は考える、ゆえに私は存在する」を担保にしてラ・メトリ、ホッブズ、ガッサンディらの唯物論の真理性を「証明」した、とさえいうことができるのではないか。そ

れがカントの超越論的観念論が有する曲芸的なとも形容しうる哲学史的意義の一つではなかったか、と。あるいは、カントの本音はスピノザらの唯物論にあったが、それを（スピノザらのように）正直に表明するのは時期尚早なので、理論体系的にはスマートで壮麗な批判的観念論の衣装（意匠）を考案しつつ実質的には現象論的唯物論を確保する、という壮大な戦略を遂行した、といえるかもしれない（壮大すぎてこれまでその真意に気づく者がほとんど誰もいなかったほどに）。とすると、ここにも〈カントの二枚舌〉、それも〈壮大な二枚舌〉が指摘できるかもしれない。なお〈カントの二枚舌〉については本書第Ⅲ部第三章第四節を参照されたい。

注

1）筆者はこれまでこのような読み方を提唱するないし前提とする論考または著書に出会ったことがない。
2）筆者の見たかぎり、「論駁」を扱った論考ないし著書においてこれら二つの表現に論が及ぶ場合、例外なく二つは同義と扱われていた。それもだいたいは後者が前者の意に吸収され、稀に前者が後者に組み込まれるという風に。
3）bestimmte の後ろのコンマはフォアレンダー版による（現行の PhB 版も同様）。アカデミー版にはこのコンマがない。フォアレンダー版の句読法によってこそ Bewußtsein に二つの形容句が別々に掛かっているという事情が読み取りやすくなるであろう。他方両版とも bloße の後ろにコンマがあるが（他の版も同様）、そのことは bloße がそのまま empirisch bestimmte へと接続するのでなく、ここに或る種の断絶が含意されていることを示すだろう。
　　なおオリジナルな原文では定理全文が隔字体となっているが、ここでは訳文、原文ともそれを解除して提示した。
4）仮にそうでなく、「単なる、しかし経験的に規定された」という複合的な冠飾句を（順接的にであれ逆接的にであれ）一つながりのものとして読むとすると、「単なる」と「経験的に規定された」とが融合した意識とはどういうものか、を説明しなければならない。だが筆者はそのような解釈の試みに出会ったことが一度もない。
5）この指示箇所（B157）でカントは、「私は考える」と「私は存在する」とは相即している、といっている点を見逃してはならない。このことはこのあとの検討に大きな役割を果すことになる。注 18）も見られたい。
6）カントの記述は以下の通り。「われわれがあらゆる時間規定を知覚できるのは、ただ、空間中の常住不変なものとの関係における外的諸状況の変転（運動）（例えば地上の諸対象との関連から観察される限りの in Ansehung 太陽の運動）を通じてのみである……」（B277f.）。通常「を顧慮して」と訳される in Ansehung et² を「何々との関連から観察される限りの」と試訳したのは、ansehen という動詞に「観察する」という意味があるので、それをここの文脈のなかで活かそう

としたからである。するとこの場合 in Ansehung は「太陽」に対しては「それの観察において」の意味を、「地上の諸対象」に対しては「それらを手掛りとして」の意味を担うこととなり、いわば一人二役を演じることになる。——ここに限らずカントが in Ansehung et² という前置詞句を用いるときはたいがいの場合、超越論的な機微をいい表わそうとしていると見ていい。それは、単に己れの自己対象化的性格が己れの身体の位置・動作として直接的に外界に実現する場面だけでなく、一般に世界を認識するあらゆる場面においていえることである。なぜならば、カントにおいては世界認識はすべて自己対象化を意味するからである。これについては本書第Ⅰ部第一章第三節注15) および本章第五節を参照されたい。

7)「太陽の運動」でなく、ありふれた日常的で身近な例で考えれば、夏の夜、読書中に机の上を一匹の羽蟻が不器用に歩いているとして、その運動は（無意識にであれ）机の右前方に置かれているペン皿を基準として私に認識されるとしよう。この場合、ペン皿が「或る常住不変なもの」の役を担っていることになる。

　　ここで、「或る常住不変なもの」に関する、筆者が与することができない二様の解釈について触れておきたい。（ア）ここの「太陽の運動」についての記述に関してまれに、カントは太陽を「或る常住不変なもの」の例として挙げているのだと解釈する論者がいるが、これは明らかに誤読である。（イ）また、「論駁」における「或る常住不変なもの」とは私の身体のことだ、とする解釈が近年流行している。だが、うえの引用においてカントが「太陽の運動」（太陽の日周運動）と「地上の諸対象」との関係を挙げて、後者を「或る常住不変なもの」とはっきり語っていることからして、少なくとも私の身体が第一義的に「或る常住不変なもの」とカントによって考えられていたと受け取ることはできないだろう（場合によって身体が他の物体の運動を認識する基準となることはありうるとしても）。これについては本書第Ⅲ部第二章の注7) を見られたい。

　　このように述べてくると、カントの議論はきわめて常識的であって平凡ないし陳腐とすら感じられてくるかもしれない。だがカントの超越論的観念論の真骨頂は別のところにある。それについては後に振り返るであろう（第六節）。

8) この引用箇所については第四節で再び取り上げて詳しく分析する。

9)「図式論」と「原則論」との関係をどう捉えるべきかは必ずしも自明でない。常識的には（目次から判断する限りは）「原則論」が主であって「図式論」はその導入としての従に当たる（にすぎない）ともみえる。だが逆に（内容的に吟味するにしたがって）、「原則論」全体が「図式論」のなかに（「図式」の具体論として）包摂されていると捉えることもできるだろう。ただしこの点で筆者にこれ以上の定見がある訳ではない。

10)「論駁」の「定理」から「証明」に続く議論の運びも一見して奇妙に感じられるかもしれない。というのも「証明」されるべき「定理」の命題そのものが「……証明する」と断定しているからだ。初歩的な読者であれば、すでに「証明する」と断定されたものがなぜまた重ねて「証明」されなければならないのか、と怪訝に思うかもしれない。ここは、「何々はこれこれを証明する」などとどうしていえるのか、を権利証明するのが直後に続く「証明」の任務なのである。

11) あるいは S＋V＋O＋C の第五文型と読むことができるかもしれない。即ち、末尾の außer mir（私の外なる）を Gegenstände（諸対象）に後ろから掛かる形容句と取るのでなく、目的語の das Dasein に掛かる目的格補語（C）の副詞句と取るのである（その場合「私の外に」の意となる）。うえに丁寧に訳した訳文にはその味を出したつもりである。ただし beweisen（証明する）という動詞には英文法の第五文型にあたる用法はないようなので、この解釈はいわば非公式の私案と受けとめられたい。

12）この論証方式は石川文康氏によってカントに特有な「不可欠性論証」と名づけられたものであり、Ohne α wäre nicht β．（αがなかったとしたらβは存在しなかったであろう）と定式化される。石川氏は「観念論論駁」がこの論証形式によって成り立っていると論じている訳ではないが、試みにこれを「論駁」に適用してみると次のようにいえるだろう。即ち、この定式のαに当たる「私の外なる空間中の諸対象」が「現に存在する」のでなかったとしたら、β即ち「私自身の現存在の、単なる、しかし経験的に規定された意識」は成立しえなかったはずであるのだが、しかるにβは現に事実として存在している（意識されている）。とすると、αに戻って「私の外なる空間中の諸対象」が存在していることがここに〈直接的に〉証明されているのだ、となる。「不可欠性論証」については石川文康『カント　第三の思考』（名古屋大学出版会 1996）p.211 以下を見られたい。

13）「アプリオリな総合判断」という述語の初出は A 版「序論」A9 である。この前後は A 版の記述がほぼ B 版の「序論」に活かされている。したがって B 版でのこの述語の初出も同じ行文のなかにおいてである（B 版「序論Ⅳ」B12）。他方「アプリオリな総合判断はどのようにして可能か」という問いを問いの形でカントが最初に提起し、これを「純粋理性の普遍的な課題」（項題）、「[純粋理性の] 唯一の課題の公式」、「純粋理性の本来的な課題」と三様に呼ぶようになったのは B 版「序論Ⅵ」からである（B19）。

14）「アプリオリな総合判断」の祖型が〈二つの相異なる私は同一の私である〉という命題に遡ることについては、前章の第六節、第七節を顧みられたい。「演繹論」§24 に提示された三つの「難問」についての詳しい吟味・検討についても、前章を顧みられたい。

15）この図はすでに本書第Ⅰ部第一章「カントの純粋統覚と物自体」第五節 p.27 に提示した図と同じである。この図を最初に提示したのは同章の初出時である（『倫理学年報 第26集』以文社 1977）。ただし初出時の図にその後いくつかの点で改訂を加えている。

16）これは遡ればデカルトの「私は考える、ゆえに私は存在する」（『方法序説』1637、第四部）の後段の「私は存在する」の意識そのものである。ちなみに前段の「私は考える」はカントにおいてもそのまま「私は考える ich denke」に継承されている。そしてカントの「私は考える」は純粋統覚のことであるから、「私は考える」ことが「私は存在する」（「私自身の現存在の、単なる意識」（A））の意識を保証している、ないし直結しているとする点で、カントはデカルトの忠実な後継者であるといえよう。なお「誤謬推理論」の行文中二箇所でカントは、デカルトが『方法序説』の第四部で「考える、ゆえに ergo 存在する」と推論したのは間違いだと批判しているが（B420, B422Anm.）、同じデカルトの『省察』における「私は……真に存在するものである、……考えるものである」（「省察二」、デカルト『省察 情念論』井上・森・野田訳、中公クラシックス p.38）という記述と照らせば、カントがデカルトの忠実な後継者であることは揺るがない。もちろん他方でカントがデカルトの哲学説全般については、現象を物自体と見誤る超越論的実在論（よって経験的には蓋然的観念論となる──これの批判がほかならぬ「観念論論駁」であった）としての独断的形而上学の代表中の代表であるとして厳しく批判することは周知の通りである。なお B422f.Anm. の原注は本章注 46）に全文を訳出したのでそれを見られたい。

17）筆者は従来、この四極構造における A から C に引かれた〈人間の根源的自己対象化的性格〉を、デカルト以来の身心問題のカント的解決として把握することを試みてきた。これについては本書第Ⅰ部第一章第五節、同第二章第三節＆「おわりに」を振り返られたい。

18）「私は存在する」（B277）と「私は考える」（B131）は相互に置き換え可能な関係にあることについては注５）を振り返られたい。「定理」主語の第一契機が純粋統覚と同義であることを確認

することができる箇所としてほかに、同じ「論駁」の「注解2」の後半（B278）および『純粋理性批判』B版「序文」末尾にある長い原注の真ん中あたり（BXLAnm.）を参照されたい。

19) このことは随所で確認できるが、一例だけ挙げれば、カント晩年の著作『単なる理性の限界内における宗教』（1793）の題にある「単なる」がそれに当たる。

20) 日本語もときに便利なことがある。それは、「ある」という動詞が「がある」と「である」とに使い分けられることに関わる。これをこれまでの議論に当てはめてみるならば、「(私)がある（存在する、生きている）」といった場合、それは「私自身の現存在」をめぐって「単に私は存在するということだけ」を意味し、ひいては純粋統覚（「私は考える」）を指すと理解していいだろう。つまりAである。これに対して、「私は何々である」といった場合（例えば「私は世界市民である」「私はアンチ巨人である」等々）、それは総じて「経験的に規定され」た自己の現存在意識である。これは内感における持続意識を意味するが、結局は経験的統覚に帰着する。つまりBである。私は時間のなかで様々な「経験」を生きている存在者であって、それを超越論的に統べるのが純粋統覚Aであり、他方それを経験的に統べるのが内感の時間意識Bであるといえよう。

21) 「単に私は存在しているということだけを意識している」という「この表象は一つの思考する働きであって、一つの直観する働きではない」とは、少し考えてみればデカルトの「私は考える、ゆえに私は存在する」（『方法序説』第四部）をカントが別様に表現したものである、という事情が浮かんでくるであろう。

22) ②の「私がそれ自体としてどのように存在しているのか wie ich an mir selbst bin でもなく」の箇所は、引用のなかで［　］で補ったとおり、〈私の物自体〉〈物自体としての私〉の、その自体的な存在仕方 wie を意味している。もちろんカントは本文で述べたように、それを知的に直観する（さらには知的に認識する）ことは人間には許されていない、といっている。しかしここでカントが sein 動詞を接続法Ⅱ式の wäre でなく直説法現在の bin でいい表している点は注目していい。つまり、カントは超越論的批判の限界ぎりぎりのところで、人間が現象としてだけでなく、さらに根底的には、内感を触発しつつ私それ自体として現に生きている（存在している）と確信していたことを表明しているといえるのではないか。そもそもここで否定されているのは〈物自体としての私の存在仕方（具体相）〉の認識であって、〈私がそれ自体として存在していること〉は否定されていない点を見落としてはならない。それが③の「単に私は存在しているということだけを意識している」へと活かされていくのである。この点に平行する論点として、本章末尾の【付論】を見られたい。

23) この引用文中傍点を振ったうち「一人の主観の現実存在 die Existenz eines Subjekts」については第五節で「誤謬推理論」を検討する際に改めて取り上げる。傍点を施したもう一つの「自らのうちに含む in sich schließt」については注40)を見られたい。

24) 厳密にいえば「或る常住不変なもの」は必ず「私の外なる空間中の諸対象」であるが、後者がすべて「或る常住不変なもの」である訳ではない。また、或る特定の〈空間中の対象〉が、或るときは「或る常住不変なもの」の役割を担うが、別の状況ではさにあらず、という事情にあることも明白である。

25) jederzeit は「そのつど」「どの瞬間にも」さらには「どんな場合であれ」「どのような状況の下におかれようとも」とも訳すことができ、実践的道徳的局面ではそのように訳した方がカントの真意がいっそう鮮明となると思うが、ここでは通常の訳し方にしたがって「常に」としておく。この点については本書第Ⅱ部第二章第二節を参照されたい。

26) 『基礎づけ』の第二法式（「目的自体の法式」とも）は以下の通り。「君の人格および［その行

為に何らか関わりのある］あらゆる他者の人格のうちに存する人間性を、常に同時に目的として
見なし、けっして単に手段としてのみ見なさないように行為せよ」（Aka.IV429）。『実践理性批
判』の根本法則は以下の通り。「君の意志の格率が常に同時に普遍的な法則定立の原理として妥
当することができるように行為せよ」（Aka.V30）。

27）他に、うえに引用した B276 の文の直前に二回「必然的に」ともあり、これも「常に」の意を
含むといえる。

28）この一事からも B 版で書き換えられた箇所・増補された箇所を「感性論」「演繹論」「原則論」
と串刺しにして読解し、そこから〈B 版におけるカント思想〉を把握することが重要となること
が確認される。さらには（このあと第五節で取りあげる）同じく B 版で書き換えられた「誤謬
推理論」もその射程に入る。筆者はこの〈B 版におけるカント思想〉がカントの行き着いた究極
の〈超越論的人間基礎存在論〉の境地であったと考えている。

29）B 版「序文」末尾の原注には五回登場する（BXXXIXff.Anm.）。

30）ここで＝でなく≒を用いたのは、〈或る常住不変なもの〉はすべて物質であるが、すべての物
質が〈常住不変なもの〉である訳ではないからである。本来であれば「⊂」記号を用いるべきと
ころかもしれない。注24）を参照されたい。

31）直後に「われわれは悟性がこれらの諸図式を扱う振る舞い方を、純粋悟性の図式性
Schematismus と名づけよう」（A140B179）とある。このへんの事情について詳しくは次章〈研
究ノート〉後篇第八節を見られたい。

32）実は「論駁」と「第一の類推」とでは無視できない論題の質の差異が存する。しかしそれも当
然であって、本章の冒頭に述べたように、「論駁」は「類推論」への増補でなく「経験的思考一
般の諸要請」のうちの第二要請（現実性）への増補だからである。その違いの実際を見てみると、
「第一の類推」では、例えば木の葉（或る常住不変なもの）の色の変化、蜜蝋の溶解（デカルト
『省察』「省察二」参照）の現象が主題であって、「或る常住不変なもの」と「常住不変性」とい
う対概念によって、時間的変異のなかでも質量は保存されるという〈質量保存の法則〉が扱われ
ていたのに対して、「論駁」では主題が移行して、物体の運動の時空変化の基体となる「或る常
住不変なもの」とその「常住不変性」が主題となるのである。したがって、主題が日の出から日
の入りまでの日周運動でなく日食という現象（様子・状態の変化）であるならば、そのときには
太陽自身が日食現象に対する「或る常住不変なもの」として語られるであろう（翻って注7）を
参照されたい）。このへんの事情の理解に関しては、山本道雄『カントとその時代』（晃洋書房
2008）第七論文、第八論文がきわめて有益である。

33）ここも B 版で新たに書き加えられたのであるが、この事実がもつ意味は大きい。注28）を見
られたい。

34）カントによるこうしたデカルト解釈については、注46）に全文の試訳を掲載したカントの原
注（B422f.Anm.）の出だしでもう一度繰り返されているので、そちらも参照されたい。

35）「観念論論駁」「注解2」B278 で明言されている。これについてはすでに本書第Ⅰ部第二章 p.44
に引用した。カント自身この B420 からの引用文の直後に置かれた長い原注（B422f.Anm.）の終
わりごろで、この命題は「知性的な」命題であることを再確認している。注46）を参照されたい。

36）この文言は、第三節 p.100 に引用した「演繹論」§25 の「この［「単に私は存在するというこ
と」という］表象は一つの思考する働きであって、一つの直観する働きではない」（B157）とい
う文言が含む二つの意味のうち第一の含意（感性的直観でない）に通じる。

37）こうしてみてくると、「誤謬推理論」においてカントはメンデルスゾーンの「推理」のどこが

「誤謬」だといいたいのかが判然となる。つまり「観念論論駁」「定理」主語のAないし〈A＋B〉だけでは〈魂〉が「実体」として〈現実存在している〉のか（メンデルスゾーンはそう「推理」した）、それとも単に何らかの「偶有性」として〈現実存在している〉にすぎないのかはまったく「認識」されえないのですよ、ということであろう（ibid.）。

38）ここの in Ansehung ... in der Zeit を「時間のうちで観察する限りで」と訳すについては注6）を再読されたい。

39）例えば『カント事典』（弘文堂1997）の「存在（Sein）」の項を参照されたい（pp.314-315）。また同じ「メンデルスゾーン論駁」の原注に「〈私の現実存在〉はかの命題［〈私は考える〉］と一体 identisch なのである」（B422Anm.）とある。これがデカルトの「わたしは考える、ゆえに私は存在する ich denke, also bin ich」（『方法序説』第四部、哲学文庫版の独訳）を念頭にいわれていることは明らかであるから、カントがデカルトのこの命題を意識しているときには「存在する」と「現実存在する」とは同義のものとして使用されている、と（いったんは）理解していいであろう。

40）カントはこの種の表現を多用する。「メンデルスゾーン論駁」の範囲内だけでいっても、この「意味する heißt」（B420）のほかに、「自らのうちに含む in sich schließt」（B418）、「含意している enthält」（B420）、「自らのうちに含んでいる in sich hält」（B422Anm.）の三様の動詞表現が見られる。また遡って「観念論論駁」にも、第三節に引用したように（p.101）、「〈私は存在する〉という表象は……〈一人の主観［私］の現実存在〉を直接自らのうちに含む in sich schließt」（B277）とあった。

41）注意するべきは、この長い名詞句は何について語られているかといえば直接的には〈私の現存在〉の「［被］規定可能性」についてであって〈私の現実存在〉のそれについていわれている訳ではない、という点である。だが、①ここの主述の構文が（またもや）「第一命題［〈私は考える〉］」は〈私の現存在〉の［被］規定可能性」を「含意している enthält」となっており（前注を参照されたい）、②さらにはその前に（引用文の頭で）「私の現存在」は「私は現実存在している」ということを「意味している」といわれていたことからすると、この言葉はむしろ〈私の現実存在〉の根本存在性格をいい表わしたものであることが見えてくるであろう。

42）これらの事情をすべて斟酌したうえで、カントは〈［被］規定可能な bestimmbar〉（最終的には外へと規定されていくはずの）私の存在仕方に existieren という動詞を意識的に宛てたのではないかと思われる。周知のように ex- という接頭辞には元々「外へ」という意味があるからである。ただしかといって「私の現実存在」は内感における経験的統覚に対応する身分でなく、あくまでも「私の現存在」＝〈純粋統覚〉に〈含まれている〉身分である点は常に留意されなければならない。

43）一回目が本節冒頭に引用した B420 の文言であり、三回目が注46）に全訳した B422f.Anm. の原注の冒頭である。

44）「直観のあらゆる種類からいって」の原文は in Ansehung aller Art der Anschauung である。ここここの in Ansehung は普通に「に関して」「に照らしていうと」の意で訳すべきところであると思われる。この点については注6）を参照されたい。なおここここのいい回し（とくに「あらゆる」）によってカントは、〈私は考える〉が直接的には人間の時空の感性的直観によって捉えられないことはもとより、宇宙に生存するあらゆる感性的存在者の有する感性的直観によっても捉えられないことに加えて、（最も強調したかったこととして）いかなる知性的な直観によっても捉えることはできないのだ、といいたかったと思われる。この点については前章の注9）および注22）begin_footer

を振り返られたい。

45) この推解はこのあとの注 46) に全文の試訳を掲げた原注（B422f.Anm.）を一読されればさら
に納得して頂けるであろう。とくに出だしから四分の一あたりにある「［既に］言明［表現］し
ている ausdrücken」、「［既に］表明［証明］している beweisen」という強いいい切りに注目さ
れたい。

46) ここで参考のために「メンデルスゾーン論駁」中にある重要な原注（B422f.Anm.）の全文の試
訳を掲載する。これまで本節で検討してきた事柄のすべてがここから読み取られうると思うから
である。そのためにも、これまで以上の頻度で筆者の読み取り方を［　　］で示し、かつ〈　〉
《　》を多用することとする。

　「〈私は考える〉は、すでに［これまでに二回（B420, B421）］述べたように、一つの経験的な
命題であって、つまり〈私は現実存在する〉という命題を自らのうちに含んでいる in sich
halten。しかし私は、〈およそ考えるものはすべて現実存在する〉と語ることはできない。とい
うのは、そうなると〈考える〉という特性を有するすべての諸存在者は［そのことが根拠となっ
て］必然的な存在者［必然的に存在するもの］とされてしまうことになるだろうからである。だ
からまた〈私の現実存在〉は、デカルトがそう解したように、〈私は考える〉という命題から推
論されたものと見なすことはできず（なぜならば、さもなくば〈およそ考えるものはすべて現実
存在する〉という大前提が先行するのでなければならなくなるであろう［が、それはまたさらな
る証明を必要とする］から）、むしろ〈私の現実存在〉はかの命題［〈私は考える〉］と一体
identisch なのである。［ということは］かの命題［〈私は考える〉］は《一つの未規定的で
unbestimmt 経験的な直観、即ち一つの未規定的な知覚》を［既に］言明［表現］している
ausdrücken（それゆえそれは、最終的には感性に帰属するところの感覚がすでに後者の［私の］
現実存在の命題 Existentialsatz の根底に存していることを確かに doch ［既に］表明［証明］し
ている beweisen）のであるが、とはいえかの命題［〈私は考える〉］は経験に先行しているので
あって、［他方］経験とは知覚の客観を時間との関連から観察しつつ in Ansehung der Zeit ［つま
り諸原則に則って］カテゴリーによって規定するほかはない soll のであるが、そうなると und
〈［私の］現実存在〉はここではまだ、［通常の経験におけるように］一つの未規定的に〈与えら
れてある〉客観に関係するようなカテゴリー［としてあるの］ではなく、単に、人がそれについ
て一つの概念を有している〈何か或る事態 ein solches〉［〈私は存在する〉］にだけ関係するよう
なカテゴリー以外の何ものでもなく、つまり、その事態がまたこうした概念の外に定立されてい
る gesetzt sei のかどうかを人が知りたいと思うような、そうした〈何か或る事態〉にだけ関係
するようなカテゴリー以外の何ものでもないのである。ここで《一つの未規定的な知覚》とは単
に、〈［既に］与えられて［しまって］ある〉ような das¹ gegeben worden [ist]〈或る実在的な事
態 etwas Reales〉［〈私は存在する〉］、しかも単に〈考えること一般〉に対してだけ〈［既に］与
えられて［しまって］ある〉ような〈或る実在的な事態〉を意味するにすぎないのであって、そ
れゆえ現象としてでもなく、また［ましてや］事象それ自体（ヌーメノン）［私それ自体の存在
仕方］としてでもなく、〈実際に現実存在している何か Etwas〉として、それも《〈私は考える〉
という命題のうちに実際に現実存在しているものとして特徴づけられるような何か》として〈［既
に］与えられて［しまって］ある〉ような、そうした〈或る実在的な事態〉を意味するにすぎな
い［「単に私は存在するということ nur daß ich bin」（B157）の意識に当たる］。というのも、私
が〈私は考える〉という命題を一つの経験的な命題と呼んだ際に［B420, B421, およびこの原注
の出だし］、私はそれによって、この命題における〈私〉［この太字は原文が隔字体］は経験的

な表象であるといいたかった訳ではない、という点を銘記することが大事であって、むしろそれ［〈私は考える〉の〈私〉という表象］は〈考えること一般〉に属するのだから、［すでに B 版「序文」末尾の注 BXLAnm. および「観念論論駁」「注解 2」B278 で述べたように］純粋に知性的 intellectuell［な表象］なのだ。とはいえ〈考えること〉にとっての材料となってくれる何か一つの経験的な表象なしには、〈私は考える〉という働きが生じないことは確か doch であって、だから［「経験的な empirisch」が意味する］〈経験的ということ das Empirische〉はただ、純粋で知性的な能力の行使、あるいは使用に際しての条件にすぎないのである［B 版「序文」末尾の注 BXXXIXAnm. を参照］。」

　この長い原注の全体構成を確認するならば、最初の四分の一ほどは本節冒頭に引用した B420 の言明の繰り返しである。ついで、「［ということは］かの命題［〈私は考える〉］は《一つの未規定的で unbestimmt 経験的な直観、即ち一つの未規定的な知覚》を［既に］言明［表現］している ausdrücken」から「しかも単に〈考えること一般〉に対してだけ〈与えられてある〉〈或る実在的な事態〉を意味するにすぎないのであって」までが本注の核心部分となる重要な記述である。続いて「演繹論」§25 冒頭（B157）の記述の再現（「それゆえ現象としてでもなく」から「そうした〈或る実在的な事態〉を意味するにすぎない」まで）を挟んで、最後の五分の一ほどの件、即ち、「というのも、私が〈私は考える〉という命題を一つの経験的な命題と呼んだ際に」以下最後までの件は、最初に語ったこと（つまり遡れば B420 で語ったこと）のいい過ぎ（誤解を招きかねない misleading, irreführend 言明）の緩和の試みで締め括られている、といえよう。

47) このことは、上記のすべての局面において「と私は考える」が伴うのでなければならない以上、当然ではある。つまりカントにとって無条件反射による動作（思わずあくびをする、とか）を除いた人間のすべての思考・行為が「経験」であり、その産物ないし客観のすべてが「経験の対象」である、といえよう。

48) こうした仮説的な理解が正当性を有するとした場合、『純粋理性批判』全般の把握にとってきわめて重大なことが一つここで明らかになってくる。それは、B 版の「演繹論」は上記の A→B までの演繹は十分になされているが（その典型が「三つの難問」とその解決）、そこから C への演繹は示唆される程度にとどまっており（§26）、〈経験の成立＝経験の対象の成立〉のところまでの演繹としては不十分なままである、という事情である（前章「おわりに」を参照されたい）。ここに「観念論論駁」の意義が際立つのであって、即ち「論駁」によってはじめて「経験」の成立の演繹 A→B→C が十全に C にまで射程を延ばしたといえるのではないか。同時にそれによってカテゴリーの客観的実在性の演繹が、C→B→A の「経験の対象」の成立の演繹として成就したといえよう。

49) 『カント事典』（弘文堂 1997）巻末の「カント年譜」によれば、『純粋理性批判』B 版「序文」の脱稿（1787 年 4 月）と『実践理性批判』が印刷に回された（1787 年 6 月）のとで二ヵ月の差しかない（同 p.602）。とすれば『純粋理性批判』B 版「序文」（その末尾にある原注が「論駁」への補遺として書かれている）と『実践理性批判』の「結語」とはほとんど同時期に執筆された可能性すらあるといえる。

第五章　〈研究ノート〉悟性による内的触発の現場を索めて
——「感性論」と「演繹論」をつなぐもの——

♪　以下、カントからの引用文中を含め、強調はすべて筆者による（圏点、各種の下線、太字、〈　〉、《　》、〔　〕、〖　〗）。また引用文中の［　］で括った文言は筆者による補訳である。

　イマヌエル・カント（1724-1804）の主著が『純粋理性批判』（初版1781）であることについては誰も異存がないであろう。周知のように、この著作は初版（A版）から六年後に第二版（B版）が出版されたが（1787）、その際に幾つかの箇所で大幅な書き替えないし増補がなされた（「序論」「感性論」「演繹論」「観念論論駁」「誤謬推理論」など）。本〈研究ノート〉ではこのうちとくに、全面的といっていいほどに書き替えられたB版での「演繹論」と、これと密接に連関して増補された「感性論」§8を検討対象とする。芯から『純粋理性批判』を読んだといえるためには、まずは他のどこよりも「演繹論」を〈わがもの〉としておかなければならない、と（五十年前から）見当を付けていたからである。

　本〈研究ノート〉は前篇と後篇とに分かれる。前篇ではB版「演繹論」の記述を中心にカントの文言を六か所から取りあげ、吟味検討を加えることによって「演繹論」の思想的骨格を浮き彫りにしたい。それを受けて後篇では、「感性論」§8の途中から大幅に増補されたB版の記述のなかの一か所に光を当て、ここを詳細に吟味検討することを通じて〈悟性の内的触発論〉（「演繹論」§24）の内実を明らかにし、このカント特有の考想が含み持つ精妙さを味わってみたい。

前篇 「演繹論」をめぐる六つの主要命題

◇1．B版「演繹論」で最重要な思想的論拠

§18「自己意識の客観的統一とは何か」の中ほどの記述；

以下取り上げる命題はとりわけ込み入った記述となっているので、この◇1．に限ってまず素の訳文（筆者の試訳）を掲げ、次に原文を掲げ、最後に筆者による強調、補訳、解釈番号を付した形で訳文を再掲する。

「これとは反対に、時間における直観の純粋形式は、単に一つの与えられた多様なものを含む直観一般として、意識の根源的統一の下に立つが、それはひとえにその直観の多様なものが、私は考えるという一なるものに必然的に関係するからであり、それゆえ、経験的な総合の根底にアプリオリに存するところの、悟性の純粋総合を経るからである」（§18, B140）。

［原文］Dagegen steht die reine Form der Anschauung in der Zeit, bloß als Anschauung überhaupt, die ^{1} ein gegebenes Mannigfaltiges ^{4} enthält, unter der ursprünglichen Einheit des Bewußtseins, lediglich durch die notwendige Beziehung des Mannigfaltigen der Anschauung zum Einen : Ich denke ; also durch die reine Synthesis des Verstandes, welche a priori der ^{3} empirischen [Synthesis] zum Grunde liegt.（§18, B140）（^{1}は主格、^{4}は対格、^{3}は与格を示す。）

「これとは反対に$^{i)}$、時間における直観の純粋形式は、単に$^{ii)}$〈一つの与えられた［直観の］多様なもの〉を含む直観一般$^{iii)}$として、［純粋統覚の］意識の根源的［-総合的］統一$^{iv)}$の下に立つが、それは［どうしてかといえば、］ひとえにその［直観の純粋形式が含む］〈直観の多様なもの〉が、〈私は考える Ich denke〉という一なるもの der Eine［純粋統覚、統一する者］$^{v)}$に必然的に関係する$^{vi)}$からであり$^{vii)}$、それゆえ$^{viii)}$、［〈直観の多様なもの〉は］経験的な総合の根底にアプリオリに存するところの、悟性の純

粋総合^{ix)}を［必ず］経るからである^{x)}」（§18, B140）^{xi)}。

［解釈］

　ⅰ）引用文の冒頭の副詞「これとは反対に Dagegen」とは、直前で話題となっていた「意識の経験的統一」が「経験的な条件に依存」し、したがって「偶然的」であるのに対して「これとは反対に」、の意味である。

　ⅱ）この「単に」は「として als」に掛かり、「純粋に直観一般として」の意を表す。

　ⅲ）［解釈］ⅱ）から明らかなように、この「直観一般」は「純粋直観」の意味である。とするとここの件から、時間の純粋直観もはじめから〈多様なものを含む直観〉であることが分かる。そのためにまず確認しておかなければならないのは、ここで「［直観の］多様なもの」を形容している「与えられた gegeben」は、〈経験を通して与えられた〉を意味するのでなく、〈アプリオリに与えられた〉の意であるということである。それを証しするのがA版「演繹論」にある次の記述である。「あらゆる諸対象の認識のためにわれわれにアプリオリに与えられなければならない最初のものは〈純粋直観の多様なもの〉であり、……」（§10, A78f.B104）。他にA版「演繹論」§10, A77B102、また「図式論」A138B177 にも同様の記述がある。なお［解釈］ⅲ）を付した部分の原文の関係代名詞節は、１格と４格を逆に取って「〈一つの与えられた多様なもの〉が含んでいる直観一般」と訳すことも文法的に可能であるうえに意味からみても一理あるように見える。よって十分検討するに値するが、上の §10 からの引用文に照らして、やはり試訳のように取るべきであろう。

　ⅳ）原文の「意識の根源的統一」を〈純粋統覚の意識の根源的-総合的統一〉と読むのが妥当であることについては、続く論脈から明らかとなる。

　ⅴ）ここでカントが、「私は考える」（＝純粋統覚）を（der Eine : Ich denke とコロンを用いた表記によって）「一なるもの der Eine」といい表わしている点に注目する必要がある（原文では与格の dem Einen に前置詞 zu が融合した zum Einen となっている）。これを詳しく見ると、まず数詞 ein（一）を名詞的に用いたうえで（一なるもの）、加えてこれに定冠詞 der を付けて der Eine

とすることによって、その「一なるもの」が〈例の一なるもの〉の意となる
ように語が構成されていることが読み取れる。つまり結局「私は考える」
（＝純粋統覚）の意となる。ところでこの箇所からしばらくあとに「一なる経
験的直観のうちに in　E i n e r　empirischen Anschauung」という表記が見
られる（§20, B143. 不定冠詞 einer ³ の最初の e の大文字化および隔字体はカント）。
そこでの大文字で始まる Einer ³（一なる）は明らかにここの der Eine と意
味上呼応しており、〈純粋統覚によってすでに統一されている〉の意で「一
なる経験的直観」といわれていることは間違いない。

　vi） ここでカントは、「直観一般」（純粋直観）が最初から含んでいる **〈直
観の多様なもの〉は**（最初から、といおうと、いずれ、といおうと）**純粋統覚
Ich denke における統一（一性）Einheit に必然的に関係する**（必ず関係しな
ければならない）、といってしまっている。われわれはこのことに驚かねばな
らない。同じ事情を示しているのが◇3．である。──これ以上のことは、
このあとの［本論］を見られたい。

　vii） ここの原文の durch は通常「こういう事情によって」と訳されるの
であるが、一歩進めて「こういう事情にあるのだから」という理由を示す前
置詞と取って訳した。この点についてはのちに◇3．として引用する文の後
半に照らせば納得されるであろう。

　viii） この「それゆえ」は理由-帰結の関係を表すというよりも「つまり」
の意味に近いと思われる。［解釈］x）を見られたい。

　ix） ここに語られている二つの総合のうち、（訳文でいって）前者の「経験
的な総合」は「把捉の総合」（§26, B160）を、後者の「悟性の［アプリオリ
な］純粋総合」は結局は「構想力の超越論的総合」（§24, B153）を意味する
であろう。両者は区別されつつもほぼ一体であることについてはのちに◇4．
［本論］で確認する。

　x） ここの原文の durch を「を［必ず］経るから」と意味を二重（通過と
理由）にとって訳したのは、〈直観の多様なもの〉が〈純粋統覚の統一〉に
「必然的に関係する」にあたっては、一連の事態からいって当然ながらその
前提として「悟性の純粋総合」「を［必ず］経て」いなければならない「か
ら」である。この点については引用箇所よりも後ろになるが、§26, B164 を

参照されたい。

　xi）〈空間における直観の純粋形式〉についても同じことがいえるか。否である。カントは「感性論」で次のようにいっていた。「諸表象はすべて、外的な諸物を対象としているにせよそうでないにせよ、……［心の］内的状態に属しており、そしてこの内的状態は内的直観の形式的条件、つまり時間に下に属している……」（§6, A34B50. 他にA98f. も見られたい）。したがって◇１．の引用文に述べられていることは、もっぱら「時間における直観の純粋形式」にのみ語られうる事情なのである。つまり〈外的諸表象の多様なもの〉は〈内的直観の多様なもの〉へと包摂されるのである。その事情については、◇４．［解釈］ⅰ）を見られたい。

［本論］
　この◇１．に、このあと整理する諸論点を解く鍵がほとんどすべて含まれている。それは［解釈］ⅸ）ⅹ）に述べた事情からも伺えるが、最も重要な論点は、［解釈］ⅵ）で確認した事情がそれだけですでに**〈純粋悟性概念の客観的実在性の演繹〉**（§24, B150 参照）の核心そのものを十分に言表しているからである（いわば、ここ［§18］でそれをいっちゃあお終いよ、というべきところである）。この点が、この引用文を「B版「演繹論」で最重要な思想的論拠」と位置づける理由である。というのは、「演繹論」の課題は〈カテゴリーの客観的実在性〉を、すなわち〈経験に由来しないアプリオリなカテゴリー（概念）がどのようにして直観の対象の認識（＝経験）を可能とするのか〉を「説明 Erklärung」（§13, A85B117）するところにあるのだが、認識以前の現象としての〈直観の多様なもの〉は必ず統覚の統一の下に服するのだ、いい換えれば、カテゴリーによって〈総合‐統一〉されることになっているのだ（次の◇２．参照）と、行論の途中で論証なしに断言されてしまうのであれば、その瞬間にカテゴリーの客観的実在性は〈なるかならぬか〉の根本のところで「演繹」（「説明」）されてしまったことになるからである[1)]。ここで「演繹論」を本格的な城郭に喩えるとするならば、カントはすでに大手門の門前で、本丸の、そのまた地下蔵に秘蔵されているはずの秘宝そのものを衆人の眼に曝してしまっている、といえるであろう。ただし見せられた当の

衆人たちが、これが秘宝そのものなのだ、と気づくかどうかは別問題である。

◇2．◇1．に密接して「演繹論」にとって次いで重要な思想的論拠1．
　§10「純粋悟性概念すなわちカテゴリーについて」の〈カテゴリー表〉の
直前；

「一つの**判断**におけるさまざまな諸表象に統一[i]を与えるその同じ機能[ii]
がまた、一つの**直観**におけるさまざまな諸表象の単なる総合にも統一を与
える[iii]のであるが、この機能は、一般的に表現するならば、純粋悟性概
念と呼ばれる」（§10, A79B104）。

［原文］Dieselbe Funktion△, welche△ den³ verschiedenen Vorstellungen in
e i n e m　U r t e i l e　Einheit⁴ gibt, die△ gibt auch der³ bloßen Synthesis
verschiedener Vorstellungen i n　e i n e r　A n s c h a u u n g　Einheit⁴,
welche△, allgemein ausgedrückt, der¹ reine Verstandesbegriff heißt.（§10,
A79B104）（△は先行詞とそれを受ける関係代名詞ないし指示代名詞との対応を
示す。³は与格を、⁴は対格を、¹は主格を示す。）

［解釈］
　ⅰ）直後に続く行文からすると、この「統一」は（一般論理学が扱う）「分
析的統一」（§10, A79B105）だけを意味するのではないかと思われるかもし
れないが、そうではない。確かにこの◇2．の命題が、直前の§9「判断に
おける悟性の論理的機能」（§9項題、A70B95）において判断の機能を4×3
＝12の〈判断表〉に表わしたことを受けて、これらからそのまま（カント
のいう）「純粋悟性概念」を導出してもいいのだ、とする文脈（「カテゴリー
表」§10, A80B106）にあるからには、そのように読むのにも一理ある。しか
しよく読めばここの「統一」は分析的統一を含みつつ「判断における統一」
一般を語っており、そのうえで重点は「総合的統一」に置かれていることが
理解される。それがB版「演繹論」の主役である「統覚の根源的 - 総合的統
一」（§16項題、B131）にほかならない。他方カントは、「統覚の分析的な統

一は、何らかの総合的な統一を前提することによってのみ可能である」（§16, B133）ともいっている。

　ii）この「諸表象に統一を与える機能」は純粋統覚の意識＝「私は考える」の働きを指すと読むのが自然であろう。ところがこの文の末尾で、「この機能は純粋悟性概念と呼ばれる」といわれている。ところで通常、能力としての悟性が話題になるときには、「総合」「結合」の機能を中心にして語られ、「統一」の機能は除かれることが多い。「われわれの思考の自発性［悟性］は、こうした［諸対象から受容された諸表象の］多様なものから一つの認識を創りだすために、その前にまずは何らかの仕方でその多様なものが通覧され受容され**結合**されることを要求する。この［悟性の］働き［機能］を私は**総合** Synthesis と名づける」（§10, A77B102）。そしてこの〈総合を**統一する**〉機能を別して〈純粋統覚（Ich denke）の意識〉と呼び分けるのが普通である[2]。だが再び翻って、この〈統一する機能〉まで含めてその能力主体を（最広義の）「悟性」と呼んでも間違いではない。さらに、その機能を実地において発揮する悟性の姿が十二の「純粋悟性概念［作用］」なのであるから、この引用文にあるように、「純粋悟性概念」が〈多様なものの総合〉に「統一」を与える、と「一般的に表現する」（◇2.の引用中）ことも納得されるのである。

　iii）ここで三つの留意点を述べる。まず、引用文中の「一つの直観におけるさまざまな諸表象」は、（いっそうよく目にする表現としては）「直観の多様なもの」（§16, B134）ないし単に「多様なもの」（◇1.を見られたい）といわれているもののことである[3]。またここの「単なる総合」の「単なる」は〈純粋な〉の意であろうから、この総合はのちにB版で「構想力の［アプリオリな］超越論的総合」（§24, B152）といわれるもののことであろう。

　次に、まさにその「一つの直観におけるさまざまな諸表象の**単なる総合**」にも「統一を与える」という文言によって語られている事情は、「諸表象」を〈総合〉することによってそれらを「一つの直観」となす（「統一［一性］を与える」）という、一連の働きを意味していると解しうる。この事態は、のちに「私の直観 die meinige [Anschauung] と呼ばれる一つの直観のうちに含まれている多様なもの」（§21, B144）といわれる事情に呼応する。

　最後に、すでに◇1．［解釈］**vi**）でもちょっと触れた疑念であるが、〈直観における総合に統一が加わる〉のが〈直観する〉と同時にか、あるいはその〈直観が総合される〉と同時にか、それともどちらからもいずれのちになのかが気になるところである。いうまでもなくここでいう〈同時に〉〈いずれのちに〉は現象的な時間の前後を意味している訳でなく、超越論的な意味で語られている。カント自身はのちにB版「演繹論」のクライマックスの§26で、「われわれの外のものであれ内のものであれ、〈多様なもの〉の**総合の統一**は、……これらの諸直観……とともに mit 同時に zugleich アプリオリに与えられている」（§26, B160f.）といっている。

［本論］

　最初に確認しておくと、この引用文はB版「演繹論」からのものではない。まずA版当初からの記述であり、加えて「演繹論」より前の§10からのものであるからである（「演繹論」は§13から始まる）。にも拘らず内容的に「演繹論」の主題を先どりした文言であるので、「**「演繹論」にとって次いで重要な思想的論拠1.**」として取り上げた。

　ここでも驚くべきことをカントは早くも断言していると気づくべきである。それを簡潔に確認してみよう。

　カントがここで語っていることをいい直すと、〈一つの直観ないし概念〉と〈それとは別の概念〉とを統一する機能（**判断**）と、〈一つの直観の多様なものの総合〉を統一する機能とは同一の機能、つまり「純粋悟性概念」の働きによるのだ、となる。ということは、◇1．と同様にここでもカントは、「純粋直観」であれ「経験的直観」であれ[4]、**直観**は必ずやカテゴリー（ないし純粋統覚）によって総合統一されることになっているのです、以上演繹終わり、と言明（断定）してしまっているといえる。それも◇1．よりもさらに早々と。カントはずっとのちになって、B版「演繹論」§24で次のようにいう。「［純粋］統覚による〈感性的直観の多様なもの〉のアプリオリな総合的統一」を通して「カテゴリーは客観的実在性を得る」（§24, B150）。「演繹論」の課題の着地宣言ともいうべきこの結論は、「演繹論」が始まる前にこの◇2．の引用文においてすでに確約されていたというべきである。

◇３．◇１．に密接してＢ版「演繹論」にとって次いで重要な思想的論拠２.
§16「統覚の根源的‐総合的統一について」冒頭；

「〈私は考える〉は、私のあ・ら・ゆ・る・諸表象に伴うことができるのでなければ
ならない」（§16, B131）。

ところで直観も表象である。

「それゆえ、〈**直観のあらゆる多様なもの**〉は同じ主観のなかで〈**私は考え
る**〉と一つの必然的な関係をもつ」（§16, B132）。

［原文］Das：Ich denke, muß alle meine Vorstellungen begleiten
können；.... Also hat alles Mannigfaltige der Anschauung eine
notwendige Beziehung auf das：Ich denke, in demselben Subjekt,
....（§16, B131f.）

［本論］
　前半は有名な文言であるが、「それゆえ」以下の後半と合わせて〈理由‐帰
結〉の総体として咀嚼・吟味すると、◇１．◇２．の文言と同様の衝撃が走
るであろう。ここでも「直観の多様なもの」は純粋統覚と「必然的な関係を
もつ」、しかも例外なく（「あらゆる」の意）、と端・的・に断言されてしまってい
るからである。
　なお原文の末尾にある「同じ主観のなかで」という文言に着目すると、こ
この後半の命題が、のちの「演繹論」§24における〈三つの難問〉（B155f.）、
つまり《〈二つの異なった私〉はどのようにして「同じ主観」として〈一つ
の私〉であることができるのか》が「逆説」として論じられることになるこ
とと通じていることが予感されるであろう[5]。
　ここまで三つの引用文に注目してきたが、これらに共通する焦点はどこに
あるか。それは純粋統覚ないし悟性が直観を概念と、あるいは概念を概念と
総合統一するだけでなく、「一つの直観におけるさまざまな諸表象の単なる

総合にも統一を与える」（◇2．の引用文から抜粋）と（何の説明もなしに）断言されている点にある。ではカントはいったいどのようにして悟性が〈直観の多様なもの〉を〈総合－統一する〉ことが現にできると考えていたのであろうか。その現場ではどのような事態が展開しているというのであろうか。次の◇4．以降本〈研究ノート〉後篇にかけてそれを見ていこう。

◇4．◇1．に密接してB版「演繹論」にとって次いで重要な思想的論拠3．

§24「感官の対象一般へのカテゴリーの適用について」の中ほど、〈三つの難問〉（B155f.）の直前；

「内感を規定するのは悟性であり、つまり〈直観の多様なもの〉 i) を結合するという悟性の根源的能力［が内感を規定するの］であり、結局は［その〈直観の多様なもの〉を］（悟性の可能性さえもがそこに依拠する）一つの［純粋］統覚のもとへともたらすという悟性の根源的能力［が内感を規定するの］である。……このようにして、悟性はそうした働き［内感を規定すること］を〈構想力の超越論的総合〉 ii) という名の下に受動的な主観［内感］へと……及ぼすのであるが、こうした［悟性の］働きについてわれわれが《内感はこの働き［悟性が内感を規定すること］を通して触発される》と語るのは正当なのである」（§24, B153f.）。

［原文］Das, was den inneren Sinn bestimmt, ist der Verstand△ und dessen△ ursprüngliches Vermögen das Mannigfaltige○ der Anschauung zu verbinden, d.i. [es○] unter eine Apperzeption (als worauf selbst seine△ Möglichkeit beruht) zu bringen. .... Er△ also übt, unter der Benennung einer transzendentalen Synthesis der Einbildungskraft, diejenige Handlung□ aufs passive Subjekt, ... aus, wovon□ wir mit Recht sagen, daß der innere Sinn | dadurch affiziert werde.（§24, B153f.）（△と○と□は先行詞とそれを受ける指示代名詞、人称代名詞、所有代名詞、関係副詞との対応を示す。 | はB153からB154への移り目を示す。）

「それゆえ悟性は、〈［空間における］多様なもの〉のこうした［時間の形式に従った］一つの結合 Verbindung ⁱⁱⁱ⁾を内感のうちにそれがいつであったにせよ前もって見いだしている、というのではなく、悟性は内感を<u>触発</u><u>する</u>ことによって［そのつど］そのような一つの結合を産みだすのである」（§24, B155）。

［原文］Der Verstand ^△ findet also in diesem ^○ nicht etwa schon eine dergleichen Verbindung ^□ des Mannigfaltigen, sondern b r i n g t　s i e ^□ h e r v o r , indem er^△ ihn^○ a f f i z i e r t . （§24, B155）（^△と^□は先行詞とそれを受ける人称代名詞との対応を示す。^○を付した diesem と ihn の先行詞は「内感 der innere Sinn」である。）

［解釈］

ⅰ）この「直観の多様なもの」は、直接的には〈内感における時間直観の多様なもの〉を意味するはずである（内感を規定する話をしているから）。しかし［解釈］**ⅲ**）で見るように、これは実質的には第二の引用文にある「［空間における］多様なもの」を意味する。ところで後者は外的な純粋直観と感覚（これは直観ではない）とから構成されるから（注４）を回顧されたい）、今後は正確を期して〈外的諸表象の多様なもの〉と表記する。ただし〈外的諸表象〉といっても「外的な諸物」（前出§6, A34B50）を対象としない場合があることに留意する必要がある。思考の中で線を引く（B154）、が好例であるが、この場合「アプリオリな純粋直観」としての空間直観（外的諸表象）のみを対象とするからである。

ⅱ）ここで「構想力の超越論的総合」といわれる働きは少し前に、「［アプリオリな］悟性結合（知性的総合 synthesis intellectualis）」との対比のうえで、「［アプリオリな］形象的総合 synthesis speciosa」（§24, B151）と命名されたものと同義と取って問題ない。◇４．の引用文の直後に、「規定された直観はただ構想力の超越論的な働き（［これは］内感への悟性の総合的影響［である]）によって内感を規定する意識を通してのみ可能であるが、この働きを私は［すでに］形象的総合 die figürliche Synthesis と呼んだ」（§24, B154）

とあるからである。なおここで「構想力の超越論的な働き（[これは] 内感へ
の悟性の総合的影響 [である]）」と括弧書きでいわれている「影響」とは〈悟
性の内感への触発〉を意味するが、それについての本格的な検討は本〈研究
ノート〉後篇第四節（～第七節）まで俟たれたい。

　ⅲ）ここで詳述はできないが、このあたりの文脈をたどると、「こうした
一つの結合」の「こうした dergleichen」とは、「空間における多様なもの」
がその「空間 [性] を捨象 abstrahieren」されて「内感の形式に従って」悟
性によって結合されるような、の意味である（§24, B155）。そこで上記の試
訳では二箇所に [ ] で補訳を施して、「〈[空間における] 多様なもの〉の
こうした [時間の形式に従った] 一つの結合」とした。いきつくところこれ
は結局「把捉の総合」を意味する。これについてはこのあとの [本論] で確
認する（後篇の第五節も参照されたい）。

[本論]

　すぐに気づくことであるが、前半の引用に「〈直観の多様なもの〉を結合
するという悟性の根源的能力」といわれているのは、すでに A79B104 に◇
2. の命題が語られていたからである（p.129）。

　次に、少なくとも以上の引用範囲の限りでいえることとして、悟性が内感
を**規定する**、悟性が〈内的直観の多様なもの〉を**結合する**、悟性が内感を**触
発する**、の三者は同じ働きを意味する[6]。

　ここで注意するべきは、〈悟性が内感を触発すること〉によって産出され
るものは、（さきほど [解釈] ⅲ）でも或るていど述べたように）「空間におけ
る多様なもの」の「内感の形式に従った」「継起的な sukzessiv」**結合**であっ
て（§24, B154f.）、（場合によるとそう解釈されかねないように）〈時間の純粋直
観〉ではない、ということである。「われわれの認識は心の二つの根本源泉
から生まれる。そのうちの第一の源泉は表象を受けとる能力（諸印象の受容
性）であり、第二の源泉はこの表象を通して対象を認識する能力（諸概念の
自発性）にほかならない」（A50B74）。ここからも明らかなように、〈純粋直
観〉としての時間という直観形式（内感）はもともと悟性とはまったく身分
を異にした超越論的な能力として、つまり〈直観受容形式〉の一つとして人

間主観にアプリオリに備わっているとされているからである[7]。

　さて最初の引用文に「悟性の根源的能力」という表現が（原文では一度、訳文では二度）出てくる。ここを目を凝らして読んでみると、この「根源的能力」の二つの働きが前後で異なることが見えてくる。要するに悟性はまず直観を総合（**結合**）して、然るのちにそれを統覚の**統一**へともたらす、という二重にして一連の働きを「根源的」に果たしていることがここから分かるのである。

　これに続いて（最初の引用文の）後半はそのうちの〈直観の総合〉についての説明となっているのであるが、そこに「悟性はそうした働き［内感を規定すること］を〈構想力の超越論的総合〉という名の下に」内感へと及ぼす、とある。このとき規定される〈直観の多様なもの〉はアプリオリな純粋直観である（◇1.［解釈］ⅲ）を参照されたい）。他方、A版の「演繹論」には「構想力が直接に諸知覚に及ぼす働きを私は把捉 Apprehension［の総合］と名づける」（A120）という記述があった。この記述のうち「構想力が」に注目すると、B版の「構想力の超越論的総合」は要するにA版以来の「把捉の総合」のことかと一瞬思われるかも知れないが、そうではない。A版の表現に「直接に諸知覚に及ぼす」という冠飾句があるが、これは〈経験的な〉局面を意味しているからである。これに呼応するかのように、B版「演繹論」に、「〈把捉の総合〉の下に私が理解するのは、一つの経験的直観［純粋直観＋感覚］における多様なものの総括である。この総括によって知覚が……可能となる」（§26, B160）とある。これはいわば〈構想力の経験的な総合〉を意味する[8]。要するに二つは二つながらアプリオリな総合でありつつ、相互に異なった総合であって、一方の「構想力の超越論的総合」とは、〈純粋な内的直観の多様なもの〉をアプリオリに総合する働きであるのに対して、他方の「把捉の総合」は、構想力が〈経験的直観の多様なもの〉をアプリオリに総合（ないし総括）する働きなのである。そして前者の総合は、当然ながら後者の総合が成立するための「［必須］条件」であるとカントはいう（ibid.）。このように両者の間にはいわば厳格な身分差と序列が存する[9]。――とはいえ前者が単独で働くことは稀であろうし、逆に後者の「把捉の総合」が発動する場合には必ずその「［必須］条件」（上記）として前者も発動するはずで

あるから、二つの総合はほとんど一心同体であるといっても間違いではない
10)。

◇5．「内感」は何を直観するのか（「内感」を触発するものは何か）
「感性論」第二節「時間について」§6「これら［空間と時間の二つ］の概
念から導かれるいくつかの結論」b) の出だし；

[暫定訳]「時間とは内感の形式にほかならず、即ち、われわれ自身と und i)
われわれの内的状態 ii) とを直観する形式にほかならない」（§6, A33B49）。

[原文] Die Zeit ist nichts anders, als die Form des innern Sinnes, d.i. des
Anschauens unserer selbst und unsers innern Zustandes.（§6, A33B49）

これと同様のことをカントはすでに第一節「空間について」の出だしでも
語っていた。
「感性論」第一節「空間について」§2の出だし；

[暫定訳]「心 Gemüt は内感を介して自分自身を、あるいは oder i) 自分の
内的状態 ii) を直観するが、内感はしかし魂 Seele そのもの iii) の直観を一つ
の客観の直観として［魂の物自体的なありさまとして］与えてくれる訳で
はまったくない」（§2, A22B37） iv)。

[原文] Der innere Sinn, vermittelst dessen das Gemüt sich selbst, oder
seinen inneren Zustand anschauet, gibt zwar keine Anschauung von der
Seele selbst, als einem Objekt ;....（§2, A22B37）

[解釈]
ⅰ）ここでは und と oder を常識にしたがって暫定的にそれぞれ「と」「あ
るいは」と訳しておく。つまり訳文上＿＿を引いた「われわれ自身」または
「自分［心］自身」と＿＿を引いた「われわれの内的状態」または「自分の

［心の］内的状態」とは別の事柄を指している、と一旦はしておこう。ところでカントは（も）しばしば und ないし oder を「つまり」「即ち」「いい換えれば」「あるいは……とも」の意味で使う（それもきまって大事なところで）。そこでわれわれもいずれその視点からここの文言を再考することになるだろう。

　ⅱ）「われわれの内的状態」「心の内的状態」とは結局何を意味するか。例えば不安や昂揚感などの内面的な心理的情動とも考えられるかもしれないが、結局カントが主要に念頭においていたものは〈外的諸表象の多様なもの〉であろう。内は外で、外が内なのだ[11]。

　ⅲ）ここでは「心 Gemüt」と「魂 Seele」は同義であると取っていい。そのうえでここで「魂そのもの」といわれているものは「私それ自体 ich an mir selbst」（B157）、つまり〈私の物自体〉のことを意味すると理解できる。

　ⅳ）さらに、一見するとこれら二つの引用と同趣旨のことを語っているかに見える叙述が近くにもう一か所あるが（「感性論」第二節「時間について」§7, A38B55）、しかしその叙述は論敵（経験論的観念論者たち）の主張を譲歩的に確認する文のなかにあり、カント自身の積極的な思想の表明ではないのでここでは取り上げない。一点老婆心ながら記すと、そこでは「内感」が複数形となっているが（「われわれの内的諸感官の unserer ^{2} innern Sinnen 対象」）、これはカントの立場ではない（つまり論敵のいい分だということ）。

［本論］
　二つの引用文は「感性論」の§6と§2からのものである。したがって「演繹論」からのものでないうえに、（◇2．のときと同様に）A版からあった記述である。ここで注意するべきは、◇4．で確認した〈悟性の内感への触発〉という考想はB版「演繹論」から語られるようになるのであって、A版にはなかったという事情である[12]。その点を自覚しながらこのあと、このA版の叙述をB版の見地から振り返る形で検討を進めることとする[13]。

　二つの引用は共通して、内感は〈心 Gemüt 自身〉（＿＿を引いた部分）と〈心の内的状態〉（﹏﹏を引いた部分）を直観する、といっている。前者の、〈心自身〉を内感が直観するとは、◇4．で確認した〈悟性が内感を触発す

る）に対応していると理解していいであろう（直観するとは触発されることである）。つまりここで〈心自身〉といわれているものは悟性を意味している（心は悟性と感性とからなるから）。したがってここでの「内感が自分自身を直観する」とは、（B版の見地からいえば）内感が悟性から触発されて〈直観の多様なものの結合〉を受容することを意味するはずである。だがこの〈結合の受容〉がただちに〈直観を受容すること〉を意味するとはいえまい。だがこの点はしばらく保留しよう（のちの［決定訳］に続く「ただし」以下の段落を見られたい。p.141）。

　これに比して少し謎なのは、〈心の内的状態〉を内感が直観するとはどういうことか、である。上に述べたように、カントにおいて〈対象を直観する〉とは〈その対象から触発される〉ことと通常は同値であるから、〈心の内的状態〉なるものがあって、それが内感を（悟性とは別に）触発するというのであろうか。——そうではあるまい。というのは、最初の引用箇所の少しあとに、「諸表象はすべて、外的な諸物を対象としているにせよそうでないにせよ、……内的状態に属しており、そしてこの内的状態は内的直観の形式的条件、つまり時間に下に属している……」（§6, A34B50. すでに◇1．［解釈］xi）にも引用）とあるからである。つまり、［解釈］ii）でも確認したように、〈心の内的状態〉というときの「心」とは外感と内感をともに含んだ感性の内的状態という意味だと考えられる。対象が外感と（外的）諸感覚を触発することによって〈外的な経験的諸表象の多様なもの〉をもたらすのであるが、それがそのまま〈心の内的状態〉即ち〈内的な時間直観の多様なもの〉となるのである。そのようにカントは考えていたはずである。そして他方、悟性から内感が触発されることによって後者の〈多様なもの〉が〈結合〉されるところに「把捉の総合」がもたらされる[14)]、とカントは考えたのであろう。

　とすると、ここで当初の解釈［暫定訳］を是正しなければならなくなる。上の検討から明らかになったように、実は《内感が「自分の内的状態を」直観する》という事態が、「つまり und」「いい換えれば oder」、《内感が「自分自身を」（即ち〈自分の悟性〉を）直観する》という事態と同じことを意味しているのだからである（二つの順番は原文とは逆であるが）。「内感が直観す

る」二つの場合は実は一つだったのだ[15]。

　ここで und と oder の訳語を改めたうえで、決定訳を掲げよう。

　[**決定訳**]「時間とは内感の形式にほかならず、即ち、われわれ自身を、つ・
まりわれわれの内的状態を直観する形式にほかならない」（§6, A33B49）。

　[**決定訳**]「心は内感を介して自分自身を、いい換えれば自分の内的状態を
直観するが、内感はしかし魂そのものの直観を一つの客観の直観として与
えてくれる訳ではまったくない」（§2, A22B37）。

　ただし、だとすると第一の引用でいえば、「われわれ自身を直観する」と
「われわれの内的状態を直観する」の二つの「直観する」の意味は厳密には
同じでないことにも気づかなければならない。第二の §2 からの引用文の表
記でいえば、「心が内感を介して自分自身［悟性］を直観する」というとき
の「直観する」と、「心が自分の内的状態を直観する」というときの「直観
する」とでは何らか意味が異なるはずである。これに関しては三つの角度か
ら慎重に検討する必要がある。①カント固有の用語法の一つである「直観す
る」が有する二意性という観点から。②カントにおける〈自己対象化的性格
の剔抉〉という角度から。③実は意外にも、〈悟性の内感への触発〉によっ
て内感は（いまのところわれわれに知られていない）或る特殊な感性的直観を
得ているのではないか、という視点から。①の視点からの検討は本〈研究
ノート〉後篇第一節を見られたい。そこでは上に問題とした「直観する」の
二意性について、振り返って矛盾なく解決が示されるだろう。③については
後篇第三節で主題的に検討したい。そこでは内感に特有な「諸々の関わり方
Verhältnisse」という感性的直観表象に焦点が当てられるだろう。
　ここでは②の角度から見れば何がいえるか、について少し触れておきたい。
引用文にある二つの「直観する」のうち後者の〈自分の内的状態を直観す
る〉とは、対象から触発されて受容された〈外的諸表象の多様なもの〉をい
わば〈時間のなかで直観し直す〉ことを意味する。この論法は通常の〈直観
する〉の用語法の範囲内にあるといえよう。これに対して前者の〈自分自身

を直観する〉が実質上意味しているのは、そのようにして受容された〈外的諸表象の多様なもの〉を、悟性が内感を触発することによって「結合」された状態で直観し直すことを意味する。要するに〈自分の悟性を直観する〉とは（後者の）〈外的諸表象の多様なもの〉を内的直観の秩序のなかで直観し直すことと同義なのだ（だから und は「つまり」なのだ）。

　これはしかし一種の〈すり替え Subreption〉（カント）[16]ないし〈ずらかし・偽装 Verstellung〉（ヘーゲル）[17]というべきではないだろうか。悟性そのものを直観する代わりに〈外的諸表象の多様なもの〉を直観し直して済ますのだからである[18]。ところで先ほど述べたように（［本論］の第二段落）、「結合」は厳密には直観とはいえない（「結合」は思考の自発性の働きであるから）。結局この②の観点からいえば、〈内感は自分（悟性）を直観する〉という表記は比喩的に語られていると理解するほかないであろう。

　結局〈内感は何を直観するのか〉の答えは、まずは引用文にある通り「悟性」と「心の内的状態」の二つであったといえる。だがその二つはその実一つであった。第二に〈内感を触発するものは何か〉の答えは「悟性」であり、「悟性」のみであった[19]。

◇6．では純粋悟性概念の演繹はなぜ必要となるのか
　思うに悟性はそれ自身としては直観と無関係だから[20]、逆にいえば、対象（客観）が外的直観ないし感覚としてわれわれに現象するとき、その対象は悟性の機能に必然的に関係する義理はないことになる[21]。
　そこでカントは次のような根本的な問いを自分に提起することとなる。

　「どのようにして**思考の主観的な**［主観に備わった、の意］諸条件は客観的妥当性を有するといえるのか、いい換えるならば、どのようにして［思考の主観的な諸条件は］諸対象のあらゆる認識を可能とする諸条件を担うといえるのか」（§13, A89f. B122）。

　［原文］...., wie .... subjektive Bedingungen des Denkens sollten objektive Gültigkeit haben, d.i. Bedingungen der Möglichkeit aller Erkenntnis der Gegenstände abgeben : ....（§ 13, A89f.B122）

　ここで「思考の主観的な諸条件」とは悟性の諸機能を意味し、結局「純粋
悟性概念」を意味する。かくしてカントは、どのようにして純粋悟性概念が
客観的妥当性を有するか、悟性が対象（客観）の認識を可能とするのはどの
ようにしてであるか、を「説明 Erklärung」[22)] する責務を負うことになった
のである。

後篇　「感性論」§8のB版増補部における
　　　感性と悟性との出会い

◇7.「感性論」§8のB版増補部分でB版「演繹論」における内的触発論
(B155f.) の核心が予め読み取られうる箇所（前篇◇4.　◇5.　◇2.とも密接して）

「感性論」§8「超越論的感性論への一般的注解」Ⅱの中ほどの記述；

「ところで、何か或るものを思考するあらゆる働きに先んじて、表象とし
て先行することができるものは直観[i)]であるが、その直観が〈諸々の関わ
り方〉[ii)][の直観表象]以外の何ものも含まない場合、それ［表象として
思考に先行しうるもの］は〈直観の形式〉[iii)]である。[ところで]〈直観
の形式〉は、何かが心 Gemüt のうちに [触発を通して] 措定されない限
り何ものをも表象しないのであるから[iv)]、[したがって]〈直観の形式〉は、
心が己れの活動によって、つまり、このもの dieses [己の活動] が〈諸々
の関わり方〉の ihrer [v)] 表象を措定することによって、それゆえ心が自分
自身によって触発されるその仕方以外の何ものでもありえないのであって、
すると結局 d.i. それ[表象として思考に先行しうるもの]は〈その形式か
ら見られた内感〉なのである[vi)]」(§8Ⅱ, B67f.)。

[原文] Nun ist [S]das, was, als Vorstellung, vor aller Handlung irgend etwas
zu denken, vorhergehen kann, [C]die Anschauung△, und, wenn sie△ nichts
als Verhältnisse○ enthält, [C]die Form□ der Anschauung, welche□, da sie□

nichts vorstellt, außer so fern etwas im Gemüte gesetzt wird, nichts anders sein kann, als die Art, wie das Gemüt durch eigene Tätigkeit $^\nabla$, nämlich dieses $^\nabla$ | Setzen ^{4} ihrer $^\circ$ Vorstellung, mithin durch sich selbst affiziert wird, d.i. $^{[C]}$ein innerer Sinn seiner Form nach.（§8 Ⅱ, B67f.）（$^{[S]}$ と $^{[C]}$ は主語と補語の関係を示す。$^\triangle$と$^\circ$と$^\square$と$^\nabla$は先行詞とそれを受ける指示代名詞、所有代名詞、関係代名詞との対応を示す。^{4}は対格を示す。 | は B67 から B68 への移り目を示す。）

[解釈]

ⅰ）この引用文の直前まで「諸々の関わり方」（後述）をめぐって〈外的直観〉における事情、ついで〈内的直観〉における事情について確認してきた流れのなかで、「ところで nun」ではじまる引用文冒頭から話がいったん直観一般に戻っている、と読むべきであろう。ということは、いずれまた再び〈内的直観〉の話に戻るであろう、と予測される。下記のⅵ）に続く。

ⅱ）ここで「諸々の**関わり方**」と訳した原語は（原文に照らせば明らかなように）Verhältnisse である。この語の訳語をめぐる諸問題については改めて［本論］で論じる（第二節末尾）。また「感性論」から「演繹論」に掛けてのこの語の決定的に重要な役割についても［本論］で主題的に論じる（第三節以降）。

ⅲ）もちろんこの「直観の形式」は、「感性論」冒頭で「現象の形式」（§1, A20B34）、「感性的諸直観一般の純粋形式」(ibid.)、「**純粋直観**」（§1, A20B34f.）といわれたものと同義である。そもそもこれら三つは直後の§2で、ここ（§8, B67）での表記とまったく同じく「直観の形式」（§2, A23B37）といい換えられていた。この◇7．の命題の解釈上多少問題となるかもしれない点は、はたしてこの「直観の形式」そのもの、つまり「純粋直観」そのものが〈心の内感への内部触発〉によって産まれる、とここでカントがいっているかどうかにある。この点は［本論］第一節で検討する。

ⅳ）ここの「のであるから da」の理由節と直後に続く「［したがって］〈直観の形式〉は、……ありえないのであって」の帰結節との間には重大な事情が（ただしカントにとっては書くまでもなく自明なこととして）書かれずに抜け落ちていると読むべきところである。これについてはのちに［本論］第三節

で詳述する。

　ⅴ）ここの所有代名詞 ihrer（女性単数二格または複数二格）は旧『哲学文庫 Philosophische Bibliothek』版（1976）に拠った。扉裏にある版歴によれば、この旧『哲学文庫』版は 1926 年の R.Schmidt の校訂版（PhB37a）を引き継いでおり、そのおり Schmidt は A 版 B 版ともに初版に忠実に校訂し直したとのことである。つまりカントの元々の表記は ihrer だったと信じていい。その場合先行詞は直前にある「活動 Tätigkeit」（女性名詞単数形）でなく、（少し遠いが）「諸々の関わり方 Verhältnisse」（〈関わり方 Verhältnis〉の複数形）と取るのが文脈からいって忠実な読み方のはずである。しかるに現行の『哲学文庫』版（1998, PhB505. J.Zimmermann の新校訂から）、現行のアカデミー版、カッシーラー版ではここを seiner（所有代名詞の男性単数二格または中性単数二格）と改訂している（この改訂は遡ると 1877/8 の Kehrbach の校訂からとのこと。ただし昔の B.Erdmann 校訂のアカデミー版では ihrer のままだったとのこと）。この改訂によれば、先行詞は（比較的間近の）「心 das Gemüt」（中性名詞単数形）となる。筆者がこの改訂に従わずに B 版初版の ihrer のままでよしとしたのはどうしてか、については［本論］の第一節で少し触れたあと第三節（ⅱ）で詳しく論じる。

　ⅵ）ここの原文の ein[1] innerer Sinn seiner Form nach は、先行する十のすべての邦訳と異なって、引用文の途中にある da sie ... sein kann の補語ではなく、引用文冒頭の Nun ist das, was ... の補語であると読む。引用文の冒頭「ところで Nun」以下しばらくの間直観形式一般について語られていたのであったが（［解釈］ⅰ）を再度見られたい）、［解釈］ⅳ）で述べた省略を挟んで「心が己れの活動によって」から話が再び内感（という直観形式）に戻り、「すると結局それ［表象として思考に先行しうるもの］は〈その形式から見られた内感〉なのである」と着地すると解釈したいからである。この点のこれ以上の検討は［本論］第三節を俟たれたい。

［本論］

一

　カントはＡ版の「感性論」§8「超越論的感性論への一般的注解」にＢ版で大規模な増補を加えた（§8Ⅱ〜Ⅳ, B66-73. このとき同時に項番号§8、命題番号Ⅰ〜Ⅳが振られた）。そのなかでもとくに命題Ⅱの記述（§8Ⅱ, B66-69）は前篇◇4．で取り上げたＢ版「演繹論」§24の「悟性は内感を**触発**して**結合**を産みだす」（大意§24, B155）という事情と密接しており、われわれはここからカントの厳密で細やかな思索の真意を読み取ることができる。

　とはいえこの◇7．の原文は他と比べてとりわけ文意が錯綜しており、カントの真意を掴むことが容易でない。ここではのちのちの検討に資するために、比較的大事な論点（誤解されかねない論点でもある）を四つに絞ってまず明らかにしておきたい。

　第一の論点は、そもそもカントが「触発する」という動詞を使う場合、われわれはそれをどのように理解すればいいのか、というものである。第二は、叙述の前半でカントは「直観の形式」と「諸々の関わり方」とが同一のものであるといっているかどうか、である。いい換えれば、「直観の形式」とは「諸々の関わり方」である、といっていいかどうか。第三は、叙述の後半でカントが、「直観の形式」は「心が自分自身によって触発される」[1]ことによって心にもたらされる当のものである、といっているかどうか、である。第四は解釈ⅴ）で問題提起した論点である。即ち、◇7．の叙述の終わりごろに記されている「表象」に掛かる所有代名詞は、Ｂ版初版の ihrer（女性単数二格または複数二格）を修正して、現行の『哲学文庫』版、アカデミー版をはじめ多くの版におけるように seiner（男性単数二格または中性単数二格）と改訂する方がここでのカントの文脈をよりいっそう正しく理解することになるのかどうか、である。第二以降の三つの論点は、一読する限りそのようにいっている、ないしその方が理が通ると受けとられる可能性がある。だが果してどうか。

　第一の論点であるが、ここで〈触発する affizieren〉をめぐる事情を纏め

ておこう。カントの認識論においては、a が b を触発してその結果 b に c が措定される（産まれる）とき、〈b が a から触発される〉ことと〈b に c が措定される〉こととは直結している。また〈a が b を触発する〉を裏返せば〈b は a を直観する〉といい換えられることが多い。このとき〈c は a の直観である〉といわれる。したがって〈b は a を直観する〉とは別に〈b は c を直観する〉ともいわれうる。一例として B 版「演繹論」§24 に次のようにある。「われわれは内的に［己れから］触発される通りにしか［触発する］己れを直観しない」（§24, B153）。ここで主語の「われわれ」が b に、触発する「己れ」が a に、「触発される通りに」が c に当たる。ただし同じく〈触発する〉といっても、何らかの〈規定〉を産む場合と、未規定な〈現象〉のみを相手（感性）にもたらす場合とがあり、単純ではない。後者でいえば、〈a は b を触発する〉ないし〈b は a を直観する〉は〈a は b に現象する〉といい換えられる（前篇注6）を参照されたい）。──さて前篇◇5. の［本論］で問題とした〈内感は何を直観するのか〉をめぐる二意性のうち、①の論点についてここで一つの解決を示しておきたい。即ち、いま確認した観点からいえば、あそこで〈内感は悟性を直観する〉といわれる事態は〈b は a を直観する〉に当たり、〈内感は心の内的状態を直観する〉は〈b は c を直観する〉に当たる。つまりこの観点からすれば二つの言表は何ら矛盾なく理解することが可能である。「触発する」についてはこのぐらいにしておこう。

　第二の論点でいえば、まず出だしで「直観の形式」もそれ自体「表象」であり「直観」である（つまり〈直観表象〉である）、といわれている（「表象として先行することができるものは直観であるが」の句）。ついでそれに続く「その直観が」以下、「それは〈直観の形式〉である」までの前半の叙述を裏返して捉えるならば、《「直観の形式」は「直観」の「形式」であるから通常は何らか他種の直観表象を（質料として）含むのであるが、それがいっさい含まれていなくても、「諸々の関わり方」という直観表象だけはそこに含まれている》とカントはいっている[2]。結局「直観の形式」と「諸々の関わり方」とは〈含む－含まれる〉の関係にあるのであって同じものではない、と取るのが正解であろう。

　上の事情が明らかになった以上、第三の論点は簡単に済ますことができる。というのは、「直観の形式」が「諸々の関わり方」を意味しない以上、前者が触発の産物でないことは論脈からして自明となるからである。それでは「直観の形式」とは何者かというと、それは「心が自分自身によって触発されるその仕方」であるとカントはいう。ここで、〈触発された結果としてその「仕方」が（初めて）もたらされる〉といっているのではない点に注意する必要がある。そうではなく、触発される以前から心に備わっていた〈触発のされ方〉が「直観の形式」なのである。心は「直観の形式」（外感および内感）という「仕方」を通して何ものかから触発され、その結果何かが心に受容（措定）されるのである。

　ではその、「触発」を通して「直観の形式」に受容され「措定」されるものは何か。それが第四の論点であった。ところで◇7．の叙述の後半は話題が（再び）内感に戻っていた（解釈ⅵ）を見られたい）。このとき何ものかからの触発によって「その形式から見られた内感」に「措定」される直観表象が、B版初版によれば「それの［女性単数二格］、またはそれらの［複数二格］ihrer 表象」と、あるいはのちの Kehrbach 以降の改訂に従えば「それの［男性単数二格または中性単数二格］seiner 表象」といわれている。果して ihrer と seiner のどちらがここでの難解な文脈を正しく捉えているのであろうか。——かくして、《引用文中の所有代名詞をどちらと取ったうえでその先行詞は何であると読むか》が、カントの根本思想の把握にとって死活を制するほどに重要な意味をもってくることが予感される。これについては［本論］第三節（ⅱ）で詳しく論じたい。

　いずれにせよ、◇7．の引用文で（「直観の形式」とともに）主役を担っている「諸々の関わり方 Verhältnisse」の正体は何であるか、が本〈研究ノート〉後篇の主題となる。

　　　二

　引用文の積極的な検討に入る前に、さらに幾つかの準備を施しておく必要がある。

　最初に確認するべきは、注１）で予告した論点であるが、この引用文の鍵
概念の一つである「心 das Gemüt」は何を意味するか、である。結論から述
べれば、この語はどんな文脈のなかで用いられていようとも、まずもって常
に感性と悟性とを合わせた、人間主観にアプリオリに備わる認識能力の全体
を指す。そもそも『純粋理性批判』の「超越論的論理学」の冒頭をカントは、
「われわれの認識は心の二つの根本源泉から生まれる」（A50B74）と切りだし
ていた。その「心の二つの根本源泉」とは「受容性」の能力と「自発性」の
能力のことであり（ibid.）、結局は「感性」と「悟性」である（A51B75）。そ
のうえで文脈によって、「心」という語が「悟性」に重心をかけて用いられ
る場合もあれば、逆に「感性」、それも「内感」を意味している場合もある、
と理解するべきである。注１）で先取的に述べたことをここでもう一度確認
するならば、◇７．の引用文で「心が自分自身によって触発される」といわ
れるとき、（主語の）「心」は感性と悟性のうちの前者、それも「内感」を意
味し、その内感を触発する「自分［心］自身」とは、二者のうち結局は「悟
性」を意味するのである（前篇◇４．の引用文 §24, B153f. および「演繹論」
§24, B155 を参照されたい）。
　第二に、「対象」の問題がある。二点を確認する。まず、カント自身が
〈物自体としての対象が外感ないし諸感覚器官を触発する〉と直截的に表記
している箇所は見当たらない。しかし次の三か所の表記の語法から判断して、
カントはそのように考えていたと理解しても差し支えないと思われる。①
「われわれに対象が与えられるのは……対象が心を何らかの仕方で触発する
ことを通してのみ可能である」[3]（「感性論」冒頭 §1, A19B33）。②「感性の
真の相関者 Correlatum すなわち物自体そのもの」（§3, A30B45）。③「物自
体そのものは諸表象を通してわれわれを触発する」（「原則論」「第二類推」
A190B235）。──①②③をつなぎ合わせると、《感性の真の相関者である〈物
自体そのもの〉としての対象が心［感性的直観形式と諸感覚器官］[4]を何
らかの仕方で触発する際にもたらす諸表象［直観と感覚］を通してのみ、わ
れわれに現象としての対象が与えられる》となるであろう。
　「対象」を巡って確認するべき第二点は、「対象」概念の二義性の問題であ
る。「感性論」の冒頭に次のようにある。

　「**或る対象**が［われわれの］表象能力に及ぼす作用結果は、われわれがその対象から触発される限りで、感覚である。感覚を通してその対象へと関係する直観が、〈経験的な［直観］〉と形容される[5]。一つの〈経験的直観〉の**未規定的な対象**は現象と呼ばれる」（§1, A19f.B34）。

　この文言において、前半の「或る対象」の「対象」と後半の「［その］未規定的な対象」の「対象」とが同義に語られているとは読めないだろう。試みに両者を一義的に理解しようとすると、対象は現象であり、その現象としての対象がわれわれの表象能力［外感および外的諸感覚器官］を触発してわれわれに現象をもたらし、その現象としての対象がさらにまたわれわれの表象能力を触発して……、となる。この無限連鎖を理路整然と理解することは至難の技であろう。カント自身がのちに（Ｂ版増補時に）次のようにいっている。「現象としてのこの対象は客観自体としての対象そのものから区別されている」（§8Ⅲ, B69）。この引用文での前者は〈現象としての外的対象〉を、後者は〈或る物自体としての対象〉を意味するととって間違いではないはずである（先のA19f.B34からの引用文と前者後者の順が逆になっている点に注意されたい）。とすれば、カントにおいて「対象」という一級の重要度を担う術語には相入れない対立的な二義性があると指摘できよう。したがってわれわれはこのあと、二つを読み分けながら読解を進めなければならない。便宜的に後者（物自体としての対象）を「対象[A]」、前者（現象としての対象）を「対象[B]」と表記する。まず「対象[A]」がわれわれの外感と外的諸感覚器官とを触発して〈外的経験的直観の多様なもの〉をわれわれにもたらすが、その経験的直観が何を意味するかわれわれに不明なままの状態が「現象」としての「対象[B]」である。ついでこの「対象[B]」に悟性と内感とが共働して規定を加え、何らかの「認識」（上の、何を意味するかの〈何を〉）を構成する。カントの考想はこのような筋立てになっているはずである[6]。

　しかし翻って考えてみると、「対象[A]」と「対象[B]」とがまるっきり無関係であるはずもない。両者は意味上は〈相いれない対立的な〉関係にありつつも、いわば存在論的には表裏の関係にある。それを試みに書き表すと、「対

象 ^A」は「対象 ^B」の現象性を剥ぎとったそれ自体としてあり、「対象 ^B」は「対象 ^A」の人間主観における現象としてある、となるだろう[7]。しかしながら再び注意するべきは、そうであるからといって両者は例えば「実体とその属性」「原因とその結果」「原像（またはイデア）とその模写像（またはその想起像）」などにおけるような対応関係にあるのではまったくなく、いうならば〈無対応という関係〉にあるというべきである[8]。

　第三に、［解釈］**ii**）で言及した Verhältnis(se) の訳し方の問題である。引用文では「**関わり方**」（単数形）ないし「**諸々の関わり方**」（複数形）と訳したが、既存の十の邦訳はこの語を（単数形・複数形に関わりなく、判で押したように）例外なく「関係」と訳している。しかしそれだと、カテゴリー表の第三の綱 Klasse の「**関係 Relation**」（「実体と属性」「原因と結果」「相互性」の三つのカテゴリーが一括されてこう呼ばれる）と紛らわしく、場合によっては、「演繹論」ないし「図式論」で論じる前にすでに「感性論」のここにおいて「関係」の綱の三つのカテゴリーが（他のカテゴリーたちを尻目に）内外の直観と関わるのだとカントは論じている、と誤解される惧れがあるだろう。Verhältnis(se) は「感性論」のこの前後に頻出するが、この語が最終的にカテゴリーの綱名である「関係 Relation」と同義であるか、同義でなくとも密接に関連するかであるにしても、二つは訳語としては（原文におけると同様）区別されるべきであろう[9]。

三

　さて引用文◇7．の最も肝心な論点は、「〈直観の形式〉は、何かが心のうちに［触発を通して］措定されない限り何ものも表象しないのであるから、［したがって］〈直観の形式〉は、心が己れの活動によって……触発されるその仕方以外の何ものでもありえないのであって」という論理展開の部分にある。ここで従属接続詞「であるから da」で示された〈理由〉と、そこから導かれる〈帰結〉との関係をカントがどのように確信的に推理連結していたかを掴むことが最も肝要である。そこでこの点を腰を落ち着けて検討してみたい。

　（ア）先の［解釈］ⅳ）で「ここの「のであるから da」の理由節と直後に続く「［したがって］〈直観の形式〉は、……ありえないのであって」の帰結節との間には重大な事情が（ただしカントにとっては書くまでもなく自明なこととして）書かれずに抜け落ちている」と述べたのだが、確かに da で導かれる理由節「……のであるから」と、直後に続く「［したがって］〈直観の形式〉は、……以外の何ものでもありえない」という帰結節との繋りはすぐに腑に落ちるものではない。それは、筆者が思うに、二つのあいだに省略があるからである。その、カントが自明なこととして敢えて書かなかった事情とは何か。それをここで〖　〗で括りながら表にだした形で、再度問題の箇所を読み直してみよう。するとこうなる。「［ところで］〈直観の形式〉［一般］は、何かが心のうちに［何ものかからの触発を通して］措定されない限り何ものをも表象しないのであるから、〖そして（一方の〈直観の形式〉たる）**外感**の場合には対象 ᴬ による触発を通してそのつど（外感に特有な）〈諸々の関わり方〉（のうちのどれか一つ）の表象が措定されるのであるからこの条件が満たされており問題ないが、それが望めない**内感**の場合には〗［したがって］〈直観の形式〉［内感］は、心が己れの活動によって……［内的に］触発され［ることによってそのまたはそれらの表象を得］るその**仕方**以外の何ものでもありえないのであって」となるだろう。つまり内感の場合は心の内的触発によってそのつど「**その**」または「**それらの**」**表象**が措定されるのだ（そう考える以外にこの点をめぐる超越論上の難点を解決する道はない[10]）、といっているのである。この論理展開は（一応）納得できたとしよう。とすれば、太字で表わした〈「**その**」または「**それらの**」**表象**〉が指すものは《（内感に特有な）〈諸々の関わり方〉の表象》以外に考えられるであろうか。――ここで課題は三つ残る。所有代名詞は ihrer か seiner か。〈心の内的触発〉とはどういう事態であるか。その産物である〈内感に特有な諸々の関わり方〉とは何か。

　（イ）まず所有代名詞は ihrer か seiner か。結論はすでに出ているようなものであるが、念を押しておこう。

　まず現行の『哲学文庫』版やアカデミー版のようにここを seiner とわざわざ改訂したうえで〈心が心の表象を心の活動によって措定する〉と読み替

えるのにはどのような一連の解釈があったのであろうか。その経緯は筆者の推測によれば、次のようであったであろう。まず B 版初版からの元々の ihrer は直前にある女性単数の名詞 Tätigkeit（活動）を指す所有代名詞であるに違いないと読んだ（早とちりした——ここが間違いの大本となる）。だがそれでは意味が通らないことになると判断し（これは当然である）、そこでその三語前にある中性単数の名詞「心 das Gemüt」に着目した。そしてこれを先行詞とすることによって問題の箇所を「心の表象を措定する」と読んでも違和感はないので、敢えて ihrer を seiner に改訂することにした。——このように推測してもそれほど間違ってはいないのではないだろうか[11]。加えて §8 II の後続するカントの叙述から振り返っても、この改訂が是認されるかのように見えるという事情もある。この点も何ほどかこの改訂に影響を及ぼしているのかもしれない、と思われる（この点については第五節の注 27) で触れる）。

　だがこの改訂は間違いである。第一に、引用文が位置する文脈からしてその間違いを指摘することができる。というのは、§8 II の冒頭から引用文に至るまで（『哲学文庫』の原文でいって一頁弱）の行文において Verhältnis または Verhältnisse という語が五回繰り返されており（そのほかにこの語を指す関係詞が二つ）、この間の議論の主題が「諸々の関わり方」という「表象」であることは明白だからである（「関わり方の諸表象」（B67）ともある）。第二に（ア）で解析したとおり、原文の da で導かれる〈理由〉節を受けて、カントが自明のこととして敢えて書かなかった事情（〘　〙で括った部分）を踏まえたうえで、それに続く〈帰結〉節に得心することができたとすれば、文脈からいって ihrer が何を先行詞としているか、「諸々の関わり方」か「活動」かは（すでに（ア）で述べたように）明白であろう。その観点からいえば、ihrer を seiner と改訂したうえでここを「心の表象」と取ることは、その瞬間にカントのこの前後の、「諸々の関わり方」の表象をめぐる（苦悩に満ちつつも結果として）精妙で深遠な思索の跡[12] をほとんど全面的に覆い隠すこととなり、その罪は量りしれなく重いといえよう。

　くどくなることを怖れずにここでその文脈を再確認すると、外感であれ内感であれいずれとも直観の形式一般は（「直観の形式」としての純粋直観のほ

かには）「諸々の関わり方」の直観表象しか含まないが、外感の場合それま
たはそれらの表象は対象 A からの触発によって外感に措定されることが自明
であるのに対して、内感の場合はそれまたはそれらの表象が何からの触発に
よって内感に措定されるのかが自明でない。となると、（超越論的に考えれ
ば）「それまたはそれらの表象」は「心が自分自身によって触発される」こ
とによって内感に措定されると考えるほかはない、となる。このとき「それ
またはそれらの表象」は「心」の表象を意味するのだろうか、それとも
「諸々の関わり方」の表象を意味するのだろうか。

　周知のように、アカデミー版などがここを Kehrbach の提案に従って
seiner と改訂したことに強く抗議し、元の ihrer（それも複数二格としての）
であらねばならないと主張したのはハイデッガーであった[13]。当該の原注で
ハイデッガーは、この ihrer から seiner への改訂はカントの「原文からまさ
に本質的なものを奪いとるものである」と厳しく指弾している。このとき彼
は、カントの論脈上の省略を自分で補ったうえで、問題の「表象」が（少し
遠いが）「諸々の関わり方」（複数形）の「表象」を指すのでなければならず、
そこにこそこの前後のカントの思索の「本質的なもの」が存する、と見抜い
たうえでこのように断定したのであろう（そこまで詳述してはいないが）。こ
のハイデッガーのいい分は正しい[14]。——ただしこう述べたからといって、
筆者はハイデッガーの当該書におけるカント解釈に与するものではない。そ
れどころか、この書でハイデッガーが主張している《カントの時間論は内感
の内感への「純粋自己触発としての時間」（§34 節題）論である》との解釈
はまったく成り立たないと考える[15]。

　（ウ）さて（ア）の末尾で提示した第二の課題、〈心の内的触発によって〉
とはどういう事態を指していっているか、に移ろう。「心」とは悟性と感性
を合わせた人間の認識能力の全体を意味した（第二節冒頭）。ここで前篇◇4.
で引用したB版「演繹論」§24の一節を思い起こさなければならない。そ
こには「悟性は内感を触発することによって〈［空間における］多様なも
の〉のこうした［時間の形式に従った］一つの結合を内感のうちに産みだす
のである」（§24, B155）とあった。するとそこでいわれていることは、〈心
は心を触発することによってこうした一つの結合を産みだす〉といい換える

ことができると気づく。つまり、上の第二の〈心の内的触発とはどういう事
態であるか〉という課題に対しては、それは〈悟性が内感を触発する〉こと
を意味する、がその答えとなるであろう。さらにはこれに連動して、しかも
いっそう重要な発見として、この触発によって産みだされる〈多様なものの
結合〉の表象こそが、あの〈内感に特有な諸々の**関わり方**〉の表象を意味す
るのではないか、と閃く。だがそれはどういうことか。——

四

　上記の見通しを見すえながら、しばらくは前節（ア）末尾で提示された第
三の課題、〈内感に特有な諸々の関わり方〉とは何かについて、〈外感に特有
な諸々の関わり方〉と対比しながら先に検討していこう。なおここからはテ
キストの検討範囲を「感性論」§8へのB版増補IIの全体、さらにはB版
「演繹論」全体へと拡げることとする。
　◇7.の引用文から明らかなように、カントは一般に（つまり外感、内感
の区別なく）「直観の形式」（純粋直観）は「諸々の関わり方」の表象しか含
まないという（§8II, B66）[16]。カントはこのことを、（引用文の直前までで）
二つの直観形式に則して順次次のように確認している。
　（a）まず「直観の形式」としての外感は、「諸々の関わり方」の表象とし
て単に**或る対象の主観への関わり方** das Verhältnis eines Gegenstandes auf
das Subjekt」の表象しか含まないという（§8II, B67）。これは何を意味す
るのか。カントはそれについて何も説明を加えていないが、思うにこれは
（いささか露骨にいえば）、〈物自体としての或る対象 ^A が外感を触発する〉こ
とによりもたらされる「或る対象の主観への関わり方」としての直観表象を
意味するであろう。つまり「或る対象の主観への」というところが〈外感に
特有〉なのである。カントはこの種の「関わり方の諸表象」の典型例として
「一つの［外的］直観［の多様なもの］における［諸々の］場所 Örter（延
長）」を挙げている（§8II, B66）。
　ここで一点、中程度の疑念が湧く。それは、外感に特有な「諸々の関わり
方」といえば〈対象と主観との関わり方〉でなく、何をおいても〈外的諸表

象の多様なもの〉同士のあいだの〈関わり方〉を意味するのではないか、と
いうものである。確かに「空間論」冒頭にこうあった。「空間のなかでは諸
対象の形態、諸対象の大きさ、および諸対象相互の関わり方 Verhältnis が規
定されているか、または規定可能である」（§2, A22B37）。ここと照らすと、
空間直観が含む「諸々の関わり方」とは〈諸表象の多様なもの〉同士のあい
だのそれを意味していると読めそうである（他に §1, A20B34 も見られたい）。
　実はそれも当然であって、「諸々の関わり方」という語をめぐっては次の
ような事情がある。どういう事情かというと、「感性論」§8Ⅰまでに、つ
まり実はA版時の叙述のなかにすでにこの語（Verhältnisse）は頻用されてい
た（十四回）のだが、すべて例外なく、〈諸表象の多様なもの〉同士のあい
だの〈関わり方〉という意味で使われていたのである。逆からいえば上に述
べたように、外感に特有な「或る対象の主観への関わり方」という考想はA
版時にはなく、B版増補のさい初めて語られるのである [17]。——そのような
事情はあるにせよ、§8へのB版増補Ⅱの行論を慎重に検討すると、外感に
おいてはまず〈或る対象の主観（外感）への関わり方〉があって、ついでそ
れが〈諸表象の多様なもの〉同士のあいだの〈諸々の関わり方〉をもたらす、
という序列になっている（とカントは考えを前進させた）ことが見えてくる。
つまり後者は前者から派生する二次的な関わり方であって、したがって前者
に還元されうるであろう。これを簡単にいえば、最初に〈対象mの主観へ
の関わり方〉と〈対象nの主観への関わり方〉が別々にあって、しかるの
ちに〈対象mの対象nに対する関わり方〉が成立する、と理解することが
できるであろう。翻って上の「感性論」冒頭からの引用（A22B37. A版から
あった記述）も、この（新しい）視点から問題なく理解し直すことができる
（試みられたい）。——以上が外感の「直観の形式」における〈諸々の関わり
方〉に関する論述についての概要であった。
　(b)　続けてカントは議論の舞台を内感に移す。そのさいカントは最初に
「内感についても事情はまったく同じである」（§8Ⅱ, B67）という。実はこ
れから見ていくように事情は同じでないどころか大きく異なるのだが、それ
でもここで「事情はまったく同じである」とカントが強弁するのは、（前節
で◇7.の引用文中の最も肝心な論点として論じた）「〈直観の形式〉[一般]は、

何かが心のうちに［触発を通して］措定されない限り何ものをも表象しないのであるから」（§8Ⅱ, B67）という一点を指してのことであると思われる。もしこの推測が当たっているならば、あの一点がカントにとって決定的に重要であったことがさらに確かになるだろう。

　次いでまずカントは〈内感における諸々の関わり方〉の検討の準備として**内的直観と外的諸表象（感覚を含む）との関係性**を語るが、ここはカント理解にとってきわめて重要な言明である。即ち、内感においてはもっぱら「外的諸感官の諸表象 die Vorstellungen äußrer Sinne[18]」が「本来の素材 Stoff」をなしていて[19]、「われわれの心」はそれによって「占領」されているのであるが、逆に「われわれ［の心］」はそれを時間の流れのなかへと「措定する」のであって[20]、その意味で時間は「経験における〈外的諸感官の諸表象〉の意識にとってその土台をなしている」という（以上§8Ⅱ, B67）。

　次いでカントは、内的直観に特有な「諸々の関わり方」の表象の例として「〈次々と継起的に連続しているさま das Nacheinandersein〉という関わり方」の表象など三つを列挙する[21]。そしてこれらの「諸々の関わり方」は、先に第三節で見たように、悟性の内感への内部触発によって措定されるのであるが、この内感に特有の「諸々の関わり方」に則って、先に述べた通り〈経験的な外的諸表象〉の「素材」が時間のなかへと措定される（結合される）、という事態の展開になっているのであろう[22]（ここも少し先走ったきらいがあるが）。──ともあれ、これらの例示のあとに長い一文がくる。それが◇7．の引用文である[23]。

　ここまで外感・内感それぞれの「諸々の関わり方」の特質を見てきた。ところですでに本節（a）で見たように、〈外感に特有な諸々の関わり方〉については、カントはさりげなくではあるが、これを「或る対象の主観への関わり方」（§8Ⅱ, B67）と特徴づけていた[24]。これに対して〈内感に特有な諸々の関わり方〉がどういうものかについては不思議なことに一言も性格づけられていない。だがいまやわれわれは、確信をもって次のようにいい表わすことができる。即ち、それは《主観の主観への関わり方》である、と。いうまでもなく、前者の主観は**悟性**を、後者の主観は**内感**を意味する。結局〈内感に特有な諸々の関わり方〉の〈特有さ〉は〈悟性の内感への触発〉に存する

のである²⁵⁾。

　以上で外感、内感それぞれに特有な「諸々の関わり方」の直観表象の特質の検討を終える²⁶⁾。

五

　実はこの〈悟性が内感を触発する〉という事情は、これまで検討してきた「感性論」§8へのB版増補Ⅱの範囲内でも裏づけられる。◇7．の引用文の少しあとに次のようにある。

　「［いつでも］己れを意識しうる sich ⁴ bewußt zu werden 能力は、心のうちにあるものを拾集する aufsuchen（把捉する apprehendieren）べきときにあたっては、心を触発しなければならず、そのようにしてのみ〈己れ自身についての一つの直観〉を産みだすことができる」（§8Ⅱ, B68）。

　文中の「［いつでも］己れを意識しうる能力」とは、**悟性**ないし〈純粋統覚の意識〉を意味することは間違いない。次に、「〈心のうちにあるもの〉を拾集する」の〈心のうちにあるもの〉とは、前篇◇5．にあったあの「**心の内的状態**」（§2, A22B37）のことを指すであろうと気づく。さらに、「心を触発しなければならず」の「心」とは〈**内感**〉のことだろうと見当がつく。すると「演繹論」§24に照らして考えると、文中の「……心［内感］を触発しなければならず、」とそれに続く「そのようにしてのみ〈己れ［当の能力］自身についての一つの直観〉を産みだすことができる」のあいだには、《その触発によって「〈［内的］直観の多様なもの〉の結合」（§24, B153）の表象を措定することによって》という事情が挟まれていると分かる。さらにはここで産みだされる「己れ自身についての一つの直観」とは、〈外的諸表象の多様なもの〉がこの「結合」によって内的直観のうちで「把捉」され総合された直観のことを指しているのだろうと推測がつく。文中に、「［悟性が］心のうちにあるもの［心の内的状態］を拾集する（**把捉**する）べきときにあたっては」と明言されている以上、そのように理解するほかはない²⁷⁾。

　さてとはいえ、ここで冷静な目で振り返ってみると、一つの大きな疑問が湧くであろう。上の理解によれば「己れ［当の能力］自身」とは悟性のことであった。その悟性についての「一つの直観」が〈外的諸表象の多様なもの〉の「把捉」された総合に帰着するとはどういうことか。苟も悟性が直観されるとした場合、それは知的直観とまではいわないにしても、少なくとも〈私が「私それ自体として ich an mir selbst」ある姿〉の何らかの直観を意味するはずであって[28]、〈外的な直観〉または外的な「感覚」などが〈悟性ないし魂 Seele についての直観〉であるはずがないのではないか。――まさにこの点がカントの〈有限な人間存在〉論の要であって、〈私の悟性についての直観〉は（開けてびっくり）実は私を巡るみすぼらしい外的現象でしかない、というのが『純粋理性批判』におけるカントの一貫した人間観なのである。カントは◇7．の引用文の直後で次のようにいう。「内感の対象である主観［悟性］は内感を通して単に現象としてのみ表象されうるのであって……」（§8 II, B68）。ここで引用文中の「現象としてのみ」を〈外的現象としてのみ〉と読んでも間違いではないはずである（後篇注 19）を再度参照されたい）。カントは人間を巡るこのいわば〈根源的に有限な存在事情〉を繰り返し言明している[29]。――だが、ここも先走ってしまった。話を元に戻そう。

　さて本節冒頭で取りあげた文のなかに「［悟性は］把捉するべきときにあたっては、心を触発しなければならず」とあった。すると「把捉する」と「触発する」とは一対一のいい換えになっているのであろうか。そうではないだろう。このことはすでに前篇◇4．の［本論］で検討されたことであるが、実はここの「［心は］心を触発しなければならず」という言葉は、「構想力のアプリオリな超越論的総合」と「把捉の総合」の二つの〈総合する働き〉が重ねあわされていわれている、と読み取るべきであろう。二者の関係は、前者は後者が成立するための「［必須］条件」（§26, B160f.）である、という関係なのであった。とはいえこれら二つの総合はほとんど一心同体となって働くと考えていいこともすでに確認された[30]。

　このように理解を重ねてくると、本節冒頭に引用した記述が、その少し前に述べられていた◇7．の引用文自体と整合することは当然として、加えて

前篇◇4．の引用文、即ちB版「演繹論」§24の〈悟性は内感を触発することによって、直観の多様なものの**結合**を産む〉という主張とも呼応していることが自ずと理解されるであろう。その帰着点を改めて述べるならば、**悟性は「心の内的状態」即ち〈外的諸表象の多様なもの〉を「把捉の総合」にもたらすべく、内感を触発して〈内的直観の多様なもの〉の〈結合〉を産む**、となる。

　すると結局、第三節（ウ）の末尾で先取的に述べたように、この「**結合**」の表象こそが〈内感に特有な諸々の関わり方〉の表象を意味するはずだ、となろう。つまり、内感における「諸々の関わり方」とは、〈主観（悟性）の主観（内感）への関わり方〉という特質を帯びつつ、結局は悟性による〈内的直観の多様なもの〉の「結合」の表象のことだったのだ、と。そしてこの〈内的直観の多様なもの〉が実質的には〈外的諸表象の多様なもの〉を意味することも、本節中段で確認されたばかりである、と。──だがそう結論づけるためには、その前に解決を必要とするもう一つの難点が残っている。それは、表象の身分は何か、という問いである。

六

　改めて「関わり方の諸表象 Verhältnisvorstellungen」（B67. 前出）の表象の身分は何かを見てみたい。はたしてそれは〈直観という表象〉であるのか、それとも〈概念という表象〉なのか。この疑問の解決が意外と、カント思想を支えるより深い考想の発掘にわれわれを導いてくれるかもしれないと期待して、検討に入ろう。

　前述したようにカントは「直観の形式」のうちに措定される「諸々の関わり方」の例として、外感でいえば「一つの［外的］直観［の多様なもの］における［諸々の］場所（延長）」（前出）、内感でいえば「次々と継起的に連続しているさま」（前出）、「〈次々と継起的に連続しているさま〉と同時に存在するさま（常住不変なさま das Beharrliche）」（B67）などを挙げていた[31]。これら「関わり方の諸表象」が（身分としては）〈直観としての表象〉であるとカントによって考えられていることも、◇7．の引用文から素直に読み取る

ことができる。確かに外感と内感とはアプリオリな直観形式であり、一方で外的諸感官は対象^Aから触発されて〈外感に特有な諸々の関わり方〉としての表象と〈経験的直観の多様なもの〉の表象とを直観ないし受容するのに対して、他方で内感は悟性から触発されて〈内感に特有な諸々の関わり方〉の表象を直観する、という関係になっていることから考えてもそういえる（そうとしかいえない）。

　他方、B版「演繹論」のまさに悟性の内的触発を語る §24 に次のようにある。「〈空間における多様なものの総合〉は、われわれが空間を捨象したうえで［悟性が］内感をその［内感の］形式に合わせて規定する働きにひたすら注目することで、継起 Sukzession という概念をさえはじめて産みだすのである」（§24, B155）。ここでも「悟性が内感を規定する」が〈触発する〉の意味であるとすると、この「継起」という概念は、悟性による「結合」の産物としての（概念としての）表象の一つの事例とみていいであろう。ここで先ほど第四節で触れた「次々と継起的に連続しているさま das Nacheinandersein」を思い起こしてみると、この〈関わり方〉と、「演繹論」にある「継起 Sukzession という概念」とが（単語は異なっていようとも）何らかの対応性をもっているのではないかと気づかれる。確かに以前、後篇第四節注 23）で「諸々の関わり方」はカテゴリーの部門名の「関係」を直接的にはまったく意味しないとしたのであるが、かといっていま問題にしている「次々と継続的に連続しているさま」と「継起」とがそれと同じくまったく対応しないとも考えられない。

　しかし両者の間に何らかの対応性を認める前に、ここで明確にしておかなければならないのは、これら二つの表象の身分である。〈諸々の関わり方〉の身分は（前々段落で確認したように）〈直観としての表象〉であった。他方、カントは「継起」の身分は「概念」（としての表象）であると明言している³²⁾。〈悟性の内感への触発〉という同じ一つの局面を論じているこれら二つの論述を比べてみると、片や〈直観としての表象〉といわれ、他方が〈概念としての表象〉であるといい分けられているのである。これをどう理解したらいいであろうか。直観が概念である（または概念が直観である）はずはないのだから、ひょっとすると実は両者は同一の事柄を指しているのではなかったと

考え直すべきなのか。

　ここでわれわれは「内感が悟性から触発される」（感性論）と「悟性が内感を触発する」（悟性論）とはまったく同じ事態を語っているのでもあり、また、その同じ事態をまったく真逆の方向から語っているのでもある、という真相に気づくべきである。——思うに、同一の事態を直観というか概念というかの違いは、その〈同一の事態〉を〈超越論的〉にいって内感と悟性の二つの能力のどちらの視点から論じるかの、その視点の違いから生じるのではないか。内感と悟性とが接触する場面を、内感の側にたって〈内感が悟性から触発される〉と観れば、その触発によって「措定さ」れる「表象」は当然「直観」であろう（内感は「直観の形式」の一つであるのだから）。だから「次々と継起的に連続しているさま」などの「関わり方の諸表象」は「直観」であるといわれるのに何の不思議もない。他方、その同じ場面を悟性の側にたって〈悟性が内感を触発する〉と観れば、そこに「措定さ」れる「表象」はこれも当然ながら「概念」であろう（判断を経ているから）[33]。したがって「純粋悟性概念の演繹論」の文中で「継起」の表象が「概念」といわれるのも当然すぎるほどに当然である。——このように捉えるならば、ひとまず言葉の上での矛盾は消えてくれる。となればここで、「次々と継起的に連続しているさま」という直観表象と、「継起」という概念表象との対応は、内感における〈諸々の関わり方〉と〈悟性の内感への触発〉による〈結合〉とが表裏一体のものであることの、一つの具体的な事例となっている、と晴れて捉えることができるであろう[34]。

　ここで一息つくことにして、これまで執拗に検討し解明してきた事態が、遥か前に前篇◇2．として引用した命題と密接に呼応していることを確認してみよう。◇2．の引用文を再掲すると、「一つの**判断**におけるさまざまな諸表象に統一を与えるその同じ機能がまた、一つの**直観**におけるさまざまな諸表象［諸直観］の単なる総合にも統一を与えるのであるが、この機能は、一般的に表現するならば、純粋悟性概念と呼ばれる」（§10, A79B104）とあった。純粋悟性概念の本来的任務（機能）は「一つの**判断**におけるさまざまな諸表象に統一を与える」ところに存するのであって、そのことが引用文の前半で確認されている。それに対して後半にある「単なる総合」は〈純粋に総

合する〉の意であり（◇2．［解釈］iii）参照）、したがって後半の「一つの直
観におけるさまざまな諸表象［諸直観］の単なる総合」とは「構想力の超越
論的総合」（§24, B152）に当たることが分かる。その「総合にも統一を与え
る」のが、これもまた悟性である、とカントはいう。ここでわれわれが改め
て驚きをもって注目するべきは、〈判断の統一〉を本来的任務とするカテゴ
リーが、そもそも（身分を異にする）〈直観の多様なもの〉の「総合」の段階
においてすでにその〈統一する〉機能を働かせているのだ、とするカントの
アイデアの奇抜さである。

　しかしここで見逃してならないのは、◇2．の引用文（§10）には〈悟性
の内感への触発〉という視点は仄めかされていないという点、それはこの引
用文がすでにA版からあった文章であったことからして当然であること、
の二点である。すると、A版出版後からB版での改訂が成るまでの間に、A
版にあったこのアイデアの奇抜さ（§10）が発酵してくれて、〈悟性が内感
を触発する〉ことによって一方で〈直観の多様なもの〉の「結合」ないし
「総合」が産みだされ、他方で〈内感に特有な諸々の関わり方〉の直観表象
が内感に「措定」される、というあの考想がカントの頭に浮かんだのではな
いだろうか（後篇注17）を参照されたい）。仮にこの推測が当たっているとし
たならば、この一歩はカントにとってとてつもなく意義深かったはずである。
その成果がB版「演繹論」§24の内的触発論であり（第五節）、◇7．の引
用文（B版「感性論」§8 II）の肝の部分をなすあの〈理由〉から〈帰結〉へ
の推理展開であったのだといえよう（第三節）。こうして振り返ってみると、
前篇◇2．の命題が◇2．として位置づけられるに相応しい重要度と、それ
に相応しい意外性を秘めていることが改めて納得されるであろう。

七

　これまでの検討を経て、内感における「諸々の関わり方」の直観表象とは、
〈**主観**（悟性）**の主観**（内感）**への関わり方**〉という特質を帯びつつ、結局は
悟性による〈内的直観の多様なもの〉の「結合」のことだった、と最終的に
結論づけてもいいであろう。第三節末尾に記したあの閃きは的中したのであ

る。だがそれはさらにまた何を意味するのか。ここから◇7．の引用文のさ
らなる積極的な解釈に移る。

　上の結論をいささか乱暴にいい直すとすれば、「結合」は「関わり方」で
あり、「関わり方」は「結合」である。これを少し丁寧にいい直せば、「結
合」とは〈主観が主観に関わるときの「関わり方」〉そのものであり、その
「関わり方」とは〈直観が悟性によって「結合」されること〉そのものであ
る、となろう。この表裏一体の二者が〈悟性の内感への触発〉即ち〈内感の
悟性からの被触発〉によって同時に可能となる、という「説明 Erklärung」
法[35]の発見が、A版「演繹論」に蟠る不満足からB版「演繹論」へとカン
トが脱却できた際の切り札だったのではないか。——ここで大切な点を三た
び確認すると、A版「演繹論」にはどこにもこの〈悟性の内感への触発〉
（およびそれと対をなす「諸々の関わり方」の直観表象）という発想は見当たら
ない[36]。とすれば、やはりこの論理の発見が、A版「演繹論」に残されてい
た不備を解消してくれる鍵となってくれたのだと思われる[37]。

　ではカントのそもそもの不満足とは何であったのか。繰り返し確認したよ
うにカントの超越論的観念論は悟性と感性との二元論に依拠するが、A版
「演繹論」は、その二元性にまつわる難問を解決しきれていなかったと思わ
れる。即ち、《交通[38]の遮断された二つの〈元〉のあいだに、それにも拘わ
らずどのようにして（何らかの）交流が可能となるのか》という、いわば形
而上学的難問が必ず生じるのであるが[39]、A版「演繹論」の段階では、カン
ト自身がこの難問を解決しきれていないというもどかしさを抱いていたはず
である（「主観的［主観にアプリオリに備わる能力に関する、の意］演繹」に偏る）。
これまで何度も確認したように、A版の段階ではカントは〈悟性の内感への
触発〉という考想に想到していなかった。このことはA版では上に述べた
（二元論をめぐる）形而上学的な難問が誰しもに納得がいくようには皆目「説
明」されていなかったことを意味する。A版におけるこの論理的脆弱さを穴
埋めする形で施されたのがB版での「客観的演繹」（どのようにしてカテゴ
リーが直観に働きかけて「客観」を構成するか、の「説明」）の全面的拡充（§14
途中〜§27, B127-169）と、B版になってA版の「感性論」§8に書き加えら
れた増補（とりわけⅡ B66-69）であったといえるのではないか。いうまでも

なくその切り札は、前者では〈悟性の内感への触発〉論、後者では内感における「諸々の関わり方」論であって、それぞれが寄与を折半する形となっている。もちろん両者は表裏一体のものとしてあることはすでに何度も確認した。われわれは、（前者のB版「演繹論」本体もさることながら）後者、即ち件の「感性論」への増補部分が（叙述の晦渋さを拭ってみれば）一定の説得性をもった「説明」論理たりえていることも正当に評価するべきであろう。

　ところでカントはB版「演繹論」§24の途中で、（きわめて例外的に）段落と段落の間を数行分空けてその真ん中に飾り罫線を入れたうえで、おもむろに、「さてここで、内感の形式を究明したさいに（§6［§8が正しい］）誰もが奇異な感じを抱いたに違いない逆説 Paradox を解明しておくのが適当であろう」（§24, B152）と切りだして、以下§24の残りの頁とそれに続く§25の終わりまでをこの「逆説」の「解明」に充てている（§24-25, B152-159）。その§8で述べられた「逆説」というのが、まさにこれまで検討してきた◇7．の引用文と後続の二文が表明している事態を指す。——端的にいえば、「逆説」とは先に述べたところの、〈身心二元論〉（ないし〈物心二元論〉）にとって〈永遠のアキレス腱〉である難問、即ち（再説すれば）《元の異なる「身 Leib」と「心 Seele」とが、にも拘らずいったいどのようにして交流しあうことができるのか》という難問をめぐってのものである。〈元〉が厳密な意味で異なるのであれば二者はいかなる意味でも交わることができないはずであるからである。この問題は通常〈身心問題 das Leib-Seele Problem〉と呼ばれる。

　カントはこの難問を§8へのB版増補部分のⅡに至ってはじめて、「**或る主観**はどのようにして**自分自身を内的に直観**することができるか」（§8Ⅱ, B68）という「難問 Schwierigkeit」（ibid.）として自己流に換言・定式化することができた（この換言の仕方の妥当性についてはここでは問わない）[40]。さてこの「逆説」に関するB版「演繹論」§24から§25に掛けての「解明」の中ほどに置かれているのが、〈私を考える私〉（純粋統覚）と〈私を直観する私〉（内感）をめぐる例の三つの「難問」であった（§24, B155f.）。この呼応関係からいっても Schwierigkeit（「困難」ないし「難問」）という同じ用語法からいっても、〈三つの難問〉の立て方が§8における上の換言に遡源する

ことは明らかである⁴¹⁾。

　このことから、カント自身が己れの**超越論的観念論**も〈**感性と悟性の二元論**〉に依拠している以上この伝統的な難問を内に抱えていることを自覚していたことがよく分かる。彼にとってこの「難問」「逆説」はＡ版「演繹論」において本来ならば解決せずには避けて通ることが許されなかったいわば〈喉に刺さる棘〉として残ったのであろう。だからこそ六年後にＢ版を出版するにあたって、§24 の途中から議論をぶり返し（それも文脈からいささか浮いた形で）、しかも相当な頁数（原文で 7 頁弱）を充てて改めてこの「逆説」の最終的な「解明」を試みたのであろう⁴²⁾。

　本節の最後に、Ｂ版「演繹論」の成果は何であったかをごく簡潔に確認しておこう。それは、「演繹論」が広くは『純粋理性批判』全体のなかで果たす役割はどういうものか、また狭くは「演繹論」に接続する「図式論」「原則論」にどのような土産を手渡すのか、という点を見通すためでもある。以下概括する。——われわれの「可能的経験」（§26, B159. 節題に含まれる）の成立、および「自然」概念（§26, B165）の成立に際して、直観の受容と同等に、否それ以上にカテゴリーが主導的な役割を担っているということを「説明」した。その際カテゴリーが（純粋直観か経験的直観かを問わず）直観とどう関わるかについても、後半で「把捉の総合」および「知覚」の成立の事情を中心に、「一軒の家の知覚」や「水の凍結の知覚」の例を用いながら縷々「説明」（「演繹」）した（§26, B162ff.）⁴³⁾。だいたいのところ以上である。

八

　ここで振り返って、本〈研究ノート〉が後篇に入ってここまでで積極的に明らかにしようと努めてきた点を確認してみよう。まず最初に B68 における Vorstellung（表象）に掛かる所有代名詞はカントの論脈と推論の仕方からいって ihrer（所有代名詞複数二格）であらねばならないこと、というのもその先行詞は Verhältnisse（諸々の関わり方）でなければならないからであることを明らかにしたあと、それを手掛かりにして、第二に、内感の直観形式が内包する特有な「諸々の関わり方」の直観表象と〈悟性の内感への触発〉に

よる〈[内的]直観の多様なもの〉の「結合」とは表裏一体であること、第三に、この「結合」は「構想力の超越論的総合」ないしは「把捉の総合」と同値であること、第四に、これら一連の考想は、これを支える〈悟性の内感への触発〉という考想ともども、A版「演繹論」にはなく、A版「感性論」§8へのB版増補部分Ⅱおよび B版「演繹論」になって登場すること、第五に、カントはこうした複合的な「演繹」法を梃子にして、自身の超越論的（身心）二元論に纏わる「難問」（B68および B155）ないし「逆説」（B152）を乗り切ろうと図ったと思われること、の五点である。果たしてこの延長上になお第六の解釈視点が到来してくれるであろうか。

　ともあれわれわれの「感性論」§8のB版増補部およびB版「演繹論」の検討はここで終わる。だがこの先の「図式論」「原則論」とこれまでの検討がどう接続するのかについて最小限度の見通しをつけておきたい。

　このとき大事な点は「図式論」にはB版での改変は（一箇所「である ist」が書き加えられた以外は）一切施されていない、ということである。それでいて『純粋理性批判』の読者であるわれわれは、B版の書き直された「演繹論」からA版のままの「図式論」へとそのまま読み進めることができるのである。ということは、B版での「演繹論」の書き換えにあたってカントは、A版の「図式論」の論理水準を目標に置いた、ということであろう。その結果面白いことに、B版の「演繹論」だけでは話が完結しておらず、「図式論」が「演繹論」を締めくくる役割を担っているように両者は接続されていると見える。その目で見てみると、「図式論」の出だしに、「図式論」の課題として「経験的諸直観を諸純粋悟性概念の下に包摂すること、したがって諸現象にカテゴリーを適用することはどのようにして可能であるか」（A137B176）という問いが提示されている。また「諸純粋悟性概念の諸図式はこれらの諸［純粋悟性］概念に諸客観への一つの関係 Beziehung を宛がい、それによって意義を与える真にして唯一の諸条件なのであり……」（A145f. B185）ともいわれている。

　だがここに表明されている〈図式論が担う課題と任務〉は、元来「演繹論」に課せられていたそれと寸分の違いもないのではないか。そもそも純粋悟性概念の客観への関係の仕方を解明し、それによってカテゴリーの客観的

実在性を証明する「説明」が「カテゴリーの演繹」であったはずであるから
である。しかしそれはまだ中途半端な「説明」に留まっており未完であった
ので（とくにA版時）、そこで「図式」こそがその「説明」を実際に担保す
る〈真にして究極の諸条件〉として登場するのだ、ということであろうか。
だとすればしかし、これを有り体にいい換えると、これまで検討してきたこ
との問題性はぜんぶ「図式論」へと持ち越されるということであろう。ある
いは丸投げされているといってもいい。この関係はB版時においても変わっ
ていない。いい換えれば、（「図式論」を頭に置く）「原則論」をもってようや
く「演繹論」の課題は最終的に解決されるというべきかもしれない。ともあ
れ「演繹論」から「図式論」へのリレーのバトンタッチの様子は以上のよう
であった。

　では純粋悟性概念の客観的実在性を「演繹」するという重責をそっくり譲
り渡された「図式」とはそもそも何であったのか。これについても、のちの
ちのためにここで少し確認しておきたい。

　「図式」とは何か。カントによれば「超越論的図式 das transzendentale
Schema」とは「一方でカテゴリーと、他方では現象と同種性の関係の下に
立つ」ような「第三者」であって、したがって「一面では知性的であり、他
面では感性的である」ような、「媒介する vermittelnd」働きを旨とする超越
論的な「表象」である（A138B177）。何と何とを「媒介する」のかというと、
いうまでもなく〈カテゴリーと現象とを媒介する〉のである[44]。とすると
図式は悟性とも感性とも異なった（両者の中間に位置する）第三の能力の機
能なのか、というとそうでもない。カントは一方で「諸図式とは規則に従っ
て時間をアプリオリに規定することにほかならない」（A145B18）といいつつ、
他方で「図式論」に入る直前に「悟性一般は諸規則の能力として説明され
る」（A132B171）と語っていたことを思いあわせると、図式を司る能力は結
局悟性に帰着すると落ち着く[45]。要するに図式によって何が発揮されるの
かといえば「純粋悟性の図式性 Schematismus」（A140B179）が、であって、
大本は「純粋悟性の図式性」に存するのである。その意味で、図式は「諸純
粋悟性概念の諸図式」（A145f.B185）ともいわれるのである。これを《悟性の、
悟性による、悟性のための図式》と呼ぶことも可能であろう。「図式論」の

末尾に二度強調されるのだが、図式の意義はひとえに、悟性を「制限しながら同時に現実化する」(A147B187)という副官的な役どころに存するのである。

このとき真に驚くべき展望・視界が拓けてくる。——するとB版の視点からいえば図式こそが（一方で）あの〈内感に特有な諸々の関わり方〉に呼応しつつ、〈悟性の内感への触発〉によって産まれる〈[内的] 直観の多様なもの〉の「結合」の最終的な姿なのではないか、と。あるいは、〈悟性の内感への触発〉によって内感側に生まれる（直観表象としての）〈内感に特有な諸々の関わり方〉と、同じく〈悟性の内感への触発〉によって悟性側に生まれる（概念表象としての）〈[内的] 直観の多様なものの「結合」〉との二者を合して一つのものとして呼んだ名称こそが「図式」にほかならない、と読むことができるのではないか。その有力な傍証となるのが、第六節注31）で一度言及したのだが、次の事実である。即ち、B版の「感性論」増補部分において（直観表象としての）「常住不変なさま」が〈内感に特有な諸々の関わり方〉の代表例として挙げられていたが（§8Ⅱ, B67）、その抽象概念である「常住不変性」(A144B183)こそは〈実体〉のカテゴリーの「図式」である、とすでにA版の「図式論」において明言されていたというテキスト上の事実である（注31）を参照されたい）。また「図式はそれ自体そのものとしては常に単に構想力の一つの産物にすぎない」(A140B179)ともいわれていた。図式が「構想力の産物」であるのであれば、同じく構想力の働きともいわれる (B153)〈悟性の内感への触発〉の、その産物である「結合」と少なくとも同胞の間柄ぐらいにはあるといえるはずであろう。

カントは「図式論」の中ほどで、「われわれの悟性のこの図式性は、……人間の魂の奥底に隠された一つのからくり eine verborgene Kunst である」(A141B180f.) と述べていた。するとA版執筆の時点では「人間の魂の奥底に隠された一つのからくり」としか述べることのできなかったその「からくり」の正体が、B版に至って装いを整えて「悟性の内感への触発」として晴れてお披露目されることになったといえないであろうか[46]。

だが果して a. 内感における「諸々の関わり方」の直観表象と、b.〈悟性の内感への触発〉による〈直観の多様なものの結合〉と、c.「純粋悟性概念の図式」の三者は、本当に同値であって正体は一つのものである、といって

いいのかどうか。先ほども引用したように（三段落前）、図式とは「一面では知性的であり、他面では感性的である」（A138B177）ような表象であると元々 A 版時からいわれていたことからすると、B 版の視点から振り返って、図式は一方で「結合」（**b.** 知性的）でありつつ他方で「諸々の関わり方」（**a.** 感性的）でもある、といってもよさそうであるが、最終的な結論は今後に残された課題としよう[47]。

九

以下、残された論点をスケッチ風に列挙する。

Ⅰ）前節までの検討を振り返ってみると、B 版「演繹論」に至って、カントの超越論的観念論にとって〈**触発論**〉が A 版時よりも飛躍的に重要な役割を果たすことになったことがよく分かる。ここでいう〈触発〉とは、〈物自体が人間の感官を触発する〉という事態を意味する。

ここでカントの〈触発論〉に見られる特徴ないし要点を三点にまとめておこう。まず第一に、カントは触発に二つの型があると発想した点が要である。**α**）〈物自体としての対象 A が外感を触発する〉とそこに〈外感に特有な諸々の関わり方〉の直観表象が産まれる（同時に外的諸感覚器官を触発して〈諸感覚〉が産まれる）。**β**）他方、物自体としての「私それ自体 ich an mir selbst」（前出、§25, B157）が内感を触発すると、そこに〈結合〉と裏表の関係で〈内感に特有な諸々の関わり方〉の直観表象が産まれる。── A 版「演繹論」では **α**）型の触発論は議論の組み立ての基礎に据えられたが **β**）型の触発論は思い至られていなかった。つまりカントの〈触発論〉が **α**）から **β**）へと展開したところに、A 版から B 版への「演繹論」の書き換えの核心が存するといえよう。これを起点とすることによって、〈関わり方〉⇔「結合」⇒「構想力の超越論的総合」⇒「把捉の総合」を経て、⇒（すでに A 版で叙述されていた）図式 ⇒ 概念 ⇒ 認識 ⇒「可能的経験」の成立へ、と論理が接続しつつ展開する風に「説明」（物語）を仕立てあげることができた、といえるのではないか（前節末尾の注 47）を参照されたい）。

第二に、以下の指摘はカント解釈のうえで相当の重みをもつと思われるの

だが、結果論的にいって B 版における β) 型の〈内的触発論〉に託された
任務は表裏二つあったと考えられる。いわば〈内的触発論〉という精鋭部隊
を動員したカントの二正面作戦である。即ち、a) これによって二元論の二
つの元（悟性と感性）を橋渡しする、b) しかもこれによって二元論を破綻
から救い、二元論を二元論として維持する（この点については次の Ⅱ）も見ら
れたい）。いわばカントは、〈自由の共和国〉と〈必然の王国〉を仲介ないし
媒介するために、両国から大統領と王を招き寄せ、二人に国境線上で握手抱
擁させておきながら、その後両国の人的物的文化的交流はいっさい薦めない
どころか厳しく禁じる、といった光景に擬えることができよう[48]。a) の最
終決戦場は「図式論」である（ように読める）。これに対して b) の決戦場は、
「感性論」§8 への B 版増補部分（とくに Ⅱ）と §24 の途中（の「三つの難
問」）から §25（におけるその解決）に掛けての B 版「演繹論」であった。後
二者における苦渋に満ちた記述の背後には、〈考える私〉と〈直観する私〉
をめぐる「逆説」「難問」を何としても「解決」するのだというカントの決
意が漲っているように感じられる。ともあれこの二正面作戦は、一八世紀後
半の形而上学の舞台の水準から見れば画期的であり、かつ相当ていど成功し
ている、と評価してもいいのではないだろうか。

　そして第三に触発論の範囲内でいえば、◇7. の引用文における肝に当た
るあの〈理由〉節から〈帰結〉節への（隠れた）推理連結が、カント自身の
思想展開において、したがってまたこの〈研究ノート〉におけるカント理解
にとって、要であったことが改めて確認されるであろう（後篇第三節を振り
返られたい）。

　Ⅱ）B 版「演繹論」§24 の〈三つの難問〉（B155f.）は本〈研究ノート〉
後篇の前節までの検討とどう関わるのだろうか。Ⅰ）でも触れたが、一言で
いえば、「難問」の提示とそれに続く〈解決〉（§25 の最後まで）の仕方を含
めた「説明」によって、〈カントの身心二元論は破綻しているのではない
か〉との嫌疑を晴らしてくれるところにその役割が存する、といえる。〈三
つの難問〉とは、〈元〉の異なった二つの「私」がそれでも一人の「私」だ
といえるのはどのようにしてであるか、というものであった。悟性（心
Gemüt ＝魂 Seele を代表する）からしても内感（心の一員でありながら身 Leib

を代理する）からしても他方と同じ「私」だといったとき、それでも双方と, もそれぞれの〈元〉としての本質を失っていないと「説明」できれば、私（カント）の二元論は温存されたまま〈二つは一つである〉ということができるのだ、と。これを少し詳しく辿ると、「考える私」は「直観する私」によって直観化されたうえで「自己認識」を得るにしても、知的直観としての己れの直観を感性に押しつける訳ではなく、そこに措定される直観は、外的現象の場合と同様に、内感が悟性に触発されて措定される感性的内的直観なのであるから、相手の感性的主観（の本質）を妨害していないし、逆に感性的主観（直観する私）によって自分の本質の尊厳（叡知性）を傷つけられた訳でもない（己れの物自体性は秘匿されたままである）、ということである（逆からも同じことがいえる）。

　Ⅲ）だがしかし、仮に「図式」が前節で述べたように〈悟性の内感への触発〉の産物であるといえるとした場合、その「図式性」もその実、悟性の働きの一環であるならば、つまりはここに至ってもカントの超越論的二元論につきまとう〈身心問題〉は解決されていないままなのであって、問題は先送りされていることにならないか。〈身心問題〉は「身」ではなく「心」（悟性）の方が主体となって解決するのだ、と一方的に断定されただけではないかとも見えるからである（カント自身がこのことに気づいていた可能性もあるだろう）。

　Ⅳ）疑念はもう一つ残る。一方で内感が悟性からの触発によって〈諸々の関わり方〉を表象し、他方で悟性が内感を触発して〈直観の多様なものの結合〉を産む、という表裏の出来事を、カテゴリーごとに種別化していい表わしたものが図式であるとするならば、元々十二のカテゴリーの一つ一つに固有な「諸々の関わり方」と「結合」と「図式」の型があり、都合十二揃いの組み合せがあったということにならないだろうか。——とすると、ここからは大問題が発生するであろう。どういうことかといえば、そうだとすればまず、カテゴリーごとの背後にある〈物自体性〉がわれわれの現象認識の内容に（たとい間接的にであろうとも）投影されていると考えられることになり、ついでそれがカントの感性と悟性の二元論、ひいては現象と物自体の二元論の二元性を揺るがすことになるだろうからである（一種の対応説とも）。この

疑問に対して、まさにそれら十二の型こそが「超越論的観念論」の「観念論」たるゆえんの在りどころであって、それと《物自体の存在仕方》とは何の照応関係もないのだ、と一方的に断定するだけで果して済むであろうか。

以上の四点については今後の検討課題として残したい。

【補論：カントにおける「演繹論」とは何か】

周知のように、カントにおける「演繹」とは法廷における「権利問題quid juris の証明」を意味するのであった（§13, A84f.B116f.）。だからわれわれが高等学校で学ぶ程度の数学の「演繹的証明」とはまったく性格を異にする。後者は実のところ或る公理系に無限に内包される定理ないし系の〈分析的な〉証明にすぎない[1]。対してカントの「演繹」はいわば〈総合的な〉（つまり、まったく新たな）「説明」（§13, A85B117）の仕方なのだ。だから弁の立つ弁護士の法廷での弁舌さながら、体のいい「説明」で聴衆（読者）を煙に巻くことも可能であるといえばいえる。どちらにせよ、事態を解きほぐして（状況はどんな具合に wie なっているか）、問題（困難点）を可能な限り詳らかに白日の下に曝してみせる。そこにカント特有の「不可欠性論証 Ohne α wäre nicht β.（αがなかったらβはありえない）」を宛がって、その問題点の解決策を明確に提示する（真相はこのようになっているのでなければならない、と）[2]。それが果たされたところで、「演繹」の課題は解決されたとする（それ以上ごちゃごちゃ「説明」しない）[3]。——この視点から見直せば、例の〈三つの難問〉とその解決も、また「観念論論駁」も、それぞれが「演繹」＝「説明」の一つの個別例証になっているし、「演繹論」全体がそうなっているともいえよう。

このように整理してみると、前言を少し修正する必要がでてくる。B版「演繹論」から採った前篇◇１．◇３．◇４．のそれぞれの引用文は一見唐突に（論点先取風に）かつ独断的に語られているように見えるが、それも「説明」術、説得術の一つであって、要はその積み重ね（総合）により読者がカントの「アプリオリな総合判断はどのようにして可能であるか」（B版「序論Ⅵ」B19）の説明の仕方に得心がいけばそれでよし、なのである。ゆえに前

篇冒頭◇1．の［本論］の末尾で、「大手門の門前で、本丸の、そのまた地
下蔵に秘蔵されているはずの秘宝そのものを衆人の眼に曝してしまってい
る」と揶揄気味に形容したカントの「説明」法も、レトリックの一つとして
ありうるのであって、あそこでの評価はここで上のように修正される必要が
あるだろう。

　だからカテゴリーの「演繹」は（A版のものであれB版のものであれ）現前
にある「演繹論」の範囲内で完結するのでなく、いい換えれば、読者として
は現にある「演繹論」内の行文だけでカントの「演繹」の成功・失敗を断じ
ることはできないのであって[4]、われわれとしてはその前後に接続する「感
性論」「図式論」「原則論」、さらには「弁証論」「方法論」へと続いていく超
越論的観念論の（二元論に支えられた）体系的な説得性の全体にどれだけ納
得・共感できるかを、全篇を読み終わったあとに振り返ってみることによっ
て、はじめてカテゴリーの「演繹論」の「説明」が妥当であったかどうかの
評価を下すべきなのであろう。

注

前篇

1）カントにおける「演繹」とはもともとそのような性格をもった「説明」であり〈説得術〉であ
　ることについては、のちに振り返って再考する。本〈研究ノート〉後篇の末尾に付された【補
　論：カントにおける「演繹論」とは何か】を参照されたい。
2）例外的に「一つの能力としての統覚」といわれている箇所もあるが（A版「演繹論」A117
　Anm.）。
3）ただし単に「多様なもの das Mannigfaltige」と表記されているときは、直観だけでなく他の
　種々の表象（概念ないし感覚）を含めていわれている場合もあるので要注意である。
4）ここで大事なことを確認する。カントは確かに「純粋直観」のほかに「経験的直観」というい
　い方をする。しかし「感性論」の出だしで、「……われわれが経験的直観から感覚 Empfindung
　に属するものをすべて取り除くとすると、あとには純粋直観、つまり諸現象の単なる形式以外に
　は何も残らないことになるが、……」（「感性論」§1, A22B36）とある。ここで大事な点は、「感
　覚」は直観ではない、ということに気づくことである。そうではなくて、感覚は、純粋直観にこ
　れが加味されるとその全体が「経験的」と形容される直観となるその契機であって、それ自身は
　「経験的直観」でもなく、また他のどんな意味においても直観ではないのである。逆にいえば厳
　密な意味では直観は「純粋直観」しか存在せず、それ以外に（いわば）〈純粋に経験的な直観〉
　と呼ばれる直観はない、ということになる。つまりカントが「経験的直観」という言葉遣いをす

るときは、それはつねに〈純粋直観〉＋〈感覚〉の混合体を意味するのである。——事実カント
はこの見地を終始貫いている（§8Ⅰ, A42B60 ほか）。本注を付した本文の「『純粋直観』であれ
『経験的直観』であれ」もそういう意味で受けとめられたい。なお「純粋直観」については当然
ながら「アプリオリな純粋直観」（「感性論」B 版増補「結語」, B73）とも表記されることがある。

5）これについては本書第一部第三章「『純粋理性批判』「演繹論」の「三つの難問」再考——〈自
己認識の二重拘束〉をめぐって——」を振り返られたい。また本〈研究ノート〉後篇第七節を参
照されたい。

6）§24 の〈三つの難問〉のなかに「私が私に現象するとおりに wie ich mir erscheine」（§24,
B155）という表記が見られる。ここの〈現象する私 ich〉は悟性を、〈悟性がそこへと現象する〉
相手の〈私 mir〉は内感を意味する。だがこの「現象する」と、本文で同義とした、悟性が内感
を「規定する」「結合する」「触発する」とのあいだには意味差があることに注意する必要がある。
丁寧にいえば、悟性はまず内感を「触発」することによって内感に「現象」し、ついでその現象
を悟性が（同じく内感を「触発」することによって）「規定」「結合」する、という関係にあるか
らである。詳しくは後篇第一節を参照されたい。

7）この点については本格的には後篇第一節で確認する。

8）ただしこれは「再生産的構想力」（B152）による〈経験的総合〉のことではなく、上に「構想
力が直接に諸知覚に及ぼす働き」（A120）といわれていた働きを指す。ところでカントの文脈の
なかでははっきりしないが、「把捉の総合」もそれ自身はアプリオリに働くと思われる。そうで
ないとするとこれは「構想力の再生産的総合」（§24, B152）と同じ意味となり、経験的な心理
学が扱う対象となってしまうはずだからである（ibid.）。

9）A 版「演繹論」では「把捉の純粋総合」（A100）という表現でもって、「経験的でない諸表象に
対してアプリオリに及ぼす」ような特殊な（純粋な）「把捉の総合」（A99）の存在を容認してい
たが、これが B 版「演繹論」で「生産的構想力」による「超越論的総合」（§24, B152）と改名
されたと理解することができるであろう。

10）前者が単独で働くのは、頭の中で純粋な空間を（純粋な時間直観に助けられながら）直観しつ
つ、純粋幾何学を考想（思考）するときぐらいなものであろう（B 版「序論」B15-20 参照）。し
かしその考想を実際に紙のうえに図示して確かめようとしたとたんに、あるいは幾何学者が同業
者の論文に掲載された幾何学の図を見ながら論証過程を理解しようとする場合には、たちまち
「把捉の総合」のお世話にならなければならないはずである。B 版「演繹論」§22 に次のように
ある。「結局カテゴリーが［純粋］直観を介して諸物についての認識をわれわれにもたらすのも、
［カテゴリーを］経験的直観［純粋直観＋感覚］に適用することが可能である限りでの nur
durch 話である」（§22, B147）。

11）◇4．［解釈 i）ⅲ）を再度見られたい。また後篇第四節（b）も参照されたい。

12）この点はのちに後篇でも波状的に言及する。後篇の第六、七、八節を、とくに第九節ア）を見
られたい。

13）A 版のここの叙述は B 版でも書き改められることなくそのまま温存されたのであるから、この
姿勢は容認されるはずである。

14）厳密にいえば、このとき「把捉の総合」は、成立の「［必須］条件」として「構想力の超越論
的総合」を前提している。◇4．［本論］を再度見られたい。

15）この同一性は（まだ内的触発の考想に想到していなかった）A 版の時点に立ってもすでに読み
とることができる。どういうことかというと、A 版時のカントは、内的触発という考想の助けを

借りなくても〈内感が心自身（悟性）を直観する〉についていま確認したような、〈内感が心の内的状態を直観する〉ことと重ねあわせて理解することができると考えていた（つまり、und は「つまり」ということ）と追思考しうるからである。

16）カントは「時間論」の或る箇所で、自分の超越論的観念論を「感覚のすりかえ Subreption」と混同してはいけないと釘を刺している（§6, A36B53）。この「すりかえ」の用法は消極的である。対して『判断力批判』では、自然物を対象とする崇高の感情は〈人間性（の理念）の尊敬〉の「すりかえ」であると指摘する（§27）。こちらの指摘は肯定的である。

17）ヘーゲル『精神現象学』「Ⅵ 精神 C 道徳性 b ずらかし」を見られたい。

18）◇5．の第二の引用文の後半にある「内感はしかし魂そのものの直観を一つの客観の直観として与えてくれる訳ではまったくない」というカントの言葉には、そういう意味で或る種の諦観が籠められていると読まなければならない。この点についてさらには後篇第五節を見られたい。この視角からのカント把握は、カントの超越論的観念論がその後ヘーゲル、マルクスの「疎外論」「物象化論」の祖型をなしているのではないか、という問題提起を含んでいる。本書第一部第二章「カントにおける〈身心問題〉の止揚──人間悟性の自己対象化的性格の剔抉へ──」の「おわりに」を振り返られたい。

19）念のため過去の十の邦訳がここの und ないし oder をどのように訳しているかを見てみると（二箇所×十通り）、唯一の例外を除いて他はすべて常識通り「と und」ないし「あるいは oder」等々となっていた。その唯一の例外は天野貞祐訳の A33B49 の und を「すなわち」と訳している事例であった。たった一例であるが、筆者にとっては百万の味方を得た心地であった（ただし A22B37 の oder の方は「もしくは」と訳されている）。

20）「悟性の総合とは、悟性がそれ自身として孤立して考察されるならば、[〈多様なもの〉一般を結合するという] 働きの統一［性］にほかならないのだが、悟性はこの働きの統一［性］をたい感性がなくてもしかと意識している」（§24, B153）。次注と対照されたい。

21）「悟性の諸機能を俟たなくても、もちろん諸現象は直観のうちに与えられうる」（§13, A90 B122）。前注と対照されたい。

22）「私は、諸［純粋悟性］概念がどのようにしてアプリオリに諸対象に関係することができるか、その仕方の説明 Erklärung を当の諸概念の超越論的演繹と呼ぶ」（§13, A85B117）。
　　［原文］Ich nenne .... die Erklärung der Art, wie sich Begriffe △ a priori auf Gegenstände beziehen können, die transzendentale Deduktion derselbe△, ... （§13, A85B117）（△ は先行詞とそれを受ける指示代名詞との対応を示す。）
　　では「説明」とは何か、については、後篇末尾の【補論：カントにおける「演繹論」とは何か】を見られたい。

後篇

1）カントが「心 das Gemüt」というとき何を意味させていたかについてはすぐのちに第二節で詳しく確認する。（先どりしていえば）ここでいう（主語の）「心」は「内感」を意味し、それが「自分自身によって触発される」といわれるときの「自分自身」＝〈心を触発する心自身〉とは、結局は「悟性」を意味する（前篇◇4．参照）。ちなみにハイデッガーはこの二つを二つとも「時間自身」ないし「内感」と読む（『カントと形而上学の問題』）。彼の解釈が妥当かそうでない

かについては、後にまた触れる。

2）ここで一瞬、では「諸々の関わり方」という直観表象は質料的な直観なのか、という暫定理解が湧くかもしれない。しかし「諸々の関わり方」は、このあとの検討から判明するように、質料的に受容される経験的直観ではありえないから、やはり形式的な直観であると理解するのが正解であろう。そもそも§8の増補部分Ⅱの最初の方に「単なる諸々の関わり方 bloße Verhältnisse」（B66）とある。ここの「単なる」も〈純粋な〉という意味であるから、「関わり方」が形式的な直観であることは間違いない。これについてはさらに注26）を読まれたい。

3）引用文中はじめの「対象」はのちの〈対象 B〉を、あとの「対象」はのちの〈対象 A〉を意味する。

4）ここで対象に触発される〈感性的直観形式〉は、結局は外感（のみ）を指すであろう。このあとの行論から納得されたい。またこのとき「心」とは広く諸感覚器官も含めて理解していい。前篇◇5．［本論］および後篇第四節注25）を参照されたい。

5）ここで「経験的な」と形容される直観が、前篇◇2．注4）で確認された、感覚と純粋直観とから構成されるあの「経験的直観」である。もう一点念のために記すと、ここでカントは、感覚は経験的な直観であるといっているのではない。色、音、熱などの感覚は直観ではない（A28B44）。これについては第四節注18）を参照されたい。

6）ただし当然ながらときにどちらの対象の意味なのか判然としない、ないし両義的に用いられている場合もあるので注意を要する。事例は次注7）を見られたい。

7）このような機微を語るときには「対象」概念は両義的になりがちである。「われわれは対象を知覚する己れの仕方以外には何も知らない」（§8Ⅰ, A42B59）。

8）これは或る意味でスピノザの〈唯一実体（自然）に無限数ある属性間、ないしその一つ一つの属性に無限数付属している様態間の無対応平行論〉に通じる発想ともいえよう（平行だから無対応）。この点については本書第一部第二章「カントにおける〈身心問題〉の止揚」第一節のスピノザについての記述を参照されたい。

9）実情として、同義で使われる場合もあり（§9「判断表」A73B98 など）、同義ではないが密接に関連する場合もある。後者の代表箇所が引用文を含む§8のB版増補Ⅱである。が、まさにその密接に関連する事情自体が、訳語の区別を要求するのである（のちに第六節で触れる）。なお Relation と Verhältnis(se) のほかにカントは Beziehung (beziehen) という語も（当然ながら）多用している。「演繹論」の範囲内でいえばこれは Verhältnis(se) と同義であることが多いが（例えば§13, A85B117）、こちらは「関係」「関係する」と訳しても文脈的にいって「関係」綱の諸カテゴリーと混同される惧れはない（もちろん訳語を別にする手もある）。なお類義語として Zusammenhang (zusammenhängen) もときおり見かける（「連関」「連関する」と訳されることが多い）。

10）ここは石川文康氏が提唱したカント特有の「不可欠性論証 Ohne α wäre nicht β．（αがなかったらβはありえない）」が駆使されている一つの典型箇所である（石川氏自身がこの箇所についてそのような指摘をしている訳ではないが）。石川文康『カント 第三の思考』名古屋大学出版会 pp.211-216 を参照されたい。なおここで〔　〕を用いてここの解釈の筋を通したについては有力な直接証拠がある。それは他ならぬ B155 の三つの難問中とその直後にあるカントの記述であるが、これについては既に本書第Ⅰ部第三章第七節で次のように紹介し論じた（p.76）。まず「〔われわれは〕内感の諸規定を、われわれが外的諸感官の諸規定を空間の中で秩序づけるの

とまさに同じ仕方で、時間における諸現象として秩序づけるのでなければならない」(B156. 難問の直後)という言葉を紹介した上で、続いて「「触発される」という点で外感の場合と「同じ仕方で」(上記引用文中)ありさえすれば内的自己認識が成立するはずであって、だから内感についても〈内的に触発される〉通りに「己れ自身を直観する」(B155. 第二の難問中)と理解するべきである」、と論じた。「感性論」§8Ⅱのここでも同様に理解するべきところであろう。先に本文で「カントが自明なこととして敢えて書かなかった」と述べたのは、離れた二箇所に同じB版時の増補としてこのような平行記述があったからである。

11) 筆者のこの推測が当たっているとするならば、1877/8 年の Kehrbach 以来(B.Erdmann、R.Schmidt を除いて)ここを seiner に変更することでよしとした校訂者たちは、ここの「表象 Vorstellung」に掛かる先行詞は本来「心」であるのだから所有代名詞を seiner とするべきところをカント自身がうっかり ihrer と書いてしまった(または、迂闊にも先行詞を「活動」と思い間違えてそうしてしまった)、と想定したことになる。この想定自体が荒唐無稽の極みに思えるのは筆者だけであろうか。

　ちなみに既存の十の邦訳に当たってみると次の結果が得られた(訳者名、出版書店名、出版年については本書第Ⅰ部第三章の訳注 11)を見られたい)。seiner と取って「心の」(または「自らの」)と訳しているもの五点(天野訳、高峯訳、有福訳、宇都宮訳、熊野訳)、いずれとも訳していないもの三点(篠田訳、中山訳、石川訳)、ihrer のままで訳しているもの二点(原訳、原・渡辺訳)。最後の二点について触れると、まず原佑訳は ihrer と取ったうえで先行詞を Tätigkeit と取って「活動の」と訳している。ついで原佑・渡辺二郎訳も同じく ihrer と取ったうえで先行詞を Verhältnisse と取り直して「諸関係の」と訳し直している。(「諸関係の」という訳語はともあれ)さすがにハイデッガー研究の世界的最高峰の一人に位置する渡辺氏の面目躍如といったところである(当該箇所についてのハイデッガーのカント解釈については後述)。これとは対照的に、ここを seiner と取り直して訳したうえで、元の ihrer だと先行詞が Tätigkeit になって文意が歪むから採用できない旨を訳注で断っているものが二点あった(有福訳、宇都宮訳)。そのうちの一点はさらに、ハイデッガーは ihrer のままの方がいいといっているがそれだと「活動」が先行詞となって同義反復となるから与できない旨を付言している。当該の書物の当該の箇所(第三節(ⅱ)を参照されたい)でハイデッガーが憤激をこめて力説していることがまったく理解されていないことが露呈した形となっている。

　英訳を見てみると、六点ともすべて its と訳している(書誌的なことは邦訳と同様)。したがってそれぞれの訳者が、所有代名詞を ihrer と取ったままで先行詞を Tätigkeit(女性単数名詞)と取っているのか、seiner と読みかえて先行詞を Gemüt(中性単数名詞)と取っているのかは不明である(いずれにしても誤読だと思うが)。なかで K.Smith だけは下段に訳注を振って、ここは Kehrbach に従って ihrer の代わりに seiner と読む、と断っているので先行詞を「心」と取っていることが分かる。いずれにせよ先行詞を Verhältnisse と取るとすれば英訳は their となるところであろう。つまりこれら六点の英訳のなかには、カントは元々 ihrer によって「諸々の関わり方」を指示していたはずだと見抜いた訳者はいないことになる。

12) これについて詳しくは第四節以降を読まれたい。

13) M.Heidegger, Kant und das Problem der Metaphysik, Vittorio Klostermann, Frankfurt, 1929[1], 1973[4], S.191Anm.Nr.266. [邦訳] M. ハイデッガー、門脇・H. プフナー訳『カントと形而上学の問題』創文社、2003、p.187.

14) こちらの解釈にとって少し気になるのは、ihrer[2] の ihr が(単数形でなく)複数形の所有代名

詞であると取るのだが、それが掛かる相手の Vorstellung が単数形であるという点である。しかしこのような組み合わせは事態としてありうるし（例えば「全従業員の資質」）、またドイツ語の語法と語感に厳密かつ敏感であったハイデッガーの判断を信じることとして、ihrer（それらの）と取ることにこの点での文法的な不整合はないと判断する。

15）どうやらハイデッガーは（前掲書の初版時においては）「感性論」§8への B 版での増補部分（Ⅱ〜結語）を元々 A 版からあった記述だと勘違いしていたようである。「それゆえカントは自己触発の理念を第二版 [B 版] で初めて導入したのではない。この理念は……すでに [A 版の] 超越論的感性論において定式化されている」と断じたうえで、その証拠として示しているのが◇7．の引用文だからである（前掲書 S.190 [訳書、創書、創文社 p.187]）。ハイデッガーは周知のようにその独自なカント解釈を『純粋理性批判』A 版の記述に依拠して展開するが、この箇所での A 版 B 版の取り違えは彼の解釈にとって致命的ともいえよう。付言すれば、当該著書の第二版以降ハイデッガーはこの間違いに気づいた形跡がある（誰かから指摘されたのかもしれない）。また、本後篇が第四節以降で論じる「諸々の関わり方」をめぐるカントの考想の射程の深さにハイデッガーがどこまで気づいていたかは、前後の議論を見る限り疑問である。

16）この見地は（も）A 版「感性論」にはなかった。まさに B 版の §8への増補Ⅱで初めて表明される、それも一度きり。次注 17）を参照されたい。

17）同様に〈内感に特有な「諸々の関わり方」も語りうるはずであり、それを触発、措定するのが悟性である、という考想がこのとき同時に思い浮かんだのであろう（あるいは順序は逆だったかもしれない）。

18）基本的な確認であるが、der Sinn（感官）が der äußere Sinn と定冠詞つきの単数形で表わされるときは（空間の直観形式としての）「外感」を意味し、（ここでのように）äußere Sinne（主格）と（冠詞なしで）複数形のときは「外感」と（諸感覚を受容する）「外的諸感覚器官」とを合わせた集合を意味する。そこでこののち äußere Sinne を「外的諸感官」と訳すことにする。

19）注意するべきは、前注 18）からも分かるように、ここでいわれる「素材」は「感覚」と外的直観とがこみになっている、という点である。でなければ、感覚という質料的で非直観的な外的表象が時間という形式的な直観表象の「素材」をなすことはありえないであろう。要するに感覚が空間の純粋直観とともに時間直観のなかへとこみで措定されるという事情が肝心なのである。

20）ここで「占領」される「心」は内感であり、「措定する」「心」は悟性である。余談だが、この前後でカントは明らかに「占領する besetzen」と「措定する setzen」を近接させることによって（いつものように）語呂合わせに興じている（ちなみに、二つの単語は『哲学文庫』版でいって 1 行も離れていない）。この機会に、カントがこの種の駄洒落を飛ばすのはめずらしくないことの証拠として記すと、この例のすぐあと（性懲りもなくというおうか）、◇7．の引用文を挟んだあとに、「だから内感はけっして容認されてはならないか、それとも……」（§8Ⅱ，B68．前後の文脈は略）とある。ここで「容認する」の原語は einräumen であるが、この動詞のなかには「空間 Raum」という文字が入っている。ところで内感は時間の直観形式である。つまりカントは、哲学史上屈指の難解な議論を展開している真っ最中にあってさえも、ゆめゆめ「時間を空間化してはいけない」、と駄洒落を飛ばしているのである。

21）この述語にもさきの [解釈] ⅱ）および第二節で指摘した Verhältnisse（諸々の関わり方）の場合と同様の事情がある。即ちここを仮に（無神経に）「継起」とだけ訳すと、のちに「演繹論」で話題とされる「継起 Sukzession という概念」（§24, B155）と同じ（「概念」としての）「継起」が予めすでにここで論じられていると（『純粋理性批判』を邦訳だけで読む読者に）深読みされ

かねない。ところがここの das Nacheinandersein の身分は「概念」でなく、〈内感に特有な一つの関わり方〉としての〈直観表象〉である（§8Ⅱ, B67 参照）。ここに見られる離齬をどう受け止めるかはのちに第六節で主題的に省察する。ちなみに既存の先行訳は、Sukzession を例外なく「継起」と訳す一方で（これはごく当然である）、こちらの das Nacheinandersein にも（二つを除いて）同様に「継起」という日本語を中心に似たりよったりの訳語を充てている。その内訳は「継起」（3つ）、「継起存在」（3つ）、「継起的存在」（1つ）、「継起的な存在」（1つ）である。例外として「前後継起的存在」（有福訳）、「相前後する存在」（石川訳）がある。後二者の方が神経が行き届いているといえる。

22）この、感覚もろとも〈空間的な関わり方〉を内感における〈時間的な関わり方〉によって時間秩序へといわば〈親和〉させる機徴を、カントは次のようにも語っている。即ち、時間の「直観の形式」（内感）は「〈多様なもの〉が心のうちに［空間的に］併存している beisammen ist 仕方を、時間の表象のなかで［〈内感に特有な関わり方〉に則って］規定［＝措定］する」（§8Ⅱ, B68f.）、と。このとき beisammen（一緒に）という副詞は、zusammen（一緒に）が運動を表わすのに対して、静止の場合のみを表わす点が理解の鍵となる。この、空間における併存もろともすべてを「時間の表象のなかで規定する」さまはのちに「図式論」のなかでカテゴリーの部門順に「時間系列」「時間内容」「時間順序」「時間総括」と図式化されることとなる（A145B184f.）。

23）以上から、B 版増補Ⅱに論じられている外感と内感における二種の「諸々の関わり方」の表象は、どちらもカテゴリーの第三綱の「関係」を直接には意味しないと結論することができる。

24）すぐあとの§8Ⅲにも「与えられた対象の主観への関係 Relation において」（§8Ⅲ, B69）とある。そこでは Verhältnis でなく Relation が用いられているが、意味は（この場合）前者と同じである。当然ながらここも B 版の増補部分であることに留意されたい。ところで「或る対象の主観への関わり方」という表現はこれっきり、「演繹論」以降には二度と見られなくなる。まるでここ「感性論」§8 の B 版増補のⅡ（およびⅢ）で一瞬閃いてそのまま消え去った思いつき（あるいは書き間違い）にすぎないかのようである。しかしながらこの着眼が B 版「演繹論」にとってずっとアルキメデスの支点（の近傍）であり続けたのである。次節以降を見られたい。

25）この時点で一つ重要なことが判明する。それは、すると（物自体としての）対象ᴬと直接に「関わり方」をもつ直観形式は外感のみである、という点である。この点はこのあと終始念頭におく必要がある。

26）筆者は注2）で「諸々の関わり方」は〈形式的な直観〉であるといった。とすると、「直観形式」としての外感・内感は直接には〈形式的な直観〉しか受容しない、ということになる。この主客ともに「形式的な」と形容される点での呼応は納得がいく。何ものか（物自体ないし私それ自体）が私の直観形式を触発する際に受容される直観が〈形式的な直観〉としての「諸々の関わり方」である、ということになるからである。ではこれに対して〈質料的な直観〉とは何であろうか。それこそが〈諸感覚と純粋直観〉とから成る「経験的直観」にほかならない（前篇の注4）を振り返られたい）。このとき感覚が「経験的直観」であるといわれているのではない点はすでに前篇の注4）で確認されている。——ところでカント自身が「形式的な直観」といういい回しを稀に用いるので一言する。筆者の数えたところ『純粋理性批判』全体でこの表現は四回出てくる。そのうち三回は「直観形式」と同義である（A166B207, A268B324, A429B457. この三か所はすべて A 版時からのものであることに留意）。ところが B 版で書き替えられた「演繹論」の大詰めの§26 にある原注に出てくる「形式的な直観」（A なし B160Anm.）は別である。これは文脈からいって直接には幾何学の対象としての空間的形式的な直観のことを意味するが（例えば〈正

三角形〉という幾何学的概念に対応する（正三角形の）「形式的な直観」）、結局は〈外感に特有な「諸々の関わり方」〉という「形式的な直観」を意味していると読める。つまり「一つの直観における［諸々の］場所（延長）」（§8Ⅱ, B66. 既出）である。加えて次の事情も無視できない。即ち、この原注は原文の本文で括弧書きされた「（超越論的感性論を見よ）」とある箇所に振られたものであるが、これが精確には「（超越論的感性論§8のⅡを見よ）」のつもりであったことは間違いなく、とすると、B版に至ってカント自身が（たとい用例は一回だけであるとしても）「形式的な直観」という表現を（A版の時のように直観形式にでなく）「諸々の関わり方」に宛がおうとしていたことになるからである。

27）第三節（イ）の途中で「§8Ⅱの後続するカントの叙述から振り返っても、この［ihrer から seiner への］改訂は是認されるかのように見える」と述べたが、◇7．の引用文中の所有代名詞を seiner に改訂したい立場からすれば、ここのカントの言明は改訂の有力な論拠となってくれるように思われるだろう。即ち〈心が心を触発することによって心の表象を措定する〉という意味あいのことをカント自身がここで「心」という単語を用いながら語っているではないか、と（つまり、あのように改訂してこそカントの意に沿うことになるであろう、と）。だが誰がしばらく後になっていうであろうことを先どりして所有代名詞で指示したりするであろうか。よってこうした事情も、遡って ihrer を seiner に改訂する根拠とはならないのである。

28）この点については B版「演繹論」§25冒頭を見られたい（§25 はその前の§24 で論じられていた〈三つの難問〉の議論の続きを論じている）。そこに「私が私それ自体としてどのように存在しているか wie ich an mir selbst bin」（§25, B157）という表現が見られる。言葉の配列からいってこれは明らかに〈物それ自体 Ding an sich selbst としての私〉即ち〈私の物自体そのもの〉の在り様を意味する。もちろんここでカントは、これを私が直観するないし認識することは不可能である、といっている。

29）この点については前篇◇5．［本論］の②の角度からの検討（pp.141-142）を、とくに前篇注18）を振り返られたい。さらには本書第Ⅰ部第一章「カントの純粋統覚と物自体」第三節を見られたい。

30）したがってここで、「把捉の総合」は、これがあくまで〈経験的な多様なものの総括〉であることを忘れさえしなければ、§24 にある「構想力の超越論的総合」（§24, B151）、「形象的総合」（ibid.）と一括して〈悟性の内感への触発によって産まれる結合〉と同値であるとみなすことができるのではないか。ここで〈同値〉とは、一つの複合的な事態を視点の異なりにしたがって呼称を変えた関係にある、の意である。

31）最後の例で括弧書きされて登場する das Beharrliche は文脈によって「常住不変なもの」とも「常住不変なさま」とも訳しうるが、のちに「原則論」の（B版で増補された）「観念論論駁」（B274-279）では主役を演じることになる（そこでは「常住不変なもの」と訳される）。本書第一部第四章「カント「観念論論駁」再考──「定理」の主語の二重性を中心に──」第四節を振り返られたい。またさらに「図式論」に至ると、ということはすでにA版の時点で、この「常住不変なさま」（直観）に対応する抽象概念である「常住不変性 Beharrlichkeit」が、〈実体〉のカテゴリーの「図式」であるといわれることになる（A144B183. 前章を参照されたい）。それは何を意味するかについては第八節まで俟たれたい。

32）『純粋理性批判』に使用される「概念 Begriff」という用語は要注意である。「純粋悟性概念」「経験的概念」のように勝義に認識論の用語として用いられることが大半であるが、ときに「何々という言葉遣い」「何々についての理解・概要」といった日常的な用法での緩い意味で使われる

ことも当然ながらあるからである。例えば「感性と現象に関する概念」（§8, A43B60）とか「この演繹の簡単な概念［概括の意］」（B168. B版「演繹論」末尾）などの場合である。ただしここで取りあげた「継起という概念」の「概念」は勝義の用法であることは間違いない。注34）を見られたい。

33）「われわれは悟性の［諸々の］働きのすべてを諸判断へと遡及させることができる」（A69B94）が、「どんな判断のうちにも一つの概念がある」（A68B93）、とカントはいっていた。

34）いささか衒学的ながら、「継起 Sukzession」という概念表象のそのまた概念としての身分を確認するとすれば、それはカントのいうところに従えば、「関係 Relation」の綱に属する「原因と結果」という純粋悟性概念から「純粋に導かれた［派生した］諸概念 reine abgeleitete Begriffe」の一つ、または純粋悟性概念の「準賓位語 Prädikabilie」（§10, A81f.B107f.）の一つに当たると思われる。

35）以前にも見たが（前篇注22）、再掲すると、「私は、諸［純粋悟性］概念がどのようにしてアプリオリに諸対象に関係する beziehen ことができるのか、その仕方の説明を当の諸概念の超越論的演繹と呼ぶ」（§13, A85B117）。

36）一か所A版「演繹論」が始まったばかりのところで、「内的諸原因によって引き起こされたものであれ……」（A98B なし）とあって注目されるが、そのあとこの「内的諸原因」が何を意味するかについていっさい言及がない。おそらくカントはこの時点では、心理学的な（経験的）内因を漠然と思い浮かべていた（にすぎない）のではないかと推測される。思うに、A版「演繹論」は、悟性が〈可能的経験〉を可能にするアプリオリな条件であること、〈直観の多様なもの〉との直接的な対応は超越論的構想力が担うことを強調するが（構想力の純粋総合）、それがどのように果されるかは語らない。もちろんのこと構想力（悟性）が内感を触発するという発想はない。その不備の隠蔽に一役買っているのが「親和性 Affinität」（A122ff.B なし）という用語であったということもできよう。

37）カントはこれを§8への補論のなかで、「心が内から触発される von innen affiziert werden」（§8 II, B69）とも、「心の自己直観 die Selbstanschauung des Gemüts」（§8 III, B69）、ともいい表わす。後者の表現に着目すると、「諸々の関わり方」は「自己直観」でもあったのだ（いささか誤解を呼ぶ表現とも思うが）。同じ事情を指して、B版「演繹論」§24では「われわれが内的に innerlich 触発される」（§24, B153）ともいう。いずれもB版における表現であることを確認されたい。ちなみにこの型の触発をハイデッガーは「純粋自己触発」と表記するが（前掲書、第三四節）、カント自身が〈自己触発 Selbstaffizierung〉と呼んでいる箇所は見当たらない。とはいえ、誤解を伴わないのであれば（例えばこの触発によって「純粋直観」が産まれるとか、ハイデッガーのようにこれを〈時間が時間を触発する〉と受けとめるとか、あるいはこの触発を知的直観風なものと受けとめるとかしないのであれば）こう呼んでも構わないであろう。

38）関係、交流、連絡、情報交換といってもいい。

39）デカルトがこの難問の解決に失敗したこと、スピノザ、ライプニッツはこの難を逃れることを自分の形而上学の構想立ての第一戦略目標としたことは哲学史上有名である。カントはこの〈身心二元論〉のパラダイムの歴史の末端に位置する。これについては本書第I部第二章「カントにおける〈身心問題〉の止揚——人間悟性の自己対象化的性格の剔抉へ——」を振り返られたい。

40）上の換言のどこが〈身〉を代理し、どこが〈心〉を代表しているのだろうか。少し考えたときの見当とは逆の配置になるかもしれないが、「三つの難問」の見地から解釈すると、まず、上のカント自身による換言のうち主語の「或る主観」が〈内感〉を意味し、対して「内的に直観」さ

れる「自分自身」が〈悟性〉を意味する。ついで、内感は感性であるので〈身〉を代理し、悟性は当然〈心〉を代表する。これについては本章後篇第一節を再読されたい。

41) ここで確認のために〈三つの難問〉の第一の難問を見ておこう。「考える私は、己れ自身を直観する私から区別されつつ（……）、しかも同じ主観としてこの後者と一つであるのはどのようにしてであるか」(B155)。これの意味するところは先に示した B68 での難問の定式化とまったく同じであることを確認されたい。——ところでカントは上の定式化に続いて、「しかしながらこの難問はあらゆる理論が抱えている」(§8 II, B68)という。つまりこの難問は、（自分のものも含めて）身心二元論的な理論にとって難問であるに止まらず、苟も「認識」（真理）の成立を超越論的に論じようとする理論であるならば、二元論的な立論に依拠するもの以外の認識論もふくめてすべての理論がこの難問を避けて通ることはできないはずだ、というのである（例えば神学的認識論であれ〔バークリー〕、実在模写説的認識論であれ〔唯物論〕が想いうかぶ）。いささか〈一蓮托生〉あるいは〈死なば諸とも〉的なこの発言は、しかしながら案外当たっていると思われる。というのも、二元論型の認識論に限らず認識論は一般に真理とは〈概念と対象の一致〉であるとするが (KrV「第二版への序文」BXVII 参照)、するとこの難点はどんな認識論にも何らかの形で指摘できるはずであるからである。

42) 実はこの難問はカントの実践論にも尾を引いている。これについては本書第II部第四章「〈研究ノート〉カント実践哲学における演繹の戦術転換とその帰趨」第六節の末尾およびそこに付した注 58) を見られたい。

43) カントでは「知覚」とは〈感覚＋空間の純粋直観〉つまり「経験的直観」(§1, A22B36) ないし「[内感にとっての] 本来の素材」(§8 II, B67) に意識即ち〈私は考える〉が加わったものであり、〈経験的な認識〉の基本単位（第一次判断）であると捉えておけば間違いはない。「知覚、即ち経験的直観についての経験的な意識」(§26, B160)。「知覚とは経験的な意識、即ち同時に感覚をそのうちに含んでいる意識である」(「知覚の予料」A166B207)。「空間と時間は」「諸対象を知覚するわれわれの仕方」「の純粋な諸形式であり、感覚は総じてその質料である」(§8 I, A42B59f.)。「経験とは結合された諸知覚を通じた認識のことである」(§26, B161)。なお「経験的直観」に関しては前篇注 4) を見られたい。

44) この解決法はまるでヘーゲルの弁証法を前もって拝借したかのような論法に読める。もちろん事実は逆であって、ヘーゲルがカントからこの弁証法を学んだうえで深めたのである。さらにはマルクスのいう、「使用価値」と「価値」とを「交換価値」が「媒介する」のだ、というマルクス固有の価値論（の一契機）をも彷彿とさせる（『資本論』「第一篇 商品と貨幣」「第一章 商品」）。周知のようにマルクスはこの論法をヘーゲルから学んだ。してみると、マルクスはカントの孫弟子だったのだ。（付言すると、ヘーゲルがカントから〈弁証法的思考法〉を学んだのはこの「図式」論からだけというのではない。通常は「弁証論」の「二律背反論」（「定立」と「反定立」が相互否定する）、および「カテゴリー表」（カテゴリー表の各綱において第一と第二のカテゴリーが合して第三のカテゴリーを産む）の二つがその源となったといわれている。

45) いったん「図式はそれ自体そのものとしてはどんな場合にも単に構想力の一つの産物にすぎない」(A140B179) といわれるのであるが、そもそも構想力とは悟性の能力の一部であった。それが B 版に至って明白となることをこの機会に確認しておこう。「構想力の超越論的総合は感性に対する悟性の働きかけであって、……直観の諸対象への悟性の最初の適用（……）である」(§24, A なし B152)。なおこの叙述の直前に「構想力は感性に属する」(§24, A なし B151) とあるが、「に属する zu et. gehören」の本来の語義からしてここはいわば、構想力は悟性に籍を

おいたまま出向先としては感性に配属されている、の意であると取っておけばいい。またカントはＡ版時にいったん構想力について「魂の、必須でありながら盲目の一つの機能」（§10, A78B103）と形容した箇所を、のちになってカントの手許の書き込み本では「悟性の一つの機能」と書き直しているという事実もある（『哲学文庫』の当該箇所の欄外注による）。他に、§26, Ａなし B162Anm. ／ §26, Ａなし B164 も参照されたい。

46）このような仮説が提示されうる最小限の前提として、図式論の範囲内では、つまりＡ版時にはその「からくり」の真相つまり〈図式は悟性の内感への触発の産物である〉との考想がいっさい伺えないことが必要条件となるが、実際その通りである。

47）ここまでの検討の延長上で「純粋悟性の総合的諸原則」（A158B197）がどのように位置づけられるかも今後の研究課題として残す。それがなったところで、（ア）一方で外的物自体が外感を触発してそこに〈外的な諸々の関わり方〉が措定され、同時に外的諸感覚器官を触発して〈諸感覚〉をもたらすのに対して、他方で悟性が内感を触発してそこに〈内的な諸々の関わり方〉〈直観の多様なものの結合〉（これには〈構想力の超越論的総合〉と〈把捉の総合〉の二つがある）〈超越論的図式〉の三者が複合的有機的に措定されるところから出発して、（イ）ついで〈諸原則〉による総合を通して〈純粋統覚の統一〉が果たされ、その結果その産物として「アプリオリな総合判断」が成立するという諸過程を経て、（ウ）最終的に一つの「可能的経験」が成就するという、カントの考想の全容が明らかとなってくれるであろう。本〈研究ノート〉はこのうちの（ア）の段階の見通しをつけたにすぎない。

48）実践論では別となる。それについては本書第二部の諸論考に当たられたい。

補論

1）この点については大森荘蔵『流れとよどみ』（岩波書店）第六章「「論理的」ということ」を参照されたい。

2）「不可欠性論証」については再度後篇第三節の注10）を見られたい。

3）のちにカントは『純粋理性批判』「方法論」で、厳密には「究明 Exposition」「解説 Explikation」「宣言 Deklaration」「定義 Definition」（それぞれラテン語起源）と表記し分けなければならないところを、独語には「Erklärung（説明）」の一語があるのみであると慨嘆したあと、次のようにいう。「われわれは［先に］定義という尊称を［使うことを］哲学的な諸説明には許さないことにしたのであったが、早くもこの厳格な要求を或る程度緩和しなければならないのであって、［つまり］哲学的な諸定義は単に、与えられた諸概念の諸究明としてのみ……成立し、……概念をただ説明するだけに止まるのである」（A730B758）。ここで「哲学的な定義」は「概念をただ説明するだけに止まる」といわれている事情は、遡って「演繹論」における「純粋悟性概念」の「演繹」（＝「説明」）にもそのまま当てはまると受け止めていいであろう。

4）この観点からすると、一時期一世を風靡した〈ストローソン風カント分析〉の無意味さ、滑稽さが浮き彫りにされる。この種の分析はその実〈カントの総合的な思想（考え抜かれた珠玉の考想）の解体・雲散霧消化〉を意味するからである。P. F. Strawson, The Bounds of Sense, An Essay on Kant's Critique of Pure Reason, Menthuen & Co. Ltd., London, 1966. ［邦訳］P.F. ストローソン、熊谷・鈴木・横田訳『意味の限界『純粋理性批判』論考』勁草書房、1987.

第 **II** 部

実践価値論

第一章　カント〈実践理性の優位〉の構造と射程
——人間にどこまで希望が許されるか——

はじめに

　筆者は自分の人間観を確立する作業のなかで、その骨子となる枠組みをカントから学んだ。即ち、人間をその存在・自由・価値の三つの契機から把握する、という視点である。カントの哲学の内容と体系自身が、人間を理解するにあたってこれら三つの契機のうちの一つでも欠いてはならないし、三つの順序もこうでなければならない、と主張しているように筆者には思われるからである。それを簡略に表現すれば、人間の根源的存在（そもそも人間とは何であるか）が即ち自由であり（人間は自由である）、その自由が人間自身の主体的な価値と人間をめぐる客体的な諸価値を生む、ということである[1]。

　このうち、人間の存在と自由の連関をカントがどのように考えていたか、その思想が近代西洋思想の流れのなかでどのような位置を占め、どういう役割を果していると考えられるかについては、既に少しく考察を加えた（本書第Ⅰ部）。即ち、カントの認識論を〈現象認識の成立〉と〈現象我の成立〉との相即を剔抉した〈人間の自己対象化論・自己実現論〉として捉え直し、これがデカルト以来の身心問題の系譜から（カントによるその止揚を通して）導かれたものであり、またこののちフィヒテ以降の疎外論の系譜へと展開していったのではないか、という仮説を公にした[2]。

　本章ではこれを承けて、人間の自由と人間をめぐる価値との関係をカントはどのように考えていたのか、の要点を筆者なりに明らかにしたい。したがって筆者はカントにおける価値論を人間の自己実現という観点から捉えることになるだろう。それは、カントの有名な〈実践理性の［理論理性に対する］優位〉という学説を新たに二層構造として改釈する、ということを意味する。即ち、〈純粋な実践理性〉と〈理論理性〉とのあいだに〈実用的な実

践理性〉を位置づけることによって、この学説を、まず実用実践理性が理論理性に優位し、ついでこの実用実践理性に純粋実践理性が優位する、という思想として捉え直すことができるのではないだろうか、と。

　さて、悟性の自己対象化論としてのカントの自由論は理論認識的なそれであったが、しかしそれはそれ自体で内在的に実践的な自由論を予示していた。注２）に示した二本の論考（本書第Ⅰ部第一章および第二章）における分析を簡潔に再説するならば次のようになる。(a) 叡知的な自発性をもった自由の主体たる悟性は、自らは直観ではないので（KrV, A なし B157f.Anm.）、単独では自己実現しない。(b) そこで内感を自己触発して己れを直観化しようとするが（B153）、ここでもまた構想力の超越論的総合が見出されるのみで（ibid.）、まったく無内容である。(c) そこでさらに外感に助けを求めて（B277）、ここから得る外的経験的直観を内感において総合統一する（B160f. 参照）。(d) そこに成立する外的現象世界のなかに、悟性は己れの現存在（生きざま）を外的経験認識の一環として認識する。——ここにようやく悟性は自己を対象化しえた（直観にもたらしえた）と一応はいえる。だがそれは、出発時の叡知的な主体からはるかに隔たった〈現象としての我〉でしかない。これを一般化していい換えれば、己れの存在を己れの自由によって自己確証しようとするとき、人間は必ず他の存在（外的経験世界）に依存してしかそうすることができない、ということである。このことはすでに、人間の自由な実践の性格がその実〈不自由でみすぼらしい〉ものでしかないことを語っているのではないだろうか[3]。

　ところで純粋統覚は、「単に私が存在するということだけ nur daß ich bin」（KrV, A なし B157）の意識であり、同じことであるが、「私自身の現存在 mein eigenes Dasein の、単なる意識」（A なし B275）であるといわれる。これに対して、純粋意志に関しては次のようにいわれる。「理性的存在者の［純粋］意志は……実践的なものにおいて、……物の叡知的な秩序のなかで決定されうる己れの現存在を意識している」（KpV, Aka.V42）。また純粋意志における「主観の意志決定」は、「己れが叡知的に現実存在 Existenz しているという意識」（KpV, Aka.V98）であるともいわれる。結局、純粋統覚も純粋意志も叡知的存在者としての人間が存在している証しとしての、自発的な結

合する働き（自由であること）の二つの様相であり、結局は一つの存在の働きである。またこの働きによって自分自身の現存在を意識するという自己関係なのである。純粋意志が働くときにも純粋統覚が働いていることは間違いない。でなければ意識の統一の持続が成り立たないから。だから純粋統覚の方が純粋意志よりも基礎的・根本的な働きである。これに対して、単に純粋統覚が理論認識または経験認識をもたらす局面よりも、「私」が純粋意志として純粋道徳の実践をもたらす局面の方が、叡知性の度合いは高いといえよう（直前に引用したKpV, Aka.V42からの引用文を再度参照されたい）。とすれば両者は〈必要条件－十分条件〉の関係にあるといえる。これはすでに〈理論理性に対する実践理性の優位〉という事態を意味するが、これについては第一節で検討する。

　結局、〈感性－悟性（二つの構想力、二つの判断力も含めて）－理性〉という認識の系列と、〈快・不快の感情（感性）－随意志Willkür－純粋意志〉という実践の系列とは、やはり一つの同一の存在（者）の働きとして総合的・統一的に把握されるべきであろう[4]。人間は自分の主体に備わるこれら二つの自由な諸能力の体系を駆使しながら、総じて一人の人格として何を目指して営為するのであろうか。その目指す対象、目指す価値にはどのようなものがあり、その諸価値はどのような「共通の原理」（注4）を見られたい）の下に秩序づけられているのであろうか。

一　〈実践理性の優位〉の二層構造

　カントの有名な〈実践理性の優位〉の学説は、直接には『実践理性批判』の「思弁的理性［理論理性］と結びついている場合の実践理性の優位について」（Aka.V119ff.）という節で述べられる。この節は「最高善」の理念に伴う諸理念を「要請Postulat」として論じる直前に置かれており、もっぱら、理論理性の提供する諸理念を純粋に実践的な関心の下に使用することの権能を論じている。理念の要請論の具体的な内容については第二節以下で考察することとして、本節（およびのちの第六節）では、この学説に内在する思想をもう少し広くかつ新しい視点から把握し直すことを試みてみよう。

　理論理性は経験を越えるべからず、（純粋）実践理性は経験を混えるべからず、というように両者が「正反対の関係」にあることは、カントが『実践理性批判』の最初に強調するところである（KpV, Aka.V16）。だからといって、実践的自由といわれるもののすべてが、経験をいっさい混じえぬ純粋な道徳的意識に限定されて語られる、ということにはならない。カントはすでに『純粋理性批判』の「方法論」の或る箇所で、「自由によって可能であるものはすべて実践的である」（KrV, A800B828）と述べたうえで、その意味を直後で二様に展開していることをわれわれは見落してならない。一つは「その目的が理性によってまったく先天的に与えられている……純粋な実践的諸法則」、即ち「道徳法則」である場合である（ibid.）。ここでの「目的」は人間の叡知性の実現、換言すれば「最上善」の実現と理解して間違いではない。だが第二に、「われわれの自由な随意志を行使する際の制約が経験的である場合、……理性は……目的を達成しようとする自由な行動の実用的諸法則 pragmatische Gesetze を与える」（ibid.）といわれる。ここでの「目的」とは「われわれの傾向性による」幸福を意味する（ibid.）。したがってこの自由は、幸福を成就するための〈実用実践における自由〉である。前者の自由は「上級の欲求能力」（KpV, Aka.V24）としての純粋意志とそれに対応する純粋実践理性が司る。後者（実用実践）における自由は、「下級の欲求能力」（ibid.）としての随意志とそれに対応する実用実践理性が司る。われわれは、後者の意味での自由をカントが「自由な行動」（上記引用文中）という語法の下に一貫して考察の視野のなかに明確に捉えていたことを忘れてはならない。

　周知のように、カントにおいて人間は二つの性格から考察される。「叡知的性格」と「経験的性格」とである（『純粋理性批判』A532ff.B560ff.,『実践理性批判』Aka.V94ff.）。このうち、叡知的性格は自発性に、経験的性格は受容性に関わる。自発性と受容性とは相補関係をなすが、それはカントの思想として知られる「内容なき思考は空虚であり、概念なき直観は盲目である」（KrV, A なし B75）という言葉と密接している。この言葉は理論認識に関して、即ち感性と悟性の結合に関していわれているのであるが、筆者の問題意識からすると、これを実践の局面にまで射程を拡げて理解したいところであるし、またカントに即してもそれは妥当であろうと思われる。つまり〈実践におけ

る質料と形式の相補性〉ということである。ところで感性とは、この質料を受容する働きとしての形式であった。したがって人間主観（主体）に備わる（形式としての）感性と悟性の相補性は、人間のあらゆる実践、あらゆる営為における質料と形式の相補性のためのいわば規定（基底）条件でもある。つまり、叡知者たる限りの人間が（己れの身体をも含めて）何らかの質料と実践的に関係していこうとするときには、己れの主観自身に、叡知的な自発性を補うものとして、そうした質料を受容する形式（これも一つの叡知性である）が前提されなければならない。ところで事実この受容性は備わっているのであるから（感性）、人間には単に理論認識の局面だけでなく実践面での質料と形式との総合も現実に可能でなければならない。

　このようにカントを理解することが許されるならば、われわれはカントにおける人間の存在規定の一契機として、人間とはその主観の能力の特性自体からして質料的なものをその営為・実践の対象として求めていくものである、と結論することができよう。つまり、中間を省略していい換えれば、カントによる人間の能力の超越論的な分析から、人間は本性上幸福を求める存在である、という本質規定が導かれるのである。この確認はわれわれの考察視点にとって重要な意義を持つと思われる。なぜならわれわれはカントの論述そのもののなかに、人間はなぜ快・幸福を求めるのかという問いに対する超越論的・能力論的な解答を見出すことができないからである[5]。

　確かにカントの批判哲学においては、幸福ないし実用実践が単独で主題となることはない。むしろ「幸福であるに値すること Würdigkeit, glücklich zu sein」（GMS, Aka.IV450）、いい換えれば〈幸福であることが許される条件は何か〉としての道徳性の問題が解明されたのちに、副次的に、最高善を構成する第二の契機として幸福の問題が議論される。とはいえ筆者には、彼は幸福の批判者ではあったがけっして幸福の否定者ではなかったと思われる。前段の行論がそれを支持していた。そこでまず、カントが幸福の問題、即ち実用実践の問題をそもそもどのようなものとして語っているかを確認してみよう。

　『純粋理性批判』の「方法論」でカントが「実践的自由は経験を通して証明される」（A802B830）というとき、そこでの文脈から明らかなように、こ

の言葉は主要には実用実践の自由を指している。また同所での「この理性の
与える法則は命法 Imperativ 即ち客観的な自由の法則……であり、これはま
た実践的法則とも称される」とは〈実用実践上の諸規則〉を指しての言葉で
ある。したがってここでの「命法」とは『実践理性批判』でいうところの仮
言命法である。筆者は、幸福のための実用的規則をすらカントが「自由の法
則」と呼んでいる点に注目したい[6]。

　カントはこれをさまざまにいい換えている。『道徳形而上学の基礎づけ』
のなかで、人間は自らの有能さ、熟練さを媒介として自然を改変し、「自分
自身の幸福を最大限得るための手段を選択する」という（GMS, Aka.IV416）。
『判断力批判』では、他者との（社会）関係における「利口 Klugheit の命
法」と対自然における「熟練 Geschicklichkeit の命法」とを一括して、「技
術的に実践的な諸規則 technisch-praktische Regeln」と呼んでいる（KU, Aka.
V172）[7]。このうち後者の「熟練の命法」についてすでにカントは『純粋理
性批判』で次のようにいっていた。即ち、人間に備わる「悟性や意志という
原因性」のゆえに、「人間の技術 Kunst は自然に力を加えて、自然をして自
然の目的に沿って振る舞うのではなく、かえってわれわれ人間の目的に従う
よう強制する」、と（A626B654）。カントはその所産の例として「家や船や時
計」を挙げているが、これらは「原因と［そこから導かれる］結果の現われ
方とが十分に知られる唯一の所産であるところの、合目的的所産」である、
という（ibid.）。これは他の言葉でいえば、労働による生産活動を意味する。
その生産物の「原因」とは「悟性や意志という原因性」であった。これら二
者は、本節冒頭の同じく『純粋理性批判』からの引用文では、「理性」と
「随意志」といわれていた（A800B828）。ここから、意志ないし随意志を「原
因」とする幸福成就のための仮言命法に、悟性ないし理論理性が動員される
ことが明確に確認される。いい換えれば、理論理性は仮言命法の主文の中核
（つまり狭義の命法「そのように行為せよ Handle so, daß ....」の「そのように so,
daß ....」の部分）の実質を担うものとして全力動員されるわけである。した
がってたとい動機（即ち、仮言命法の条件節としての副文「もし仮に……したけ
れば」の部分）と上記の「そのように」の内容とがともに質料的であろうと
も、自由な実用実践（幸福の追求）において実地に働く能力自体は、われわ

れの主観・主体に備わるそうした自由で叡知的な形式なのである。

　かくして本節の冒頭に提示した見通しがここに確証された。動物一般とは異なって、己れの主体に備わるこうした諸能力（形式）を駆使して幸福（質料）の実現に邁進する人間の姿は、それだけでもきわめて人間的、叡知的なのである。カントが十八世紀の近代社会のただなかで、科学革命、産業革命等々の進展を受けとめて、人間が自らに備わる諸能力を駆使しつつ自然を対象としていかに技術的・実用的に振舞うかを十分に承知し、そのことを前提として三批判書を書いているということが、これまでの考察からだけでも十分に確認された（同様のことが、「利口の命法」の方についてもいえるであろう）。

　さてここまでで明らかになった点は、広い意味で〈実践理性の優位〉を考えた場合、まずもって第一に、《**実用実践**の自由が**理論理性**の使用を目的づけるものとして、後者に対して優位の関係にある》という契機である。通常カント思想のこの側面はあまり注目されないか見落とされがちのようであるが、われわれはすでにこの点を受けとめえた[8]。

　ところがカントが「実践理性の優位」というとき、その「実践理性」とは直接には純粋実践理性を意味しているのであるから、この思想が上記の意味に尽きるはずはない。結論から先にいえば、第二に、《**純粋実践理性**の**実用実践理性**に対する優位》という契機が読み取られなければならない。カントはいずれもそれとして明言している訳ではないが、先に見た第一の契機とこの第二の契機とを重層的に把握するとき、われわれははじめて、〈純粋実践理性の理論理性に対する優位〉という関係の真の姿を捉えることができるはずである。即ち、両者のあいだに〈実用実践の自由〉が介在し両者を媒介することによって、はじめて二つの純粋理性は有機的に結びつくことができるのである。この点をしばらく掘り下げてみよう。

　〈実用実践の自由〉は理論理性による種々の認識を従えており、後者の根底には純粋統覚による叡知的で自発的な結合能力が潜んでいる。したがってこの点だけでも人間は動物以下の物質的諸存在者と決定的に異なる（別の言葉でいえば、ベルクソンのいう「工作するヒト homo faber」〔『創造的進化』第二章〕）。だがこの自由が人間（個人であれ集団であれ、はたまた全人類であれ）のまったく利己的な意図（格率）の下に発揮されるとしたらどうであろうか。

その格率は再び自然必然性による傾向性によって決定されている訳であるから、この意味ではむしろ本能によって全面的に決定されてしまっている動物と何ら異ならず、叡知性は顕現しない。それどころか、かえってそのような実践能力を有しているがゆえに、その結果は人類の生存をも脅かすものとなり、その意味では動物以下かもしれない[9]。カントは実用実践の自由に関してその卓越性を十分に承知しつつも、それについて楽天的にのみ考えていたのではなく、じつに〈自由の恐ろしさ〉をよく知っていたというべきである（自由全般のではなく、特定の自由の、ではあるが）。その証しとして、彼は『道徳形而上学の基礎づけ』の第一章の冒頭で次のように述べている。即ち、一方で気質に関して「ひとりの悪者の冷静さは、彼が冷静でない場合よりも彼をはるかに危険なものたらしめ」、他方理解力や判断力などの精神の才能が悪者に備わった場合、それは「またきわめて悪いもの有害なものになりうる」、と（GMS, Aka.IV393f.）。ここに仮言命法的な自由を越えた、即ち、或る目的の実現のための手段としての自由を越えた、叡知的な自由をカントが高唱する動機があったといって間違いではあるまい（第六節で再説する）。事実、上の『基礎づけ』の箇所は、こうした中間的な自由能力の恐ろしさと対比することによって「善意志」が有する無条件な善性を際立たせているのであった（GMS, Aka.IV416f.）。

　そもそも理性が「現世の生活の幸福、またできうれば来世の生活の幸福に関して、実践的な諸格率［ここでは先に示した〈技術的に実践的な諸法則〉の意］を自分のために整える」のは、「感性の側からの拒絶されえない委託」を受けたからであって、理性の本来の任務を果している訳ではない、とカントはいう（KpV, Aka.V61）[10]。これに呼応して彼はすでに『基礎づけ』で次のようにいっていた。即ち、幸福の実現には理性よりも本能の方が適しているのであるが、それとは別に「……理性が存在することの、［幸福とは］別のもっとずっと尊厳のある意図についての理念が根底に潜んでおり、理性は幸福にではなくこうした意図に対してこそ、まったく本来的に定められているのであって、それゆえ人間の個人的な意図はたいていの場合、最上の制約としてのそうした意図の風下に立たねばならないのである」（GMS, Aka.IV396）。この「最上の制約」とは〈最上善〉のことであろうが、これに

ついては次節で扱いたい。

　いずれにせよ純粋実践理性が命じるもの（定言命法）と実用実践理性が理論理性を通して命じるもの（仮言命法）とが衝突する場合、われわれは叡知的自由性のより質の高い方の自由によって断固として前者を優先させねばならないし、また事実できる、とカントは考える[11]。換言すれば、幸福は〈意志決定の第一原理〉とはなりえないのである。反面、〈実用実践の自由〉は道徳法則の下に発揮されるとき、はじめて真に叡知者たる人間に相応しい実質的な自由として是認される。この、（実用実践の観点からいって）消極、積極の両面が〈実践理性の優位〉の二層構造における上層の意味であった。

　ここで二つのことを確認するのが有益であろう。一つは、事態的にいえば〈理論認識における自由〉の性格（対象化的性格）が〈実用実践の自由〉と直接的に連続しており、後者の〈実用実践の自由〉を媒介として〈道徳的な自由〉へと間接的に関係していくという点である。これが取りも直さず〈実践理性の優位〉の二層構造の総体的理解である。筆者はカントの自由論をこのように連続と飛躍とによる階層的なものとして捉えようと思う。二つには、この自由論をそのまま価値論として読み直せるのではないか、という解釈可能性である。冷静に考えてみれば、理論理性の目差す自然法則等の認識も一種の価値であろうし、実用実践によって実現される個別的具体的な対象も一種の価値であろう。さらには、純粋実践の対象（結局は最高善）が価値でなくて何であろう。だがカントの価値論を吟味する前に、われわれはまず彼の理念論を検討しなければならない。

二　最高善と三つの要請

　先に確認したように、〈実践理性の優位〉はもともとは理念論をめぐるものであった。純粋実践における理念（純粋実践理性概念）とは、周知のように〈最高善〉とそれに伴って要請される三つの理念のことである。「はじめに」の注4）に引用したように、人間の理性はカントによって究極的には一つであると考えられていた。問題はそこに述べられていた「共通の原理」とは何であるかであった。筆者はこれを〈最高善の地上における実現の探求〉

と捉えたい（その理由については第五節 p.207 を参照されたい）。

　人間は純粋意志の自発性によって、「叡知界における主権的な gewalt-habend」（KpV, Aka.V311）法則たる道徳法則を意志の第一位の決定根拠として己れの格率（信条）に採用することができる[12]。しかし人間は感性的存在者でもあるので、右の自発性は命令、義務として発動する。感性的存在者がその義務を遂行することをカントは「徳 Tugend」という（KpV, Aka.V33）。──ここまではカントの学説として基本的な知識に属する。

　思うにカントは、人間が自分自身に課す義務を次のように三重に考えていた。第一に、まず個々人は（どのような状況にあろうとも）個々の行為においてそのつど毎に、その格率を「純粋実践理性の根本法則」（KpV, Aka.V30）に照らして決定しなければならない、という義務を負う（個別的義務。『基礎づけ』第一章参照）。「純粋実践理性の根本法則」といわれるものは当然ながら一つしかないが、これが種々ありうる道徳法則の頂点に位置するからである。第二に、人間は一生にわたって己れのすべての行為がこの根本法則に基づいて決定されてなされるような思考法・心的態度を目標としなければならない。だが被制約者にとって「絶対的総体」（KpV, Aka.V107）は理念と呼ばれる。したがってここに理念としての「最上善 das oberste Gut」（KpV, Aka.V110）が立てられる。いい換えると、第二にわれわれは、あたかも最上善の理念が生涯にわたる自らの全行為を通じて実現するかのように行為せよ、という義務を負っている（汎通的義務）。

　ところがこれのみでは、前節で見たところの〈純粋実践の実用実践に対する優位〉という関係の、消極的な一面（幸福を意志の決定根拠の最上位に置くことの否定）しか読み取ることができない。幸福は確かに善行為の可能な結果としてのみ許される。しかしいったん善行為が（ましてや最上善が）成就した暁には、それに伴う可能な幸福も実現されるべきである、とカントはもともと考えていた[13]。すべての実質的な幸福が実現された状態を彼は「最高善の第二の不可欠な成立要素」（KpV, Aka.V128）と呼ぶ。ここに、最上善の理念がその優位の下に十全な幸福と結合した状態、即ち形式の優位の下に実質（質料）が開花した世界としての「最高善 das höchste Gut」（KpV, Aka.V108）の理念が定立される。したがって人間は第三に、あたかも最高善を実

現するかのように、それを「努力の目標」（KpV, Aka.V109）として行為せよ、と義務づけられる（究極的義務）。この第三の義務において、〈純粋実践の実用実践に対する優位〉の積極的な契機（幸福が成就するという）を読みとることができるのである。かくして人間は叡知者としての自発性・自律性と感性的存在者としての受動性・制限性との絡み合いから、三乗の自己義務の下に立たされている、といえる。

　第一の義務は「理性の事実」としての（そのつどの）自由に対応する（KpV, Aka.V31）。第二と第三の義務は、理念としての、いい換えれば als ob（あたかも……かのように）としての自由に対応している。ここで問題としたいのは、第一の義務がこの地上、現世での話であるのは当然として、ついで最上善、最高善の理念がどこであたかも実現されるかのように追求されるのか、である。カントはまず（二つを代表して最高善について）次のようにいう。「われわれの最大能力を傾けて最高善を実現することは義務であり、それゆえ最高善はやはりまた可能でなければならない」（KpV, Aka.V144Anm.）。このとき「最高善を現実に成就しようと目差す行為」そのものは「感性界に属する」ことは自明である（KpV, Aka.V119）。だが例えば自力救済色の強いキリスト教や自力念仏の場合のように、そうした現世での努力を、彼岸での理想的な再生のための必須の条件と見なすという態度も考えられる。カント自身が、前節に引いた「またできうれば来世の生活の幸福に関して、実践的な諸格率を自分のために整える」（KpV, Aka.V61）という含みをもったいい回しで、それらしいことを仄めかしていた。だがこの仄めかしがカントの真意のままであって、従って最高善の成就が結局は天国（来世）での話であると想定されているのであれば、たといその想定自体は人間自らの能力によるというにせよ、徳福一致をどこの世界に期待するかという点でカントのいい分は旧来の宗教思想等と何ら変わらず、近代倫理思想史の視点からは積極的な意味を持ちえないことになろう。

　この点で筆者は『判断力批判』にある次の文言に注目したい。即ち『判断力批判』の「方法論」§87 に、「自由によって可能となる、この世における最高善 das höchste durch Freiheit mögliche Gut in der Welt」（KU, Aka.V450）とある。文言にある in der Welt（世界のうちで）という前置詞句は、辞書を

引けば判るように「この世で」という意味であり、カント自身の超越論的観念論からいってもそう理解されるべきである（KrV, A419B447 参照）。つまり、究極的な徳福一致を期するのはあの世においてではなく、たとい実際に実現は不可能であるにせよ、この感性界で実現するべく限りなく努力する対象としてこの理念は立てられているのである[14]。

　いま、たとい究極的実現は不可能であるにせよ、と述べたが、最高善に伴う三つの理念の要請はまさにその点に関わっている。前々段落に引用した原注の文に続けて、カントは次のようにいう。「したがってまた、最高善の客観的可能性のために不可欠であるようなものを前提することは、この世における in der Welt すべての理性的存在者にとって避けられないことである。それを前提することは、……道徳法則と同様に必然的である」（KpV, Aka. V144Anm.）。ここでいわれている「最高善の客観的可能性のために不可欠であるようなもの」とは、最高善がこの現世に現実に（客観的に）実現する可能性を保証するために要請される諸条件、という意味である。不可能を可能にするには何があればいいか（要請）、ということである。そしてまさにそれらの要請（条件）が満たされることによって最高善の「客観的可能性」が保証される際の原理が「実践理性の優位」であった。事実この優位が論じられている箇所で（KpV, Aka.V119ff.）、この原理を通して、最高善がこの世に実現されることが可能となってくれる理路がわれわれに示されているのである。

　最高善の理念の下に要請される理念は以下の三つである。即ち、「霊魂の不死性」「積極的に考えられた自由」「神の現存在」である（KpV, Aka.V132）。三者の役割を一言ずつで表わせば次のようになるだろう。まず「霊魂の不死性」は、人間がこの感性界での最上善の実現を目差してこの世に永遠に生き行為することを保証し、ついで「積極的に考えられた自由」は、同じく最上善の実現を目差すそのような行為がこの感性界で一回の転倒もなく常に連綿として道徳的・叡知的に為されることを保証し（以上の二つは前述の第二の義務、即ち汎通的義務に関わる）、最後に「神の現存在」（現存在する神）は、そもそも道徳法則の定立者として最上善を根本で支えつつ、仮にこの世界のなかに「幸福であるに値すること」（前出）としての最上善が実現したとして、それに見合った十全な幸福がこの世界のなかに実現するよう配慮してくれる、

いい換えればこの現世に徳福一致を出現せしめる役割を果す。——かくして最高善（究極的義務）が地上に実現するための条件が整った。

　このように解することができるとするならば、われわれはカントの「最高善と三つの要請」論を〈思想〉という面から積極的に評価することが可能となるのではないだろうか。そのための一助となるようわれわれは以下、これらの理念をそのリアリティ（現実性）とアイディアリティ（観念性）との統一という視点から検討していきたい。理念の理念性とはこの両者の統一に存すると思われるからである。

三　実践的諸理念のリアリティとアイディアリティ（1）

　感性界において徳の完成はありえず、まして徳と福の一致は人間の力では永遠に期待できない。このことをカントは百パーセント承知していた。そこでまず、どれほど努力しても〈最上善〉を成就する以前に死を迎えなければならないという感性的存在者に免れられない冷厳な有限性に対して、「霊魂の不死性」という理念を想定したのである。注意するべきは、不死性という概念は時間を前提している、という点である。死ぬとか死なないというもののいい方は時間の流れのなかでの話であるからである。したがってそれは、あくまで感性界の内部でのみ意味をなす概念である。ここで重要なことは、われわれのたかだか八十年前後の生存期間は（ここではその意志活動の側面を中心に考えられている）、とはいえこの不死性というものの一部を確実に担っている、という点である。つまり、永遠（この概念もきわめて感性的である）なる霊魂の存続はわれわれの有限な精神生活の無限の連続として想定されているのである。ここに理念というものが持つリアリティとアイディアリティの接点がある。カントはあくまでこの感性界において現実に端緒を有しながらも実現不可能な究極的総体を、「この世において可能な」（『宗教論』、注14）参照）理念として要請するのである。したがって「不死性」はカントにおいて（どんなに奇妙に聞こえようとも）現世に要請された理念なのである。

　第二の、「積極的に考えられた自由」の理念はどうであろうか。『純粋理性批判』の弁証論で確保された超越論的自由が消極的に考えられたそれであっ

て、単に感性的な制約から免れる可能性を確保したにすぎなかったのに対して[15]、ここでの自由は、意志決定の原因性においてまず「感性界から独立し」（これは超越論的自由の現実化）、ついで「叡知界の法則に基づいて自らの意志を決定する」（KpV, Aka.V132）、という二重の自由性を意味する。後者の契機こそが「積極的に考えられた」の意味である。

　この自由の理念に関しては『判断力批判』の次の言葉が問題を投げかける。自由の理念は「純粋理性のすべての理念のうちで、その対象が事実であり、したがってその対象が［他の諸事実と］いっしょに〈知られうるもの scibilia〉のうちに数えられなければならないような唯一の理念」である（KU, Aka.V468）。だがなぜかカントはこの文言についてこれ以上に何も説明を加えていない。ここで注目するべきは、自由の理念の「対象が事実である」という点と、「唯一の」、の二点である。まず第一点について確認すれば、この「対象」とは道徳法則を指すだろう。自由の理念と道徳法則の関係をカントは次のようにいう。「もし自由が［いずれの意味においても］まったく存在しないとすれば、道徳法則はわれわれのうちに全然見いだされえないものとなるであろう」（KpV, Aka.V4Anm.）が、われわれが道徳法則を意識するのは「いわば純粋理性の一つの事実」であり、「道徳法則は断固として」「アプリオリに意識されている」（KpV, Aka.V47）。したがって「自由の実在性 Realität［リアリティ］は実践理性が道徳法則［の事実］を通じて明示する」（KpV, Aka.V133）。いい換えれば、自由のリアリティは道徳法則によって演繹される。――これが、道徳法則が〈自由の理念の対象〉として「事実」である、といわれる内実である。

　ところでここでいわれる「自由の実在性」は、前述の第一の義務、即ち個別的義務の遂行を意味する（にすぎない）。だがわれわれはこの自由を常にどんな場面にも発揮しうるだろうか（意志の汎通的な自律）。むしろ己れの傾向性にしばしば負けはしまいか（随意志の他律）。この否定できない他面の事実（われわれはこれを既に注5）において〈感性の事実〉と呼んだ）からして、どうしてもわれわれは自由の汎通的貫徹を（汎通的自己義務の実現にとっての制約としての）理念として要請せざるをえないのである[16]。結局、自由の事実性とは、自由の汎通的な理念のアイディアリティとつながるそうした個別的な

リアリティのことであった。

　では第二の論点、「唯一の」とはどういうことか。ここでもう一度確認すると、経験世界における実例の有無はともあれ、道徳法則を（個別的に）アプリオリに意識することは事実である、とカントはいっていた。だが、他の諸理念も一定のリアリティを持つはずなのに、なぜカントは自由についてことさらに事実性を指摘するのか。それは、この（意識における）事実性のみが叡知的なそれであるからだと思われる。他の理念の持つ事実性、現実性（リアリティ）は全面的に感性的、質料的なものである（霊魂の不死についてはわれわれはすでにこのことを確認している）。ところが唯一自由のリアリティだけが、感性界のなかにそれとはまったく原理を異にする叡知性が優位に入り込むことを意味するのである。つまりリアリティの質差がここで語られている訳である。これが取りも直さず「唯一の」の意味ではなかろうか[17]。そもそも最高善へとわれわれを駆動するものがわれわれの内なる自由の叡知性なのであるから、自由が特別視されても不思議ではない。そしてこれがさらに汎通的に貫かれると想定されるとなると、自由は理念化されることになるのである。このことをカントは次のように表現している。「純粋思弁理性のすべての諸理念のなかで、単に実践的認識に関してのみとはいえ、単独で超感性的なものの領野にきわめて大きく拡がっていくことをうる概念は、厳密に自由の［純粋理性］概念［だけ］である」（KpV, Aka.V103）。

　さて第三の、「神の現存在」（神は現に在します）の要請の問題に移ろう。これについてカントは、「道徳法則によって決定された意志の客観の可能性を制約するものとして」、「根源的存在者」としての「神の現存在を前提すること」が必要となる、という（KpV, Aka.V132f.）。文中の「意志の客観［対象］」とは最高善を意味する。だから同じ個所で、この「根源的存在者」即ち神は「最高善における最上原理」であると説明される。つまりここで要請される神は、最上善とそれに見合った幸福とが前者の後者に対する絶対的優位の下に結合すること（最高善の成就）の最上の制約なのである。いい換えれば最高善の理念が地上に実現するための、必須かつ究極的な制約条件となるものが、神である。

　では具体的には神はどのように最高善の実現を制約すると考えられている

のか。カントによれば神は叡知界（これも理念の一つ、第六節で触れる）における「最高叡知者」であって（KpV, Aka.V126）、次の三つの役割を持つ。まず神は「それだけで allein 神聖なもの」即ち「神聖な立法者［法則定立者］（かつ創造者）」として彼以外の（有限な）叡知者たちに道徳法則を定立して示す。これは最上善の実現の制約である。次に「それだけで幸福なもの」即ち「慈悲深い支配者（そして維持者）」として神は各叡知者の善行為にそれに見あった幸福を宛がう。これは幸福の実現の制約を意味する。最後に神は「それだけで賢明なもの」即ち「公正な審判者」として、有限な叡知者たちの必ずしも善ならざる諸行為を審判する（以上 KpV, Aka.V131Anm.）[18]。

だが神の理念をいざ検討しようとする場合、これまでの他の理念に比して困難が二つある。その一つは、上に見たように神がそれ自体三つの役割を有するとされる複雑さに起因する。二つ目の困難は、この理念の（人間の側から見ての）非主体的な性格からくる。そこで神の理念をめぐるリアリティとアイディアリティについては節を改めて慎重に検討したい。なおその際それらを包括的に検討するのでなく、三つの性格のそれぞれについて個別に確認していくこととする（以下検討順は、先の三つの順番とは異なる）。

四　実践的諸理念のリアリティとアイディアリティ（2）

まず立法神については次のようにいえよう。人間は有史以来何らかの道徳的秩序づけを試みてきたし、それなりに法体系を築いてきた（ノモスの形成）[19]。また人間は自然法則をいわば独力で立派に「立法 Gesetzgebung ［法則定立］」してきた。だがそれらは不純、不完全、不備なものでしかありえないから、ここに完全に純粋で形式的な法則を創出しうる主体を人間とは別に想定したのである。これが立法者（法則定立者）としての神の理念が持つリアリティとアイディアリティである。次に審判神についても同様に、人間はそれなりに裁判制度を頂点として罰の体系を（これもノモスの一環として）構築してきた。だがこれもまたまったく不完全である（というよりしばしばそれ自体が悪となりうる）がゆえに、人間は完全に公正な裁判官およびその執行者を他に想定するのである[20]。——これら二つはともに最上善の実現

の制約であった。そして神の現存在を構成するこれら二つの契機に加えて（すでに検討を済ませた）「霊魂の不死性」と「積極的に考えられた自由」の理念はすべて形式に関わっていた。だからそれらを〈最上善〉実現のための形式的な制約として要請しさえすれば、われわれに〈最上善〉がもたらされると想定することができるのである。

　これに対して第三の契機としての〈秩序神としての神〉は上の神の二つの契機および神以外の二つの理念と異なって、ひとり神のこの契機だけが幸福の実現の制約であるのだから、他と大きく性格を異にするのは当然であろう。その論拠は、秩序神としての神だけが実質に関わった理念であるというところに存する。この点での人間の有限性はいっそう目に見えている。もちろん人間は現実に何がしか幸福といわれる状態を築きえている。これがこの理念のリアリティを支えている。だが幸福を自力で築くことは不確かであるうえに、そもそもすべてのひとにその機会が与えられている訳ではない。まして遂行した善に見あった würdig かたちで幸福を実現するなどということはめったにありえない。さらにましてや、最上善に伴うに相応しい至福をこの地上に成就するにおいてをや。だからこそカントはここに、人間ならぬ神の手を、いい換えれば慈悲深い全能者を要請することにしたのである（アイディアリティ）。

　そこで次に、神の理念の非主体性の問題を検討しよう。もっぱら最上善成就のために想定された霊魂の不死性と自由の理念は、非現実的とはいえそれぞれ人間のこととして語られていた。これに対して神の理念は、神というからにはそもそも人間が主体となるはずがない。ここをわれわれはどう評価（もしくは負の評価）するべきであろうか。が、ここではこの非主体性を第三の〈秩序神としての神〉の契機に絞って考えてみようと思う。というのは、最上善を前向きに目差している限り、その制約としては神以外の他の二つの主体的な理念（〈霊魂の不死性〉と〈積極的に考えられた自由〉）でほぼ十分であり、立法神たる神はいわば論理的に要請されているにすぎないと見なしうるし、審判神たる神は（注18）に述べたように）、カント自身の問題意識としては、主要にはいわば最上善を後ろ向きに見るときに（つまり、善に背いて悪に陥った場合に）要請されてくると見なしうるからである。ところが幸福

の成就のための唯一の制約、いい換えれば実質に関わる唯一の制約、したがって〈最高善の地上における実現〉がなるかならぬかをひとり決する制約となる秩序神はこれを要請の対象から外す訳にはいかず、したがって神の理念の要請における非主体性はいかにしても免れられないのである。

　さて、だが事態がここに至った背景ないし遠因はどこにあったのか。それは『実践理性批判』において前半の「分析論」ではあれほどまでに峻別され、道徳の原理として片方だけが選ばれて他方が徹底的に排除されたところの形式（純粋道徳）と実質（幸福の原理）とが、後半の「弁証論」に入るや否や再び結合されようとするところにあった。まさに弁証論のゆえんである。つまり形式と実質とを「絶対的総体」（前出、KpV, Aka.V107）として結合しようとすることの無理さが根底に横たわっているのである。この点を少し検討してみよう。

　カントは幸福の中身を体系的に述べることはない。なぜなら、「この一般的な allgemein［世間一般に流布する］幸福の認識は純然たる経験の所与に基づいており、そうした幸福に関する各人の判断はまったくもって一人ひとりの考えに依存しており、しかもその彼らの考えたるや、それ自身はなはだ変わり易いのであるから、幸福の原理はなるほど一般妥当的な generell［おおむね妥当する］諸規則、即ち平均的に最もしばしば適合する諸規則を与えることはできるが、しかしけっして普遍的な universell［万有に貫徹する・宇宙に普遍的な］諸規則、即ち常にかつ必然的に妥当するのでなければならない諸規則を与えることはできない」（KpV, Aka.V36）からである。幸福について考察しようとする際に、カントによるこの三重の指摘（圏点を振った箇所）はよくよく考慮する必要がある。第一の「経験の所与に基づいている」からという理由がやはり最重要である。つまり受容された質料（実質）によって幸福の概念を形成する（「認識」する）訳であるが、何がいつどのように受容されるかは常に不確定であり、偶然である。したがって「一般的な幸福」の概念（理念）はどうしてもそれだけ無内容にならざるをえない。第二の制約、即ち個々人によって想い浮べる幸福が違うことと、第三の制約、即ちその個々人の考える幸福の内容が状況の変化につれて変化し易いこととは、第一の経験的な不確実性が二乗、三乗と積み重なることを意味する[21]。

　だから実質つまり幸福は（つかみどころのない）一般概念であって、これ
を理念化してその「客観的可能性」（前出、KpV, Aka.V144Anm.）を保証しよ
うとする場合、いきつくところ、素材としての質料を無尽蔵に（無限に）用
意しておく必要が生じることとなり、個々の感性的人間の主体性をはるかに
凌駕する。これと形式を担う主体たる個々の叡知的人格とを、理念としてで
あっても、そのまま結合することには無理がある。とすると畢竟、最高善の
「客観的可能性」を確保するためには、たとい人間の主体性を放棄すること
になろうとも、どうしてもその無理を一挙に解決してくれる〈無限の実質を
担う秩序神としての神〉の現存在を要請するほかはない、ということになら
ざるをえないであろう[22]。

　とはいえもとに戻って、この神の手による幸福の完成の萌芽は、人間の
日々の営み、人類の手になる生産活動・社会的実践に見られることを忘れて
はならない。既述のように理念としての秩序神のリアリティは幸福を目差す
われわれの日常的な営為のうちに見られた。カントがこれを十分に評価して
いることも第一節で見た通りである（実用実践の位置づけ）。とすればここで
翻って次のようにいえないであろうか。われわれが最高善に近づくために一
歩でも具体的な行為に踏み込むならば、自分（たち）でその実質を処理して
いかねばならないのであるから、そこには神の手ならぬ自然必然性の科学的
認識が必要となる。とすれば、そこでは神の理念による非主体性は後景に退
くであろう。カントは『世界市民的見地における一般歴史考』（1784）の冒
頭で次のようにいっている。「[自分を含めて]ひとが意志の自由を形而上学
的な見地からどのように扱おうとも、意志の諸現象は、即ち人間の諸行為は、
他のあらゆる自然的所与とまったく同様に、普遍的な[とここでは訳す]
allgemein 諸自然法則によって決定されている」（Aka.Ⅷ17）。この自然法則
を人間は理論理性によって認識しうるのだし、さらに〈実践理性の優位〉の
下層の意味（実用実践理性の理論理性に対する優位）において、己れの手の内
で駆使しうるのであった。このように反省してみれば、〈秩序神としての
神〉の想定に免れられない〈人間の主体性の放棄〉という負の評価も、幾分
かは和らいでくれるかもしれない。

　以上で最高善に伴う三つの要請についての、いささか長きに亘った検討を

終えよう。われわれは理念というものの持つリアリティとアイディアリティ
の両契機の絡み合いに思いを向けたはずである。振り返ってみてわれわれは、
現実的な人間の姿を肯定するという観点から、カントの最高善をめぐる学説
と思想の含みもつ積極性を確認することができたであろう。

　さて第一節の末尾で示唆したように（p.194）、われわれは、これまで考察
してきたカントの〈実践理性の優位〉の思想および〈最高善と三つの要請〉
の学説をそのまま**価値論**として読み替えることができるのではないだろうか。
即ちカントの実践的自由論の展開を、そのまま人間をめぐる価値の体系論と
して把握することができないだろうか。以下節を改めて、この視点からこれ
まで以上に大胆に論を進めたいと思う。

五　「定言的」な価値と「仮言的」な価値

　カントにとって明らかであったのは、幸福は「人間が……そもそも何のた
めに人生を送っているのか、また、人間が……人生をできるかぎり快適なも
のにしようと努力してもいいのだ、ということを保証するいかなる価値を自
ら有しているのか」という点をいささかも説明しない、ということであった
（KU, Aka.V442. 意訳）。では「それ自体のみでは絶対にいかなる点でも善では
ない」（KpV, Aka.V111）ところの幸福の原理に、いわば価値を吹き込むもの
は何であろう。この「幸福であるに値すること」（前出、GMS, Aka.IV450）の
ための「不可欠な制約［前提条件］」として語られるものが、『道徳形而上学
の基礎づけ』冒頭に登場する「善意志 ein guter Wille」にほかならない
（Aka.IV393）。これの正式名称は「純粋意志 der reine Wille」といわれる
（GMS, Aka.IV453. KpV, Aka.V30）。端的にいえばカントの価値論では、この（幸
福であるに）「値すること Würdigkeit」たる善意志（叡知的性格）を有するか
らこそ人間に「尊厳 Würde」を語ることができるのである。ところで「諸
目的の国においてはあらゆるものが価格 Preis または尊厳を持つ」のである
が（GMS, Aka.IV434）、事物的存在の「価格」も諸人格の「尊厳」もともに価
値 Wert として一括しうるであろう。それが証拠にカントは、「世界におけ
る人間以外のあらゆる存在」（つまり、すべての事物的存在）は、「世界につい

ての究極目的 Endzweck に関わってはじめて一定の価値を有することができ
る」といっている（KU, Aka.V442f.）。ここでの「究極目的」はいうまでもな
く人格たる人間を指す（KU, Aka.V435f.）。その結果、善意志の主体たる人格
を無条件の究極目的としつつ他の一切がこれに合目的的に秩序づけられた体
系として、価値が語られる。そして、この体系が実現していると想定された
世界が、理念としての「諸目的の国 Reich der Zwecke」（諸目的からなる国）
である（第六節で再説する）。だから、もし人間がこの自由の主体たることを
止めた場合、即ち「傾向性が主体を決定する根拠となる限り、［そのこと
が］……その主体の人格的な価値の評価を壊してしまう」（KpV, Aka.V78）と
もいわれるのである。

　ここまでの検討から、いったん次のように総括することができるだろう。
即ち、カントにおいて「絶対的価値」は道徳的主体たる人格にのみ語られる
のであって（KU, Aka.V109）、他のすべての諸価値はそれとの連関において相
対的な（価値）と形容される、と。だからまずわれわれは、「究極目的」た
る人間を主体的な意味での究極的・絶対的価値と見なすことができる。この
価値こそが〈人間の尊厳〉にほかならない。だがしかしこれと対比的に、客
体的なものの側にも終極的・絶対的価値というものを考えることができるの
ではないだろうか。この発想はカントに即しても許されると思うが、その場
合、客体の側の終極的価値とは何であろうか。

　ここで一つの（一連の）操作を施そう。即ちまず、自由に基づいて語られ
る客体的な価値の内部にも相対的な価値と絶対的な価値との区分を導入する。
そのうえでこの二つを、実践における命法の区別に対応させて《仮言的価値
hypothetischer Wert》および《定言的価値 kategorischer Wert》と名づける
のである。その意味するところを以下に述べよう。

　まず〈仮言的価値〉とは当該の仮言命法の目的であると同時に、他の、一
段高次の仮言命法の手段でもある。そして最終的には何らかの定言命法にそ
の間接的な手段として関わっていく。反対に、他のより低次の仮言的諸価値
（理論認識を含む）をその手段として従えている[23]。要するに〈仮言的諸価
値〉は相対的かつ中間的な価値である（最底辺も含む）。これに対してここで
〈定言的価値〉と名づけられた価値は定言命法における客体が担うものであ

るから、人間の実践の絶対的な目的であって、もはやいかなる他の目的に対
しても手段として位置づくことはない（と一応ここではいっておく）。ところ
で、これが絶対的な概念であるからには、当然カントにとって理念であるほ
かはないのであるが、まさに前節で考察された〈最高善〉の理念こそ、カン
ト自身の提唱する〈定言的諸価値〉が総合された総体的理念であり、した
がってまた、客体の側の終極的・絶対的価値であったといえよう。〈最高善
の地上における実現〉が人間の理性の「共通の原理」（注4）参照）であると
見なされるゆえんはここにある。理論認識を活用した実用実践の〈仮言的諸
価値〉が互いに手段と目的の連鎖を綾なしており、その頂点に純粋実践の
〈定言的諸価値〉が位置づけられ、さらにこれらが最高善の成就に向かって
統括されるからである。この動的連関構造は、われわれが第一節で採用した
広義の〈実践理性の優位〉の原理の論理そのものである。

　さてここで、この価値の諸連関の体系を仮に具象的な形として描いてみる
ならば、ちょうどピラミッドのような造形となるだろう。ただし頂きが複数
あり、それらの標高もまちまちであるような、とはいえ中心に位置する頂点
は一つ際だって燦然と聳えている、というピラミッドになるはずである（こ
れに近い形姿として姫路城の複合天守を思い浮かべられたい）。つまり筆者は、
〈定言的価値〉の複数性を主張したいのであるが、これには読者から疑問が
提出されるかもしれない。確かにカントではひとり〈最高善の理念〉に向
かってすべてが秩序づけられていると考えることができよう。しかし第一に、
彼においても定言命法は様々な局面、様々な領域に発せられるのであるから
（定言命法の複数性）、少なくとも当座における〈定言的価値〉がさまざまに
定立されうると考えてもおかしくないはずである。そのさい善のほかに真、
美、平和、友情、健康、などが候補となるだろう（注23）をもう一度参照さ
れたい）。また第二に、最高善の実現に至る途中で要請される三つの理念を
それぞれ別個の〈定言的価値〉と見なしてもよいのではないか。最高善へと
目的づけられつつも（「制約」としての手段として）、理念という性格からして、
それらは或る意味で絶対的な目的といえるからである。第三に、話を今日の
状況に照らして考えた場合、価値の多様性と対立が事実として顕著である現
実に鑑みて、〈定言的価値〉の数多性を許容しておく方が考え方として妥当

であろう。これらの理由から、いわば〈相対的な定言的諸価値〉というもの
を（矛盾した表現であることを承知のうえで）緩やかに概念してもいいのでは
ないか、と考える。ただし（叡知者たる）人間としてはこれは絶対に実現を
目差してはならないという、いわば定言的反価値については共通認識を持つ
べきだし、持つことができると思われる。ここでいう定言的反価値とは、総
じて、価値の唯一の根拠としての「究極目的」である人間の、存在と自由と
尊厳（価値）を否定するもののことを意味する。

　もういちど具体的に考えた場合、右に挙げたもののほか、近代諸国家の憲
法に謳われている人権思想の諸要素、即ち自由、平等、博愛、さらには、幸
福さえもが（善を前提条件とした）〈定言的価値〉として掲げることができる
であろう。そしてこれらを総和すれば、人間が〈善いもの〉（さらには〈良い
もの〉〈佳いもの〉〈好いもの〉）とするものの総体が浮かびあがってくるであ
ろうし、それらはまた「人間性」という価値に一括することもできるであろ
う。これに対して、〈定言的反価値〉の代表としては、抑圧、貧困、差別、
病気、戦争、侵略、搾取等々が挙がるであろう。

　ここで「健康」という〈定言的価値〉を頂点とする局所的なピラミッドを
考えてみよう[24]。すると、それを構成している中間的な〈仮言的諸価値〉
の（いわば）石材は完全には積み重ねられておらず、ところどころに大小の
空隙が隠れ潜んでおり、したがって「健康」という局所的ピラミッドは常時
いつ崩壊するか分からない危険に曝されていることに気づくであろう。例え
ば、癌の予防法、治療法はまだ満足のいく段階に到達していないことに加え
て、いつ新たな癌が突然変異によって暴発するか分からない、という具合で
ある（パンデミックもまた然り）。とすればこの空隙を埋める作業は人間に
とって義務となる。なぜなら、この空隙の上位にある〈定言的価値〉（いま
の場合「健康」）の実現を目差すことが、われわれにとって一つの定言的な義
務であるからである。いい換えると、〈定言的価値〉を実現するためには
〈仮言的諸価値〉の整備・充実が必須の要件となるのである。

　こうした検討をへたうえで、ここでわれわれは〈実践理性の優位〉の二層
構造的理解を一歩進めて、次のようにいうことができないであろうか。即ち、
事態を逆に見た場合、〈仮言的諸価値〉の支えなくしては最高善への接近は

不可能である、と。つまり純粋道徳が遂行されるためには、その実質を支えるものとして実用実践、さらには理論認識が必須である、ということである。もしこのように捉えることが許されるとすれば、カントの価値哲学のなかで実用実践の占める位置がいっそう重要なものとして評価され直されるであろう。

　かくして〈仮言的価値〉は〈定言的価値〉に先導され律せられ目的づけられるが、反面、〈仮言的価値〉の体系が整備されていくにしたがって、人間の叡知性も現実世界においてよりいっそう豊かに現実化していき、〈定言的価値〉もより高いものへと成長することが可能となると考えられる。われわれはここではカントを少し離れて、〈定言的価値〉といえども静止したままでなく成長（ないし縮退）しうると考えてもいいであろう。過去の歴史において、単に生存権が目差されていた時代から、産業革命、科学革命、政治革命を経て、自由、平等、さらには教育を享ける権利、文明的・文化的生活を享受する権利等々へと人間性の水準が高昇してきたことをわれわれは知っている。これは〈人間の人間化〉、人間の持つ叡知性がより充実したものとして開花していく過程を意味する。もちろんこれと背中合わせに、〈定言的反価値〉を一挙に現実化させる、いわば〈仮言的反価値〉（としての手段）も級数的に蓄積されてきていることを忘れてはならない。

　本節において筆者は、人間が目差す客体的価値を、カントに学んで定言的なそれと仮言的なそれとに区分し、その連関を、広義に理解された〈実践理性の優位〉という構造の下に捉えることを提唱した。

六　「諸目的の国」の理念と価値ニヒリズムとの接点

　再びカント自身に戻ると、カントは最高善が実現している世界を「諸目的の国」（叡知界）として理念化した（GMS, Aka.Ⅳ433、他）。したがってこの「諸目的の国」という理念は、諸理念の総集合体である。つまり一つ一つが究極的なものである諸理念がすべて最高善を目的として合目的的に調和しているという壮大にして超究極的な理念である。だからカントはこれを勝義には「理想 Ideal」ともいう（ibid.）。この「理想」の様相はやはりキリスト教

の天国に多少なりとも類比的であろうし、仏教の極楽ともそうであろう。ま
たどんな意志も、それに則った行為も、道徳法則に反しないという事態は、
「心の欲するところに従えども矩を踰えず」（孔子『論語』「為政第二」）の境
地に通じるであろう。さらにはマルクスのいう「自由の国 Reich der
Freiheit」（『資本論』第三部。この表現自体がカントの「諸目的の国 Reich der
Zwecke」からの変奏であろう）との類縁性も指摘できるであろう。要するに
古来人類が幾万回となく描き続けてきた様々な理想郷のなかで、論理的にも
内的構造からしても最も考え抜かれ整ったものの代表がこのカントの「諸目
的の国」の理念である、といえるのではないか。ところで人間の描く理想は
ことごとく人間自身および人間社会の現実における望ましい側面からの連
想・類推の極限化であることはいうまでもない。カントのこの「諸目的の
国」の理念のアイディアリティの背後にもそうしたリアリティは十分見てと
れた（第三、四節）。

　ここで筆者は、カントの「諸目的の国」の特徴を次の四点にまとめること
ができると考える。第一に、その世界は人間の自由が開花した世界であるこ
と、第二に、その自由はけっして無法則で恣意的なものでなく、法則として
の価値体系を自ら紡ぎだすものであること、第三に、この価値体系は形式と
して行為を決定するのみでなく、実質的な幸福の実現をそのなかに含みこん
だものであること、第四に、その世界は自由な主体たる人格の連帯と共同の
世界として想定されていること、以上である。

　このようにまとめてみると、カントの思想の特性はこうしたきわめて明る
く楽天的な基調にある、と思われてくる。だがわれわれとしてはカント理解
をここにとどめていいであろうか。事態はそれほど目出度くできているであ
ろうか。――ここからは反転して、カントの実践論の体系的な思想に二つの
視点から冷徹な仮説的考察を加えてみたい。

　第一に、それにしてもカントはなぜ人間の、実用実践の自由を超えた叡知
的な自由にこれほどまでに拘ったのだろうか。それはいい換えれば、どうし
てカントは純粋道徳もしくは最高善の als ob 性（理念性、仮設性）をこれほ
どに強調したのか、という疑問である。

　筆者が思うに、実はここには人間存在をめぐる最大の深淵が覗いている。

カント自身がすでに『純粋理性批判』の時点で次のように述べていた。日常的な実践における「目的と手段との連鎖」は、現象世界を貫く原因と結果の必然的・汎通的な連鎖とともに「全体が無の深淵 Abgrund［脱根拠・地獄］へと沈みこむことを避けられない」、と（KrV, A622B650）。少し考えれば分かることであるが、この「深淵」とは価値ニヒリズムの深淵である。ここでいう価値ニヒリズムとは、究極的な価値はどこにもない、とする立場のことである（これを価値ニヒリズムの第一の側面としよう）。ここからは、価値の無政府状態から人類の自滅へ、という道が見透される（これはこれで一つの「永遠平和」となるだろう[25]）。

　思うに、カントはこの価値ニヒリズムと隣り合わせの地点から、彼独自の思想を展開したのではないだろうか[26]。まさにこのときこそ、純粋実践理性の役割が発揮される、と。即ち、カントの価値哲学とは、この価値ニヒリズムからの唯一の脱出口が、人間の持つ道徳的理念の能力としての純粋実践理性への信頼にしか見いだしえない、という呼びかけであったのではないか[27]。とすると、この信頼はもはや一つの信仰であろう。それがカントのいう「純粋な理性信仰」（Religion, VI129）の真意であったのかもしれない。

　しかしこの推測が多少なりとも当たっているとしても、だからといってわれわれはカントの方向性にすぐさま全面的に共感しうるとは限らない。なぜかといえば、当の能力（純粋実践理性）の実在性はまったくの虚偽とはいえないとしても（「いわば理性の事実」）、これへの信頼となると極度に危ういものとなるからである。われわれも己れを振り返って一、二回は「純粋道徳」の貫徹とおぼしき体験を思い浮かべるであろうし、他の周りの例や歴史的事例のなかにもそれらしきものを見いだすことができよう。しかしこれらがまったく幸福の原理、自愛の原理と無縁な、純粋に形式的な（アプリオリな）道徳性にのみよるものだったかと自らに問うとき、あるいは詳細に検討を加えた場合、答えはたちまち自信のない、怪しいものとなる[28]。そこで、カントの〈人間＝性善〉説的な理性への信頼（信仰）の呼びかけにやや疑問の眼差しが向くのである。彼はときに極悪人（これは経験的性格による）ですら人間であるからには、いい換えると叡知的性格の持ち主であるからには、常に自分のなしたことが悪であることを自覚しており、したがっていずれ良

心の疾しさに苛まされたうえで善へと回帰（回心）する可能性が彼にも残されている、と仄めかす（一例として GMS, Aka.Ⅳ454 を見られたい）。これほど現実離れした楽天的な人間観はほかにない、と目を疑うほどである [29]。

　だが再びカントの思索の苦悩の奥底を推測してみると、第二に次のような思いに至る。果して彼は人間の利己心や悪をめぐるそうしたリアリティを霞んだ目でしか眺めることのできない観念的道徳家だったのだろうか、と。筆者にはそうは思われない。このことは、価値ニヒリズムのもう一つの（第二の）側面、即ち人格間の信頼が成立するや否やの問題に関して特にいえると思う。カントは、自分の人間性だけでなく他者の人格に内在する人間性をもわれわれの「諸行為の自由を制限する最高の制約」とせよと述べるとき、他者の人格への信頼の可能性を自明の前提としているかのように思わせつつ（『基礎づけ』GMS, Aka.Ⅳ429f.. いわゆる〈目的自体の法式〉をめぐる件）、他方では、たとい自分以外のすべての他者がまったく定言命法を守らないとしても、ひとり自分は定言命法を貫徹するべきだともいう（同 438f.）[30]。ここには却って彼の徹底した個我主義（結局はしかし形式普遍主義）が見られるのと同時に、他の人格との親密な交わりとか人格間の無償の信頼なるものの諦め、ペシミズムが読み取られるのではないか、と筆者は感じている [31]。そのカントが理念としての叡知界において自由の主体たる諸人格の精神的な交流（連帯）を想定するとき、ひょっとしてそれは、己れのニヒリズムないしペシミズムを回避しようとしたカントの最後の賭けだったのではないだろうか [32]。このことがとりもなおさず、前述した「諸目的の国」の第四の特質（人格の連帯と共同）の真相であったのかもしれない [33]。

おわりに

　前節の行論を総括すれば、カントは「諸目的の国」における〈最高善の実現〉と〈人格間の信頼〉をめぐって、一方で現実の負の状況に圧倒されて経験主義的に二つを断念・放棄するというのでなく、他方でまた人間の本性に起因する二重のペシミズムをキリスト教のような宗教信仰によって慰めることも潔しとしない。即ち、神の国への救済を期待することも立派に一つの他

律の原理であるとして、断固として退けるのである。かといって大胆に価値
ニヒリズムへと論を進めるにはまだ時代が熟していなかった[34]。そこでま
ず彼は、現にわれわれが有しているアプリオリな諸能力、とりわけ「理念の
能力」に依拠して、人間を強固に支配している自愛の原理を律してくれる他
の上位の原理があたかも人間に備わっているかのように思いなすこととした。
ついでそれによって、一方で「幸福であるに値すること」の湧出点としての
個々の人格の「尊厳」を確保し、他方で他者との人格的な交わりを実現しう
る希望を確保することによって、可能な限り最大限の幸福を共同でこの世に
築いていく以外にない、と思い諦めたのではないであろうか[35]。先に筆者は、
カントはなぜ実用実践の自由を超えた叡知的な自由にこれほどまでに拘った
のだろうか、という問いを提起した (p.210)。一つの仮説として、それはカ
ントが価値ニヒリズムの深淵を回避する切り札として、叡知的な自由にすべ
てを賭けるほかはなかったからであった、といえないであろうか。結局カン
トにとって、人間の叡知的な自由とはそうした諦観的希望の最後の拠りどこ
ろだった、と[36]。

　ここでたといそうした諦め自体が、人類に普遍的な類的自己欺瞞（あるい
はいわば超越論的自己欺瞞）の提唱を意味しないだろうか、というさらなる疑
問と批判が投げ掛けられうるとしても、その欺瞞の結果が少しでも現実の経
験世界に実現してくれるのであるならば（例えば世界平和）、それはそれで人
間の「叡知的性格」の、しかも類的なそれの一定の自己実現、自己対象化で
あるとはいえよう。だがそれは常に価値ニヒリズムと紙一重なのだ、という
ことをわれわれは忘れるべきではないであろう。

注

1）この三契機は、カント自身の人間学を構成する「できる können」「べきである sollen」「許さ
　れている dürfen」の三契機と直接には対応しないが、深い連関を持っている（『純粋理性批判』
　A805B833 参照）。ところで筆者は当初より、存在、自由、価値の三契機に第四の契機として「疎
　外」を加えた形で〈総合人間学〉を構想してきたが、「疎外」の契機は直接にはヘーゲル、マル
　クスから学んだ。しかしのちに、カントの自己実現論（本書の書名を確認されたい）自身が疎外
　論の原型となっていることに気がついた（この点は本書第Ⅰ部を読まれた読者にはすでに伝わっ

ていることと思われる)。

2) 本書第Ⅰ部第一章「カントの純粋統覚と物自体」および第Ⅰ部第二章「カントにおける〈身心問題〉の止揚──人間悟性の自己対象科的性格の剔抉へ──」の初出論文がそれである。それぞれの初出については本書「初出一覧」を見られたい。

3) このときキルケゴールの次の言葉がわれわれを思索へと導く。「精神が総合を措定しようとする場合、自由が自己自身の底をのぞきこみながら同時におのが支えを求めて有限性へと手をさしのべるときに、不安が発生する」(キルケゴール『不安の概念』斉藤信治訳、岩波文庫 p.104)。

4) 「やはり究極においては単に一つの同一の理性がありうるのみであって、この理性はただ適用においてのみ区別があるに過ぎないはずであるから、……純粋実践理性は思弁的な理性[純粋理論理性]と共通の原理において統一しているということが[純粋実践理性の批判と]同時に示されうるのでなければならない……」(『道徳形而上学の基礎づけ』序文 Aka.IV391)。この「共通の原理」が何を意味するかについてはこのあとの行論を辿られたい。

5) カントは次のようにいう。「幸福であるということは必然的に、理性的ではあるが有限な存在者の望みである……。というのは、[この存在者にとって]己れの現存在のすべてに満足することは、よもや最初から手のうちにあるというのでなく……、自分の有限な本性自身によって自分に強制された課題 Problem であるからである。なぜなら、こうした存在者は[もともと]不足的 bedürftig[欲求的]であるからである」(KpV, Aka.V25)。強いていえば、これは人間における〈感性の事実〉ということであろうか(ただしこちらには「いわば」はつかない)。つまり人間の傾向性・本性(自然)ということであるが、これはカントにおいて様々に表現されている。「快・不快の感情」(KpV, Aka.V58)、「自愛の原理」(GMS, Aka.IV422)、「自然の他律」(同 453)、「幸福の原理」(ibid.)、「自己幸福の原理」(KpV, Aka.V35)。だがカントはこれをこれ以上に人間の能力の分析から論じることはない。

6) p.189 に引用したが、カントは実用実践を「自由な行動」(A800B828)とも表現をしていた。さらに『実践理性批判』Aka.V19 を参照されたい。

7) カントはこれについて同じ個所で次のようにもいう。「技術的に実践的な諸規則」は「〈原因と結果〉という自然概念にしたがって可能な或る結果を生みだすための」規則であるから、けっして「実践哲学に所属させられてはならず」、「単に系としてのみ理論哲学に数え入れられなければならない」(KU, Aka.V172f.)。ここにはカント的な発想の特徴の一つがよくでていると同時に、〈実用実践の理論認識に対する優位〉という思想の一端が示されている。

8) こうした〈実用実践の自由〉の契機を見落とすと、カントの自由論に見られる不整合を実際以上に問題とするようなことになりかねない。邦人によるカント研究書のなかで優れたものの一つと評価されている矢島羊吉『カントの自由の概念』(創文社 1965、のち増補版・福村出版 1974)がその例である。氏は『純粋理性批判』のなかの「それ自身においては無法則的な自由 die an sich gesetzlose Freiheit」(A569B597)という言葉、および「道徳法則によってはたらかされるとともに制御される自由 die durch sittliche Gesetze teils bewegte, teils restringierte Freiheit」(A809 B837)という表現に着目し(ただし二つの引用箇所の原文提示は筆者)、それに対して「この考え方が、無法則であるような自由意志はありえぬもの Unding であるという『基礎づけ』の言い方[GMS, Aka.IV446]と相いれないことは、いうまでもないのである」と述べる(前掲書 p.35)。ここを根拠として氏は、カントにおいて道徳法則の自由よりもさらに上位に、無法則的に選択的な自由(したがって悪をも叡知的に選ぶことができる)が考えられていたはずであるとして、いわばカントを実存主義的に捉え直していく。これは古来議論されてきた〈無差別な自由意志

liberum arbitrium indifarentie〉の問題に関わる。

　しかし矢島氏が引用している二つの表現は、もとの文脈に戻して読み直してみれば、明らかに〈実用実践の自由〉を意味しており、したがって『基礎づけ』や『実践理性批判』での道徳的自由、即ち純粋意志・善意志の自由と、異なりこそすれ何ら矛盾しない。のみならず上記の引用のうち第二の、「諸道徳法則によってときに動機づけられ、ときに制御される自由」（筆者訳）という言葉を〈実用実践の自由〉と理解するときにはじめて、〈実用実践の自由〉と〈純粋実践の自由〉との関係をカントがどのように考えていたかが明瞭になるのである。即ち前者は動機が傾向性・経験的性格を含んでいるのに加えて、その対象が実質的であり、実質は千差万別で偶然的なものであるために、その自由は「それ自身においては無法則的」であり、第二の引用文に戻していえば、より高次の理性から「単にその形式」の面において、つまり道徳法則によって「ときに制御される」とき、はじめて真の自由が実現されるということである。この点では本章第四節p.203 に引かれている『実践理性批判』Aka.V36 からの引用も参照されたい。そこではカントは「幸福」の概念の不確かさを三重に指摘している。

　全般に矢島氏はカントにおける〈実用実践の自由〉の位置づけを見落としているように思われる。結局氏の理解とは逆に、やはり道徳的な自由の方が「それ自身においては無法則的な自由」（前出）より上位に位置するのである。この点はしかしすでに〈実践理性の優位〉の第二の契機に関係している。

9）ホッブズの「自然状態」（『リヴァイアサン』第十三章、水田洋・田中浩訳、河出書房新社）、またはモランのいう「錯乱したヒト homo demens」（『失われた範列』第三部第一章、古田幸男訳、法政大学出版局）を思い浮かべられたい。あるいは全人類が今現在直面している地球温暖化の問題もこの最適例といえるであろう。

10）ここに引用した文言にある「またできうれば来世の生活の幸福に関して」といういい回しにカント特有の含みが潜んでいる可能性があることについては、第二節 pp.196-197 まで俟たれたい。

11）この衝突はしかし頻繁に起こるとカントが考えていたとは思えない。ましてや純粋な実践と実用実践（および理論的判断）とが常に背反するのではけっしてない。むしろ日常生活においてはいちいち反省せずともたいがいの場合両者は調和しているであろう（注8）に引用された「道徳法則によってときに動機づけられ」とはそういう意味であろう）。だがひとたび両者が衝突する場合は、それが稀であるからこそ決定的な瞬間であって、そのひとが叡知者たるかそうでないかの分岐点となるのである（「ときに制約され」がこれを意味するのであろう）。例えば、職業の選択、結婚する・しないの決意、思想信条の選択等、誰でもほぼ必ず体験する局面、またカントの好きな例でいえば、嘘の証言を暴力的にかあるいは甘言をもってか強要されるなどのかなり偶発的な体験の場面である（一例として『実践理性批判』Aka.V30 を見られたい）。

12）「道徳的に善い人間にあっては、どんな場合でも［彼のなす］諸行為は［道徳］法則を唯一にして最上の動機としている」（『宗教論』第一篇 Aka.VI 30）。

13）カントはこの思想をすでに『純粋理性批判』において表明している。『純粋理性批判』の「弁証論」の本論に入る前の第一章「理念一般について」の途中で、プラトンの『国家篇』を擁護してカントは次のようにいう。「各人の自由が他者の自由と共存しうるようにしてくれる諸々の法律に従っ［てこそ］人間の最大の自由［は実現する］という憲法（最大の幸福の憲法ではない、なぜなら、幸福は必ずや自ずから［この憲法の遵守に］随伴するであろうからである）は……すべての法律［の制定］の際にもその根底に置かれなければならず、……」、と（A316B373）。この文言はプラトンの理想国家考想に合わせて描写されているが、カントとしては同時に読者に自

分の自由論（道徳論）と重ねあわせて読んでほしい箇所であると思われる。つまりまず、途中に「諸々の法律 Gesetze」とあるが、カントとしてはこの言葉を彼の考える（後年の）「純粋実践理性の根本法則 Grundgesetz」をはじめとする諸定言命法の意味にとってほしかったのではないか。ついで括弧書きのなかの、「幸福は必ずや自ずから［この憲法の遵守に］随伴するであろう」という文言は、〈最上善〉には〈それに相応しい würdig 幸福〉が必ずや伴わねばならず、その両者が合わさった状態が（後年の）〈最高善〉の理念に他ならない、と（すでに）語っていると読めるであろう。

14)　『宗教論』にも「この世において可能な最高善 das höchste in der Welt mögliche Gut」という表現を見ることができる（第一版「序文」Rel., Aka.VI 7Anm.&8Anm.）。――つまりカントは、現世における善行為に見合った würdig 幸福を得ることができなかった者（自分であれ他者であれ）のために来世に最高善の成就を理念として想定するのではない。仮にそうであれば、それは常人の来世信仰と何ら変わるところがないこととなるだろう。なお『実践理性批判』に一箇所「最高善（神の国）」という表現が見られるが（Aka.V127）、これは仮にキリスト教の立場に立って考えればそういえる、という譲歩的表現である。

15)　この点については『純粋理性批判』のとくに「自然必然性の普遍的な法則と一体となった、自由の原因性の可能性」（KrV, A538ff.B566ff.）を見られたい。

16)　しかもカント自身が、二段落前に引用した「いわば純粋理性の事実」という文言に続けて、「たとい仮に道徳法則が厳密に遵守されたといういかなる実例も経験のうちに見いだされえないとしても」（KpV, Aka.V47）と留保していたことを真剣に受けとめるならば、事態はさらに深刻となる。これについては第六節を俟たれたい。また本書第Ⅱ部第四章〈研究ノート〉「おわりに」を参照されたい。

17)　『判断力批判』におけるこの叙述よりも前に、カントはすでに『実践理性批判』の「純粋実践理性の根本法則」を提示する箇所で、人間の叡知的性格に根ざす道徳法則のことを「純粋理性の唯一の事実」と呼んでいた（Aka.V31）。この「唯一の」がいま問題にしている「唯一の」と相呼応することは一目瞭然である。ここまで論じてきた『判断力批判』の叙述（KU, Aka.V468）に関しては、さらに本書第Ⅱ部第四章〈研究ノート〉第五節を参照されたい。

18)　カントはここでの神を全体として「道徳神」とするが、それはこの神がカントの理性宗教（つまり道徳的信仰）に基づいて要請される神である、という意味である。ところで第三の「公正な審判者」という性格については『実践理性批判』ではほとんど触れられない。それはこの役割が、悪の義とせられるや否や（罪がイエスによって贖われるかどうか）の場面でのものであるからである。即ち『宗教論』が扱う課題として残された訳である。

　　なおここで、「それだけで allein」神聖であり、幸福であり、賢明である神がなぜ人間の最高善の成就にかかずらうのか、という疑問が出されるかもしれない（人間なんかほおっておけばいいではないか）。しかしここでの「それだけで」は、他のものに依存せずに、の意であって、神が「孤立して allein」自足している存在であるという意味ではない。むしろ神は自力（完全な自律）によってこうした諸性格を体現しているとされるからこそ、その力をさらに他律に悩む有限な存在者（人間）の助力に向けるゆとりがあるのだ、と想定することが可能となる。ここに例えば阿弥陀信仰の発想に通じるものを指摘することもできるであろう。もちろんカントによれば、こうした助力を理念としてでなく実体化して信仰するとすれば、それは人間にとって新たな他律を意味する（KpV, Aka.V41, 127ff. を参照されたい）。

19)　「立法者は習慣づけることによって市民たちをして善たらしめるのであり、……」（アリストテ

レス『ニコマコス倫理学』第二巻第一章、高田三郎訳、岩波文庫 p.71）。習慣とはノモスのことであるから、ここを、「立法者は法律を制定することを通して国民を<ruby>ノモスづける<rt>・・・・・・</rt></ruby>ことによって<ruby>善人たらしめる<rt>・・・・・・</rt></ruby>」と読むことができよう。つまりここで〈習慣づける〉とは〈法律で縛ること〉を意味する。この一連の事情をアリストテレスは十分に理解していたはずである。

20) 筆者のノモス観を述べたエッセイとして、渋谷治美「ノモスとピュシスの弁証法——オペラ『アウリスのイフィゲニア』の演出をめぐって——」（『逆説のニヒリズム』花伝社、所収）を参照されたい。

21) この点についてさらに『実践理性批判』Aka.V36 を参照されたい。またカントは『基礎づけ』で、「幸福は理性の理想ではなく構想力の理想である」、ともいっている（GMS, Aka.IV418）。

22) これを〈魔法の玉手箱〉の、または〈アラジンの魔法のランプ〉の極大無限化、と称することも可能かもしれない。

23) ここでは実践に視点をおいて区分したので、実用実践に使用される限りでの理論認識は当然仮言的価値となる（例えば応用化学）。しかし科学的真理の認識という意味での理論認識自体までもが徹頭徹尾仮言的価値でしかない、というとすれば奇妙であろう（例えば純粋数学、天文学を思われたい）。美についても同様である。これらは元来、人間の有するそれぞれの叡智的能力に直結した所産であるから、換言すれば日常の利害関心を離れた産物であるから、むしろ定言的価値というべきであろう（純粋実践の視点からのものとはまた異なった意味で）。しかしこの点は本章では確認するだけにとどめる。

24) 健康という価値は、それ自体が尊いものである、という意味で確かに一つの定言的価値であるが、また他の定言的価値（例えば幸福）の一つの必須条件ともなっており、いい換えれば、かなり高次のではあれ、やはり一つの（手段としての）仮言的価値であるともいえる。先に〈相対的な定言的諸価値〉と表現したゆえんである。他の定言的価値についても同様のことがいえよう。例外は、客体の側でいえば〈最高善の理念〉であり、主体の側でいえば〈人間の尊厳〉であることはいうまでもない。

25) 『永遠平和論』第一章第六予備条項を参照されたい。そこには「殲滅戦になれば永遠平和はただ人類の大いなる墓地の上にのみ建設されることになるであろう」とある（Aka.VIII347）。この点でホルクハイマー／アドルノの次の指摘は一聴に値するであろう。「カント的オプティミズムの根は、野蛮さへの転落に対する恐怖である」（『啓蒙の弁証法』徳永恂訳、岩波文庫 p.186）。

26) 注8）で述べた批判にも拘わらず、この点で筆者は矢島氏と問題意識を共有していると思っている。

27) 人間の有する理念の能力への注目については本書「あとがき」を参照されたい。

28) この点で鋭くかつ悲観的なアンチテーゼを示しているのが、マーク・トウェイン『人間とは何か』である（中野好夫訳、岩波文庫。注16）も再度参照されたい。

29) この点ではむしろわれわれは、シェイクスピアの悲劇に登場する悪人たち（例えばマクベス、イアーゴゥ、リチャード三世を見よ）、ショーペンハウアーの性格論、ドストエフスキーの小説の登場人物たち（例えば『カラマーゾフの兄弟』に登場する大審問官）から多くを学ぶことができる。さらに本書第II部第二章「カントと黄金律」の注41）を見られたい。

30) 『孟子』「公孫丑章句　上」に孔子の言葉として「千万人と雖も吾往かん」という言葉が紹介されている。カントの心境もこれに近かったのかもしれない。またこれについては『宗教論』第一篇にある人間の相互不信に関する「経験が紛れもなくわれわれの目の当たりに突きつける数多くの実例」の列挙も是非参照されたい（Rel., Aka.VI 32ff.）。

31）周知のように M. ウェーバーは、カルヴィニストが己れの信仰（予定説）を思いつめたあげく、いかに他者に対して精神的に閉ざされた態度を採るに至るかを剔出している（『プロテスタンティズムの倫理と資本主義の精神』第二章一、梶山力・大塚久雄訳、岩波文庫・下）。加えて彼は、カルヴィニズムの倫理観（エートス）とドイツの敬虔主義（ピエティスムス、カント自身の精神的風土）の心情との親近性（と相違）も指摘している。したがって本文で述べた、人格間における親密な交流についてのカントのペシミズムをめぐっては、広く宗教思想史的・社会思想史的観点からの検討が必要になってくるかもしれない。なおこの点については次章「カントと黄金律」第五節で再説する。

32）ここに、注1）で触れた三つの問いのうちの第三の、「私には何を希望することが許されているか」（KrV, A805B833 および 1793.5.4 付 C.F. シュトイトリン宛ての手紙 Aka.XI429）という問いに対して、別の角度からの解釈に道が拓かれるであろう。「私には希望を語ることはここまでしか許されていない」、と。本章の副題も再確認されたい。

33）この推測の延長線上でさらに大胆につけ加えるならば、カントのそうした真意と「諸目的の国」との神妙な関係は、ひょっとすると最晩年の親鸞と阿弥陀信仰との関係に相似的なのかもしれない。というのも、親鸞の最後にして最大の苦悩は、弥陀は本当は御座しまさないかもしれない、という疑惑（これを「誹謗正法」という）にあったと思われるからである。これについて興味のある読者は、渋谷治美「親鸞の阿弥陀信仰の秘密——誹謗正法をめぐって——」（武蔵野大学『心 日曜講演会講演集 第 36 集』2017.4 所収）を参照されたい。

34）われわれはカントからちょうど 100 年後のニーチェを待たなければならない。

35）ここで「諦」という漢字の語義を確認しよう。まずこの漢字は「言」偏に「帝」の字から成っていることから分かるように、人間が言語によって思索することを通して到達しうる〈真理中の真理〉を意味する（仏教で言う「真諦」）。次にこの漢字は訓読みで「あきらめる」と読まれるが、これは「あからめる（明らめる）」という動詞を語源とする。つまり「諦め」とは（よく知られるように）〈明らめられた究極の真理〉が原義である。——すると筆者が思うに、カントはここで諦めることで〈悟った〉のではあるまいか。

36）ここに至ってわれわれは、人間の「叡智的性格」ないし「叡智的自由」というもの自体が一つの理念にすぎないのではないか、という新たな疑問に直面している。さらに極言すれば、人間の「叡智的性格」は実は「経験的性格」に還元されうるのではないか、ということである。いずれにせよカント自身は、本音としては次のように考えていたようである。「人間は自由の理念に従って、あたかも自分が自由であるかのように行為する。まさにそのゆえにこそ eo ipso 人間は自由なのだ」、と（Aka.XXVIII1068. カール・ペーリッツ編『カントの哲学的宗教論』近藤功訳、朝日出版社、p.124）。この点についてさらには、本書第Ⅱ部第三章「カントにおける価値のコペルニクス的転回」第五節、および同第四章「〈研究ノート〉カント実践哲学における演繹の戦術転換とその帰趨」末尾の「付言」を参照されたい。

第二章　カントと黄金律

　イエス（BC4 頃 -AD28）はいわゆる〈山上の垂訓〉の後半で、「何ごとでも、自分にしてもらいたいことは、ほかの人にもそのようにしなさい」と教え諭した[1]。これがのちに「黄金律 the Golden Rule［英］、die Goldene Regel［独］」と呼ばれて今日に至っている（第一節）[2]。他方カント（1724-1804）は、『実践理性批判』（1788）の表現に従うと、「［君が何か行為しようとするときには、］君の意志の格率が、どんな場合にも同時に、普遍的法則定立の原理として妥当しうるように行為しなさい」（KpV, Aka.V30）を道徳法則の「根本法則」とした（第二節）[3]。このカントの倫理学の立場からすると、キリスト教の歴史とともにヨーロッパ社会に（モーセの十戒とならんで）道徳の最上の原理として君臨してきた黄金律は、どのように評価されるであろうか。はたしてカントの根本法則とイエスの黄金律は、結局のところ同じことをいっている、あるいは類縁的なものなのであろうか[4]。この点を検討することを通して、カントとキリスト教との距離を確認しながら、改めてカント倫理学がもつ純粋で過激な特質を照射したい（第三節）。そののち黄金律の胡散臭さを暴くことになるが、その際ルソーがカントと黄金律の両者を仲立ちしたのではないか、という仮説を提示する（第四節）。最後に翻ってカントの倫理学説と黄金律との関係を、人類史的視点から捉え直すことを試みてみたい（第五節）。

　ただし、カントはイエスの黄金律を直接引用するなり名指したうえであれこれ議論している訳ではない（深謀遠慮からであろう——後述）。ではまったく手掛かりがないかというと、多少はある。そうした箇所を中心に、以下検討を進めることにしよう。

一　黄金律のあれこれ

†なぜ「黄金」か

まず最初に、黄金律の普遍性について確認しておこう。

すぐに気がつくのは、「黄金」という形容詞がすでに黄金律の普遍性を代理表象している、ということである。イエスのこの教えがのちに（経緯はともあれ）どうして「黄金」と形容されるようになったのかを推測することはさほど難くない。その心は、金属としての金は、①数多ある金属のなかでも一番尊くまた美しいとされ、しかも②金属としては柔らかいのに硫酸にも溶けないほどにその性質が堅固不変であり、したがって③地球上のどこの社会でも最も信頼される貨幣（金貨、お金）として通用するが、それと同様に、イエスの言葉も数ある道徳規範のうちで、①一番尊く（美しく）、②堅固なのに（揺るぎない）しかも柔軟で（どんな場面にも応用が効く）、③時代を超えて人類社会に普遍的である、ということであろう。とすれば、イエスの黄金律に似た道徳訓がキリスト教の歴史と支配地域に限定されることなく、それを超えて普く人類史を貫き、古今東西、全地球的規模で語られてきたとしても不思議はない。まずそれを確認してみよう。

†黄金律の古今東西

すでにイエスよりも五百年以上も前に（ということは、イエスの事績も『新約聖書』も知らずに）、孔子（BC552/1-479）は「己れの欲せざるところを人に施す勿れ」といった[5]。厳密にいえば、孔子の言葉は否定形、消極的であるのに対して、イエスの言葉は肯定形、積極的であって、二つは同じでない。しかしイエスの方程式（関数）を $y = f(x)$（ただし $x > 0$）とし、この x に $-x$ を代入したものが孔子の格言だと考えれば、二つは同じ発想法（関数）だといえよう（逆に説明してもいいが）[6]。

では釈迦（BC5-4世紀頃）はどうか。彼はイエスより四百年前に（ということは孔子と同様、イエスの存在も言葉も知らずに）、「どの方向に心で探し求めてみても、自分よりもさらに愛しいものをどこにも見出さなかった。そのよ

うに、他の人々にとっても、それぞれの自己が愛しいのである。それゆえに、自分を愛する人は、他人を害してはならない」といったという[7]。この言葉はどちらかというと孔子の言葉に近いが、そのことよりも、なぜ「他者を害してはならない」のかの理由づけを、易しい言葉で正直に語っている点が注目される（自己愛ということ——後出）。

　以下、黄金律に似た言葉あるいは黄金律に通じる文言を、筆者の目についた限りで列挙してみよう。

　アリストテレス（BC384-322）は（ということは孔子や釈迦と同様に、イエスの存在も言葉も知らずに）、「友人にはどのように振舞えばよいかと訊ねられたときには、『彼らがわれわれに対して振舞ってほしいと願うようにだ』と答えた」そうだ[8]。アリストテレスより少しあとに、エピクロス（BC341-271）は、友情について次のように考えていたという。「友情も、助けを必要とすることによって生まれるのであるが、しかしながら、人はまず自分の方から先に相手を助けてやらなければならない（収穫を得るためには、われわれはまず大地に種子を蒔くのであるから）」と[9]。

　そもそもイエスの言葉からして、彼の創作ではなさそうである。第一に、『旧約聖書』「レヴィ記」第19章第18節に、ユダヤ人の神ヤーウェの言葉として、「復讐してはならない。あなたの国の人々を恨んではならない。あなたの隣人をあなた自身のように愛しなさい」とあった[10]。この言葉は、ヤーウェが語りかけている対象がイスラエルの民（ユダヤ人）に限定されている点（引用文中の前の傍点部分）については留保がつくとしても、それでもやはり黄金律に通じる発想をここから読み取ることができるであろう（引用文中のあとの傍点部分）。そしてイエスは『旧約聖書』の律法のすべてに通暁していたのであるから、当然この「レヴィ記」の言葉も承知したうえであのような戒めを語ったはずだ[11]。

　第二に、キリスト教の専門家の研究によれば、紀元前一世紀の著名なユダヤ教学者ヒルレルは、「あなた自身が厭うことを、あなたの隣人にしてはならない。これが律法のすべてであって、他のものはすべてその注釈である」と教えた。有力な解説によれば、イエスはこの消極的な戒め（＝孔子の法式）を積極的なものに読み替えることによってあの垂訓を語ったのだという[12]。

だとすれば、実在のイエス自身は、彼の法式についてそれが、前掲の「レヴィ記」の件を含めて伝承的なものであることを自覚していたであろうし、それについて謙虚であったはずである。——以上、ここまではイエスが生まれる前の話であった。つまり、黄金律はイエスの専売特許でも創作でもなかったことが確認された。

　このあとは紀元後の事例となるが、イエスの言葉を知ったうえで語っているかどうかは事例ごとに明らかであったり不明であったりすることを承知願いたい。

　さてイエスが処刑によりこの世を去って二百年後、或るローマ皇帝が黄金律めいた格言を愛用していたという（ただしそれはイエス版よりも孔子版に近い）。が、これについては論述の都合上のちに取り上げることにする（第三節）。

　時代は下って、あの口さがないラ・ロシュフコー（1613-1680）は「われわれは他人たちを助けるが、それは自分が同じような目にあったときに、彼らがわれわれを助けずにいられないようにするためである」と書いている [13]。ジョン・ロック（1632-1704）は、自然状態は（ホッブズとは異なって）はじめから自然法によって支配されているとしたうえで、その自然法の第一義として、「何人も他人の生命、健康、自由または財産を傷つけるべきではない」を掲げている [14]。ロックのこの著（『市民政府論』）を一読するだけでは、この記述に黄金律の思想が籠められているとは読み取りにくいかもしれないが、置かれた文脈から判断して、彼がここでイエスのあの言葉を背景として語っているのは確実である（内容的には孔子の思想に近い）。

　次にカントが生きたと同じ一八世紀に入って、まずラ・メトリー（1709-1751）は、人道とは「己れの欲せざるところを他人が［己れに］施してくれては困るので、自分も［他人に向かって］してはいけないという、そのしてはいけないことが何であるかをわれわれに教えてくれる感情」である、とする [15]。カントの直前に生きたルソー（1712-1778）は、黄金律を意識したうえで（後述）、「彼ら［他者］の役に立つことをするがいい。そうすれば彼らもあなた方の役に立つことをしてくれるだろう」と教えている [16]。

　ところでロシュフコーとラ・メトリーとルソーの三人に共通するあけすけさ、シニカルなさまは、彼らがフランス系知識人だからだろうか、それとも

近代人だからだろうか（正解は両方だから、であろうが）。この点に眉を顰めて、これらは黄金律でないどころか、その変奏曲ですらないというのであるならば、遡ってエピクロスはおろか釈迦の言葉さえも道徳律から排除しなければならなくなるだろう。

以上、黄金律の普遍性の確認はこのへんまでとしよう[17]。

さてカントは、歴史事実としてこれほどまでに普く人々が尊んできた黄金律に対して、どのような評価を下したであろうか。肯定的にか、それとも否定的にか。――それを検討する前に、そのために必要な予備知識を得るべく、彼自身の根本法則について理解を得ておこう。

二　カントの根本法則とは

† 根本法則を理解するために

根本法則を再掲すると、次の通りである。

「［君が何か行為しようとするときには、］君の意志の格率が、どんな場合にも同時に、普遍的法則定立の原理として妥当しうるように行為しなさい」（KpV, Aka.V30）。

このあとの検討のために原文も示しておこう。

Handle so, daß die Maxime deines Willens jederzeit zugleich als Prinzip einer allgemeinen Gesetzgebung gelten könne.

カントは、この命法がすべての道徳法則の随一の大本（「根本法則」）であることを周到に証明する（KpV, Aka.V19-31）。しかしここではその議論を辿ることはせず、ただちにその成果である根本法則が意味するところを吟味しよう。

最初に、命令されているのが君であることは自明であるが、では「君」に命令しているのは誰なのか。それは、君自身が、である。正確には、君の理

性が、である。即ち、人間に（君に）備わっている叡知的な能力としての（君の）純粋な実践理性が当の生身の人間である君に向かって命令するのである。つまりカントの定言命法（根本法則）は、自分が（君が）自分に対して（君に対して）命令する法式なのである（自律ということ）[18]。

　次に、命令されている「君」とは君一人なのか。表現そのもの、あるいはカント自身のつもりからすると、一人の個人としての「君」に対していわれていることはいうまでもない。だが加えて、複数の個人から構成される個々の集団に対しても呼びかけている（君たち）、否、場合によっては全人類に対しても呼びかけている、と受けとめてもいいであろう。このことは現代の人類が直面している核戦争の脅威や地球温暖化をはじめとする環境問題を考えれば、受けとめ方として大事な視点であろう。

　さて「意志 Wille」とはカントにおいて、人間が感情に任せて前後を省みずに振舞うのでなく、そこに何らかの思慮を加えて自分（たち）の行動を決定することのできる能力をいう[19]。次に「格率 Maxime」とは個々人（ないし個々の集団ないし全人類）が何らかの具体的な行為をしようと意志するときの主観的な方針・信条のことである[20]。——以上で根本法則のうち、（原文でいって daß 以下の）従属文の主語の「君の意志の格率が die Maxime deines Willens」という部分の語の意味が明らかとなった。

　そのあとに「どんな場合にも jederzeit 同時に zugleich」という二つの副詞がくるが、これについては論述の都合上あとに回そう。

　次に「普遍的な allgemein」は、《条件の違いに拘わらずまた時空の違いを超えて共通に》の意味であるが、この形容詞はどこに掛かるのであろうか。原文に照らして形式的にいえば、（「法則」にでも、ましてや「原理」にでもなく）「定立 -gebung」に掛かるといえる。「法則の普遍的な定立」つまり民族、社会体制、時代の違いを超えて「法則を普遍的に定立すること」という意味である。さらにはカントはひょっとして、宇宙に生存する全叡知者に普遍的に妥当するような（法則の）定立の仕方を貫く、というところまで意味させていたのかもしれない。ともあれそうした意味で「普遍的な」仕方で定立された産物としての「法則」も当然「普遍的な」性格のものであることはいうまでもない。

　では「法則定立 Gesetzgebung」とはどういうことか。まず「法則Gesetz」とは二つ以上の事柄の関係式のことであるが、しかも例外がありえない普遍的な関係式のことをいう[21]。次に「定立 Gebung」ないし「制定」とは、人間がそれまでなかったものを（ここでは「法則」を）まったく新たに自ら打ちたてたうえで自らに「与える geben」こと、と理解していいであろう。するとここでの「法則定立」とは（根本法則も含めて）道徳法則としての普遍的な関係式を自ら打ちたてる[22]、という意味となる[23]。

　次に「原理 Prinzip」であるが、カントはこの語を、何かが或る命題を出発点としたうえでその後も遡ってその命題に依存しつづける場合に、その命題をその何かにとっての「原理」という、というほどの意味で使っている。ここでは当然、（個別的な局面における）何らかの法則を普遍的に定立する際の根本指針となる命題、ということになる。

　このあとに続く「として妥当しうるように行為しなさい」の意味は、別の言葉にいい換えて確認するまでもないであろう。

　さて最後に、さきほど検討をいったん保留した、「どんな場合にも jederzeit 同時に zugleich」について考えてみよう。まず jederzeit は邦訳ではこれまで例外なく「常に」と訳されてきた。だがこの訳語だと、この語にカントが籠めたであろう緊迫感が伝わらない憾みが残る。そこで筆者は「どんな場合にも」と訳すのであるが、このほかに、さらに緊迫感を強調して「いかなる状況に立たされようとも」と訳すこともできるだろうし、jederzeit を jeder - zeit と読んで「そのつど」と訳してもいいであろう。つまりひとが物心ついてのち一生の間において、実践的な判断が必要とされるのっぴきならない局面に立たされた場合「そのつど常に」、の意味であると理解していい。カントが用いている例を挙げれば、暴君から甘言と死の脅迫とによって虚偽の証言を強要されてもけっして屈しない、といった状況を考えればいいであろう（『実践理性批判』Aka.V30）。

　次に「同時に zugleich」にはどういう意味合いがこめられているのだろうか。文章からすぐに読み取ることができるのは、或る命法が格率として働くと「同時に」、「普遍的法則定立の原理」としても妥当する、ということである（注20）を再度参照されたい）。前者は〈主観的〉といわれ、後者は〈客観

的〉といわれる。二つの働き方がいわば横に「同時に」並立する、と受けとめるのである。だが或る命法がこの二つの任を兼ねるということ自体には、単に横並びに並立するという以上の何か別の意義がこめられているのではないか。着眼するべきは、その格率が格率として働く行為の地平と、それが原理として（も）働く地平とが同じ地平かどうかである。当然ながら行為の地平はつねに経験世界である。だが（君の）意志の格率が「同時に」「普遍的法則定立の原理として妥当する」地平とは、「普遍的な法則定立」といわれていることからも分かるように、叡知界である。——つまりこのとき、「経験世界」と「叡知界」とがいわば縦に「同時に」重ねあわさるのである。さらにこれをいい換えると、君が当の行為をなすとき、君は君自身の経験的性格と叡知的性格とを「同時に」体現しなさい、ということである。したがって「同時に」という副詞は勝義には、こちらの重ねあわせを明示する任を負わされているのではないだろうか。この事情をもう少し敷衍しよう。

　人間は一方で、喜怒哀楽の感情や様々な情念（例えば物欲、名声欲）をもつことから明らかなように、感性的な性格を有しているが、他方で、数学の定理が理解できたり、感性的には到達できない「無限」とか「永遠」とかを考えることができたり、何よりも純粋な道徳を（ごく稀にではあっても）命と引き換えに守り通すことができることから分かるように、叡知的な性格をも併せもった存在者（生きもの）である。そのようにカントは人間の本質を捉えている。だが人間は放置しておくと、叡知的性格の方を疎かにして感性的性格（≒動物性）にだけ身も心も委ねてしまいがちである（快・不快の原理、自愛の原理を意志の第一決定根拠とする）。そこでカントは道徳の根本法則を提示するときに、人間が何らかの行為をしようとする際その行為に感性的性格が付きまとうことは前提として認め是認しつつ（つまり「君の意志の格率」にはつねに必ず君の感性的性格が原理として「主観的に」浸透しているということ）、そこに「同時に」自分の理性を主導的に（優位に）働かせることによって叡知的性格をも自覚しなさい、それも、ときおり「同時に」というのでなく、「どんな場合にも」「同時に」自覚しなさい、といっているのである。——カントがこの「どんな場合にも」「同時に」の二語に籠めたこうした峻厳な思想をわれわれは見落としてはならないだろう[24]。

　以上で根本法則に出てくる一つ一つの語の意味を確定する作業を終わりとする。しかし多くの読者にとってはこの時点でもなお、根本法則が全体として何をいおうとしているのか、具体的な行為においてどう判定されるのかが判然としないままであろう。そこでこのあとその点を解きほぐしていきたい。

†具体例による吟味

　例えば、君が春の花見に出かけたときやハイキングの途中で野ユリを見つけたときに、《こういうときはだいたいいつも、ちょっと桜の小枝を折り取って、あるいは野ユリを一本根元から切り取って記念に持ち帰る》を自分の格率（行動方針）とする、と意志したとしよう（この例については以下、君・一個人のこととする）。君がこうした格率を抱くのは（先述したように）君が感性的な人間であるかぎりでの話である。〈感性的人間であるかぎり〉とは、いい換えれば、快・不快の感情を原理として行為するということである。この例でいえば、どうしてそのような格率を意志するに至ったかの理由としては、単にきれいだから数日でも自室で観賞してみたいからとか、会社のオフィスに挿して仕事仲間を喜ばせたいからとか、介護施設に入って寝たきりの母親に見せてあげたいから、等々さまざまでありうるが、すべて大括りで快・不快が原理となっているといえる[25]。

　さてこうした快・不快の感情に根ざした、（その意味でも）主観的な格率が、「同時に」「普遍的な法則定立の原理として」も妥当することができるかどうか、とはどういうことか。カントはあくまで形式的に考えを進めるのだが、簡単にいえば、その（個人的にも主観な）行動方針を、君が同時に純粋で叡知的な（客観的に普遍的な）法則とも見なすことができるか、ということである。さらに平たくいえば、さしあたってはこの自分（自分が属する集団、われわれ人類）にしか通用しない行動方針を、すべての他者（他のすべての集団、宇宙に存在するであろう人間以外の他のすべての叡知的存在者たち[26]）がやはりそれぞれの主観（主体）的な行動方針（格率）として採用したと想定して（＝仮に普遍的な法則に見立てたとして）、さてその結果事態はどうなるかを、理性を働かせて熟慮して見よ、ということである。これがとりも直さず、形式的に考えるということを意味するのであり、このとき、君は叡知者として

判断するのである。その結果もし何ら不都合をもたらさないようであれば、元へ戻って、君が採用しようとしている具体的で「主観的な」行動方針（格率）は道徳的に「善」と認められる。逆に不都合な結果（自己否定的な結論）が帰結するならば、元へ戻って、君が採用しようとしている格率は道徳法則（根本法則）に反する「悪」と認定され、行為における意志決定の第一原理として採用してはならない、となる。

　では上の例はどうなるか。君に加えて君以外のすべての花見客が（無限にいるであろう宇宙的叡知者たちも）花見のつどに、ちょっと失敬、といって小枝を持ち帰ったとしたらどうなるか（ここでは人間以外の叡知者たちが生存している他の天体にも桜が咲くとしよう）。容易に推理できるように、たちまちのうちに各地の桜の名所の小枝は皆無となり、数年後には花見そのものが成立不能となるであろう。つまり君の格率は自己否定され、したがってその結果、普遍的に法則を定立する原理として妥当することができないことが明らかとなるのである [27]。つまり何か行為しようとするときに、いちいち（「どんな場合にもそのつど」）根本法則に照らして、ということは自分の純粋実践理性を働かして、それでいいか、と一瞬反省してみなさい（この反省の瞬間が「同時に」をもたらす）、ということである [28]。

　以上でカントの根本法則の字句的および内容的な解明を終えよう。ではカントに特有なこうした発想と、「何ごとでも、自分にしてもらいたいことは、ほかの人にもそのようにしなさい」というイエスの黄金律は、同じであろうか。右に例として用いられた花見または野ユリをめぐる格率が「悪」として退けられるのは、むしろ人情からすると黄金律に反しているように見える（「私はひとからお花をもらうとうれしいから、ひとにもそうしてあげたい」）。ということは、両者は（常にではないにしても）善悪の判定が逆になりうる関係にあるといえる [29]。——ということで、次節ではカントはどのように黄金律を批判するのかを見ていこう。

三　カントの黄金律批判

†ローマ皇帝の愛用句を身代わりとして批判

『道徳形而上学の基礎づけ』（1785）の第二章の〈他者に対する義務〉を論じている段落に、比較的長い原注が付せられている。ところで黄金律も〈他者に対する義務〉を語っていた。これがこのあとの解明の伏線となる。さてその原注で、カントは次のように語り始める。「ここで［〈他者に対する義務〉という点で］陳腐な、〈自分がされたくないことを云々〉が、規範や原理として役に立ちうるなどとゆめゆめ考えてはならない」（Aka.IV430Anm.）。「陳腐な trivial」と形容された傍点部分の格言の全文は、「自分がされたくないことを他人にするな」というものであって、これはフーゴー・グロティウス（1583-1645）によれば、ローマ皇帝マルクス・アウレリウス・セヴェルス・アレクサンデル（208-235, 在位 222-235）の愛用句だったという。第一節で、のちに取り上げる、といった格言がこれである。すぐ分かるように、これは孔子の格言と同値である（否定形の法式）。

ここにはカント特有の偽装（カムフラージュ）が施されていると推測される[30]。まず、格言の全文を引用せず、また皇帝アレクサンデルの名も示さずに曖昧に持ちだしている筆法からして、その先の真の標的をぼかしているのであるが、とはいえここは批判の標的がイエスの黄金律（肯定形）であることは見え透いているのではないか。この推測が当たっているとすれば、カントはイエスの黄金律のことを「陳腐な［格言］」といい捨てたうえに、これが普遍的な道徳規範として役に立つなどと考えてはならない、と断定しているのである[31]。

続けてその理由を、ユーモラスな皮肉も交えて四重に述べる（〇で囲んだ数字は筆者）。「なぜなら、①この文句は、あれこれの制限つきであるが、前述の実践的命法から派生したものにすぎないからである[32]。つまりこの文句がけっして普遍的な法則たりえないのは、②〈自分自身に対する義務の根拠〉を含んでいないからであり、③〈他者に対する愛の諸義務の根拠〉を含んでいないからである[33]（……）、④最後に、〈［この格言を］どちらも［君

も相手も］守らねばならないという双方向の義務の根拠den⁴ Grund der schuldigen Pflichten gegeneinander〉を含んでいないからである」(ibid.)。

　注32)で確認したように、①にある、黄金律がそこから「制限つき」で「派生した」とされる「前述の実践的命法」とは、「目的自体の法式」であった。これは次のような命法である。「［君が何か行為しようとするときには、］君の人格および［その行為に直接間接に関係する］あらゆる他者の人格のうちに内在する人間性を、どんな場合にも同時に目的として扱い、けっして単に手段としてのみ扱わないように行為せよ」(Aka.Ⅳ429)³⁴)。とすれば当然ながら、②から④にかけて黄金律が「含んでいない」といわれている「根拠」が、この「目的自体の法式」のなかに含まれているはずである。その箇所を厳密に抽出するならば、「君の人格および［その行為に直接間接に関係する］あらゆる他者の人格のうちに内在する人間性を、どんな場合にも同時に目的として扱い」の部分であろう。つまり、黄金律が道徳規範と仮にもいえるためには、自他の「人格のうちに内在する人間性」を「目的」として行為せよ、という、いわば〈理性の声〉としての「根拠」が前提されていなければならないのである。しかるに、確かに「何ごとでも、自分にしてもらいたいことは、ほかの人にもそのようにしなさい」という黄金律の文言のなかには、この根拠がほんの仄めかしとしてさえも語られていない。この点だけからして、それがどうして義務といえるのか、の「根拠 Grund」を「含んでいない」黄金律には、「道徳の根本法則 *Grund*gesetz」(イタリックは筆者)を名乗る資格が欠けている、とカントはいっているのである³⁵)。この限りでカントの論法は筋が通っている、と誰もが認めざるをえないであろう。

　これに加えてカントは、右の理由を述べる途中の括弧書きのなかで、「というのも、他人に善行を施さなくても済むのでありさえすれば、他人が自分に善行を施す義務はないということを喜んで認める、という者はたくさんいるであろうからである」(ibid.)と軽妙な皮肉を放っている。これには誰もが苦笑いをしながら、その通りだな、と頷かざるをえないところである。さらに追い打ちをかけるように、カントは原注の末尾を、「というのは、犯罪者がこの理屈［皇帝マルクス・アレクサンデルの愛用句］を盾にとって、彼を罰する裁判官に議論を吹っ掛ける［自分がされたくないことを他人にしていい

のか]、等々といったことが起こるだろう$\overset{\cdot}{か}\overset{\cdot}{ら}\overset{\cdot}{で}\overset{\cdot}{あ}\overset{\cdot}{る}$」（ibid.）と締めくくる。
——二つの機知に富んだ揶揄が二つとも「からである」（傍点）で終わって
いることが意味しているのは、いうまでもなく、だから黄金律は普遍的法則
となりえないのだ、ということである。だが第二に見落してならないのは、
どうしてこれらの反証例が反証例になりうるのかを考えてみれば分かるよう
に、黄金律の基礎には$\overset{\cdot}{利}\overset{\cdot}{己}\overset{\cdot}{的}$な$\overset{\cdot}{自}\overset{\cdot}{愛}$の原理が$\overset{\cdot}{横}\overset{\cdot}{た}\overset{\cdot}{わ}\overset{\cdot}{っ}\overset{\cdot}{て}\overset{\cdot}{い}\overset{\cdot}{る}$、とカントは指
摘している点である。確かに第一節で取りあげたエピクロスやロシュフコー
ほかの諸例を振り返ってみれば確認できるように、理由として語られるのは、
露骨に見返りを期待する利己的な打算ばかりであった（釈迦の言でさえもそ
れに近い）[36]。

　ここでここまでの分析から読み取られうる限りで、カントの黄金律批判の
核心を手短かにまとめるとすれば、黄金律の本質は（一見そうは見えないの
であるが）、それが$\overset{\cdot}{仮}\overset{\cdot}{言}\overset{\cdot}{命}\overset{\cdot}{法}$である（でしかない）、というところにあるので
あり、ゆえに黄金律は、前節で検討した道徳の根本法則（「君の意志の格率が
云々」）に照らすと、けっして$\overset{\cdot}{定}\overset{\cdot}{言}\overset{\cdot}{命}\overset{\cdot}{法}$たりえない、ということである[37]。

　では仮言命法としての黄金律につきまとう条件節を最も$\overset{\cdot}{一}\overset{\cdot}{般}\overset{\cdot}{化}$して表現す
るとすれば、どういうものになるか。それは、「$\overset{\cdot}{仮}\overset{\cdot}{に}$君も他者もさしあたっ
て感性的な存在者として$\overset{\cdot}{の}\overset{\cdot}{み}$振舞おうとし、ひたすら$\overset{\cdot}{自}\overset{\cdot}{愛}$の原理にしたがっ
て感性的な幸福$\overset{\cdot}{の}\overset{\cdot}{み}$を願うとする$\overset{\cdot}{な}\overset{\cdot}{ら}\overset{\cdot}{ば}$」ということであろう。この「仮
に」の条件の下では当然黄金律は相当ていど有効に働くのであるが、逆にこ
の「仮に」という条件が当てはまらない場合、つまりカントのいい分に立っ
ていえば、人間が「同時に」自他を叡知者とも見なしつつ行為する場合には、
$\overset{\cdot}{黄}\overset{\cdot}{金}\overset{\cdot}{律}\overset{\cdot}{は}\overset{\cdot}{道}\overset{\cdot}{徳}\overset{\cdot}{の}\overset{\cdot}{最}\overset{\cdot}{高}\overset{\cdot}{原}\overset{\cdot}{理}$（ないし$\overset{\cdot}{最}\overset{\cdot}{深}\overset{\cdot}{の}\overset{\cdot}{根}\overset{\cdot}{拠}$）として$\overset{\cdot}{ま}\overset{\cdot}{っ}\overset{\cdot}{た}\overset{\cdot}{く}\overset{\cdot}{通}\overset{\cdot}{用}\overset{\cdot}{し}\overset{\cdot}{な}\overset{\cdot}{い}$、
ということである。結局カントにおいて黄金律は、何らか快・不快の感情に
帰着するような現世的な幸福だけを願っているかぎりの複数の人間同士のあ
いだにおいて$\overset{\cdot}{の}\overset{\cdot}{み}$妥当する$\overset{\cdot}{経}\overset{\cdot}{験}\overset{\cdot}{則}\overset{\cdot}{的}$な道徳規範として位置づけられるのであ
る[38]。

　以上の検討から明らかなように、確かにカントはイエスの黄金律を、道徳
律の普遍性という最も本質的な視点から厳しく批判している。その視点に
立っていえば、彼の**根本法則**は、それがイエスの**黄金律への批判**ともなって

いると読んでこそ、はじめてその意義の全容が明らかになるといっても過言
ではないだろう。

† 倫理か宗教か

　ここでカント倫理学の厳格さ、そこからくるキリスト教に対する姿勢を別
の角度から念押ししておこう。一言でいえば、カントにとって宗教よりも道
徳（人間の叡知性）が優先的な地位を占める、ということである。つまり彼
によれば、宗教とは神が人間に授けた（ないし恵んだ）もの（こうした宗教信
仰をカントは「啓示宗教」ないし「教会信仰」という）ではなく、どこまでも
究極・絶対を追求しようとする人間理性の関心と人間存在（人生・社会・歴
史）をめぐる種々の限界・有限性・ままならなさとの絡み合いが生みだした
理念体系なのだ（これを理性宗教ないし道徳的信仰という）。彼はすでに『道徳
形而上学の基礎づけ』の或る箇所で、「われわれはいったいどこから……神
の概念を得ているのだろうか。それはまさに、理性がアプリオリに道徳的完
全性について描く……理念からである」（GMS, Aka.Ⅳ408f.）と述べていたし、
晩年の『単なる理性の限界内における宗教』（1793）のなかでは、「この［自
分が提案する］純粋に道徳的な信仰だけがいかなる教会信仰にあっても本来
の宗教の本質をなすのである」（Rel., Aka.Ⅵ112.）と断定している。

　以上でカントの黄金律批判の概要を得たとしよう。次に節を改めて、カン
トの根本法則の厳密さを際立たせるために、本節で見た自愛性・利己性の延
長線上に、黄金律につきまとう決定的な脆弱さを照らしだしてみたい。

四　黄金律の脆さ——ルソーを手がかりに——

† ルソーの黄金律批判

　イエスの黄金律とは、「何ごとでも、自分にしてもらいたいことは、ほか
の人にもそのようにしなさい」というものであった。筆者の知る限り、この
もののいい方に潜む胡散臭さをカントよりも前に鋭く抉りだしたのはルソー
である。そこでしばらく彼の黄金律批判を見てみよう。

　ルソーは『エミール』（1762）の或る箇所の原注で次のように切りだす。

「〈他人にしてもらいたいと思っていることを他人にもしてやれ〉という教訓
も、良心と感情のほかには本当の根拠をもたない」（ルソー前掲書（中）p.312）。
ここに引用されている「教訓」は紛れもなくイエスの黄金律を指す。そして
これは「良心と感情」に「根拠」を持つが、それ以上（例えば理性）には根
拠を持たないのだ、とルソーは断じている。続けて彼は次のようにいう。
「［私が］この格率を完全に忠実に守ることによって、他人にも私に向かって
それを守らせることができるようになると誰が責任をもっていうことができ
るのか。悪人は……自分を除いて世の中のすべての人が正しい人であれば大
いに結構なことだと思っている。こういう取りきめは、人が何といおうと、
善良な人間にとってたいして有利なことではない」（pp.312-313）。ここから
はルソーの人間嫌いぶりを読み取ることも可能であるが [39]、それにしても
現実の人間関係の一面を活写しているといわねばならないであろう。

　続いて「けれども、［仮に百歩譲って］溢れでる魂の力が私を私と同じ人
間［他者］に同化させ、いわば私をその人のなかに感じさせる場合であって
も、［実は］その人が苦しんでいることを欲しないのは、自分が苦しまない
ためなのだ。私は自分に対する愛のために、その人に関心をもつのだ」とい
う（同）。ここのルソーのいい分は、第一節で紹介した彼自身の言葉（p.222）
と矛盾しないのは当然として、他のさまざまな先人の言葉のほとんどと通じ
あっている（釈迦、エピクロス、ラ・ロシュフコー、ラ・メトリー）。その通じ
あう原理は、自己愛 amour de soi（仏）にある（後述）。そこでルソーは、
「自然の掟の教え［黄金律］が単に［純粋に］理性に基づいているというの
は正しくないと結論する」。——ここまでは、前節で確認したカントの黄金
律批判とぴたりと一致する。

† 黄金律は誰も守らないか
　さてルソーの慨嘆はどこにあったか。上に引用した原注の比較的はじめの
方で、ルソーは、「［私が］この格率を完全に忠実に守ることによって、他人
にも私に向かってそれを守らせることができるようになると誰が責任をもっ
ていうことができるのか」（再掲）とあった [40]。ここを手がかりにして、黄
金律の脆さを改めて列挙してみよう。

（ⅰ）私は他者が私に望むことをその他者に対してしてあげるとしても、
　　同じことを私がその他者に望んだとき、その他者からしてもらえない
[41]。
（ⅱ）私は他者が私に望まないことをその他者に対してしないとしても、
　　同じことを私がその他者に望まないとき、その他者からされてしまう。

　——以上（ⅰ）（ⅱ）がルソーの慨嘆するところであった。つまり、他者
が黄金律を守るという保証はどこにもないのである（悪いのは他者である）。
卑近な具体例としては、大学の授業の講義ノートや配布プリントを貸し借り
する約束をしても、私はまめに講義に出席してノートやプリントをいつも相
手に貸してあげるのに、相手は分担を約束した授業に一回も出ないで私を少
しも助けてくれない（（ⅰ）の例）とか、私は商売のうえで取引先を裏切った
ことはないのに、私はしばしば売上金を踏み倒される（（ⅱ）の例）とか、は
たまた、私は他者を殺そうと思ったことは一度もないのに、他者からいきな
り殺されてしまった（同）、とかが考えられる。
　次に、ルソーのいい分の裏返しとして、

（ⅲ）私が他者に望むことを他者は私に対していつでもしてくれるとして
　　も、同じことをその他者が私に望んだとき、私はそれをしてあげない。
（ⅳ）私が他者に望まないことを他者は私に対してけっしてしないとして
　　も、同じことをその他者が私に望まないとき、私はそれをしてしまう。

　——つまり、私が黄金律を守らなければならない義務（強制力）はどこに
もないのである [42]（悪いのは私である。具体例は略）。
　その他（ⅰ）（ⅱ）（ⅲ）（ⅳ）が交錯する例が多数ありうるし現にあるだろ
う。その極例は、私も他者も互いに相手に対して（いざというときに）黄金
律を守らない、という組合わせであろう。ところが皮肉なことに、この場合
が互いにとって一番平和なのかもしれないのだ [43]。
　だがこうした人間関係とは一体何であろうか。他者を信頼せず、他者から

も信頼されない人間関係とは、むしろ「人間無関係」の関係（孤立をよしと
する主義）、あるいは「人間疎外」の関係と呼ぶべきではないか。ともかく
イエスの黄金律に対するルソーの批判は、人間関係の実情が圧倒的にこれら
四つの型に近いことを熟知したうえでのものであったことは間違いない。

　ここで遡って、最初に本章 p.220 で確認した黄金が備える三つの特質に照
らして「黄金」律を再査定してみると、実際には、①〈一番尊い〉の点でむ
しろ蔑まれ、②〈柔軟で堅固〉の点で頼りにならず、③〈普遍的〉の点で誰
も守ろうとしない、となってしまう。こうして黄金律は「黄金」律などでは
さらさらなく、むしろいうならば、狸が兎に騙されて乗せられた泥舟ならぬ、
「泥」律であったというべきであろう[44]。

†ルソーとカント

　ではルソーは黄金律を捨てて、別の（理性的な）道徳原理を提唱したので
あろうか。ところがここでルソーは（カントの立場からすると奇妙にも）一転
して、次のようにいう。「それ［黄金律］には［理性よりも］もっと強固で
確実な基礎がある。自分に対する愛［先述の自己愛］から派生する〈人々に
対する愛〉が、人間の正義の原理である。倫理学全体の要約は、福音書のな
かの掟の要約［黄金律］によって与えられている」（同）。——この着地の仕
方は、カントの道徳学説とは百八十度真逆である（面白いことに釈迦とほとん
ど同じ理由づけである）[45]。がこれはこれで、われわれに或る方向性を与えて
くれているともいえる（第五節で再論）。

　以上検討してきたルソーの黄金律評価がわれわれに示唆するのは、カント
は黄金律の弱点をルソーから学んだのではないか、ということだ（『エミー
ル』の出版は 1762）。そしてルソーとは異なって、その後黄金律に代わって、
自己愛よりも「もっと強固で確実な」（上記引用文）道徳的基礎を探求する道
を歩むことになった。それが『道徳形而上学の基礎づけ』（1785）から『実
践理性批判』（1788）にかけての道であるが、それは実際たいへんに険しい
道程であった[46]。その苦闘の末にようやく得た成果が、われわれが第二節
で検討した「純粋実践理性の根本法則」であったのであろう。

　以上で黄金律の脆さの検討を終えることとする。果たしてイエス本人は自

分の言葉に潜むこの原理的不安定さと現実的脆弱さを知ったうえで、あのように語ったのであろうか。仮にそうだとしよう。実は問題はそこからだ。イエスが、上記のような人間の信用ならない性を踏まえたうえで、諦めと紙一重のところで「何ごとでも、自分にしてもらいたいことは、ほかの人にもそのようにしなさい」と呼びかけたのだとして、その後奇跡が起こり、万人が突然この黄金律を例外なく守り始めたとしよう。いい換えれば、一人も裏切る者がいなくなって、ルソーの心配（とイエスの心配）がすべて消し飛んでくれたとしよう。だが、それで問題は解決するのであろうか。――実はこの局面でこそカントの黄金律批判の真価がいっそう輝きだすのである。それは、たとい万人が黄金律を尊重しながら行為するとしても、その原理が依然として自愛に置かれている以上、やはり黄金律は道徳の根本法則と呼べないのではないか、というのがカントの主張だからである。ともあれカントの黄金律批判はこのように二段仕掛けになっており、どこまでも厳しい批判なのだという点をここで確認しておこう。

五　黄金律か、根本法則か――人類史的視点から――

† 黄金律も捨てたものではない、か

　以上、黄金律とカントの立場を対照させながら検討してきた。最後に、われわれは対立する二つの道徳観を人類史の視点からどのように受けとめればいいのか、片方を選び他方を捨てるのか、それとも二つの立場の棲み分け的共存の可能性を探るのか、について少しく試考しておこう。

　ここで突然だが、ジャック・デリダの〈最初は二度目だ〉という鬼面人を驚かすもののいい方を参考にして考えてみたい[47]。これに基づいて考えてみたとき、ひょっとして次のようにいえないだろうか。即ち、理念としての純粋道徳をいわば虚点（現実にはどこにもない０［ゼロ］）と見なすとして、これが実際に発動する最初の段階（１）において、すでに不純だ、と。つまり「純粋」とは統制的原理であって、実在ではないのだ（デリダもこれをイデアと呼んで批判的に論じている）。カントの道徳の最高原理としての「根本法則」は理念であって[48]、つまり「純粋理性概念」である以上、デリダ風

にいえば「存在しない」のだ（0）⁴⁹⁾。——これに対してイエスの黄金律は、初発の《再・現前》（最初の二度目ということ）の道徳律として実在するが（1）、したがってすでにはじめから「不純」（再現・再演）であるのは止むをえないのではないか、と。その不純さはどこからくるかといえば、〈自己愛〉からである（ルソー）、ということになるであろう。

　批判期から晩年にかけてのカントは、人類の歴史を、（α）技術的熟練化 Kultivierung（開化・文化化、技術革新）の段階から（β）市民的洗練化 Zivilisierung（市民化・文明化・共和体制化）の段階をへて（γ）道徳的完成化 Moralisierung（世界市民思想の普遍化・道徳化・永遠平和）の段階へ、という壮大な三段階の展開過程として構想していた⁵⁰⁾。その構想のなかで、（β）の市民化期における「利口 Klugheit」（他者を自分の幸福の手段として利用すること）という対他者戦略を、文化から道徳への飛躍の橋渡し役として一定程度評価する⁵¹⁾。ここでルソーのどんでん返し的な黄金律評価を思い出してみよう。ルソーは、「それ［黄金律］には［理性よりも］もっと強固で確実な基礎がある。自分に対する愛［先述の自己愛］から派生する〈人々に対する愛〉が、人間の正義の原理である」（再掲）といっていた。すると、はじめから不純な、自愛に基礎づけられた様々な市民社会的ノモス（規範）のうち（比較的に）最良・最適のもの（いい換えれば、文明期から道徳期に飛躍するに手段として最も役だつ対他者関係式）がイエスの黄金律ではないだろうかと、ルソーに依拠して改めて位置づけ直すことはできないだろうか。即ち、黄金律のいい加減さ⁵²⁾をカント（ルソー）とともに自覚しながら、しかも黄金律で橋渡ししていくしかないとルソー（カント）とともに諦める、と。

†カントの孤高

　とはいえ、カントの根本法則とイエスの黄金律のこうした形での人類史的共存ないし歴史的妥協をカント本人に提案したら、どう返答されるだろうか。手がかりは『人間学』§43（および§59）にある。そこでカントは、道徳を自ずと完全に遵守する境地を指す理念を「賢知 Weisheit」と呼び⁵³⁾、そこに導いてくれる格率を三つ挙げている。

「（1）自分で考える。

（2）（他者と交流する場合には）自分を一人一人の他者の立場に移しかえて考える。

（3）どんな場合にも自分自身に矛盾するところがないように考える」（Aka.Ⅶ200&228）。

「賢知」へと導くこれら三つの格率については、二つのアンビヴァレントな（相反評価的な）観点から考察されうるだろう。第一に、（2）はたしかに黄金律に通じる（先述のルソーの自己愛の論理の丸写しともいえる）。つまり、カントが「賢知」の形成に必須の三つの格率の一つとしてこれを挙げているという事実から判断すると、カント自身が黄金律を前述の（γ）、つまり人類史の究極段階としての〈道徳的完成化〉に至るに必須の契機として認定していたということになる。そこからすると、さきほどの、カントの根本法則とイエスの黄金律の共存の提案は、カントによって受諾される可能性が高いと期待されるであろう。

　しかし第二に、並び方を含めて三つをもう一度よくよく眺めてみれば、重みとしては黄金律を示唆する（2）よりも、これを前後から挟んいる（1）と（3）の理性重視の方が圧倒的であることが判然としてくる。とくに（3）は根本法則そのものといえよう。つまり、「自分自身に矛盾するところがないように」熟考しながら行為するとは、いい換えれば「どんな場合にもそのつど同時に」己れの意志の格率が「普遍的法則定立の原理として妥当しうるように」行為せよ、ということだからである。そして、黄金律と根本法則とは、自愛に基づく「他律」か、理性の叡知性に基づく「自律」か、という点で二律背反の関係にあり、この点で相交わらないことはこれまでの考察によって明らかにされている。とすると、（2）の次にくる（3）の格率がいう「どんな場合にも jederzeit」の含意は、たとい黄金律に照らしてみた結果許される（どころか奨励される）格率であろうとも、根本法則に照らしてみると「普遍的法則定立の原理として妥当」しない格率に基づく行為は、断じて為してはならない、というものであったであろう[54]。

　ここに至ってわれわれは、カントの「千万人と雖も吾往かん」という、孤

高の気概を感じることができるのではないだろうか[55]。その意味は、〈たといすべての他者が定言命法を守らないとしても、自分一人は断固として定言命法に則って生きる〉ということである。いい換えると、彼以外のすべてのひとびとがイエスの（ないし孔子の）黄金律を道徳の最高規範と仰ぐとしても、自分はそれに与しない、ということである[56]。千万と一人いるうちで定言命法を守る者がカント一人しかいなくて、どうしてそれで普遍的な道徳法則といえるのか、という茶々はこのさい控えよう。結局のところカント倫理学は、先に筆者が示した歴史的妥協としての共存案を潔しとせず、またときおり彼自身が譲歩的なもののいい方をしているのは確かであるとしても（例えば先述した「非社交的社交性」の肯定的評価とか、うえの三つの格率の真ん中に（２）を挟む、等）、けっして孔子ないしイエス（またはルソー）の「自愛」に依拠した社会的歴史的経験的ノモス（規範）にではなく、どこまでも人間理性自身の自律的な、いわば叡知的ノモスにその根拠を置こうとするものであった、と結論づけられるであろう[57]。

注

１）『新約聖書』「マタイによる福音書」7-12. 新改訳『聖書』（いのちのことば社 1981）、『新約聖書』の部 p.11.

２）このイエスの言葉が「黄金律」と呼ばれるようになったのは近代からのようであるが、その経緯は不詳である。Jeffrey Wattles, The Golden Rule, Oxford University Press, 1996 を見ても不明である。

３）この根本法則が実際にどういうことを意味するかについては、第二節で詳しく検討する。

４）河村克俊氏の論文によれば、ドイツのカント研究者の間ではこのような解釈傾向が有力なようである。河村克俊「カントと黄金律」（カント研究会編『現代カント研究 9 近代からの問いかけ』晃洋書房 2004、所収）p.79, pp.101-102. 河村論文については注 38）も参照されたい。

５）『論語』に二回出てくる（「顔淵篇」および「衛霊公篇」）。金谷治訳注『論語』（岩波文庫 1963）p.225, 315.

６）この肯定形、否定形の違いに着目し、二つを倫理と法の違いとして、いい換えれば「人間愛の徳」と「公正の徳」との別として論じているのがショーペンハウアーである。『ショーペンハウアー全集 9 倫理学の二つの根本問題』（白水社 1973）所収の第二論文、前田敬作・今村孝訳「道徳の基礎について」p.328.

７）中村元訳『ブッダ 神々との対話——サンユッタ・ニカーヤ I ——』（岩波文庫 1986）p.170.

８）ディオゲネス・ラエルティオス、加来彰俊訳『ギリシア哲学者列伝 中』（岩波文庫 1989）p.29.

9）ディオゲネス・ラエルティオス、加来彰俊訳『ギリシア哲学者列伝 下』（岩波文庫 1989）p.297.
「情けは人のためならず」という諺と同義。

10）前掲『聖書』、『旧約聖書』の部 p.188.

11）右の「レヴィ記」からの引用に「隣人を……愛しなさい」とあった。この言葉はイエスの「隣
人愛」の呼びかけに通じる。すると、イエスの黄金律は「レヴィ記」と同様に、隣人愛と密接な
思想的関連性があると推測されるが、これについては本章では扱うことができない。なお逆に、
カントの根本法則は（これまたここでは詳述できないが）隣人愛とは断絶しており、他者に対す
る義務も含めて、むしろそのような情念的な価値判断から隔絶した純粋に理性的で形式的な命法
として導出されていることは、予めここで確認しておきたい。注 33）を参照されたい。

12）前掲『聖書』、『新約聖書』の部 p.11 下欄注。

13）ラ・ロシュフコー、二宮フサ子訳『ラ・ロシュフコー箴言集』（岩波文庫 1989）p.82. ロシュフ
コーはエピクロスの先の言葉（p.221）を読み知っていたのであろうか。

14）ジョン・ロック、鵜飼信成訳『市民政府論』（岩波文庫 1968）p.12. このロックの文言が、のち
にアメリカの独立宣言（1776）の前段にある文言を経由して、日本国憲法（1946 公布）第十三
条の条文に及んでいることはよく知られている。第十三条に次のようにある。「……生命、自由
及び幸福追求に対する国民の権利については、公共の福祉に反しない限り、立法その他の国政の
上で、最大の尊重を必要とする。」すると黄金律と現憲法とは、理念のうえで多少とも繋がって
いる、といえるだろう。

15）ラ・メトリー、杉捷夫訳『人間機械論』（岩波文庫 1932）p.84. ラ・メトリーが孔子の言葉
（p.220）を知っていたとは思えない。

16）ルソー、今野一雄訳『エミール 上』（岩波文庫 1962）p.137. ルソーと黄金律の関係は第四節で
再び取り上げる。

17）さらには福沢諭吉は『学問のすすめ』に、「他人の来りて我権義を害するを欲せざれば、我も
また他人の権義を妨ぐべからず。我楽しむところのものは他人もまたこれを楽しむが故に、他人
の楽しみを奪って我楽しみを増すべからず」と書いている（岩波文庫 1978, p.64）。たぶん孔子
とイエスの言葉を両方とも知ったうえで（その他も？）、それらを合成して福沢流に語り直した
のであろう。さらに余裕のある読者は、J.S. ミル、塩尻公明・木村健康訳『自由論』（岩波文庫
1971）p.17, 24 も参照されたい。

18）カントが君に向かって命令している、のではもちろんない。また、神からの（あるいはイエス
からの）命令ではまったくない、という点も大事な点である。対して一般にキリスト教では、黄
金律はイエスの口を通して神ヤハウェから人間に授けられた教え（命令）であると解されている
が、これと対比的に定言名法が語られていることは間違いないからである。

19）念のために書き添えるならば、カントが「意志」と表記するとき、それが「純粋意志」と「随
意志」を合わせた集合を意味しているときと、「純粋意志」のみを意味しているときとがあるの
で、注意を要する。ここの場合はもちろん前者である。どうしてそういえるかについては、次注
を参照されたい。

20）ここでいう「主観的な subjektiv」は、〈恣意的な〉の意でなく、当の個人（または当の集団ま
たは全人類）がその行為の主体としてもつところの、という意味である。いい換えれば、「格率」
は常に〈他律による主観的な原理〉という意味で「主観的」である訳でなく、したがって単に随
意志にのみ関わるだけとは限らない。というのも純粋意志が意志決定するときには、純粋意志は、
客観的な（普遍妥当的な）原理としての道徳法則を同時に主観的な（主体的な）原理として格率

240

に採用しなければならない、という事情にあるからである。

21) 代表例としてニュートンの第二法則 **f = ma**（運動方程式）を思い浮かべてみると分かり易い。この等式において、力（**f**）、質量（**m**）、加速度（**a**）の三者の関係が等号で結ばれた式として明瞭に表現されているからである。

22) カントにおいて一般に、道徳法則（定言命法）は何と何のあいだに成り立つ関係式であろうか。まずもってそれは、（君の）格率と普遍的な法則性とのあいだの関係式（両者の統一）である。これは、（君の）経験的性格と叡知的な性格との一致（アプリオリな総合）といい換えてもいい。この特性は他ならぬ当の根本法則において明白である。しかし第二に、何らかの人間関係における人間と人間との関係が道徳法則として語られる場合がある。その代表は、のちに取り上げる「目的自体の法式」であるが、これについては p.230 以下を見られたい。またこれとは別に、カントは周知のように、自己に対する義務、他者に対する義務をそれぞれ（完全義務と不完全義務との）二様に論じている（『基礎づけ』Aka.IV429f. および『道徳形而上学』Aka.VI415ff.）。いずれにせよカントにおいて人間関係は、他者との関係だけでなく、自己との関係も意味している点が特徴的である。

23) ここで「法則定立」と訳した Gesetzgebung は通常「立法」と訳される（各種の辞書も同様）。しかしここでは語の原義に戻って「法則定立」と訳してこそ、幾つもある個々の異なる道徳法則とこの唯一の「根本法則 das Grundgesetz」（イタリックは筆者）との身分関係が明瞭となるだろう。翻って（法律制定の意の）「立法」とは「法則定立」の一つの下位概念に当たるといえるだろう。つまり「法則定立」は、道徳法則をはじめとする何らか実践的な諸法則の定立に限定されない。そもそも自然法則も人間による「法則定立」の一環である、というのがカント思想の本質であった。そういう意味でこそ、各人の格率は「普遍的法則定立の原理として妥当する」ことが求められている、とここでいわれているのである（「立法」の訳語はこの点が曖昧となる）。

24) 補言すると、カントが挙げているような極限状況における道徳的判断は稀である。むしろたいがいの仮言命法は定言命法に照らしても肯定（黙認？）される。カントの定言命法はなるほど厳しいものであるが、日常生活においてはそれほどびくつかなくても済む（国際空港でのパスポート・チェックのようなもの）。なおこの「同時に」が経験的性格と叡知的性格とのいわば縦の重ねあわせを意味している限りでは、同様の事態は（道徳の局面だけではなく）経験世界の認識の局面においても指摘できる。

25) こうした感性的な動機がどのようなものであるかの違いは、その結果採用された格率が普遍的法則の原理として妥当しうるかどうかを検討する際には、（すぐあとで見るように）判定を左右しない。

26) カントはまじめに、この宇宙には地球以外の他の天体にも必ずや人間と同等ないしそれ以上に叡知的な生命体が生存していると確信していた。例えば『天界の一般自然史と理論』（Aka.I 354, 359）を見られたい。さらには『実用的見地における人間学』（1798）Aka.VII331 を参照されたい。現代の宇宙論と生物学を合わせた知見から振り返っていえば、カントの確信はその先進性において瞠目に値する。

27) 他にカントにおいて明瞭に悪とされる代表的な格率の例を挙げるとすれば、すぐに思い浮かぶのは「気に食わない奴は誰であれ殺す」という格率である。この行動方針を君だけでなくすべての他者が抱くとすると、第一に、君自身がたちまち誰かに殺されても仕方がないと君は（理性によって）必然的に承認しなくてはならないことになる。ここに矛盾が指摘されるだろう。だがこの思考回路は、この格率候補が失格となる真の理由ではない（殺されたくないから殺さない［孔

子の黄金律〕というのは、明らかに自愛の原理に則っているから）。それ以上に大きな第二の矛盾は、早晩地球上の（叡智者たる限りの）人類のすべてが、（経験的性格から見られた）人類に普遍的に抱かれるこの格率に則って、相互殺人によって消滅することが想定されるところにある。この判断によって、上記の格率が「普遍的法則定立の原理として妥当しない」と結論づけられるのである。ここでさらに、人類が消滅してどうしていけないのか、とカントに反問することはできるが、それについては本章では触れない。この点については、永井均・小泉義之『なぜ人を殺してはいけないのか？』（河出書房新社 1998）を参照されたい。

28）ここでは「いちいち根本法則に照らして」と述べたが、実際にはそれほど頻繁に反省する必要はないことについては、再度注 24) を見られたい。

29）ここで試みに、右に検討した練習問題を参考にしながら、君が黄金律そのものを格率として採用しようとするとして、カントの根本法則に照らすとどうなるかを、予め思考実験して頂きたい。つまり、「イエスの黄金律がいうように、自分が他者から施してもらいたいと思うであろうことを、ほかの人から乞われたら、迷うことなく彼（ら）／彼女（ら）にそれをしてあげる」という信条（格率）が、はたして「どんな場合にも同時に、普遍的法則定立の原理として妥当しうる」といえるかどうか、である。常識的に予測するならば問題なく是認される結果となるように思われるが、カントの立場に立つと果たしてどう判定されるだろうか（次節）。

30）カント特有の文章術としての偽装ないし二枚舌については、本書第Ⅲ部第三章「カント『人間学』の諸問題──解説に代えて──」第四節を参照されたい。

31）しかし万が一教会もしくは政府の宗務局から、イエスの山上の垂訓を「陳腐な」と貶めるとは何ごとかと抗議を受けた場合には、そんなことはありません、私の文章をよく読んで下さい、どこにそんなことが書いてあるのですか、と空とぼけることができる程度にはカムフラージュされている、といえる。

32）ここで「前述の実践的命法」といわれているのは、この原注の直前にカントによって示されていた（定言命法の諸法式の一つである）いわゆる「目的自体の法式」（第二法式とも）のことである。これについては以下に本文で論じる。また、その前に「あれこれの制限つきではあるが」とあるが、そのいわんとするところは、この格言には種々の仮言節（Wenn-Satz）が条件として付随する、ということであろう。したがって黄金律は「〔道徳〕規範や〔道徳の〕原理として役に立つ」とは考えられない、ということである。というのは、道徳の規範ないし原理は定言命法の形をとるのでなければならないからである。これについても後述する（p.231）。

33）ここで「愛の諸義務 Liebespflichten」とカントがいうのは、カント自身が「愛の義務」を肯定的に前提しているということではなくて、イエスの論す「隣人愛」を指していっていると取るべきである。確かに黄金律は隣人愛の精神を積極的に表現しているとはいえるが、その根拠まで示している訳ではないので、黄金律が「普遍的な法則たりえない」（②の前にある句）理由の一つとしてカントはこういうのである。他方、カント自身の考えは、愛は命令できない（義務とはなりえない）、というものであった（GMS, Aka.Ⅳ399 を参照されたい）。

34）具体例を一つ挙げるとすれば、君がタクシーに乗るとき（「どんな場合にも」の一具体例に当たる）、運転手を（目的地まで君を速くかつ安全にかつ快適に運んでくれる）手段としてのみ見なすのでなく、同時に、この人も私と同じように、この人にしかない掛け替えのない人生を（いまの瞬間も）生きているのだ、と思いながら（＝彼／彼女の「人間性」を「目的」として尊重しながら）言葉を交わす、ということになろう。

35）以上を振り返って次のようにいうことができる。まず、独語から明らかなように、「根本

Grund 法則」は「根拠 Grund（としての）法則」と訳してもおかしくない。すると、まず黄金律を「根拠」づける法則は「目的自体の法式」であり（確認済み）、ついでこの「目的自体の法式」をさらに（究極的に）根拠づける大本が『実践理性批判』における「根本法則」である、と序列づけることが可能であろう。「根本法則」についてはすでにわれわれは第二節で吟味検討を済ませている。

36）『実践理性批判』でも黄金律が道徳の根本法則にならないことに間接的に触れている箇所が二つある（Aka.V34f., 77）。後者の箇所でカントは次のような趣旨のことをいっている。即ち、ひとは厳粛な道徳法則から目をそらすために、道徳法則を「とかく自分にとってお気に入りの格言へとすりかえようと努力する」、と。ここの「お気に入りの格言」という言葉がイエスの黄金律を指していわれていることは明白であると筆者には思われる。これを後年のニーチェの言葉遣いを借用していい換えるならば、純粋道徳に対する民衆の無意識的なルサンチマン（怨恨、逆恨み）がイエスの黄金律をその代理として祭り上げた真の理由である、とカントは喝破したのである。

37）これが注29）に提示した宿題の答えである。ここで黄金律が仮言命法であることが判然となるように、詳しくいい直しながら（かつ、仮言の接続詞に傍点を振ったかたちで）、注29）に示した文言を（若干加工しながら）再現してみよう。「イエスの黄金律のいうように、自分も（もし状況が同じであれば）それを他者から施してもらいたいと思うであろう事柄であるならば、かつ、もし誰か他者からそれを乞われたとしたら、（それが自分に実行可能な範囲に納まるであれば）迷うことなく彼（ら）／彼女（ら）にそれをしてあげる。」これの本質を一般化するとどうなるか、はこのあと本文で論じる。

38）ここで次のような疑問（反論）が想定される。イエスの黄金律がいう「自分にしてもらいたいこと」がもっぱら快・不快に関わるのでなく、一部であっても叡知的なといえる事柄に関わる場合であれば、黄金律もこれとは違った評価を得てもいいのではないか、と。例として、己れの職業に高潔な使命感を抱いている医師が、同じく崇高な使命を達成する寸前で重い病いに倒れた他分野の研究者の患者を前にして、彼／彼女の研究生命をあと三年永らえさせてあげようと全力を尽くす、とかが考えられる（自分にしてもらいたいことを、ほかの人にもそのようにする）。——この反論はもっともである。しかし敢えていえば、この例のような叡知的な事柄が黄金律に関わってくる場合には、仮言的な命法でなく、定言命法として表現することが必ずや可能であるはずである（カントならそう考えるであろう）。上の例でいえば、「君および他者の叡知的な使命が全うされるよう、君は君の全能力を注いで力を尽くしなさい」といった定言命法になるのではないか。

　　カントと黄金律との関係については、河村克俊氏の、本章と同名の論文「カントと黄金律」（掲載誌情報については注４）を見られたい）を参照されたい。——迂闊にも筆者は本章の論考を（初出時に）書き終えたあとになって、旧知の間柄の河村氏に同名の論文があることを知った。この論考は学術的に堅実で優れたものである。とはいえ論調は本章の論旨と異なる。河村氏自身はイエスの黄金律について、①「他者のうちに『目的それ自体』を読み込む」ことに加えて、②「自分が（いつか）他者の支援をどうしても必要とする」ような「困窮状態に陥ることを真摯に反省すれば」（傍点渋谷）、その結果「単なる怜悧［利口］の規則から、他者に対する利害を越えた道徳の行為規範となる」というのがカントの批判の真意であろう、を結論としておられる（pp.98-101）。この結論には筆者は二点から疑問を感じる。第一に、この種の反省がいかに真摯なものであろうとも、やはりその本質は快・不快の原理に発する仮言命法にとどまるのではない

か。第二に、仮にそうでなく、その反省によって本当に黄金律が道徳法則となるのであるならば、そのときそれは（実際の歴史伝承的な黄金律のように）仮言命法と受けとられるいい回しによって語られるのでなく、いっさいの前提条件を伴わない端的な定言命法として表現されうるはずであるし、またそのように表現されなければならないのではないか。後者の点については、本注の前半の段落の仮想例を参照されたい。

39）ルソーのこうした気質については、彼の『孤独な散歩者の夢想』（今野一雄訳、岩波文庫 1960）を味読されたい。

40）黄金律に対するカントの批判点④はこのことをいっていたのである（既存の邦訳では読み取りにくいが）。カントは「④最後に、〈[この格言を]どちらも守らねばならないという双方向の義務の根拠〉を含んでいないからである」、といっていた（筆者の訳）。

41）その典型例をこれ以上ないというほど見事に描いているのが、シェイクスピアの戯曲『アテネのタイモン』である（翻訳各種）。

42）これとほぼ同様のことを、後年ショーペンハウアーが語っている。彼は注6）に示した論文のなかで、カントの定言命法を批判する文脈のついでに、黄金律（厳密には孔子の法式）が根拠薄弱であることに触れている。「私が自分に或ることがなされることを望まないということから、私がそれを他者になすべきでないという結論はけっして出てこない」（前掲訳書 p.225）。これは右の（ⅳ）に当たるが、この論法はルソーとカントを下敷きにしたものであったのではないか、と筆者は推測している。なおショーペンハウアーがカントの定言命法をどのように批判しているかは、彼の論文を実際に読まれたい。

43）本小論 p.230 のカントの気の効いた皮肉（の最初の方）を再度参照されたい。

44）カント自身に指摘することのできる〈他者関係におけるペシミズム〉については、前章第六節を見られたい。この点に関連してカントに注目するべき発言がある。カントは自分自身のこととして、他者をまず信用するが、その彼／彼女が一度でも自分を騙すようなことがあったらそれ以降は信用しないことにしている、という（『人間学』Aka.Ⅶ198, 205）。実はこの対他者格率こそきわめて優れた対他者戦略なのである（カント自身がそこまで気づいていたかどうかは別として）。というのはこの態度は社会生物学のいうゲーム理論に直接しており、この理論から導かれる ESS（進化論的にいって安定した戦略 [その種ないしその遺伝子が安定的に増殖していくことのできる戦略]）の典型であるからである（「しっぺ返し ESS」と呼ばれる）。これについては J. メイナード＝スミス、寺本英・梯正之訳『進化とゲーム理論——闘争の論理——』（産業図書 1985）pp.184-185 を参照されたい。

45）このことから、ルソーはイエスのいう「隣人愛」の本質は「神からの愛・神への愛」にあるのでなく人間の「自己愛」にあるのであり、その限りでのみイエスの言葉は肯定される、と考えていたことが分る。

46）これについては本書第二部第四章〈研究ノート〉カント実践哲学における演繹の戦術転換とその帰趨」を参照されたい。なおカントは、ルソーのいう「利己心 amour-propre（仏）」は当然として、「自己愛 amour de soi」をも一括して「自愛の原理 das Prinzip der Selbstliebe」（KpV, Aka.Ⅴ26）のうちに括って、純粋道徳論から切って捨てる。注33）を参照されたい。

47）J. デリダ、高橋允昭訳『声と現象』（理想社 1970）。正確にはデリダは、「すべては《再-現前》から《始まる》」（p.91）といっている（ここの《　》は元の翻訳による。以下同じ）。ついで、「この命題の意味するところは、《始まり》というものは存在せず、……《再-現前》は、根源的現前 [がまずあって、それ] に一つの《再-》による変容があとから付け加わったものである

［という］のではない、ということである」と懇切丁寧に説明してくれている（同）。

48）カントは〈道徳法則は理念である〉とは明言しないのであるが、この点について『実践理性批判』に微妙な言い回しが二箇所存在する（KpV, Aka.V44, 50）。筆者は検討の結果、カントの道徳法則（根本法則）の本性は理念であると結論づけた。これについては、次章「カントにおける価値のコペルニクス的転回」第四節を見られたい。

49）カントもこれを半分容認している。「道徳法則の客観的実在性は」「いわば理性の事実として……断固として与えられている」が、しかし「いかに経験をつくしても確証できるはずもなく、……」（『実践理性批判』Aka.V47）、と。この点についてもまた本書第二部第四章「〈研究ノート〉カント実践哲学における演繹の戦術転換とその帰趨」第五節を参照されたい（とくに p.289）。

50）一例として『人間学』Aka.VII322-325 を参照されたい。

51）一例として『世界市民的な見地における普遍史の理念』（1784）第四命題にある「非社交的社交性」（Aka.VIII 20）の概念を参照されたい。

52）こういったからといって、筆者は黄金律を貶めているのではない。よくよく考えてみると「いい加減」という言葉には元来まったく否定的、消極的な意味はないことに気づく。つまりこの言葉遣いの由来は「良い」「加減（プラス・マイナスの調整）」なのである。例として風呂の温度の調整を思い浮かべれば納得がいくだろう。仮に「いい加減」がいけないとすると、では「悪い加減」が望ましいのか、ということになるだろう（同じことが「適当に」にもいえる。何ごとも「不適当に」でなく「適当に」やるのがいいのだ）。直前の本文に、黄金律は「（比較的に）最良・最適」なものといえないか、と述べたが、結局「いい加減」とは〈比較的にいって最良のもの、最適なもの〉の意味だったのである。

53）道徳を自ずと完全に遵守する境地、については、すでに孔子が「吾……七十にして心の欲する所に従って矩を踰えず」と語っていた（『論語』「為政篇」）。

54）花見にいって小枝を折り取って持ち帰る例を思い浮かべられたい（本章 pp.227-228）。あの行為が容認されるか、あくまで〈悪〉とされるか。

55）『孟子』「公孫丑・章句 上」（内野熊一郎『新釈漢文大系 第四巻 孟子』明治書院 1962）pp.92-93. この言葉自体は孟子の言葉でなく、孔子が弟子の曽子に向かって語った言葉である。すると黄金律の評価は別として、自分の確信する道徳的真理に殉じる気概という点では、カントと孔子は相通じていたといえるかもしれない。注 53）も参照されたい。

56）先に注 36）で述べた、カントの〈黄金律＝ルサンチマン〉論を再度参照されたい。

57）「自律」の独語の原語である Autonomie は、auto（自己）＋ nomos（立法・規範）から構成されている（いずれもギリシア語起源）。つまり道徳法則は自己立法によるノモス（規範）なのだ。この確認から、翻って黄金律の側の「社会的歴史的経験的ノモス」の本質が「他律 Heteronomie」つまり hetero（他による）＋ nomos（立法・規範）にあることが、いっそう納得されるだろう。なおカントの自律の思想に対する M. フーコーの鋭い批判については本書第III部第二章注 23）を参照されたい。

第三章　カントにおける価値のコペルニクス的転回
——価値ニヒリズム回避の対スピノザ防衛戦略とその破綻——

はじめに

　批判期のカントはまず時間・空間がそれ自体で存在するという見地を単な
る独断にすぎないと批判し（時空からの「物自体」性の剥奪）、これらが人間
の主観にアプリオリに備わる二つの純粋な（直観を受容する）感性形式であ
ると究明した[1]。ついで彼は、われわれは対象のありさまそれ自体（物はそ
れ自体でどのように存在しているか wie Ding an sich ist.）を認識しているので
なく（認識対象からの「物自体」性の剥奪）、同じく人間の主観にアプリオリ
に備わる純粋な悟性形式、即ち十二の純粋悟性概念（カテゴリー）が（二種
の直観を素材として）人間の「可能的経験」を構成すると論じた[2]。総じてカ
ントの超越論的観念論に特有なこうした発想の逆転を、カント自身は天文学
を天動説から地動説へと転倒させた「コペルニクスの仮説に類似した、思考
法の転換 Umänderung der Denkart」（『純粋理性批判』「第二版への序文」A な
し BXXIIAnm.）と呼んだが、後世これをカントの「コペルニクス的転回
kopernikanische Wende（ないし Wendung）」と呼びならわすようになった。
　この発想の「転回」の眼目は、問題としている事柄の自体存在の実相は人
間には認識されず、上に傍点で強調したように、認識は根源的に人間主観の
先天的な超越論的諸能力の形式が構成する、というところにある。だとする
としかし、こうした観点を広義に受けとるならば、人間の世界認識の仕方
（真理とは何か）にだけでなく、カントの他の主張・学説にもこれと同種の発
想の「転回」を指摘することができるのではないだろうか。例えば、善とは
何か、美とは何か、神（絶対者）とは何か、自然の合目的性とは何か、法の
正義とは何か、等々。本小論ではそのうちの、道徳的な善悪とは何か、価値
とは何かに焦点を当てて、カントにおける価値論の「コペルニクス的転回」

（価値からの「物自体」性の剥奪）の内実を検討し、併せてその帰趨を望見してみたい。

　　　一

　前批判期のカントは、価値の究極の根拠、価値の絶対的な基準についてそれほど危機的な問題意識を抱いていたとは見えない。例えば『負量の概念を哲学に導入する試み』（1763）に次のようにある。まず、「宇宙のすべての実在根拠は、同符号のものを足し算し、互いに反対なものを引き算すれば、ゼロに等しい結果となる。［したがって］世界の全体はそれ自体では無である」が、しかし「世界の外に存する根拠との関係から見れば」「世界に存在するものの総和はプラスである」、という（Aka.II197）。ここでいわれている「世界の外に存する根拠」とは結局は神を指していると受けとって間違いない。ついで彼は、道徳的な善悪についても事情は同様であって、現実世界のうちだけを見れば善悪の総計はゼロであるが、ここでもまた「心の内奥までも見透かす」神が人間の行為の善悪を裁く権利をもつ、という（ibid.）。つまりこの時点でのカントは、①世界（宇宙）についても価値についても神の存在に関しても、いまだ思考法のコペルニクス的転回を遂行していない、ということと併せて、②実在根拠であれ[3]善悪であれ、神の見地からみればプラスとなるという確かな根拠がある、と考えていたことが分かる。③だが反面、（コペルニクス的転回以前の物自体的把握にとどまるとはいえ）この現実の世界だけをみれば（実在根拠と同様に）道徳的な善悪の総計はゼロとなる、と述べていることは注目される[4]。善悪の総計がゼロになるということと、価値の物自体的な（絶対的な）基準ないし根拠がないということとのあいだには相当の隔たりがあるが、どちらからも〈価値ニヒリズム〉が帰結しうるという点、いまのところ神がその歯止めになっているが、その歯止めが外れた場合にどうなるかという点から、ここにのちのカントの問題意識の未発の萌芽を指摘することができよう。

　さてそれから六、七年が経過し、批判哲学を準備し始めた当初（一七七〇年あたり）からカントには、一方で神の現存在を自体的に独断的に前提（な

いし証明）する訳にはいかず、他方で現象はどこまでも時間の流れに閉じ込められており、したがって必然性の連鎖から逃れられない、という二つの事情が伸しかかってきた。これらを前にして、人間は善悪規準の全的崩壊から価値的無秩序へ、つまり〈価値ニヒリズム〉へと陥る危険に曝されている、とカントが自覚しなかったはずはない。なぜならば、この時期における上の①の旧来の独断的見地からの脱却が、②の安心の瓦解をもたらし、それがまた③の潜在的な問題意識の顕在化につながったと考えられるからだ。ともあれカントはこのような自覚に到達した時点で一挙に〈価値ニヒリズム〉の見地に跳躍する道を選ぶ（例えば後年のニーチェのように）のでなく、これを是非とも回避しようとした。なぜであろうか。

　『純粋理性批判』の「二律背反論」を先入見なしに読む者には誰にも明らかなように、カントは理論的・自然科学的には反定立の側にほとんど全面的に共感を寄せている。その彼が或る箇所で、もし自然必然性の連鎖にのみ固執する反定立の見地に立てば、「道徳的理念や道徳的原則もすべてその妥当性を失い、……崩壊し去ってしまうだろう」と述べる（KrV, A なし B496）。ここから伺えるように、カントが〈価値ニヒリズム〉を回避しようとした動機は一にも二にも、歴史と社会における人間関係の道徳的崩壊の忌避にあったと推測される。道徳をめぐるこの思いは、それ自体が常識的な道徳観（当時に照らしていえば、キリスト教的勧善懲悪観）に基づいた慄きにすぎないのではないかと揶揄することができるとはいえ、第一に、実際に道徳が崩壊したありさまを生々しく想像してみると実感できるように（例えば戦時の暴虐[5]）、第二に、ところが自然必然性の貫徹を人間の行為に当てはめたうえで突きつめてみるとそのような状態に至るのは避けがたいと考えるほかはない（例えば極端な飢饉時）という点で、きわめて切迫した思いであったことを認めなければならない。

　その結果カントはまず、「二律背反論」のもう一つの立場である定立の側のいい分、とりわけ叡知的な自由の原因性の可能性を、のちの実践論のために理論的に（消極的に）確保する（KrV, A528B556-A558B586）。ついでこれを受けて（同じ『純粋理性批判』の）「超越論的方法論」で、純粋理性に内在する道徳法則に基づいて幸福が秩序づけられるとする「道徳神学」（A814B842）

ないし「理性信仰」（A829B857）を提唱する[6]。人間に内在するこの道徳法則こそが純粋理性の実践的使用の規準を与えるのであり（A800B828）、人間主観は己れの行為の意志決定の第一決定根拠としてこの道徳法則を〈自由に〉採用することができる（意志の自律）とする主張は、先に確認した前批判期の道徳観と対照してみれば確認できるように、カントが道徳的な善悪の価値についても〈思考法のコペルニクス的転回〉を遂行したことの証しと見なすことができる。この主張の眼目が、善悪の規準の在りどころを神（物自体の究極体）から人間の主観（人間理性）へ移し替えたという点にあるからである。

二

　さて、カントが〈道徳ニヒリズム〉を回避するための根本戦略を上のように考想したとするならば、彼はまずその第一段階として、自然必然性に優位する自由というものを何としても確保しておかなければならないと考えたと推定される。

　ここで注目されるのが、スピノザ Baruch de Spinoza（1632-1677）である。大づかみにいってデカルトとライプニッツの人間論、自由論を継承し、これを脱形而上学化、超越論化したカントにとって[7]、スピノザは（他に何もなくても）これら二人の思想を媒介する思想家として気がかりとなる存在だったはずである。そのスピノザが神の自由さえも、否むしろ神の自由こそ全面的に否定したとあれば、なおさらであろう。事実スピノザによれば、いかなる意味においても自由は否定される。というのは、彼の形而上学によれば実体は一つしかなく、それに無限数の属性が属し、その一つ一つにまた無限数の様相・変容が展開するのであるが、しかしそれら無限の属性×（掛ける）無限の様相も、元の唯一実体の唯一の存在仕方（存在連結）に照らせばすべて平行であって、しかもその連結は完全に必然であるのだが、この唯一実体を彼は神と定義するからである（『エチカ』第一部）[8]。この思想をこのあと〈自由ニヒリズム〉と呼ぶこととしよう。

　ここで再度確認すると、〈道徳ニヒリズム〉ないし〈価値ニヒリズム〉こ

そがカントの思想闘争の明白な（explicit な）批判対象だったといえよう。こ
れに対する対抗作戦が取りも直さず本章で〈カントにおける価値のコペルニ
クス的転回〉と命名しようとするものにほかならない。だがその際常にカン
トの隠れた（implicit な）難敵だったのが、スピノザの〈自由ニヒリズム〉
だったのではないか[9]。つまりこの〈自由ニヒリズム〉を許してしまうと、
そこからは論理必然的に（先に引用した『純粋理性批判』A なし B496 にあった
ような）〈道徳ニヒリズム〉が、ひいては善悪の規準など存在しないという
〈価値ニヒリズム〉が帰結することは自明であるからである。

　確かにカントは『道徳形而上学の基礎づけ』のクライマックスの第三章で、
名こそ挙げていないがスピノザを念頭において議論を展開している。例えば、
「たとい自由がいかにして可能であるかはけっして把握されることができな
いとしても、少なくとも［自由と自然必然性とのあいだの］この見かけ上の
矛盾は、説得的な仕方で除去されなければならない」という[10]。なぜならこ
の矛盾を放置すると、「自由は自然必然性と引き換えにまったく放棄されな
ければならなくなるだろう」から。ところが「自由というときに、同じ行為
に関して……自然法則に従っていると見なすのと同じ意味において、あるい
はまったく同一の関係において」考えているとすれば、自由の放棄は免れえ
ない、とカントはいう（以上 GMS, Aka.Ⅳ456）。ここの傍点を振った「同じ意
味において、あるいはまったく同一の関係において」という箇所の強調はカ
ント自身のものであるが（原文はイタリック体）、この強調によって彼が示唆
している対象がスピノザの身心平行論であることは間違いないと思われる[11]。
或る行為を一方で自然必然性に従っていると見なし、他方で自由によると見
なす。これはカント自身の立場である（後述）。ところがここから進んで、
これら二つの視点は「同じ意味」であって、つまり「まったく同一の関係」
を異なった視点（異なった属性ないし異なった様相）から語っているにすぎな
いのだとした場合、確かにカントのいうように自由の放棄は免れないであろ
う。そしてそのように主張している哲学者がいるとすれば、それはスピノザ
でしかありえない。先に確認したように、スピノザの身心平行論とは、各属
性は唯一実体の唯一の存在連結をそれぞれの特性（例えば「延長」とか「思
考」とか）から写しとるのであり、したがって各属性が写しとった様相の連

結どうしは互いに無関係でありつつも（因果関係にない）、元が同一の連結なのだからそれぞれの連結の仕方は平行である（同一の写像である）、というものであったからである。――さらにはカントが少し先の箇所で、自分の自由の理念論の課題は、「事物の本質をより深く洞見したと称し、それを理由に大胆にも自由は不可能であると解明するひとびとの反論を駆逐すること」にほかならないというとき（同書 Aka.IV459）、標的は唯物論的な思想家たちと並んでスピノザであったはずである（スピノザ自身が唯物論の嫌疑を受けていたのであるから、なおさらである）[12]。

三

　ここでわれわれは議論を一歩進めて、このスピノザを隠れた強敵としていたカントの〈自由の弁護〉〈自由の確保〉の論法がいかに危うく脆いものであったか、その分いかに巧妙・狡猾にして胡散臭いものであったかを見ていきたい。周知のようにカントは、『基礎づけ』よりも前にすでに『純粋理性批判』の「二律背反論」で、「自由による因果性 Kausalität durch Freiheit」（A538B566）の確保を果していた。あるいは果たしたつもりでいた。それは、感性的制約（自然必然性）の系列は力学的な総合の一つであって、それゆえその系列の外に己れとは別の、「異種的なもの das Ungleichartige」としての「非感性的な制約」を自然現象の「異種的制約」として許すのであり、これが力学的な統制的理念としての「自由による因果性」である、と主張するものであった（KrV, A530ff.B558ff.）。この論法が、前節で触れた、同じ一つの行為を自然必然性と自由の二つの視点から見るカントの実践論を支える理論的な核心であることは明らかである[13]。つまりこれによって、自由と必然性との間の「見かけ上の矛盾」は「説得的な仕方で除去され」た（前出、『基礎づけ』Aka.IV456）、とカントはこの時点で考えたのである。

　問題は右に触れた「異種的なもの」にある。確かに自然現象と自由とは互いに「異種的」であろう。だがだからといってどうして前者の系列が、理念としてであれその制約として後者（叡知的な因果性）を許容するのであろうか。これについてカントは、「力学的な理性概念［理念］は、量として見られた

対象［これは数学的二律背反に導く］にでなく、ひたすら対象の現存在 Dasein
に関与するだけなのだから、そこでは……制約されるものに対する制約する
ものも力学的関係のみが問題となる」からだと述べるだけで（KrV, A535f.
B563f.）、それ以上の説得的な説明はついに語らない。しかしともかく、自由
は現象的行為の「異種的制約」として確保されたとされる[14]。

　この処置についてカントは当初、再三にわたって、「これによって現象の
系列を混乱させたり」（KrV, A531B559）「断絶せしめたり」（ibid. Anm.）「破綻
せしめるものではない」（A545B573）と、きわめて低姿勢かつ消極的に弁明
する。ところがその舌の根も乾かないうちにカントは、先に確保された超越
論的自由に支えられた実践的自由は「自然原因の強制力と影響とに逆らって
すら」意志を（善へと）決定し、「出来事の系列をまったく自分から開始す
る」ことができる、という（A534B562）。自然必然性に「逆らってすら
selbst wider」という事態が「現象の系列を混乱させ」ていないなどと、ど
うしていうことができるのであろうか。カントのいう超越論的自由はのちの
ち実践的自由として、現象を「混乱させ」「断絶せしめ」「破綻せしめる」も
のである、というほかはない（『基礎づけ』を経て『実践理性批判』の分析論へ
[15]）。ここにカントの、〈まず廂を借りて、のちに母屋を乗っとる〉式の、狡
猾な罠を見るのは筆者だけであろうか[16]。

　そもそもカントは自分のこの理説にどれほどの確信を抱いていたのだろう
か。すでに同じ「二律背反論」のなかで、自由の因果性の想定が「たとい単
なる仮構されたものだといわれるかもしれないとしても、……」と、多少弱
気に、かつ開き直り気味に述べられている箇所がある（A545B573）。さらに
注目するべきは、『基礎づけ』第三章の末尾で（つまりこの著の締め括りとし
て）カントが表明している慨嘆である。そこでカントは、行為の根底に「叡
知界というこの理念そのものが動機」としてどのように働いているかを「し
かと説明することは、まさにわれわれが解決することのできない課題であっ
て、」「ここにこそあらゆる道徳的探究の行き止まりの oberst 限界がある」、
と率直に告白している（GMS, Aka.IV462）。ところで「叡知界というこの理
念」が「動機 Triebfeder」として働くということは、自由によって意志が決
定されること（道徳法則を意志の第一決定根拠とすること）と同義であるから、

ここでカントは、「自由による因果性」を「しかと説明する」（つまり「演繹」する）ことは不可能だといっているに等しい。とすれば、ここでいう「行き止まりの限界」とは、カントの道徳学説と価値ニヒリズムとの臨界接点を意味することになるだろう。しかもここの言明は、カント自身がそのことを意識していたことの証しなのではないであろうか（注10）を再度参照されたい）。いい換えればここは、上に見てきた限りでの「自由による因果性」論によっては実は陰のライヴァルであるスピノザを論駁したことにならないということを、カント自身がこの時点で（1785）密かに自覚していたことの証しなのではないだろうか。この不満が彼をどのように導いたか、次に節を改めて『実践理性批判』（1788）の議論を見てみよう。

四

　『実践理性批判』の「分析論」の後半にある「純粋実践理性の諸原則の演繹について」と題された議論は奇妙な文章であって、表題にある「純粋実践理性の諸原則」（つまり「諸道徳法則」）の「演繹」は不可能だし不必要であって、なすべきは「自由の演繹」の方だというのがその結論である（KpV, Aka. V46-48）。注目するべきは、その際カントは「道徳的原理［「純粋実践理性の諸原則」と同義］の演繹」という言葉の前に「探求したが徒労に終わった vergeblich gesucht」という冠飾句を付している事実である。これは紛れもなく道徳に関する前著『道徳形而上学の基礎づけ』を指している。

　ここには表裏二つの問題がある。第一に、確かにカントは『基礎づけ』で定言命法（ここでは「道徳法則」と同義とみなしてよい）の演繹を果したと思っていた[17]。とすれば、カントは三年後の『実践理性批判』でこの点について（たった二つの単語によってさりげなくであるとはいえ）率直にかつ全面的に自己批判をしていることになる。だがこの自己批判には裏面も伴っていることを見逃してはならない。つまり第二に、直前（第三節末尾）で確認したように、カントは『純粋理性批判』と『基礎づけ』の時点では自由の演繹は「解決することのできない課題」だとしていた。それがここへきて、課題は「自由の演繹」にこそあるというのである。この点での戦術転換についての弁明

も、カントはあの二語に籠めていたにちがいない。——ではこの表裏両面の自己批判ののち、諦めた「道徳法則の演繹」に代わって、（以前は不可能とされていたのに）蘇ることとなった「自由の［実存性の］演繹」はどのように遂行されたのであろうか。

　それはきわめてあっさりとしたやり方であった。ここはカントの倫理学説のなかでも最も周知のところであるが、まず道徳法則が人間の意志を決定するという事実があること、いい換えれば「意志の自律」という事実が現に認められることを「理性の事実」と呼び、次いでこれを「認識根拠 ratio cogno-scendi」とし、ここに〈不可欠性論証 Ohne-nicht-Argument〉を宛がって、その「存在根拠 ratio essendi」としての「自由」の「実在性」（KpV, Aka. V7）ないし「現実性」（Aka.V47）を演繹する、というものである（KpV, Aka. V48）。〈不可欠性論証〉というのは、もし条件 α がなければ β は成立しない（ここの論証が鍵）が、しかるに事実として現に β は成立しているのであるから、よって α の実在性が権利確保される、という論法である[18]。いまの場合 β が「理性の事実」としての道徳法則であり、α が自由の実在性に当たる。早くも『実践理性批判』の冒頭近くの注で、「もし自由がないとしたならば、道徳法則はわれわれのうちにまったく見いだされないであろう」といわれていたのがこの論法の先触れであった（Aka.V4Anm.）。

　検討の手順として、上記した自己批判の表側の問題性から着手しよう（その結果は自ずと自己批判の裏面の問題性に帰着するであろう）。すなわち『基礎づけ』までは演繹される側、つまり「権利問題」と見なされていた道徳法則が、ここでは「理性の事実」と呼び換えられて「事実問題」の側に配置転換されたのにはどのような問題が潜むだろうか。果たしてこの立場の逆転はのていど正当であろうか。それまではその客観的妥当性が証明（演繹）されるべきとされていたものが、いきなりその必要性はないとされ、なぜならそれは事実だからだとされるのには疑念が湧くであろう。それならばなぜ最初から事実だといわなかったのか。実は依然としてそれは事実ではないのではないか。こうした疑念を念頭におきつつ、しばらく「理性の事実」といういい回しそのものを検討してみたい。

　筆者が数えたところ、カントは『実践理性批判』のなかで前後十一回この

いい回しに類する表現を繰り返している。そのなかでも最も丁寧に表記されているのが、八回目の「いわば純粋理性の一つの事実としての道徳法則 das moralische Gesetz gleichsam als ein Faktum der reinen Vernunft」という表現である（KpV, Aka.V47）。ここになぜ「いわば gleichsam」という不変化詞が挿入されているのかは、さしあたってすぐに理解できる。それは、カントにおいて通常「事実」とは〈感性と悟性の協働・総合〉による「可能的経験」の範囲内にある現象的「事実」を意味するのに対して、ここの道徳的「事実」なるものは「可能的経験」の範囲からはみ出るからである。つまり〈叡知的な事実〉であるものに、感性界に見られる事実と類比的に「事実」という言葉を宛がっているから「いわば」と形容している、と取ることができる。

　ところで「純粋理性」とは勝義には何であったか。『純粋理性批判』によれば、カントにおいて理性とは「原理」の能力（KrV, A299B356）、「推理」の能力（A330B386）であるとともに、何よりも「理念」（「純粋理性概念」）の能力であった（A477B507）。そして理念とは「あたかも……であるかのように als ob」としかいい表わすことのできない想定 Annahme, Annehmung、仮説 Hyopothese、前提 Voraussetzung を意味する（例えば KpV, Aka.V4, 11 Anm. を見られたい）[19]。

　ここで改めてもう一度「いわば gleichsam」という不変化詞に注目してみよう。するとこの語には gleichsam als ob（いわばあたかも……であるかのように）という用法があることに気づく。ところがいまわれわれが問題としている表記を見てみるとただ gleichsam als となっていて ob が続かない。だがこれは、als の後が文でなくて名詞だから接続詞の ob がないだけなのであって、要するにここも als ob の意味で gleichsam als といわれているのではないか、と気づかれる。——まとめてみると、この gleichsam は経験的事実との類比で「いわば」といわれている（この点はすでに確認した）のに加えて、第二に、そしてより本質的には、理念の性格を示しているのであった。

　だがここで一体何が理念だというのか。もちろんそれは「道徳法則」以外ではありえない。つまり道徳法則とは、いわばあたかも純粋理性の一つの事実であるかのようなものだ、というのである。とすると、道徳法則は依然と

して、現象の意味においてであれ叡知的な意味においてであれ、勝義には
「事実」でなかったことになる。改めて確認すると、それは「いわば一つの
事実」なのだ。カントの実践論に馴染んだ者にとって、道徳法則が理念であ
る（あるいは、理念でしかない）、という理解の仕方は一瞬奇異な感じがする
かもしれない。だがよく検討してみると、カントにおいてはその実、実践論
における重要な概念のうち大概のものが理念として扱われていることが判明
する。例えば、〈魂の不死性〉〈積極的に考えられた自由〉〈神の現存在〉の
三つの概念の身分が実践理性からの「要請」としての「理念」に存すること
は改めて確認するまでもないとして（KpV, Aka.V132ff.）、他に、叡知界（GMS,
Aka.IV462）、純粋意志（同書 Aka.IV454）、最高善（KpV, Aka.V108）、神の子と
してのイエス（『宗教論』第二篇 Aka.VI62）なども、本性は理念にあるといわ
れている、ないしそう理解されるべきものである（自由については後述）。と
すれば、叡知界（これも理念の一つ）における「主権的な gewalthabend」法
則と見なされる限りでの（したがって「定言命法」と区別される限りでの）「道
徳法則」（KpV, Aka.V133）が一つの理念とされること自体には、理解するう
えでさほどの困難はないであろう。

　しかし真に理解が困難なのは、以上の検討から導かれた帰結、すなわち自
由の実在性を演繹するための出発点とされた「理性の事実」が、つまり道徳
法則が、（事実でなくて）一つの理念であった、という真相である。そして
「理念とは、それについてひとは何も知らないもの」でしかない（KrV,
A473B501）。そのような理念でしかないものを「認識根拠」として証明され
る自由の実在性（道徳法則にとっての「存在根拠」）とは一体何なのであろうか。

　ここで、以上の検討に対する予想される一つの有力な異論について、前
もって触れておこう。それは、「理性の事実」とは巡りめぐって「法則に対
する尊敬 Achtung fürs Gesetz」（GMS, Aka.IV400. KpV, Aka.V73）の感情を指す
はずだから単なる理念とはいえず、語の通常の意味で感性界、経験世界に根
を下ろした「事実」と考えられるではないか、という解釈である。しかし第
一に、『実践理性批判』においてこの「法則に対する尊敬」（という〈事実〉）
をもっぱら論じている「動機論」のなかに「理性の事実」という表現が一度
も見あたらないという事実があること（この著全体では十一回も登場するのだ

が）。第二に（こちらの方が反論の主要な論拠であるのだが）、この「道徳的な
感情」（KpV, Aka.V75）は「［道徳］法則が主観に及ぼす結果」であって、けっ
して「法則の原因」ではないとカントがわざわざ注意している事実があるこ
と（GMS, Aka.IV401）。すると「法則に対する尊敬」を喚起する原因としての
道徳法則（これが「いわば理性の事実」と呼ばれている当のものであった）とそ
こからの結果である「法則に対する尊敬」とを、（「理性の事実」という一つの
表現によって）同一視することは解釈として無理であろう。さらに加えて、
「法則に対する尊敬」の原因に当たる道徳法則そのものが、先に見たように、
事実でなく理念にすぎないものと判明したのであるから、そこからの「結
果」としての「法則に対する尊敬」が〈自由の実在性〉の証明根拠となると
はいっそう納得し難いであろう[20]。

　話を元に戻そう。われわれの得た中間的な結論は、カントの自由の演繹は
その実、理念によって自由の実在性を証明する、というものであった。とこ
ろで〈不可欠性論証〉の特質は、事実によって他（自由であれ何であれ）の
実在性を証明するというところにあった。するとカントの演繹はこの特質に
照らして、ずるいのではないか。いい換えれば、破綻しているのではないか。
われわれは前節で、『純粋理性批判』と『基礎づけ』におけるカントのスピ
ノザ批判が、脆くそして狡猾なものであったと論じた。そしていま、彼が全
面的な自己批判を経たのちに議論を組み立て直したはずの『実践理性批判』
における自由の演繹も、その実態はまた一種の循環論、論点先取、より正確
にはいわゆる〈ミュンヒハウゼンのトリレンマ〉（のうちの一つ）の典型例な
のではないか、と指摘せざるをえない[21]。——やはり「自由の演繹」は依
然として「解決することのできない課題」（前出、GMS, Aka.IV462）のままで
あったのだ。

五.

　ここで議論をさらに拡大しよう。ここもあまり注目されることがないが、
『実践理性批判』において一箇所だけスピノザの名を挙げているところがあ
る（「純粋実践理性の分析論の批判的解明」の後半、KpV, Aka.V101）。面白いのは、

その言及が位置している文脈である。ここでは「自由を全面的な崩壊をもっ
て脅かす」ものとして、自然必然性でなくて、神が取り挙げられる。なぜな
ら、「実体の現実存在の原因」としての神を「人間の行為の決定根拠」とし
て容認すると、人間の意志の自律は雲散霧消するからだ（同書 Aka.V100f.）。
結局この点での矛盾を避けることができる哲学説としては、時間空間の超越
論的観念論つまり時空に関する自分のコペルニクス的転回の学説か、それと
もスピノザ説かのいずれしかない、とカントはいう（ibid.）。ここから第一に、
いかにカントがスピノザ説を論理一貫した体系であると高く評価していたか
が再確認できる [22]。第二に、カントのそもそもの戦略が自然必然性の汎通
性の問題と並んで（或いはそれ以上に）、神の全能をどう扱うか（神による〈意
志の他律〉の問題性）の両面作戦であった、ということがここからも確認さ
れる [23]。ところで、スピノザの体系がどうして、哲学説として矛盾がない、
とカントによって認められたかといえば、スピノザ説は「自由を全面的な崩
壊をもって脅かす」どころか、（第二節で確認したように）自然必然性の汎通
性を主張することによって、神の自由の否定から始まって徹頭徹尾自由を否
定するものであったからである。すると第三に、そしてこれが最も重要な点
なのであるが、『純粋理性批判』の「二律背反論」での自由の理念の（最初
は廂を借りる風の）認知と、『実践理性批判』での正面切った（一見）明快な
自由の演繹との胡散臭さよりも前に、そもそも『純粋理性批判』冒頭の「感
性論」における時空の超越論的観念論という構想自体が、ということは〈カ
ントにおける時空のコペルニクス的転回〉そのものが、スピノザ説に対抗し
て考案された〈自由の救出作戦〉を支える根本布石だったのではないか、と
いう最奥の真相がここから伺えるのではないか [24]。

　その観点から再び『純粋理性批判』の「弁証論」を振り返り、そこにある
次の論述を見てみよう。カントは次のように論じている（引用文中の (a)
(b) (c) は筆者による）。「(a) 現象自身はなお現象ならざる根拠を持たねば
ならない。(b) だがこうした叡知的な原因はその因果性に関して、現象に
よっては決定されない、(c) たといそこからの結果は現象することができ、
したがってその結果は［叡知的な原因によって決定されるのと重ねて］他の
現象によって［も］決定されうるとしても」（KrV, A537B565）。これは〈自由

による因果性〉を確保する議論（「自由による因果性が可能であること」）の直前に述べられている文章であるが、その文脈に照らせば、第一に (a)(b)(c) と符号を振った三つの契機のすべてがそっくりそのまま「自由による因果性」に当てはまることが理解される。つまり、自由によって意志が決定され、それに基づいて現象として行為が発動する、ということである。しかしさらによく考えてみると、第二にこれら三つの契機は、時空の観念性を含めて超越論的観念論全体の枠組みそのものの特性であることに思い至る[25]。どういうことかといえば、(a) 第一に「超越論的観念論」の枠組みは現象にとって「現象ならざる根拠」としてあり、(b) 次に、反面この枠組みはその「因果性」を「現象によって決定され」ておらず、(c) 最後に、「超越論的観念論」の産物としての「可能的経験」は「現象することができ」「他の現象によって決定されうる」。そしてこれら二つの確認を重ねあわせてみると、仮にひとたびカントに与して超越論的観念論を承認しさえすれば、その仕組みからして最初から〈自由ニヒリズム〉も〈価値ニヒリズム〉もいわば串刺し風に回避できる仕掛けになっていた、ということにならないだろうか。ここに至って自ずとわれわれに、もともと超越論的観念論と価値ニヒリズムの回避との両者の関係も一つの〈ミュンヒハウゼンのトリレンマ〉になっていたのではないか、という疑念が思い浮かんでくるであろう。それは、前節の末尾で明らかとなった自由の演繹をめぐるそれ（道徳法則の理念が自由の実在性を権利保証する）よりも遥かに大がかりなばかりでなく、そもそも後者を己れの一環として包みこんでいるような仕掛けである[26]。

　結局前節と本節の検討から、カントのいい分を有り体にまとめるならば、次のようになるのではないか。理性は道徳法則によりながら「自由に」意志を決定することが事実できる（α）、と当の理性は〈自由に〉思うことが現にできる（β）、と。——このような把握を支持するかのように、カール・ペーリッツ編の『カントの哲学的宗教論』に次のような件がある。「もしも全道徳性が廃棄されるべきでないとすれば、実践的自由は［他の叡知的存在者におけると同様に］人間においてもまた初めから［理念として］前提されていなければならない。人間は自由の理念に従ってあたかも自分が自由であるかのように行為するが、まさにそのゆえに eo ipso 人間は自由である」

(XXVIII1068)。これがこの講義を聴講していた学生による筆記録であるという
事情を斟酌しても、なお次の諸点が再確認されるであろう。第一に、カント
の気がかりが「全道徳性の廃棄」、つまり〈道徳ニヒリズム〉に、ひいては
〈価値ニヒリズム〉にあったこと、第二に、自由は「前提」であって、これ
まで〈自由の実在性〉と呼んできたものの本性は実は理念（前提）にあった
こと（第四節 p.255 中段参照）、第三に、つまり人間は自分のことを自由だと
思いながら行為するていどには自由だといっているのであって、人間が本当
に叡知的に自由なのかどうかは留保されていること [27]。この最後の点こそ、
われわれが先ほど示した（β）の水準の言説に当たる。だがカントが当初
「理性の事実」としての道徳法則を梃子として証明しようとした自由の水準
が（α）の方に置かれていたことは明らかである [28]。しかしこれまでの吟
味から明らかなように、（α）の本性は再び als ob の理念にすぎず（直前の
講義録からの引用にも「あたかも……かのように」とあった）、あとには（β）
の方の、〈理念としての自由〉が残るだけなのではないだろうか。つまり
（β）が本当に自然必然性を免れた叡知的な自由であるのかどうかは、依然
として「解決することのできない課題」（三出、GMS, Aka.IV462）のままなの
だ [29]。

　こうした事情を目を凝らして見きわめるのでないと、つまり（β）の言説
を（α）の水準の言説と取り違えると、人類がこぞってカントのあの（大仕
掛けの方の）〈ミュンヒハウゼンのトリレンマ〉の罠に搦めとられることに
なるだろう。彼はいわばそうした全人類的な超越論的自己欺瞞を〈仕掛け
て〉いるのかもしれないのだ [30]。たといその根本動機は（再述すれば）人類
が神なき時代に自然必然性の奔流のなかで〈価値ニヒリズム〉へと溺れこま
ないように、という人間愛、世界市民思想に立脚した人類愛から発したもの
であったことを高く評価するとしても、そのような疑惑は残るであろう [31]。

　はたしてカントは〈あたかも自分が自由であるかのように思うことができ
るていどには、人間は自由である〉という自分の着地点が、まさに予め前
もってスピノザから嘲笑されていた児戯に等しい目出度さを後だし的に繰り
返したものにすぎないということを自覚していたであろうか。というのもス
ピノザは主著のなかで、「人間は自分のことを自由だと思っているが、それ

は……人間が彼らを行動へと決定する諸原因を知らないからにすぎない」と断定していたからである（『エチカ』第二部定理35備考）[32]。

六

シェイクスピアの『リア王』のなかに、次のような場面がある。末娘コーディーリアを理不尽にも勘当したあと、リアは家来の騎士百人と道化一人を一月おきに自分とともに養うというたった一つの条件で、領土を二分して二人の姉娘たちに全王権を譲ったのだが、一月も経たないうちに長女ゴネリルがリアに無断で騎士を五十人に減らしたので（第一幕第四場、以下Ⅰ4のように記す）、怒って次女リーガンのところに移ろうとすると、今度はリーガンに「私のところにおいでになるのでしたら、五十人でも多すぎます、二五人にしていただきます」といわれる（Ⅱ4）。そこでリアは「五十は二五の倍じゃ。だからおまえ［ゴネリル］の愛情もこいつ［リーガン］の倍であろう」といって、再びゴネリルのところに戻ろうとする（同）。このときリアが、二人の娘の自分に対する愛情を、五十と二五という数字から比例計算して比較する[33]のは、いうまでもなく理性 ratio を使ってのことである。というのも、ratio（理性）というラテン語はよく知られるように、元来比例（比量）という意味だからである。ところがここに至ってゴネリルとリーガンは声をそろえて「［騎士は］一人だって必要でしょうか」と冷たく拒絶する（同）。百人の騎士が一晩のうちに五十、二五を経てゼロ（無）になってしまったのだ。このゼロに直面して、リアにはもはや理性を失って狂気に陥るほかに道は残されていなかった。有名な「荒野、嵐の場」である（Ⅲ3）。つまり理性 ratio は「有」にしか有効でないのであって、「無」に対しては無力なのだ。なぜならば、a : b = c : d の四項のうちの一つにでもゼロが入ると比例 rario は成り立たなくなるから。したがって理性は「無」に直面すると、途方にくれる（或いは、リアのように狂気に陥る）ほかはないのだ。

これを前節までの議論に当てはめると、理性はそもそもニヒリズム（無の思想）にははじめから無力である、ということになる。とすると、「理性の関心」（『純粋理性批判』A466B494）に導かれて世界を理性的・合理的 rational

（つまり、比例的・比量的）に理解する（これがカントの超越論的観念論の仕事
であろう）とは、世界に「有」という一つのヴェールを被せることを意味す
るだろう。「理性の関心」とは詰まるところ〈無の回避〉だったのだから[34]。
その場合、「有」の身分を現象として語るのであろうと物自体として語るの
であろうと、ヴェールを被せるという点では同じである。ところでこの、
ヴェールとしての「有」の最右翼に数えられるものが、道徳的な「善悪」の
「価値」にほかならない[35]。どういうことであろうか。

　周知のようにカントは、（広義の）価値を現象という身分の「価格」と物
自体（叡知性）という身分の「尊厳」の両様に語ったうえで、両者に優劣を
つける（諸価値の価値づけ──前々章）。すなわちカントは『基礎づけ』の或
る箇所で、「人間に普くみられる傾向性と必要とに関係するものは、市場価
格 Marktpreis をもつ。必要を前提しなくても、何らかの趣味に合っている
もの、いい換えるとわれわれの心に備わる［機知などのさまざまな］能力が、
単なる無目的な戯れに覚える喜びに相応しい［喜びの対象となる］ものは、
愛好［趣味］価格 Affektionspreis をもつ。しかし何かが目的それ自体であ
ることが唯一或る条件の下でのみ可能となるような、そうした条件をなすも
のは、単に相対的な価値、即ち何らかの価格をもつにすぎないのでなくて、
一つの内的な価値、つまり尊厳 Würde を有する」という（GMS, Aka.Ⅳ434f.）。
若干確認しておくならば、「何かが目的それ自体であること」の「何か」と
は結局は人間を指し、「唯一或る条件［をなすもの］」とは「道徳性」（意志
の自律）を意味する。さて前二者の「市場価格」と「愛好［趣味］価格」は
〈現象〉の次元での「相対的な価値」であり、第三の「内的な価値」即ち
「尊厳」が叡知的な次元の価値であると受けとっていいだろう。というのも
この「尊厳」は詰まるところ、人間がそのつど純粋道徳を意志の第一決定根
拠とすることができるという点、つまり叡知的存在者である限りでの人間の
叡知性に根差しているからである。

　これと呼応する言葉をもう一つ見てみよう。最晩年に満を持して出版され
た『実用的見地における人間学』（1798）の或る箇所で、カントは次のよう
な人生観を読者に勧めている。「人生は一般に、快適かどうかに左右される
ような生の享楽の面からいうとまったく固有の価値をもたないのであるが、

とはいえ、どのような目的に向かって人生を営むのかという人生の歩み方の面からみれば価値をもつのであって、だからその価値を人間にもたらすことができるのは、幸福ではなくてひとり知恵だけである」（『人間学』Aka. Ⅶ239, p.188）。何と何とが対比されており、どちらが先ほど確認された〈現象の次元の価値〉に当たりどちらが〈叡知的な価値〉に当たるかは、自明であろう。カントはこれに続けて、「逆に自分の人生の価値が見失われるのではないかと心配のあまり気が気でない者は、けっして人生を楽しむことはないであろう」という（ibid.）。平易な言葉で語られているが、内容的にはつまり、無批判的な享楽的人生からは、いわゆる虚無主義という意味での俗流ニヒリズムが帰結する、といっているのである。いい換えれば、現象的な価値（つまり価格）を物自体的に存在するものと誤想したうえで、その喪失を心配する者こそ虚無主義に陥ることを避けることができないのだ、と。こうした超越的な（批判以前の）価値観に由来するニヒリズムを超越論的な価値観（上記の「知恵」）によって撥無すること、これがカントにおける価値のコペルニクス的転回の意義である。

　確かにカントはこの「知恵」に、価値ニヒリズム（道徳の崩壊）の克服の決め手を見いだしたつもりでいた。だがここで確認するべきは、この「知恵」を主題とする劇の舞台は前景と奥舞台との二重構造になっている、という（超越論的な）設計性、戦略性である。前々段落に引用したように、まずカントは「市場価格」と「愛好［趣味］価格」は「現象」的な価値にすぎないとする。これはいわば、ひとびとが長いあいだ愛着してきた旧い物自体的ヴェールを剥ぎつつ、純粋ならざる実践理性（ないし反省的判断力）によって現象的ヴェールを新しく紡ぎ直す操作を意味する（舞台の前景）。次いで第二にカントは、これら相対的な諸価値に優位する究極的な価値規準として、叡知的な「尊厳」を示唆する（奥舞台）。これこそがカントにとって、価値ニヒリズムを回避する最後の切り札であった。だがこの、各人の人格にもれなく内在する人間性の「尊厳」それ自体が、純粋実践理性の綾なす新しい物自体的なヴェールだったのではないだろうか。ここで、この劇が演じられる舞台がどういう構造になっているかをもう一度思い浮かべてみよう。すると、手前に位置する前景舞台では、客席との間の第一の紗幕を通して〈価値のコ

ペルニクス的転回〉の現象劇（「価値」の「現象」化）が演じられ、と同時に、背後の奥舞台では、第二の紗幕を透かして叡知劇（「価値」の究極的根拠の「叡知」化）が演じられる、と描くことができる。だがこの、価値ニヒリズム回避のための前奥二段構えの舞台設計そのものが、依然として「解決することのできない」（GMS, Aka.Ⅳ462）価値ニヒリズムに脅かされているのではないか。

おわりに

　人生には意味がないことの象徴として、永遠に繰り返し岩を山頂に運びあげる罰を課されたシシュフォスの神話を取りあげ、それでもシシュフォスは幸福であったと思わねばならない、と結んだのはアルベール・カミュであった[36]。ところでカントも、最後の著作『学部の争い』（1798）のなかでこのシシュフォスに言及している。そこではシシュフォスの終わることのない徒労こそ「人類の性格」であり、人生は「虚しい多忙」「単なる道化芝居」であり「善悪のいたちごっこ」であるとする（『学部の争い』Aka.Ⅶ82）。もちろんこれはカントが「愚人主義 Abderitismus ［アブデラ主義］の仮説」を嘲笑気味に紹介している箇所であって、カント自身の立場ではない。だがことはそれほど単純ではない。実はこの他人ごとのような記述がそのまま最晩年のカントの本音を吐露したものと読むこともできるからである（カントは意外とそうした筆法を使うのだ）[37]。

　学者生命を賭してまで肩入れし期待したフランス革命が凄惨な推移を見せながら瓦解しかけているときに（これこそ〈価値ニヒリズム〉〈道徳の崩壊〉の歴史進行形でなくて何であろう）、カントはちょうどその知的営みを閉じようとしていた。とすれば、一方であくまで最後まで人類の明るい未来への鼓舞を語り続けながら、他方で実はときおり、自分の生涯を賭けて磨きあげた超越論的観念論をもってしてもついに〈価値ニヒリズム〉を回避することができないかもしれないという徒労感、虚無を避ける営みが再びそれ自身虚無に帰することへの嘔吐感に襲われていたのだとしても、われわれはもはや驚かないであろう。

　[補言]　本章の初出論文は十九世紀に始まる近代価値ニヒリズムの系譜の
視点にたって、カントをその先駆として位置づけ直そうとするものであった
（「初出一覧」参照）。その視点からすると、たとい今後も「可能的経験」の構
成主体としての人間主観の超越論性の理説は揺るがないとしても、他面でカ
ントは確かに近代価値ニヒリズムの一歩手前に立っていたといえるのではな
いだろうか。

注

1）萌芽的には就職論文『感性界と叡知界の形式と原理』（1770）において。本格的には『純粋理
　　性批判』（1781）の「超越論的感性論」において。前者には例えば次のようにある。「それゆえ時
　　間は感性界の絶対的に第一の形式的原理である。」「それゆえ空間の概念は純粋直観である」（Aka.
　　Ⅱ402）。
2）『純粋理性批判』「超越論的分析論」。十二ある純粋悟性概念の四つの綱から一つずつ純粋悟性
　　概念を選ぶ組み合わせは三の四乗、即ち八一通りある。これらに直観が加わると〈アプリオリな
　　総合判断〉のすべての型を網羅したことになると考えられる。一つないし三つの綱から一つずつ
　　選び、合計一つないし三つの純粋悟性概念と何らかの直観とからなる不十分な総合判断まで入れ
　　て数えると、型は全部で二五五通りとなる（四の四乗に一つ欠けるのは、純粋悟性概念を一つも
　　使わない混沌とした生の直観という最後の組み合わせを除くため）。カント自身はこのような組
　　み合わせの仕方についてどこにも論じていないが、これらが総じて最広義の「可能的経験」を構
　　成する、と考えられる。
3）カントがここでいう「実在根拠」とは何か、は本章の考察の対象外である。
4）ここにはライプニッツ・ヴォルフ学派のオプティミズムに対する批判が籠められているのであ
　　ろうが、ここではその点に触れることはできない。
5）『人間学』（1798）の第一部第三編「肉体的な最高善について」（Aka.Ⅶ276f., p.243）を見られた
　　い。そこには、多分にカント特有のとぼけた皮肉を交えてであるが、例えば七年戦争（1756-63）
　　とか、イギリス、プロイセンなど列強の第一次対仏同盟（1793-95）によるフランス革命干渉戦
　　争など、彼の生存中に身近で起こった戦争の具体的で悲惨な状況が、彼の入手した確かな情報を
　　基に描かれている。
6）ここで簡単に『純粋理性批判』（1781）「超越論的方法論」第二章「純粋理性の規準」における
　　実践論と『基礎づけ』（1785）以降の本格的な実践論との関係を整理しておきたい。まずこの
　　「純粋理性の規準」章は第一版（1781）と第二版（1787）のあいだに『基礎づけ』の執筆・出版
　　を挟んでいるにもかかわらず、カントは第二版において（ごく微細な表記上の訂正を除いて）実
　　質的にまったく改訂の筆を加えていない。（1）したがって基本的には『純粋理性批判』と『基
　　礎づけ』以降の実践論とのあいだには断絶はなく、前者においてすでに、『実践理性批判』（1788）
　　における「実践理性の［理論理性に対する］優位」の思想、同じく『実践理性批判』の「弁証

論」における最高善の理念とそれに伴う三つの理念の要請の理説の骨子が読み取られうる。（2）
しかし道徳法則そのものの検討および演繹は萌芽的にもなされておらず（これは『純粋理性批
判』の性格からして当然である）、これらはこのあとの『基礎づけ』の仕事として残された。（だ
がその結果どうなったかは、次章で詳しく論じる。）（3）用語上の注意として、まず『純粋理性
批判』において「根源的な最高善の理想」（A810B838）といわれているものは「神」を指し、最
上の徳とそれに見合った幸福とが調和的に実現した世界はむしろ「派生的な最高善」（A811B839）
といわれている点で、『実践理性批判』の用語法とのあいだにずれが見られること（ちなみに
『基礎づけ』には勝義の「最高善」概念は出てこない）、（4）もう一つ、『純粋理性批判』では
「魂の不死」（A798B826）の在りどころ（これはそのまま徳福一致の道徳的理想世界、つまり『実
践理性批判』以降の「最高善」の実現した世界の在りどころでもある）が、おおらかに（つまり
無批判的に）「来世 eine künftige Welt」（A800B828）または「来生 ein künftiges Leben」
（A811B839）と表記されていることが挙げられる。ただし後者の「来世」「来生」に関していえ
ば、『純粋理性批判』においても「道徳的世界という理念は……叡知的な直観の対象に関係する
のでなく……実践的使用における純粋理性の対象としての感性界に関係するのであって」、「感性
界における理性的存在者の神秘的集団 corpus mysticum である」（A808B836）といわれていると
ころから判断すると、実質的、論理的には『実践理性批判』以降と同様にすでに「この世におい
て in der Welt」（KpV, Aka.V122）を意味していたであろうといえる（さらには KpV, Aka.V119,
126, 139参照）。なお『判断力批判』ではこれが「自由によって可能となる、この世における最
高善 das höchste durch Freiheit mögliche Gut in der Welt」（KU, Aka.V450）と、紛れのない形で
十全に表現されている点については、本書第Ⅱ部第一章「カント〈実践理性の優位〉の構造と射
程」第二節 p.196の記述を振り返られたい。

7）これについては本書第Ⅰ部第二章「カントにおける〈身心問題の止揚〉——人間悟性の自己対
　象化的性格の剔抉へ——」第一節のデカルトとライプイッツの段落を再度参看されたい。

8）この点について詳しくは拙論「身心問題と自己実現（2-1）——スピノザの場合（その1）
　——」（『埼玉大学紀要 教育学部（人文・社会科学）第34巻』1985所収）および前注に挙げた
　本書第一部第二章第一節のスピノザの段落を参照されたい。

9）カントとスピノザの関係については、さらに本章第五節および次章「〈研究ノート〉カント実
　践哲学における演繹の戦術転換とその帰趨」p.273, pp.292-293, 注10）、注59）⑦を見られたい。

10）引用の前半、「たとい自由がいかにして可能であるかはけっして把握されることができないと
　しても」という譲歩節は意味深長である。おそらく実際カント自身『基礎づけ』の時点では「自
　由がいかにして可能であるかはけっして把握されることができない」と考えていたと思われるか
　らである（後述、第三節末尾）。

11）管見のかぎりこの点を指摘した先行研究は見当たらなかった。

12）立場を逆にして、スピノザからのカントに向けての（事前の）「反論」については、このあと
　第五節の末尾で触れる。

13）この点については、次章「〈研究ノート〉カント実践哲学における演繹の戦術転換とその帰趨」
　第二節を参照されたい。

14）この点について『実践理性批判』では、因果性などの力学的な理念を考える際に大事なことは、
　「直観に対応する条件づけられた対象の現実存在 Existenz が、いかにして条件づけるものの現実
　存在と（これに連関づけられたものとしての悟性のうちで）出会う hinzukommen かということ」
　だといわれる（KpV, Aka.V103f.）。意味深長な叙述であるが、カントはこれ以上に展開しない。

15) この点についても次章の第三節を参照されたい。

16) ただし筆者はここでカントの思索の真摯さまでを疑おうとしているのではけっしてない（本章第一節後半を再度参照されたい）。

　　ここで『純粋理性批判』「二律背反論」§9の超越論的自由をめぐる一連の長い叙述（第一節末尾に示した A528B556-A558B586）について補言する。本文では簡略にしか扱えなかったが、ここには興味深いがきちっと論じきられていない論点が多数指摘できる。そのうちの主なものを列挙すると、①悟性ないし理性の思考そのもの（考慮すること erwägen とも）が現象界に結果をもたらす（A540B568. A545B573. 他）、②その際理性が理念に則して悟性を規定する（A547B575）、③本章でのちに論点として取りあげることになるが（第五節中段以降）、人間は自由と思う（表象する）程度には自由である、という意味あいのことがすでにここにも読み取られる（A547B575）、④理性は随意志の経験的性格を手先として使う（A549B577）、等々である。これらの論点については別して慎重な検討が必要となる。

17) 『基礎づけ』第三章「定言命法はいかにして可能か」（GMS, Aka.IV453ff.）を見られたい。そこでカントは「定言命法は次のようにして可能である」としてひとしきり議論を展開したあと、「通常の人間理性の実践的使用も、この［定言命法の］演繹が正当であることを確証する」と述べていた。

18) これは『純粋理性批判』での「権利問題 quid juris」と「事実問題 quid facti」との関係と同じではないが、以下に本文で論じるようにこれと密接に関連する（A84B116）。なお〈不可欠性論証〉については石川文康『カント　第三の思考』（名古屋大学出版会 1966）pp.211-215を見られたい。

19) 「前提」については、次章の第一節末尾を参照されたい。

20) ここで「理性の事実」は「法則に対する尊敬」を意味すると解釈する立場からすれば、カントは本来まず「法則に対する尊敬」という（結果としての）〈事実〉を「認識根拠」としてその「存在根拠」（原因）としての「道徳法則」の〈事実性〉を確保（演繹）し、次いでおもむろにこの道徳法則を認識根拠としてその存在根拠としての自由を演繹するべきであった、とカントに向かって修正提案することは可能であろう。いうならば、カントは〈二段階演繹〉を施すべきだったということになる。——だがその場合であっても、事態の危機的状況は依然としていささかも回避される訳ではない（次節）。

21) 〈ミュンヒハウゼンのトリレンマ〉とは、ビュルガー著『ほらふき男爵の冒険』の主人公ミュンヒハウゼン男爵が語る（＝騙る）「ほら」の三つの型を意味する。一例として、男爵が愛馬もろともに深い沼に填まりこんだ際に両膝で馬の腹をしっかり挟んだうえで、自分の手で自分の髪をむんずと掴み思いきり上に引き上げたところ、自分も馬も助かった、という類いの話を指す（『ほらふき男爵の冒険』新井皓士訳、岩波文庫 p.70）。〈ミュンヒハウゼンのトリレンマ〉についての本格的な議論は、H. アルバート『批判的理性論考』（萩原能久訳、御茶の水書房）p.19 以下を参照されたい。

22) このことから、前批判期のカントはひそかにスピノザの唯一実体論（無限属性・無限様態論）の論理に魅力を感じていたのではないか、という推測も可能かもしれない。

23) これについては、本書第一部第一章「カントの純粋統覚と物自体」の出だし p.14 を再読されたい。

24) これが本章の題を「対スピノザ防衛戦略」とした根拠である。対して、演繹の対象が道徳法則から自由へと逆転した事実はすでに「戦術転換」と位置づけられた（第四節 p.253）。さらに次

章の題も確認されたい。

25）時空の観念性のほかにこの特性に該当する枠組みとしては、他に、『純粋理性批判』でいえば、空間的な経験的現象とそれを「触発する」物自体の関係（KrV, A43B60, A なし B72）、逆に内外の現象を純粋統覚が純粋悟性概念を通して規定する超越論的な作用、等を挙げることができる。

26）これを別角度から捉え直せば、超越論的観念論とは「必然性」（裏返せば、自由の否定）を主観の内に取り込み純粋悟性概念の一つと位置づけることによって（「必然性」からの「物自体」性の剥奪）、一方で現象的な自然必然性を免れつつ他方で神からの干渉も排除する、という「自由」を人間主観に確保するという戦略であった、といえよう。そしてこれが多分にスピノザの必然一元論の回避のための戦略という意味をもつことは、いうまでもない。しかるに「自由」の方は、この措置を通してその「物自体性」が温存された（批判的にか無批判的にかは判断が分かれるにせよ）、という点が問題のすべてである、ともいえよう。一つの対案として、われわれは純粋理性概念（理念）としての「自由」を思いきって純粋悟性概念化することによって、「必然性」と同格の身分とするように試みることができるのではないか。ただし道は遠いであろう。

27）『基礎づけ』にも次のようにある。「自由の理念の下で行為する以外には行為することができない存在者は誰でも、まさにそうであるがゆえに実践的見地からすれば現実に自由である」（GMS, Aka.IV448）。本文に引用したカール・ペーリッツ編『カントの哲学的宗教論』（1817）は書誌学的に問題があるようであるが、二つを照らし合わせてみるとむしろ、この学生（不詳）はこの文言の限りでは講義されたカントのじかの言葉を正確に書き記していると思われる。これについては次章「〈研究ノート〉カント実践哲学における演繹の戦術転換とその帰趨」の注 16）も参照されたい。

28）『判断力批判』（1790）にも、「自由の実在性は……経験のうちで証示することができる」、自由の理念は「純粋理性のすべての理念のうちで、その対象が事実であり、だから〈知られうるもの scibilia〉のうちに数えられなければならない唯一の理念」である、とある（KU, Aka.V468）。ただしこれら二つの記述とも、自由は事実である、と直接的に述べている訳ではない点は注意を要する。これに関連して「知られうるもの scibilia」を巡っての慎重な読解については前々章第三節および次章第五節を参照されたい。

29）執拗となることを承知でここでもう一点確認しておくと、〈理性の事実〉としての道徳法則を認識根拠としつつその存在根拠としての〈自由の実在性〉を証明する、というカントの戦術転換の企ては、結果として、〈理念（としての道徳法則）〉によって〈理念（としての自由）〉を証しする（前提する）という理に帰着した、という結末である。

30）『純粋理性批判』「二律背反論」に、無批判的なひとにとってはときに「自由とは自己欺瞞にすぎない」と映るだろう、という見過ごすことのできない記述がある（A475B503）。ひょっとしてこれは、カントの怯えを秘めた予防線かもしれないからである。

31）ここで先に（本書第Ⅱ部第一章注 25））一度牽いたホルクハイマー／アドルノの言葉をもう一度引いてみよう。彼らは、「カント的オプティミズムの根は、野蛮さへの転落に対する恐怖である」（『啓蒙の弁証法』徳永恂訳、岩波文庫 p.186）といっていた。ところでカントは本節冒頭に取りあげた箇所（『実践理性批判』「純粋実践理性の分析論の批判的解明」）で、自由をめぐる難問を隠蔽しようとするメンデルスゾーンをはじめとする先行の形而上学的独断論者たち（ただしスピノザを除く）の「狡猾さ」を糾弾し、すべての困難が暴露されてはじめてその「解決策」が見いだされうるのだと述べていた（KpV, Aka.V103）。問題は、彼自身が示した「解決策」が〈よりいっそう狡猾な解決策〉でなかったかどうか、である。ところでこの、「解決することのでき

ない課題」の〈良心的な〉顧慮による「解決策」は、永井均がニーチェに依拠していう「善なる嘘」の一つの典型に当たるといえるかもしれない（永井均『〈魂〉に対する態度』〔勁草書房1991〕p.8 および p.19 注を参照されたい）。

32）さらに同書第二部定理 49 備考、第五部定理 5 も見られたい。

33）これが K. マルクスのいう量と質を転倒する「物神崇拝 Fetischismus」という「疎外 Entfremdung」の典型であることについて、詳しくは拙著『リア王と疎外 シェイクスピアの人間哲学』（花伝社 2009）第一章を参照されたい。「物神崇拝」については、K. マルクス『資本論』第一巻第一章第四節「商品の物神的性格とその秘密」に当たられたい。

34）ここには一種の循環ないし回路の自己閉鎖性が指摘できるかもしれない。つまり、理性は「無」に無力なので「無」を回避しようとする「関心」をもつが、（不思議にも幸い）取り敢えずは自力で「有」を定立することができる、という訳である。──しかしそれが根本的な解決になっていないからこそ理性は本性として二律背反を筆頭とする「弁証論」に陥らざるをえないのではないか。ところで「有」は（形式としての悟性・理性からでなく）感性的資料の方からしかやってこない、とはカント自身が強調していたもう一つの観点である。ということは、ひょっとしてカントはこうした事情全般を飲みこんでいたのかもしれない、とも思われてくる。それも、十分承知したうえで隠蔽する、という二重の意味で。

35）周知のように「ヴェール」という言葉は、ニーチェがショーペンハウアーの語る「マーヤのヴェール」という表現を踏襲し、アポロン的仮象を否定的に形容するときに使った述語であるが、ここはさらにその再転用である。ショーペンハウアー『意志と表象としての世界』第四巻第六三節、およびニーチェ『悲劇の誕生』第一、二節を参照されたい。

36）A. カミュ『シーシュポスの神話』（清水徹訳、新潮文庫）所収「シーシュポスの神話」末尾p.173.

37）「アブデラ主義［愚人主義］」の「アブデラ」とはもともとデモクリトス、プロタゴラスの生地であるギリシア北東部トラキア地方のポリスの名であるが、『カント全集第 18 巻 諸学部の争い 遺構集』（角忍・竹山重光訳、岩波書店）の当該箇所の訳注によれば、カントはヴィーラント（Christoph M.Wieland, 1733-1813）の風刺小説『アブデラ人の物語』（1774）でヴィーラントの生地ビーベラッハがアブデラになぞらえられていることを周知のこととして前提していたのであろう、という（同書 p.452）。であればさらにそれをふまえて、この『学部の争い』においてカント自身が、生まれてこのかた終生離れることのなかったケーニヒスベルクを秘かに（だが通じる者には通じるように）アブデラになぞらえたうえで、さらに自分の思想までを（半分おちゃらけて、しかしあとの半分は本音として）「愚人主義」という言葉に託したということは、ありうることである。これに関連して、本書第Ⅲ部第三章「カント『人間学』の諸問題──解説に代えて──」第四節「カントの二枚舌ないし三枚舌について」を参照されたい。

第四章　〈研究ノート〉カント実践哲学における演繹の
戦術転換とその帰趨

はじめに

　筆者は従来から、カントの実践哲学の根本戦略は《一方でキリスト教と経
験論との二つの他律的な道徳論を超克すること、他方でスピノザ哲学と自然
必然論の見地とから導かれる二つの価値ニヒリズムを回避すること》という、
計四つの課題から成っていると考えてきた。本書でも第二部に入ってここま
でこの仮説に基づいてカントの実践論を検討してきたが、本〈研究ノート〉
もこの仮説を前提することに変わりはない[1]。

　だが筆者が見るところ、カントは上記の複合的な戦略は揺るがないものと
して首尾一貫させながらも、『道徳形而上学の基礎づけ』（1785）から『実践
理性批判』（1788）に移行するにあたって、〈自由〉と〈道徳法則〉をめぐる
演繹の仕方（どちらからどちらを演繹するか）に関して大胆な戦術転換を図っ
た。それが集中的に読み取られうるのは、『実践理性批判』第一部第一編
「分析論」第一章「原則論」のほとんど終わりごろに置かれた「一　純粋実践
理性の原則［道徳法則］の演繹について」と題された文章（KpV, Aka.V42-50.
以下「演繹について」と表記）と、第一編の末尾に付された「純粋実践理性の
分析論の批判的解明」（Aka.V89-106. 以下「批判的解明」と表記）である。この
のち、これら二つに『基礎づけ』第三章を加えた三つのテキストを中心に、
演繹をめぐるカントの〈戦術転換〉が結局成功したのかどうか、を吟味検討
していきたい。

一

　最初に、『基礎づけ』で主要に検討されるのがなぜ第三章なのかに関わっ

て、この書の全体構成について簡単に確認しておこう。カントは同書第二章の途中で、定言命法（道徳法則）[2]が如何にして可能か、についてのアプリオリな研究（演繹）は「特別に困難な労苦を要する」ので第三章まで保留することとして、まずはこののち第二章後半で、「定言命法の単なる［純粋な］概念」から読み取られうる限りで「定言命法の法式 Formel」を入手できないか試みよう、と述べる（GMS, Aka.IV420）。つまりこのあと続々と幾通りにも提示される定言命法の諸法式（基本は四通り）は、定言命法の概念の分析によって得られる、ということであろう[3]。ともあれこうして定言命法（道徳法則）の演繹は第三章に託されることとなった。これが本〈研究ノート〉で第三章が主要に取りあげられる事情である。

　では『実践理性批判』では「自由の演繹」はどこでなされているのか。実質的にその役割を果しているのが、上記した「演繹について」と「批判的解明」の二箇所である。そしてこれから見ていけば分かるように、二つのうち積極的な演繹は「批判的解明」でなされ[4]、「演繹について」はそれに向けての（消極的な）露払いの役を担っている[5]。

　さてその「演繹について」であるが、面白いことに（結論から先に示すと）、この議論の表題（「……原則［道徳法則］の演繹について」）が意味しているのは、字面から期待されるのとは真逆であって、前著の『基礎づけ』で私は道徳法則の演繹を試みましたが[6]うまくいきませんでしたので、その後つらつら考えてみましたが、そもそも道徳法則の演繹は不可能であるし不必要であるとの結論に達しました、というものである。「道徳法則の客観的実在性はいかなる演繹によっても証明できない」（Aka.V47）。それはどういうことか、そこでカントはどうしたか、を少し詳しく辿ってみよう。

　この「演繹について」で一番注目するべき箇所は、前著『基礎づけ』第三章について、そこでは「道徳の原理［道徳法則］の演繹を試みたが徒労に終わった vergeblich gesucht」（Aka.V47）と、たった二語でではあるが、潔く自己批判している文言である[7]。この文言は、「道徳法則はいわば純粋理性の一つの事実としてあり、この事実をわれわれはアプリオリに意識している」（ibid.）という有名な件の直後にいわれている。この文脈は何を意味するか。――カントは右のように自己批判したうえで、新しい戦術に切り替えること

271

をここで明言しているのである。即ち、「道徳の原理［道徳法則］が逆にそ
れ自身、究めえない unforschlich 能力の演繹の原理として役立つ」という風
に方向転換するのだと（ibid.）。もちろんここでいう「究めえない能力」と
は「自由の能力」をいう[8]。自由は「究めえない」のではあるが、「道徳法
則が、……自由という能力の現実性［現実にあること］を証明する」（ibid.）。
カントはこれを「自由の演繹」といい換える（Aka.V48）。ここに明らかなよ
うに、演繹されるものが『基礎づけ』での〈道徳法則〉から『実践理性批
判』では〈意志の自由〉へと入れ替わったのである。つまり右の自己批判を
経て、道徳法則は演繹される立場、実在性を証明されるべき立場から、演繹
する側、つまり「いわば純粋理性の一つの事実」へと性格替えされた、とい
う事情をこの文脈は語っているのである。

　「演繹について」におけるこの自己批判にぴたりと呼応して、「批判的解
明」にも冒頭付近に次のようにある。前著『道徳形而上学の基礎づけ』の時
点で、「もし一つの現に働いている原因［として］の自由の可能性が洞察さ
れたならば、」それを根拠にして道徳法則の演繹が果たされたであろうが、
そうした自由は「その可能性という側面からはけっして洞察されえない」の
であって、したがってこの『実践理性批判』では、「われわれとしては単に
……そのような自由を要請する道徳法則を通して、余儀なく自由を仮定せざ
るをえず、またまさしくこうした事情からして自由を仮定することが正当と
される［演繹される］のであるならば、それだけでも幸運なのである」（Aka.
V93f.）。カント特有の回りくどいいい方でであるが、ここでも正直に、前著
での演繹が失敗に終わったので今回は演繹の方向を逆転させざるをえなかっ
た、と吐露していると受けとめることができる。それにともなって大事な点
を二点確認すれば、第一に、カントが洞察を諦めた〈自由の可能性〉とは実
質上〈自由の実在性〉を意味すること、第二に、それを諦めたうえでなお
〈自由を仮定する〉とは、〈自由を理念として要請する〉という意味であるこ
と、である。

　この自己批判の末の入れ替えは、カントが自分の道徳論を支える四つの根
本戦略（「はじめに」冒頭を見られたい）をいっそう自覚したうえで戦術転換
を図ったことを示している。もともと『基礎づけ』において〈自由の演繹〉

でなく〈道徳法則の演繹〉の方が課題とされたのは、目前に横たわる二つの
・
他律的道徳説を根本から覆すべく自律的な道徳の実在性をまずもって対置す
るためであった。だがそのためにも、〈道徳法則の演繹〉以上に〈自由の演
繹〉が死活問題となる[9]。なぜなら自由が道徳を可能にするはずであるのに
（このあとに論じる「存在根拠」）、その自由の実在性（可能性）は自明でないか
らである。ところで、〈自由の演繹〉は当然ながら一つの帰結として〈自由
ニヒリズム〉の回避をもたらす。つまりここでカントは、**自由ニヒリズム**を
回避するためにはその前に〈自由の演繹〉を果すことが必要であることに気
づいたと思われる。ところで〈自由ニヒリズム〉の二つの源泉（これらから
〈価値ニヒリズム〉が帰結する）のうち自然因果性の問題は、『純粋理性批判』
の超越論的観念論による現象論的必然論によってすでに相対化されている
（第三アンチノミー）。その結果、標的として残るのはスピノザの唯一実体論
の体系だけとなる。カントはこのように思考をめぐらせたうえで、改めて最
終的に、誰よりも倒すべき最強の敵は**スピノザ**の〈自由ニヒリズム〉にあり、
　　　　　　　　　　　　　　　　　　　・・・・　　　　　　　　　　　　　・
と自覚したのではなかったか[10]。──以上は、カント自身が『基礎づけ』
　　　　　　　　　　　　　　　　　　　　　　　　　　　　　　　　　・・
から『実践理性批判』に至る間に、四つの根本戦略をどのように再確認した
　　　　　　　　　　　　　　　　　　　　　　　　　　　　・・・・　　・・
か、の確認であった。ではその再確認のうえに立ったこの戦術転換の内実は
・　　　　　　　　　　　　　　　　　　　　　　　　　　　・・・・
どのようなものであったか。

　ここで、カントがいう「演繹 Deduktion」とは何であったかを簡単に確認
しておこう。それは、（広義の）理性能力がそれに固有な働き（例えば『純粋
理性批判』でいえば「可能的経験」と「その経験の対象」とを同時に成立させる
働き）をどのようにして遂行することができるかを権利証明すること、を意
味する。換言すれば、そこでは異質な二つの要素が理性によってアプリオリ
に総合されるのであるが、その産物がいかにして（現象界にか叡知的な次元に
おいてか）客観的実在性をもつことができるか、を証明するのである（例え
・・・・・・・
ば『基礎づけ』Aka.IV444f. を見られたい）。カントはとくに三批判書および『基
礎づけ』において、理性能力を検討するたびごとにその能力の権利の「演
繹」を繰り返す[11]。

　話を元に戻すと、『基礎づけ』から『実践理性批判』にかけての問題は、
〈意志の自由〉と〈道徳法則〉との関係、つまりどちらをもって他方の叡知

的・実践的な客観的実在性を演繹するか、であった。周知のようにカントは
『実践理性批判』の「序文」の原注で初めて、二者の関係について「自由は
確かに道徳法則の存在根拠 ratio essendi であるが、他方、道徳法則は自由の
認識根拠 ratio cognoscendi である」と位置づけた（Aka.V4Anm.）。この関係
をカントは直前の本文で、「自由の理念は道徳法則を通じて顕現する sich
offenbart」と端的に述べている（Aka.V4）[12]。平たくいうと、道徳法則の事
実性、客観的実在性を手がかり（認識根拠）として、人間は叡知的に自由で
あり、自律の主体であること（これが道徳法則の存在根拠）を証しする、とい
う戦術である[13]。

　とすると、ここから遡って推測するとすれば、『基礎づけ』ではこれとは
「逆に」（前出、KpV, Aka.V47）、自由を事実とし、これを「認識根拠」に位置
づけたうえで、そこからその「存在根拠」としての「道徳法則」を演繹する
という戦術であったのかと考えたくなる。つまり両者の役割までがそっくり
入れ替わったのだ、と。だが事態はそれほど単純ではない。

　結論からすると、〈自由が道徳法則の存在根拠であって道徳法則が自由の
認識根拠である〉という役割関係は『基礎づけ』でも一貫していたのであり、
この点で両著作の間に変わりはない[14]。では『基礎づけ』のどこに欠陥が
あったのか。

　このとき鍵語の一つである「前提する voraussetzen」という分離動詞の語
義に注意を向ける必要がある。さもなくば事態を真逆に誤解しかねないから
である。ここまでにも「前提」という言葉は地の文にも引用文中にもでてき
たが、他の例でいえば、『基礎づけ』第三章第二節の表題は、「自由はすべて
の理性的存在者の意志の特性として前提されなければならない」とある
（Aka.IV447）。ここでカントは、どういう意味で「自由を前提する」といって
いるのであろうか。辞書を見れば明らかであるが、「前提する」とは「その
ものを何かの必要条件として仮定する、想定する、予期する」という意味で
ある。したがって「前提する」とはけっして、前提されるものを「既定の事
実」として前提する、という意ではない。つまり右に引用した第二節の題を
はじめとして同趣旨の表現がなされている場合（Aka.IV461ほか）、自由はや
はりもともと道徳法則の「存在根拠」として仮に前提されていたのであって、

しかるのちそれに依拠して道徳法則の実在性が「演繹」されるのである[15]。そしてこの「存在根拠」の身分は、先に確認されたごとく「理念」（純粋実践理性概念）であった。「人間は……叡知界に属する存在者として、己れ自身の意志の因果性を、自由の理念の下でしか考えることができない」（GMS, Aka.IV452）。そして、理念には仮説・仮定・（仮の）「前提」の性格が伴うことは先ほどらい確認されている[16]。

二

ところがカントは『基礎づけ』の終盤（第三章）に至って次のようにいう。ここに至るまでの論理展開がそうであったように、自由を漫然と前提することは、一つの「循環論証 Zirkel」（Aka.IV450）あるいは「先決問題懇請の虚偽 Erbittung eines Prinzips」（Aka.IV453）であるといわざるをえない、と。「われわれは自分たちが目的の秩序のなかで道徳法則の下にあると考えるために、現に働いている諸原因の秩序［感性界］のなかで in der Ordnung der wirkenden Ursachen 自由であると仮定［前提］し[17]、ついでわれわれが意志の自由を自分たちに付与したことを根拠にして weil、自分たちが道徳法則に従っていると考える」（Aka.IV450）[18]。これを、自由を根拠にして道徳法則を演繹する仕方の〈初期演繹〉と命名しよう。その特徴は自由を感性界に想定するところに存する。しかしこれはカント自身がいうように典型的ないたちごっこである（ミュンヒハウゼンのトリレンマ［の一つ］とも[19]）。もちろんカントはこのいたちごっこを突破する。それが「先決問題懇請の虚偽」という診断にも籠められている。突破する秘訣は何か。それが、人間は「経験的性格 ein empirischer Charakter」とともに「叡知的性格 ein intelligibeler Charakter」を併せもっている、とする〈人間の二性格説〉である。

この解決策はすでに『純粋理性批判』（1781）でその布石が打たれていた。それは第三アンチノミー「自由による因果性 Kausalität が自然必然性の普遍的法則と両立することは可能か」の節（A538-541B566-569）においてであった。この布石のうえに立ってカントは『基礎づけ』で次のようにいう。「しかしなお［上記の循環論証から脱けだす］手立てが一つ私たちに残されている」

(Aka.IV450)、「というのは、現象における物が（感性界に属していて）何らかの法則に従属していながら、この同じ物が物それ自体……としてはそうした法則から独立しているということには、少しも矛盾が含まれていないからである。実は［同じことが人間にもいえるのであって、］人間は自分自身のことをこうした二重の仕方で表象したり考えたりしなければならないのであり、前者については、［人間は］感官を通して触発された対象として自分自身を意識していることに基づいており、後者に関しては、［人間は］自分自身を叡知者 Intelligenz として、すなわち理性の使用において感性的印象から独立しているものとして（したがって悟性界［叡知界］に属するものとして）意識していることに基づいているからである」(Aka.IV457)、と [20]。それゆえ人間は「現に働いている諸原因の秩序［感性界］のなか」（前出）にいたまま、意志の自由を感性界でなく叡知界における性格として「前提」することは、〈初期演繹〉のときのような単なる都合のいい「仮定」（前出、Aka.IV450）にすぎないのではない、ということであろう。そこでこれを（自由を根拠として道徳法則を演繹する仕方の）〈改訂版演繹〉と命名する。

　だがこの〈二性格説〉自体は『純粋理性批判』に遡って再吟味してみるに、どのようにして根拠づけられていたのであろうか。それは演繹されたのか。むしろデカルト、スピノザ、ライプニッツらの場合と同様に、この主張も単なる独断にすぎないのではないか [21]。この疑惑が解消されない限り、自由を感性界に想定しようと叡知界に想定しようと、いずれも〈ためにする〉想定であることに違いはなく、したがって〈二性格説〉に依拠したここでの〈改訂版演繹〉もまた一つの循環論法となっているのではないか、という疑惑が残るのである。

三

　この疑惑の延長線上でさらに合点のいかない印象が顕著に感じられるのは、『基礎づけ』第三章の次の件である。即ち、「悟性界［叡知界］は感性界の根拠を含み、したがって感性界の法則の根拠をも含むのであるから［平叙文］、……私は、他面では感性界に属する存在者のままではあるが、それにもかか

わらず叡知者としては自分は悟性界の法則［道徳法則］に……従っているのだと認識しなければならない」（Aka.IV453f.）。この文言は、単なる〈二性格説〉以上のことを語っているのではないだろうか（とくに傍点部分に注目）。それを確認するために、別のテキストを見てみよう。

　『実践理性批判』「批判的解明」に次のようにある。感性界に属する主体と「まさに同一の主体、つまり他方で自分を物自体そのもの［叡知者］として意識しているこの主体は、また自分の現存在を、……自分が理性そのものによって自分に定立する法則［道徳法則］を通じて決定可能な bestimmbar ものとしてのみ見なす」（Aka.V97）。この文言はここまでの限り単に、〈二性格説〉に則って道徳法則は常に守ることができるし（自律）、だから是非守りましょう、といっているにすぎないと取ることができる。ところがこれに続いてカントは次のようにいう。「さらには感性的存在者としてのかれの現実存在［実人生］の全系列の連なりさえもが、……ただかれのヌーメノン Noumen[on]［本体］としての因果性［道徳法則に基づく意志決定］の……帰結と見なされうるのであって ist … anzusehen」（Aka.V98）。この発言が〈二性格説〉の延長線上にあることは確かである。だが、〈二性格説〉そのものはただ〈人間にはまるで性質を異にした性格が二つあります〉としたうえで〈純粋道徳の実践はこのうちの一方の性格によって担保されています〉というに止まるに対して、前段落に引用した『基礎づけ』からの引用と同様に、ここの発言も（傍点部分を見れば明らかなように）、一方の性格が他方の性格に対して優位に立つだけでなく、感性界における人生の「全系列」の決定因として働いているのだ、といっている点で、単なる〈二性格説〉を超えているといえよう。だが、『基礎づけ』での発言にしてもここでの言明にしても、どうしてそのようなことがいえるのであろうか。演繹なしにカントの思いをただいってみたに過ぎないのではないか（つまり、これも一つのさらなる独断ではないのか）[22]。

　このとき一つの要となるのは、**知的直観**の有無である。どうしてそういえるかといえば、仮に意志の自由をめぐって知的直観が人間に現に与えられているのであれば、それに基づいて、自由に関してその叡知的・実践的な客観的実在性を（〈叡知的な事実〉として）易々と確証することができるのであっ

て、わざわざ苦労して演繹の手続きをとる必要はないからである。だがカントは『基礎づけ』の最終局面で、悟性界（叡知界）に「入り込んで考えるhineindenken」ことまでは許されるが、「入り込んで直観するhineinschauen」ことは、実践理性の限界を超えるから許されないとする（Aka.Ⅳ458）。ついでこれに呼応するかのように『実践理性批判』にも次のような記述がある。「仮に意志の自由を前提するとすれば、……もっとも［その場合］積極的概念としての意志の自由のためには一つの［或る種の］知的直観eine intellektuelle Anschauungが必要とされることになるだろうが、ここではそうした直観を仮定することはまったく許されない」（Aka.Ⅴ31）[23]。これら二つの引用からも明らかなように、カントは意志の自由についての知的直観を人間に拒んでいる。拒んでいる以上、先ほどの引用文（「悟性界［叡知界］は感性界の根拠を含み、したがって感性界の法則の根拠をも含むのである」等）のような積極的な（肯定的な）主張は本来語ることができないのではないだろうか。

　カントは「批判的解明」でも知的直観についてほぼ同じことを述べる。ここからは〈意志の自由〉をめぐる知的直観に関してのカントの苦しい思いが伺えるので詳しく見てみよう。「仮に［感性的直観に］加えてさらにわれわれに、同じ主観［自由に行為する主体］についての一つの別の眺望が備わっているとすれば（しかしもちろんこれはわれわれにまったく与えられておらず、その代わりにわれわれは単に悟性概念を持つのみであるが）、つまり同じ主観についての一つの知的直観が備わっているとすれば［接続法Ⅱ式の従属文（条件節）］、われわれは次のことに納得がいくはずである［接続法Ⅱ式の主文］。即ち、仮にそうであるとすれば、常に単に道徳法則だけが関与することができるもの［関係代名詞節、平叙文］［という視点］から見られた in Ansehung et [2] 諸現象からなるこの［主観の行為の］全系列は、物それ自体としての主観の自発性に依存している［主文の目的節、平叙文］、……ということに納得がいくはずである」（Aka.Ⅴ99）。——ここでは次の点を見過ごすべきではない。それは、途中括弧書きによってそのような眺望（知的直観）はわれわれに欠けているという以上、引用文中傍点を振った部分、即ち「諸現象からなるこの［主観の行為の］全系列は、物それ自体としての主観［叡知的

な自己］の自発性に依存している」という命題も、最終的には（反実仮想として）全面的に判断留保（ないし否定）されるべきなのにそうなっていないように思われる、ということである。ここからは、本来納得されてもいいはずのことが納得されていないのがもどかしく、知的直観さえあれば問題なく納得してもらえるのだが、というカントの嘆息が感じられないであろうか。そこでもう一度読み直してみると、接続法Ⅱ式の主文（「われわれは納得がいくはずである」）の目的節なので平叙文で書かれてはいるが、身分上はやはり接続法Ⅱ式で語られている（非現実）と受けとめるべき上の命題は、真ん中に挟まれた「常に単に道徳法則だけが関与することができるもの」という平叙文（カントの主張）が語っている内容と結局は同じこと（感性界の行為が叡知的な自由によって規定される）をいっていることが分かる。ということは、やはり件の主文の目的節もカントの思いとしては（形式上だけでなく）実質的にも平叙文として主張されているのであって、本音としては撤回するつもりはないと見るべきであろう。これには大きな疑問符を付けざるをえない[24]。だがこの点についてはいったん保留して、問題をまた別角度から検討しよう[25]。

　話を元に戻して、意志の自由をめぐる知的直観はわれわれに許されていない、というカントの（公けの）いい分をそのまま素直に信じることとしよう[26]。すると知的直観もなく演繹も不調、という事態に面したとき、意外にも重要な役割を担うのが、『基礎づけ』でいえば〈極悪人にも良心の疾しさが認められる〉という例示であり（Aka.Ⅳ454）、『実践理性批判』でいえば〈王から虚偽の証言を強要されても拒否することができる〉という事例である（Aka.Ⅴ30）[27]。つまり演繹に窮したところでカントは実例に訴えて、道徳法則の実践的・客観的実在性を読者に説得しようとしているのである。

　ところがこれがまた、（これらの事例にそもそもどれほどの説得味があるかという問題とは別に）新たな疑問を呼び起こす。というのは、カントは他方で再三再四、この経験世界のうちでは、純粋な道徳が遂行されたことが実証される実例を挙げることは不可能である、と述べるからである。「純粋な義務に基づいて aus reiner Pflicht 行為するという心構え Gesinnung については、これこそ確実だといえるような実例を挙げることはまったく不可能である」

（『基礎づけ』第二章冒頭 Aka.IV406）。また、結局は同じことであるが、「自由の理念そのものにはけっして……実例が宛がわれることはないであろう」ともいう（同書 Aka.IV459）。カントの立論の整合性から見れば、こちらの方が首尾一貫している。カントは決然と次のようにいう。「単に悟性界［叡智界］の成員としては、私のすべての行為は純粋意志の自律の原理［道徳法則］に完全に適合するであろう」（同書 Aka.IV453）。しかし、この同じ行為が「感性界では、あの［意志と呼ばれる］因果性［道徳法則に基づく因果性］の単なる現象として見いだされる」のであるから、「感性界の単なる断片としては、私のすべての行為は……自然の他律に適合していると見なされなければならない」、と（ibid.）[28]。したがってカントが道徳法則の貫徹の実例（これは「感性界の単なる断片」である）を挙げるのは、よほどの苦肉の策だったと思われる[29]。

　カントは『基礎づけ』の原稿を書き終える時点で、以上確認してきた複数の弱点に気がついていたと思われる。気がついたが（何らかのやむを得ない事情で）もう書き直すことができなかった。そこで三年後に、自己批判とともに（事例の提示については工夫を加えて温存しつつも）演繹をめぐる戦術を改めたのである。ではどのように改め、改めた結果どうなったか。

四

　ともかくどの難点よりも独断論という誹りを免れるべく、前述したように（p.272）、カントは演繹のベクトルを逆にして、このたびは自由を演繹される側に配置換えすることとした[30]。もし道徳法則を梃子として自由（叡知的性格、自律）が首尾よく（知的直観に頼らなくても）演繹されるならば、そのときこそ〈二性格説〉（もちろん眼目は叡知的性格の方にある）は晴れて衣替えを果したうえで、道徳法則の存在根拠としてであれ（『基礎づけ』）、自由の認識根拠としてであれ（『実践理性批判』）、その真理性・積極性が認知されるであろう。確かに『実践理性批判』の行文を辿る限り、この戦術転換に綻びはないように見える。したがってカントの思いきった戦術転換は成功したように見える。だが果たしてそうか。

　ここからは筆者のカント批判となる。筆者が見るところ、この操作のために新しい綻びが生じた。それは、前に少し触れたのだが（p.272）、道徳法則（の意識）が新たに「一つの理性の事実」と規定されることになった点に関わる。綻びは、これから検討するように、二つのうちのどちらかとなる、という形で指摘できる。前もってその二つの可能的な破綻の道を示すならば、道徳法則をめぐって事実上〈知的直観〉を主張することとなるか（思想的破綻）[31]、さもなくば、自由の演繹が〈初期演繹〉〈改訂版演繹〉についで第三の循環論法に帰着するか（論理的破綻）、のいずれかである。

　さて、《道徳法則（の意識）は一つの理性の事実である》に類する表記は、『実践理性批判』において（断片的表記を含めて）全部で十一回繰り返される。そのうち**二回目**（実質上初回）の記述がまずもって注目される。

　　「こうした根本法則［道徳法則］の意識は、一つの理性の事実 ein Faktum der Vernunft と呼ぶことができる。なぜなら、それ［道徳法則の意識］は、例えば自由の意識といった［何か］理性に前もって与えられている所与 Datis から詭弁を弄してひねりだすことができるようなものではないからであり（というのも、自由の意識は予めわれわれに与えられている訳ではないので）、むしろそれ自体でアプリオリな総合命題として［そのつど］われわれ［の胸］に迫ってくるからである。」（KpV, Aka.V31）

　この発言は（のちに触れる）三回目の記述（p.284 以下）とともに、周知の「純粋実践理性の根本法則［この著における随一の道徳法則］」の提示に続く「注解」のなかで述べられており、きわめて重みのある発言である。――ともあれカントは、演繹の戦術転換に当たって、この〈道徳法則は一つの理性の事実である〉に命運を賭けたのである。これを仮に**〈逆転版演繹〉**と名づけよう。

　ところで上の引用文の「なぜなら」以下を見ると、次の四点を読みとることができる。①この箇所の前半は、のちの「試みたが徒労に終わった vergeblich gesucht」（前出、Aka.V47, 本書 p.271）という例の自己批判の予告となっている。というのは、引用文中傍点を振った「自由の意識……から詭

弁を弄してひねりだす herausvernünfteln」という表現は、まさにカント自身が『基礎づけ』で苦労した〈自由から道徳法則を演繹する試み〉を自嘲気味に突き放していい表した言葉と受け取ることができるからである。②それに直結して、ここでカントは「所与」の可能的な有力例の一つとして「自由の意識」に触れながら、改めてそれは「あらかじめ与えられている訳ではない」と（括弧書きを用いて）ことさらに否定しているところから見ると、カント自身がそれまでは（『基礎づけ』の最終局面の直前までは）、〈二性格説〉を論拠とすることによって（密かにではあれ）「自由」を（仮にでなく）所与として、つまり意志の自由を知的直観として「前提」していた可能性が濃いと推測される[32]。ここから、それを反省したうえで『基礎づけ』でのこの（〈改訂版演繹〉が立脚していた）循環論法を潔く撤回するつもりであることが読み取れる。——以上の①②は、道徳法則が「理性の事実」といわれるための積極的な理由づけではなく、むしろ道徳法則は演繹されるべきはずのものではありませんでした、そうではなくて、何らか別の性格づけをなされるべきものでした（それが「理性の事実」という新たな規定である）、という消極的な弁明であった。③これに対してまず、道徳法則（の意識）はアプリオリな総合命題（判断）であるという点がここで揺るがずに再確認される[33]。④そのうえで、道徳法則（の意識）が「理性の事実」であるとは、結局のところそれが「それ自体で……［そのつど］われわれ［の胸］に迫ってくる sich für sich selbst uns aufdringt」からであって、だから事実なのだ、と（積極的に？）理由づけされる。反面、「事実」であることの理由としてはこれだけでは弱いような印象がすることも否めない[34]。

　いま分析した①から④のうち、①②はこれ以上検討する必要はないであろう。それに対して、③と④との間には確認しておくべき事柄が残っている。それは、道徳法則（の意識）が一つの「アプリオリな総合命題［判断］」でありつつ（③）、一つの「事実」でもある（④）、とはどういうことか、という問題である。というのは、カントにおいて「事実」とは通常の「経験」の場では〈アポステリオリな総合〉であるから、したがって〈アポステリオリな事実〉といわれるべきである。他方「アプリオリな総合判断」（という働き）が〈事実である〉と呼ばれることはなく、純粋統覚によるアプリオリな

〈超越論的な働き〉である、といわれるべきところである。ところでカントは右の引用箇所で、道徳法則（の意識）が「アプリオリな総合命題としてわれわれに迫ってくるから」「一つの理性の事実と呼ぶことができる」、といっている。この言葉を素直に受けとめるならば、理由節の前半の「アプリオリな総合命題として」という点（③）が「理性の」を意味し、後半の「われわれに迫ってくる」という点（④）から「事実」といえる、二つを合わせて「理性の事実」なのだ、といっていると理解していいであろう。ということはカントは、この「事実」は「理性の」事実であるから、例外的に〈アプリオリな事実〉である、と考えていたと推断するほかはない。ここでのちにp.288で検討する「理性の事実」をめぐる八回目の記述を先どりするとすれば、確かにそこでは、「この［理性の］事実をわれわれはアプリオリに意識している」（Aka.V47）と明言されている[35]。

　うえの検討を通して一つの疑問、即ち道徳法則という「アプリオリな総合命題」がどうして「事実」といわれるのか、が一応解消したとしよう。だがここで新たな疑問が浮上する。それは、そこにおける〈何らかの直観の有無〉という論点である。仮に〈有〉であるならば、それはどのような直観か。

　まず、〈アプリオリな総合命題〉も「総合」であるからには何らかの意味で〈直観＋概念〉となっているはずである[36]。これに密接してカントは、件の長文（Aka.V31. そのうちの前段がいま問題としている引用文であった）の中段に位置する関係代名詞節のなかで、一見当たり前のようでいて、よく考えると驚くべきことをいう。即ち、「理性の事実」としての「根本法則」は「純粋直観であれ経験的直観であれ、いずれの直観にも基礎づけられていない」、と（ibid.）。もちろんここでいわれている「純粋直観であれ経験的直観であれ」はどちらも感性的直観の話である。であるから、引用文は正確には次のように読まれなければならない。「根本法則」は「純粋［な感性的］直観であれ経験的［な感性的］直観であれ、いずれの［感性的］直観にも基礎づけられていない」、と。確かに、道徳法則の意識がいずれの感性的直観にも基づいていない、という主張は素直に納得できる。なぜならば、道徳法則は叡知界における「主権的な gewalthabend」（KpV, Aka.V133）法則だからである。ところで先ほど確認したように、カントにおいていっさいの直観を欠

いた「事実」は普通なら考えられない（少なくともその種の「事実」がありうることを語っている言明は見あたらない）。するとここでカントは（超）例外的に直観なき事実を主張しているのであろうか。それともそのような（超）例外はこの際考えないこととすれば、理解は自ずと次のような方向に向くのではないだろうか。さきに〈意志の自由に関する知的直観〉を最終的に諦めたカントは、ここでは一転して道徳法則の意識の方に（明言されていないのだが）知的直観を宛がったのだ、と。——この推論はカントの理解としては大胆すぎるかもしれない [37]。そこでこの論点はいったん保留して（再論は次節の後半を見られたい）、「理性の事実」に関する三回目の記述の検討を先にしよう。

五

「理性の事実」をめぐる**三回目**の記述も別の視点から重要である。別の視点とは「唯一の einzig」という形容の仕方を指す。

「この［道徳法則の意識という］事実はいかなる意味でも経験的な事実でなく、純粋理性の唯一の事実 das einzige Faktum der reinen Vernunft であって、純粋理性はこの事実を通して、己れが根源的に法則定立する（……）ものであることを仄めかす sich ankündigt のである。」（KpV, Aka.V31）

ここで「純粋理性は……根源的に法則定立するものである」とは、純粋理性は自律の能力であって、したがって自由である、ということを意味している。また「根源的に定立」される法則とは、根本法則つまり道徳法則にほかならない。最後に「この事実を通して」とは、道徳法則という「事実」を通して、の意である。つまり結局この文は、純粋理性の自由（ここでは〈純粋意志の自由〉と同義）は道徳法則を通して〈演繹〉される、ということを再表明しているのである（にすぎない）。そうと気づけば、「この事実を通して」の箇所が、道徳法則が自由の「認識根拠」であることを表し、理性が「根源的に［道徳法則を］法則定立する」の箇所が、自由が道徳法則の「存

在根拠」であることをいい表わしていることも納得されるであろう（p.274
に引用した原注 Aka.V4Anm. を顧みられたい）。さてそれでは、この三回目の表
現において新たに注目されるところはどこにあるであろうか。話はようやく
「唯一の einzig」の話となる。

　この einzig という形容詞は明らかにカントの意図として或る対応を指示
している。それは、自由の意識のみが有する〈唯一性〉との対応である。す
でに「序文」の、例の〈存在根拠と認識根拠に関する原注〉が付されている
箇所の本文にこうあった。「自由は……思弁理性のすべての理念のうちで、
われわれが……その可能性をアプリオリに知っている唯一の理念である。な
ぜならば、自由は……道徳法則の制約[38]であるからである」（Aka.V4）。「批
判的解明」にはこうある。「純粋思弁理性の全理念のうちで、ひとり自由の
概念のみが、たとい実践的認識に関してだけであるにせよ、超感性的なもの
の領域でこれほどに大きな拡張をもたらす……」（Aka.V103）。「ひとり……
のみが allein」とは〈唯一〉ということである。

　この主張はさらに『判断力批判』にも受け継がれる。少し長いが、引用す
る。「しかし［ここで］とりわけ注目するべきは、何と或る一つの理性理念
が（……）、諸事実のうちに見いだされるということである。それが自由の
理念である。この自由の理念の［客観的な］実在性は、一つの特殊な種類の
因果性（……）の実在性として、……経験のうちで立証されることができる。
──［こうして自由の理念は、］純粋理性のすべての理念のうちで、その対
象が事実であり、したがってその対象が［他の通常の諸事実と］いっしょに
〈知られうるもの scibilia〉のうちに数え入れられなければならないような唯
一の理念」である（KU, Aka.V468）。ここでこの文言を正確に受けとめるため
に、三点記す。（1）まず押さえておくべきは、真ん中あたりにある「一つ
の特殊な種類の因果性」とは何を意味するか、である。これはまさにあの
〈道徳法則がわれわれの（現象界における）経験的な行為の「全系列」（Aka.
V99）を決定する〉という因果性を意味している。だから「自由の理念の
［客観的な］実在性は」「経験のうちで立証される」と続くのである。（2）
次に引用文の前の方で、自由の理念が「諸事実のうちに見いだされる」と訳
した原文は、（不定詞形で示すと）sich unter den Tatsachen finden である。

ところでここの文脈でいえば、何かが「諸事実のうちに見いだされる」ということは、そのものは〈事実でない〉を含意するのであって、つまり《事実のうちに〈事実でないもの〉＝〈自由の理念〉が見いだされる》の意でいわれていると理解するべきである[39]。（3）これに関連して後半の「その対象が事実であり」以下も慎重に読まねばならない。ここで「その」は自由の理念を指すが、すると「その対象」といわれているものは、これの前の文脈（ここでは略）から明らかであるうえに、ここで「事実である」（即ち、「理性の事実」である）とされているところからも明らかなように、道徳法則ないし「道徳法則の意識」を意味している。つまり、自由の理念は道徳法則を対象とするが、その道徳法則が事実であるから、「だから」自由の理念は諸理念のうちで「唯一」その対象が〈知られうるもの〉の一つであるような理念なのだ、といわれているのである。結局ここで〈知られうるもの〉と呼ばれているものは（自由でなく）道徳法則（の意識）に帰着する[40]。では自由の理念の対象が道徳法則である、とはどういうことか。それはざっくばらんにいえば、自由の理念が宛がわれる相手（領域・対象）が道徳法則であり、いい換えれば（純粋意志が）道徳法則を意志の第一決定根拠となすことができる、ということを意味するであろう。

　　──以上の、「自由の理念」に関して『実践理性批判』と『判断力批判』に見られる文言の検討から、二つの小括が得られる。第一に、〈道徳法則（の意識）の唯一**事実性**〉[41]と、（『判断力批判』の文言を藉りるならば）〈自由の理念が（すべての理念のうちで）唯一、〈**知られうるもの** scibilia〉を対象とする特質〉を有することとは、それぞれが相手の認識根拠もしくは存在根拠として相互に相手を唯一保証しあう関係にあること、が再確認される。こうして二つの〈唯一性〉は、対となって一つの（複合的な）唯一性を構成することとなる。第二に、自由は「唯一の」と形容されている点では道徳法則と同じであるが、あくまで「われわれが……その可能性をアプリオリに知っている唯一の理念」（前出、Aka.V4）という身分に留まるのであって、「事実」とはいわれていないのであった。とすると翻って、これとは対照的に、純粋理性の「唯一の事実」であるといわれた道徳法則の、その〈事実性〉とは何を意味するのであろうか。

　そこで前節末尾でいったん留保した論点、即ち〈道徳法則の意識をめぐる知的直観〉を見すえながら、カントにおいて「事実」とは何であったかの検討に戻ろう。『純粋理性批判』でいえば、それはアポステリオリな（そのつどの）総合としての〈直観＋概念〉であった。その場合、直観は感性的な、しかも経験的な empirisch 感性的直観を意味した[42]。この通常の「経験 Erfahrung」における「事実」が〈感性の事実〉を意味するのに対して、『実践理性批判』における「理性の事実」とは、前節末尾に述べたような〈直観なきアプリオリな総合としての事実〉というものをあくまで考えないとすれば、アプリオリな総合命題として〈何らかの直観＋純粋実践理性概念〉からなるはずである[43]。その場合、ここで検討されているものが「理性の事実」といわれている以上、その〈何らかの直観〉とは非感性的直観であるはずである。ちょうどこの推法に呼応するように、カントは（前に引用したように、p.283）道徳法則の意識は純粋な感性的直観にも、経験的な感性的直観にも基づかないといっていた（Aka.V31）。するとどういうことになるか。論点は戻って、先に保留された（p.284）仮の帰結が復活する。

　お気づきのように、「純粋理性の唯一の事実」という新たな性格づけによって、カントは道徳法則の意識は「唯一」われわれに許された知的直観である、と（いったんは）考え掛かったのではないか。──さきほど、カントは演繹の戦術転換に当たって、「道徳法則の意識は一つの理性の事実である」（Aka.V31）に命運を賭けたと述べたが（p.281）、その内実の半分はここにある（あとの半分は後述）。この事情は、pp.278-279 で二回にわたって保留された、〈本来ならば自由についての知的直観がなければ語れるはずのない命題をカントは語ってしまっているのではないか〉という疑念に連結している。確かに道徳法則（の意識）が知的直観によって基礎づけられているのであれば、たとい〈自由の知的直観〉が欠けていても、あのような意志の自由をめぐる命題も、行為するそのつど〈道徳法則（の意識）の知的直観〉に支えられて根拠のあるものとなるであろうからである。もし右のように受けとめることが可能であるならば、カントのいい分は筋がすっきり通るようになる、といえばいえよう[44]。だがそれは、一度は己れの学説から締めだした知的直観を、いわば裏口から再導入することを意味するのであって、思想的

な破綻という、カントとしては耐えがたい代償を伴うことになるはずである[45)]。

　筆者の見るところ、カントは最終的にはこの道を択ぶことに躊躇したと思われる。たとい本来ならば（自由のであれ、道徳法則のであれ）知的直観がなくては語ることができないはずの類いの「認識」（非感性的直観＋純粋概念）を語りっぱなしにしたままであるにせよ、カントは己れの思想的破綻をぎりぎりのところで回避したと見るべきである。それはどこから分かるか。いい換えると、カントが「道徳法則の意識は一つの理性の事実である」（Aka. V31）に命運を賭けたその内実の残りの半分は、どこから読み取ることができるであろうか。

　ここでカントとともに冷静に振り返ってみて、そもそも、もともと前著でそれの純粋実践的な意味での客観的実在性が演繹される必要のあるものの側に位置づけられていた道徳法則が、そう簡単に演繹を必要としない事実（たといそれが「純粋理性の唯一の事実」といわれようとも）に転じてくれるものだろうか[46)]。ともあれ「理性の事実」という表記をめぐって、次のような事実がある。カントは「演繹について」の途中にでてくる**八回目**の表現において初めて、なぜか「一つの［唯一の］純粋理性の事実」という言葉の頭に「いわば……として gleichsam als」と付け加えている。前にも引用したが（p.274）、再掲すると次の通りである。

　　「道徳法則はいわば純粋理性の一つの［唯一の］事実としてあり、この事
　　実をわれわれはアプリオリに意識している。」（KpV, Aka.V47）

　この副詞 gleichsam（いわば）と接続詞 als（として）との組み合わせの突然の付加はどういう理由からであったのであろうか。――思うに、この「いわば……として」という二語を新たにここに書き加えたということは、この瞬間、カントが道徳法則（の意識）の知的直観性へのこだわりを最終的に断念したことを物語っているのではないだろうか[47)]。「理性の事実」という直接的な表現を「いわば理性の事実として」と和らげれば、読者が（われわれが）前者の表現におけるように知的直観をそこに読み込む可能性も消えてく

れるであろうからである。この推測は、この八回目以降最後の十一回目まで、例外なく「いわば……として gleichsam als」ないし「いわば gleichsam」と表記されている事実からも傍証される。かくしてカントは最終的に、「いわば……として」の「一つの［唯一の］理性の事実」に賭けを絞ったのである。仮にこれを（「いわば理性の事実としての」道徳法則を根拠として自由の実在性を演繹する）〈最終版演繹〉と呼ぶことにしよう。

　ところがここに三たび新たな疑惑が生じる。それは、道徳法則の意識が「いわば事実として」と形容されることによって（いかなる意味でも）事実でなくなったことは何を意味するか、に関わる。筆者が以前に論じたように [48]、「いわば一つの事実としてある」といわれているものは、突き詰めれば再び「理念」である（でしかない）。そして理念の素性は概念（そのように考えることができる）にある。つまり道徳法則（の意識）はその実、事実でなく理念・概念である、と [49]。とすると、前著で当初の〈初期演繹〉に露顕した循環論（最初の疑惑）を突破した上で遂行された道徳法則の（二性格論に依拠した）〈改訂版演繹〉のときと同じように、或る種の根本的な疑惑がここにも生じるのではないか。つまり、一方の理念をもって他方の理念の客観的実在性を保証することができるのであろうか、と [50]。つまり、二つの理念はここでもまた例の〈ミュンヒハウゼンのトリレンマ〉風の〈もちつもたれつ〉の関係にあるのではないか。そうであるならば、『実践理性批判』での戦術転換ののち、〈逆転版演繹〉の思想的破綻を辛うじて回避したのちに到達した〈最終版演繹〉による自由の演繹も結局は「循環論証」という点で論理的に破綻しており、『基礎づけ』における（道徳法則の）最初の素朴な〈初期演繹〉のときと、あるいはそこに工夫を加えた〈改訂版演繹〉のときと同工異曲ということにならないだろうか。

六

　ここでこれまでの議論を整理してみよう。カントが演繹の戦術を逆転させた理由は、一つには戦略目標に照らして演繹されるべきは道徳法則の方ではなく意志の自由の方だと自覚した点にある。それは、一番の難敵がスピノザ

の〈自由ニヒリズム〉にあると強く自覚したからだと思われる。これについてはすでに十分に確認した。だが第二に、自由を前提にして道徳法則を演繹する仕方にも欠陥があったとカントが気づいたから、といえよう。

たしかに最初に気がついた（初期演繹における）素朴な「循環論証」という落ち度はいったんは拭うことができたとしよう（改訂版演繹）。だがそのとき「循環論証」を突破する梃子の役割を果した〈二性格説〉は、道徳法則を演繹するために〈意志の自由〉を前提する際の担保としては、単独では十分でないのではないか、と。つまり、最初の「循環論証」を乗り越えたのちの改訂版「道徳法則の演繹」も、これまた第二の「循環論証」となっているのではないかということである（前述、p.276）。つまり自律の根拠として仮に叡知的な自由、「超越論的な自由」（KpV, Aka.V97）の理念を前提したうえで、その仮の自由を論拠として自律の法則（道徳法則）の実在性を確認しているにすぎないのではないか、と。カントはそのような落とし穴に一人内心気づき舌打ちしたのではないか（注22）を振り返られたい）。

とすると、さらに深刻なことに、遡って『純粋理性批判』における〈叡知的性格と経験的性格の二性格説〉自体にもともと説得性に欠けるところがある（布石として十分でなかった）ことにカントは気づいたことになる[51]。にもかかわらず『実践理性批判』での演繹の仕切り直しの際にも、〈二性格論〉はそのまま活かされている（「批判的解明」）。活かされはするのだが、このときもはや単独でなく、他の論拠と相ともなって論拠とされる。しかもこの場合、〈二性格説〉はいわば従たる役割に格下げされた。では相棒の主たる役割を担う新しい切り札とは何であったか。まさにそれが、ほかならぬ《「一つの理性の事実」としての道徳法則》という新たな規定であった[52]。カントはこれに命運を賭けた、とはそういう意味である。

だがここにも新たな苦悩が待ち受けていた。カントは当初「理性の事実」の「唯一 einzig」性に賭けて、道徳法則の意識の知的直観化の道を辿りかけるが（逆転版演繹）、これが自分の思想的破綻を導くことに気づき、道を引き返すことにしたと推測される。カントはそれに替えて最終的に、「理性の事実」を「いわば……として gleichsam als」と規定しなおすことに賭けることにした（最終版演繹）。だがこの道も三たび或る種の循環論証となっていない

か（理念をもって理念を演繹する）、という疑惑が残ったことは前節の最後に
述べた通りである[53]。

　ここで公平を期すために触れるとすれば、カントを擁護する一つの弁とし
て、意志の自由の客観的実在性はのちに「弁証論」において、「最高善」の
可能性のための制約としての「三つの要請」論できちっと論じられて（演繹
されて）いるのではないか、という対論が提出されるかもしれない（とくに
「弁証論」第六節第七節）。確かにそこでは、「（［人間に限らず］或る存在者が叡
知界に属している場合、その存在者の因果性として）積極的に見なされる自由」
（Aka.V132）の客観的実在性が論じられている。さらにいえば、〈最高善〉を
めぐる要請論におけるカントの議論には説得力と積極性が認められる[54]。
だが、道徳法則を通じて（直接に）演繹されるはずの〈意志の自由の客観的
実在性〉と、道徳法則が最終的にわれわれに示す「最高善」の実現を可能と
考えるための制約（の一つ）として位置づけられる〈意志の自由の客観的実
在性〉とは、事柄として位相が異なることは明らかである。それは、例の道
徳法則（根本原則）は純粋に形式的な命題であって、そのなかに「最高善」
という概念（質料的な対象）はおくびにもでてこないことからも分かる。『実
践理性批判』において「最高善」の概念が正式に登場するのは、ようやく
「弁証論」の冒頭において、である（Aka.V108）[55]。したがって自由をめぐる
二つの客観的実在性は、まずもって「いわば理性の事実として」の道徳法則
を認識根拠として〈意志の自由の客観的実在性〉が演繹されたのちにはじめ
て、その道徳法則によって人間に究極的に命じられる「最高善」の可能性の
制約としての〈積極的に考えられた自由の客観的実在性〉が語られる、とい
う順序になるはずである。したがって、後者の客観的実在性をめぐる論述が
或るていど説得的であるからといって、そこから遡って前者の客観的実在性
が保証される、ということにはならない。という訳で、依然として前述の疑
惑は残ったままとなる。

　最後に筆者の究極の疑問を確認して論を閉じよう。それは、いかにして叡
知的な意志が感性的自然的行為を決定するのか、それがいかにしてそれまで
の自然必然性の連鎖を断ち切って、未来にむけて新たな自然必然性の連鎖を
もたらすのか（しかも二つの連鎖は経験的には継ぎ目なしに連続して見えるはず）、

というものである[56]。この問題は、カントがデカルトの身心二元論が包蔵する致命的弱点、即ち、物体と精神という元の異なった（まったく本性を異にした）二つの実体が「松果腺」を通じて意志と感覚を双方向に情報伝達するのはどのようにして可能なのか[57]というデカルトの難点を克服しようとするとき、それを超越論的観念論による（物自体と現象の）二元論をもって果そうとする以上、ほぼ同様の問題状況を今度はカント自身が抱えこんだことを意味する[58]。これまでの検討の範囲内では、カントからこの疑問に対する明確な納得のいく説明（演繹）は得られなかった[59]。

おわりに

　カントは前著『基礎づけ』の「第三章」の末尾の「結びの注」で、ということは著作を閉じるにあたって、次のように語っていた（意外にも、読者の予想を超えて、正直に弱音を吐く）。カントはここで、「理性は無条件的な実践的法則［道徳法則］を……、その絶対的必然性［結局は叡知的・実践的な客観的実在性のこと］という点で理解可能にすることができない［できなかった］」、と率直に兜を脱ぐ（Aka.Ⅳ463）[60]。これが自由を前提にした道徳法則の〈改訂版演繹〉の仕方、出来映えを念頭においた言葉であることは間違いない（第二の「循環論法」に陥っていないか）。ともあれカントとしては、こうした「理解可能にすることができない」という事態そのものを「理解する」（ibid.）地点に止まらざるをえないということそれ自体が、人間の理性の「究極の äußerst 限界」（第三章の最後の節の表題「あらゆる実践哲学の究極の限界について」、Aka.Ⅳ455）であると確認することが大事なのだ、といいたいようである。とすれば、前著でのこのカントの弁明（慨嘆）はそのまま『実践理性批判』における自由の演繹をめぐっても、著作の最後に（適宜言葉を入れ替えたうえで）呟かれてもいいのかもしれない。「理性は無条件的な」意志の自由を、「その絶対的必然性［客観的実在性］という点で理解可能にすることができなかった」、と。

　ところでカントが最後に対決した最強の論敵スピノザは、かつて、「人間は自分のことを自由だと思っているが、それは……彼らを行動へと決定する

諸原因を知らないからに過ぎない」と述べていた[61]。この辛辣な皮肉の矢は
まずもって、カントも厳しく批判する経験論の「心理学的自由」論者たち
（注59）①、KpV, Aka.V97）にぴたりと的中する。だが、はたしてカント自身
の「超越論的自由」論（ibid.）、叡知的自由論はこの批判を免れているのだ
ろうか[62]。――ここに至って、カントはスピノザの〈自由ニヒリズム〉の
前に膝を屈したのであろうか。

　［付言］ここで本章の本文が終わるからといって、筆者はカントを論難し
ているのではない。むしろ反対である。『基礎づけ』第三章における、自由
を理念として前提しつつ何とかして道徳法則の客観的実在性を演繹しようと
して、繰り返し繰り返しうねるように論を打開しようとする涙ぐましい苦闘
の姿には感動すら覚える。その果てに、矢尽き刀折れた時点での最後の言葉
が、本章の「おわりに」の冒頭に引用した言葉（Aka.IV463）にほかならない。
しかもその挫折を（さりげなくではあるが）三年後の次著において潔く自己
批判してまで、当初からの戦略を何とかして貫こうとする初志貫徹の姿勢に
は、感動を超えて畏敬の念を覚えるのである。しかも剰え、こうしたカント
の苦闘の積み重ねをもってしても、必ずしも『実践理性批判』に至って最終
的にその戦略目標を攻略したとはいえないところに、「善」とは何か、普遍
的必然的な道徳法則は存在するのか、という問いの峻厳さが立ちはだかって
いる。――ここで大事な視点として確認するべきは、だからといってカント
は断固として経験論に踵を返したり神のごとき絶対的存在者に解決を求めた
りはしなかったこと、である。取りも直さずそれは、己れの出発点に立ち戻
り、その戦略的決意（これは同時に、彼にとって思想の立脚点を選択する実存的
決意でもあった、といえよう）を、それゆえ己れの世界観を再選択することで
もあったはずである。

注

1）このうち〈キリスト教の他律の道徳論〉の超克については既に前々章「カントと黄金律」で論
　　じた。他方スピノザの〈自由ニヒリズム〉（これが〈価値ニヒリズム〉を導く）の批判に関して
　　は前章で検討した。また理論哲学を含めてカントの「コペルニクス的転回」が担う大局的な戦略

性については、前章第五節を振り返られたい。

2）本書ではここまで「定言命法」と「道徳法則」を（区別が必要な場合を除いて）同義として扱ってきたが、本〈研究ノート〉でも同様である。

3）すでに「序文」の末尾にも、本書では道徳についての「通俗的な認識から出発してその認識の最上の原理［道徳法則］の規定に至るまでは、道を分析的に辿ることとする」とあった（Aka. IV392）。実は『実践理性批判』でもこの手法は踏襲される（分析の手法は異なるが）。それは、この書が「第一編　純粋実践理性の分析論」から始まっていることから明瞭である。

4）「批判的解明」は、出だしの数頁を除いて、途中 Aka.V93 から最後の Aka.V106 まで（途中に、経験論による心理学的自由意志論への批判など、寄り道を交えつつ）、さまざまな角度から「自由の演繹」を展開しているといえる。「批判的解明」の概要については注 59）を見られたい。

5）この点は以下の行論で自ずと納得されるであろう。

6）『基礎づけ』に次のようにあった。「〈いかにして定言命法は可能か〉という問い［道徳法則の演繹］は、……その下でのみ定言命法が可能であるところの唯一の前提、……［すなわち］自由の理念を……［正当に］申し立てる angeben ことができる限りで、答えることができる」（Aka. IV461）。ここからは、①道徳法則［定言命法］の実在性は自由の理念を前提にして演繹される、という演繹戦術の方向性が明示されている、②ただし、自由の理念が正当に主張できるかどうかは保留されている（「……限りで」）、の二点が読み取れる。②について直後に、「しかしこの前提［自由の理念］自身がいかにして可能であるかは、いかなる人間理性によってもいつの日にか洞察されることはありえない」と続く（ibid.）。

7）この文言がどこのことを語っているかは明示されている訳ではないが、『基礎づけ』第三章を指していることは明らかである。ところで、この自己批判には予告があった。本〈研究ノート〉第四節に示す『実践理性批判』Aka.V31 からの引用文についての考察点①を見られたい（p.281）。

8）注 6）の②とそれに続くカントの文言を再読されたい。

9）『実践理性批判』「序文」（本体部分の原稿を書き終わって最後に書いたと思われる）に次のようにある。「自由の概念は、その実在性が実践理性の必当然的法則［道徳法則］を通じて証明［演繹］され終っている bewiesen ist 限り、いまや思弁理性をさえ含めた純粋理性の体系の全構造の要石をなす」（Aka.V3）。元々カント自身の根本戦略に照らしても、他律的道徳説の克服の前に〈積極的な自由〉の演繹が課題となるはずであったことについては、改めて注 30）で触れる。

10）この自覚をカントに促したきっかけとなったものは何であったか、に関する一つの推測については、本〈研究ノート〉の末尾で述べる（注 59）⑦）。

　　実はカントはすでに『基礎づけ』において、名こそ明示していないがスピノザについて四箇所で取りあげている。それを列挙すると、①「［かの］最高に精緻な哲学にとっても［定冠詞付きの単数形の三格］、……理屈をこねて自由を否定し去ること wegvernünfteln は不可能であろう」（GMS, Aka.IV456）、②自由な行為を傾向性にしたがった行為と「同じ意味において、あるいは、まったく同一の関係において考えているとしたら、……」（ibid.）、③「［かの］宿命論者 der Fatalist［定冠詞付きの単数形の一格］」（ibid.）、④「物の本質を［これまでの誰よりも］いっそう深くまで突きめたと称し、それを理由にして不遜にも自由を不可能だと宣言する者たち［複数形］」（同書 Aka.IV459）、である。最後の④の文言はスピノザとともにド・ラ・メトリも考えられているのであろう。なお②の表現が暗にスピノザの〈身心平行論〉を問題として取りあげているのであるが、これについては前章第二節を見られたい。さらに本〈研究ノート〉注 59）の⑤を参照されたい。

11) カントにおける「演繹」とは何か、については既に第一部第五章「〈研究ノート〉悟性による内的触発の現場を索めて」末尾の補論でもまとめた。

12) ここの「自由の理念は道徳法則を通じて顕現する」は、先に引用した「道徳法則が、……自由という能力の現実性を証明する」（Aka.V47）とまったく同じことをいっていることを確認されたい。

13) この二者関係と、『純粋理性批判』における事実問題 quido facti と権利問題 quido juris の対比（A84ff.B116ff.）とは、いずれも演繹をめぐっての二分法という点で、何らかの意味で呼応していると思われる。前章注 18) を参照されたい。

14) 厳密にいうと『基礎づけ』でも自由は道徳法則の存在根拠として前提されているが、このときすでに同時に道徳法則が自由に対してその認識根拠としての役割を担っていたわけではない（単に演繹される対象にとどまっていたというべきか）。いわば、いずれ自由の演繹にさいしてその認識根拠の役を担うべく予備軍として留保されていたといってもいい。とはいえ、基本的には二者の位置関係を上のように捉えて構わない。

15) だから同様のいい方が、戦術を転換したあとの『実践理性批判』に見られても驚いてはいけない。同書第一編第一章第六節「課題二」において、課題は、「意志が自由であると前提したうえで、意志をそれのみで必然的に決定する働きをする法則を見いだすこと」にあるといわれている（Aka.V29）。ここでカントは、前著と同様に、自由を前提にして道徳法則を演繹することが課題である、といっているのではない。それができないと分かったいま、逆にこのあと「批判的解明」において自由が演繹されるのであるが、その演繹が果たされることを見こんだうえで（前もって「前提したうえで」）、ここで前著以上に道徳法則の概念を厳密な「分析」によって「見いだすこと」が課題なのだ、といっているのである。前にも述べたように（注 3）『実践理性批判』の第一編全体が「純粋実践理性の分析論」となっているのはそういう意味である。

16) 実はカントは他方で、自由を事実として語ろうともしている。「自由の理念の下で行為する以外には行為することができない存在者は誰でも、まさにそうであるがゆえに実践的見地からすれば現実に自由である」（GMS, Aka.IV448）。ここの前後を注意深く読むと、この文言の主語である「自由の理念の下で行為する以外には行為することができない存在者」の一員として、理性的存在者たる限りの人間が考えられている。するとここでカントは、人間は「現実に自由である」といっていることになる。──ここには〈理念としての自由〉と〈事実としての自由〉との微妙な関係が交錯している。おそらくカントとしてはできるものなら〈意志の自由〉を事実として断言したかったであろう（このとき或る種の知的直観がありさえすれば──後述）。それにしても、〈自由は現実に事実である〉ことの論拠としては、右の文言の脆弱性は誰の目にも明らかである。かくしてカントは再び「自由は理念である」の陣地に退却せざるをえない。なおここに挙げたと同様の文言がカール・ペーリッツ編『カントの哲学的宗教論』にも読める（Aka.XXVIII1068）ことについては、前章第五節を見られたい。

17) 第一節で『実践理性批判』の「批判的解明」から引用した際に、「一つの現に働いている原因 ［として］の einer^2 wirkenden Ursache 自由の可能性」（Aka.V93）とあった（p.272）。これと、『基礎づけ』にあるここの表現とは酷似しているが、意味しているものは真逆である。注意するべきは、前者では「原因 Ursache」が単数形であるに対して、ここでは複数形の「諸原因 Ursachen」となっていること、それに伴って、前者では冠詞が不定冠詞 ein の女性形 2 格 einer^2 であるに対して、ここでは定冠詞の複数 2 格 der^2 であること、の二点である。その結果、前者は〈自由という原因〉を意味し、ここは〈現象界を貫く必然的な諸原因〉を意味する。カントが

問題としているのは、後者の諸原因の「秩序 Ordnung」（感性界）のなかで前者の「自由」による原因を（無批判に、演繹なしに）仮定することができるかどうか、である。

18) 前注からも分かるように、この仮定の型は結局のところ、経験論的な道徳説に特徴的な「心理学的自由」の主張に帰着する。これについては『実践理性批判』Aka.V96、本〈研究ノート〉注59) の①を参照されたい。したがってこれはカントの本来の立場ではない。のではあるが、前批判期まではカント自身が漫然とそのように「仮定［前提］」していたことをここで振り返ってこう語っているのかもしれない。その前批判期的、初期的な道徳法則の演繹法の名残りが、『基礎づけ』の第一部、第二部、ないし第三部のこの箇所に至るまで認められるということであろうか。とすれば、ここにも一つの自己批判が籠められているといえよう。

19) 〈ミュンヒハウゼンのトリレンマ〉については前章第四節注 21) を参照されたい。

20) 他に同書 Aka.IV451f. を見られたい。そこでは叡知者の「純粋な活動性」、理性の「純粋な自己活動性」「純粋な自発性」に焦点が当てられる。この〈二性格説〉は三年後の『実践理性批判』の「批判的解明」でも繰り返し強調される。例えば次のようにある。「[人間の] 行為は感性界に属するものとしてはどんな場合でも……機械的に必然的なのだが、その同じ行為は、しかし同時にまた、行為する存在者が叡知界に属する限りで、かれの因果性［道徳法則に基づく意志決定］に属するものとして、感性的に制約されない因果性を根底にもつ、したがって自由であると考えることができる」、と (Aka.V104)。カントはここで、「機械的に必然的な」行為は同時に「自由であると考えることができる」、と随分思いきったことをいっていることになる。

21) この点については前章第三節を見られたい。

22) 実は同趣旨のことが、『純粋理性批判』において〈二性格論〉をカントが最初に明示した箇所で早くもすでに語られていた。「第二に、さらにこの主体に叡知的性格が認められなければならないであろうが、その主体はこの性格を通して現象としてのあの諸行為の原因であって、しかもそれ自身は感性のいかなる制約にも従わず、したがってそれ自身は現象ではないのである」(A539B567)。つまりこのいい分は『純粋理性批判』以来一貫していたことになる。とすると事態は深刻である、われわれにとっても、カントにとっても（後述、注 30) および p.290)。

23) この引用文はまた改めて取りあげる（注 32)）。ところでわれわれはすでに、本書第Ⅰ部第三章第二節 (p.60) および第三節の末尾 (p.66) で、カントは知的直観を人間には否定したことを確認している。従ってここで改めて知的直観の有無を検討するのは話が振り出しに戻ったと思われるかも知れない。だが筆者が思うに、知的直観にも性格の異なる幾つかの種類が考えられるのであって、即ち、あそこでは（狭義の）「認識」に対応する知的直観、即ち純粋悟性概念に対応するいわば〈純粋悟性直観〉が想定されたうえでそれが否定されたということができるのではないか。そもそもこの種の知的直観は、カントが時間空間の感性的直観を人間にアプリオリに備わった直観形式として前提した時点で、人間には断念されていたといえる。これに対してここでは〈自由の知的直観〉が問題となる。またいずれは〈道徳法則の意識の知的直観〉が議論の俎上に上るだろう（第五節）。これら二つの知的直観は、先に『純粋理性批判』で人間に否定された知的直観と対照していえば、いわば〈純粋理性直観〉と呼ぶことができるかも知れない。ここに引用した『実践理性批判』Aka.V31 からの引用部分で「一つの知的直観 eine intellekutuelle Anschauung」と表記されているのは、カント自身がそうした種別を意識していたからではないだろうか。そういう意味を籠めて「一つの［或る種の］知的直観」と試訳しておいた。

24) 後続文を見ると、知的直観が許されない代わりに、道徳法則が、感性的存在者としてのわれわれが叡知的主体の自発性に依存していることを保証する、とカントはいいたいようである

(ibid.)。このいい分は『実践理性批判』での演繹戦術（道徳法則が自由を保証する）そのものを示している。だが問題は、道徳法則がどのようにしてそれを成し遂げるか、であったのであるから、疑問はいっこうに解決されていない。

25) 面白いことに『純粋理性批判』の第一版（1781）には、知的直観は人間に与えられていない、と明言する箇所が見あたらない。他方第二版（1787）では、人間は己れの叡知的能力（自由）を知的に直観することができない、と宣言される（ＡなしB159. 他にＡなしB68を見られたい）。ということは、カントは『純粋理性批判』第一版（1781）を出版したあと『基礎づけ』（1785）での苦闘（失敗）を通して知的直観に関する思想を深めた、という仮説が成りたつかもしれない。

26)『実践理性批判』においてカントが「知的直観」を肯定的に扱っている箇所が一箇所だけある。後半の「弁証論」の「魂の不死論」である。ただしよく読むとそれは「無限者」（神）の知的直観のことを指しており、人間とは無関係であることが分かる。「現に存在する理性的存在者たちの［うちで］唯一の知的直観において in einer einzigen intellektuellen Anschauung des Daseins vernünftiger Wesen......」（Aka.V123）。つまりカントはここでは、〈神は現存する〉、かつ〈神は知的直観を有する〉、かつ〈知的直観を有する理性的存在者は唯ひとり神のみである〉という世の常識に則って（三重に譲歩的に）語っているにすぎない。したがってこの用例はわれわれがいま進めている議論には関係しない。ちなみに既存の翻訳を見ると、例えば「理性的存在者たちの存在にかかわる唯一の知的直観において」（坂部・伊古田訳『カント全集7』岩波書店、他もほぼ同じ）となっており、ここでカントは人間に許された唯一例外的な知的直観を語っている、と取られかねない。もし本当にそうであるならば、大問題とするべきところである。なお、豊川昇訳はこれを神の知的直観と取って訳している（角川文庫）。

27) この事例の叙述のなかに、「彼はそのこと［偽証をあくまで拒否すること］をなすべきであると意識するがゆえに、それをなすことができると判断する」（Aka.V30）という周知の句がある。これはしばしば「なすべきであるがゆえに、なすことができる Ich kann, denn ich soll.」と簡略化して語られるが、ここには大きな誤解がある。カントはけっしてこのようにはいっていない。前々段落で確認したように、カントは、知的直観はわれわれには許されないが、叡知界に「入り込んで考える」ことだけは許される、といっていた（GMS, Aka.IV458）。この言に照らせば明らかなように、この事例で大事な点は（引用に傍点を付したように）「意識する」「判断する」というところにあるのであって、つまり彼は叡知者として、道徳法則を貫徹することができる、と「考える」のである。したがって、彼がこのように「考えた」末に実際に経験世界において彼のこの叡知的決意がどのように現象するか（貫かれたか挫折したか）はまた別の問題である（次段落を見られたい）。なお『実践理性批判』の「方法論」でも、「［われわれは］自分自身の理性が……〈それをなすべし〉というゆえに、〈それをなすことができる〉と意識する」（Aka.V159）とある。

　ちなみに、〈王から虚偽の証言を強要されても拒否することができる〉という話はのちに「方法論」に再出、三出する（Aka.V155f., 158f.）。後者を見ると、この例話はローマの風刺詩人ユヴェナリウスに淵源するようである。

28)「批判的解明」にも次のようにある。「現実に経験のうちに与えられた、感性界の出来事としての諸行為においては、われわれはこうした結合［叡知的な原因と感性的な結果との因果関係］を見いだすことは望むべくもなかった……」（KpV, Aka.V105）。さらに『基礎づけ』（1785）の前年に公にされた論文『世界市民的見地における普遍史の理念』（1784）の出だしにも同様の主張を読むことができる。「意志の自由を形而上学的見地にたってどのように理解しようとも、意志の

現象すなわち人間の行為は、他のあらゆる自然の出来事とまったく同じように、普遍的自然法則
に則って決定されている」（Aka.Ⅷ17）。驚くべきことに、『純粋理性批判』第一版（1781）にす
でに次のように述べられていた。「人間は、徳の純粋理念［プラトンのイデアに当たる］が含む
ものに完全に適合して［現実世界で］行為することはけっしてないであろう」（A313B372）。

29）ただしカントは、道徳教育にとっては実例を示すことにも一定の意義がある、という。『実践
理性批判』「方法論」Aka.Ⅴ160f. を見られたい。

30）このことは、あの『純粋理性批判』における〈二性格説〉の論述の限りでは自由の実在性の確
保は消極的なそれに留まっていたのであって、積極的な確保は果されていなかった、だからこの
のち道徳について論じる際にどのみち〈自由の演繹〉に取り組みなおす必要があった、というこ
とを意味する。当然カントは当初からこの〈必要条件‐十分条件〉の関係を十分に弁えていた
（例えば『実践理性批判』「演繹について」Aka.Ⅴ48f. を参照されたい）。だからこの点からいえば、
『実践理性批判』での演繹の戦術転換は必至であったといえる。では遡って、どうして『基礎づ
け』では逆に（十分に論拠づけられていない）自由を根拠として道徳法則を演繹しようとしたの
であろうか。その点について筆者はすでに、「『基礎づけ』において……〈道徳法則の演繹〉の方
が課題とされたのは、目前に横たわる二つの他律的道徳説を根本から覆すべく自律的な道徳の実
在性をまずもって対置するためであった」と述べた（pp.272-273）。ではどうしてそれが可能で
あると（いったんであれ）考えたのであろうか。その点については、『純粋理性批判』での〈二
性格説〉の論述の出来映えに関して、カントがいっとき自信過剰に陥っていたから、と推測する
ことはできよう（改訂版演繹）。それは「前提」の強度に関わる。〈二性格説〉を根拠にして自由
を「前提」すれば、それだけで道徳法則が演繹できるはずだ、と。だがこの点についてはのちに
改めて触れ直そう（注51）を参照されたい）。

31）〈道徳法則をめぐっての知的直観〉であって、〈意志の自由をめぐっての知的直観〉でない点に
留意されたい。前述のとおり後者の知的直観は、『基礎づけ』において（途中まではともあれ）
最終的には否定された（pp.277-278）。この論点については、このあとの pp.281-282 の論述とそ
こに付した次注を検討されたい。

32）その理由は次のとおりである。――ここの「こうした根本法則の意識は、一つの理性の事実と
呼ぶことができる」以下の引用は、長い一文（アカデミー版でいって八行）の前段部分である
（便宜上訳文では句点で文を区切っている）。同じ一文の中段に問題含みの関係代名詞節が挿入さ
れているのであるが、それについてはのちに改めて取りあげる（p.283）。そしてこの長文の後段
が、すでに p.278 に引用した「仮に意志の自由を前提するとすれば……一つの［或る種の］知的
直観が必要とされることになるだろうが［以上、接続法Ⅱ式］、ここではそうした直観を仮定す
ることはまったく許されない［平叙文］」（KpV, Aka.Ⅴ31）という文言であった。ここで、傍点を
振った「仮に意志の自由を前提するとすれば」に改めて注目すると、ここでは〈それはありえな
いこと〉として接続法Ⅱ式で語られているのであるが、よくよく振り返ってみれば、これこそ
『基礎づけ』でカント自らが採用した演繹戦術そのものではなかったか（すでに前回の引用時に
気づいた読者もいらしたかもしれない）。ということはここの記述は、『基礎づけ』の〈改訂版演
繹〉の際にカントが実質的には意志の自由を「知的直観」による「所与」と見なしていたことを
証拠だてているともいえよう。カントはここでもそれを、接続法Ⅱ式を借りながら他人ごとのよ
うに語りつつ、それとなく自己批判しているのではないだろうか。

33）遡って『基礎づけ』で意志決定時におけるアプリオリな総合に言及している箇所としては、例
えば Aka.Ⅳ447 および454 がある（いずれも第三章）。それぞれの箇所で何と何とがアプリオリ

に総合されるといわれているかという点で、若干の喰い違いがあるように思われる。『実践理性批判』からの上の引用箇所の文脈では、〈純粋意志〉と〈格率の形式〉とのアプリオリな総合と読める。ところで、道徳法則が〈格率の形式〉となることを意志するのが〈純粋意志〉であるから、結局は〈格率の形式〉と道徳法則との一致がアプリオリ総合と考えられているといっていいであろう。p.287 および注 43）を参照されたい。

34）カントはこの曖昧な表現によって、おそらく『基礎づけ』での「関心 Interesse」論（GMS, Aka.IV462f.）や『実践理性批判』でこのあと論じられる「［道徳］法則への尊敬 Achtung fürs Gesetz」の議論（Aka.V71ff.）を示唆しているのだと思われる。なお原文の aufdringt は、現代表記に従えば aufdrängt とあるべきところである。

35）「道徳法則の意識」の典型例、換言すれば、道徳法則が意識される典型例は「後悔」であるが、ここでの検討から推すと、後悔は（われわれが常識でそう思うように）アポステリオリに襲ってくるものでなく、アプリオリに襲ってくるというべきなのかもしれない。これについては次々段落の注 37）および注 59）の②を参照されたい。

36）「或る概念について総合的に判断しようとする場合、この概念から外へ出ていかなければならず、それも、その概念がそのなかで与えられている直観へと出ていかなければならない」（『純粋理性批判』「方法論」A721B749）。

37）〈直観なき事実〉説と〈知的直観〉説との間の中間的解釈として、〈準・知的直観〉説とでもいうべき立場がありうるかもしれない。例えば「道徳法則への尊敬」の感情が、一方で「もっぱら理性によってのみ引き起こされる」（Aka.V76）といわれながら、他方でこれは知的直観であるともいわれていないとか、先に注 35）で触れた「後悔」の事例を考えると、そのような説を（カントに代わって）考案することも可能かもしれない。その場合、後悔は〈準・知的直観〉としてアプリオリに襲ってくる、となるだろう。

38）ここに例の原注のアステリスクが付されている。

39）反対に仮にここを〈事実に属する〉即ち〈事実である〉の意味で取るとすると、自由の理念は（も）〈事実である〉となり、そこから無視できない混乱が生じるであろう。「自由の理念」に限らず何であれ、それ自身が事実だとすれば演繹を必要としないからである。

40）ここで「したがって［他の通常の諸事実と］いっしょに〈知られうるもの scibilia〉のうちに数え入れられなければならないような」の箇所を、自由の理念のことをいっている、と読むとすると（そのためには原文に微修正を加える必要がでてくるのだが）、前注とまったく同じ難点が生じる。「したがって」以下の関係代名詞節の主語は（その前の「事実であり」から引き続いて）「その対象」であることを見究めることが大事となる。

41）以上の検討から振り返ってみると、先の二回目の表現、「道徳法則の意識は、一つの理性の事実である」（Aka.V31. 訳文は簡略化）の「一つの ein」は「唯一の einzig」の意であった可能性が高い（つまり三回目の表記と同意ということ）。それは、『純粋理性批判』における最重要な述語の一つである「一つの可能的経験 eine mögliche Erfahrung」（A111B なし、他）の eine（一つの）が有する含意が、〈人間に可能な唯一の経験〉の意であったことと同様である。この点については、福谷茂『カント哲学試論』（知泉書館）を参照されたい。

42）誤解のないように確認しておくならば、『純粋理性批判』「原則論」における諸「原則」は、〈アプリオリな直観〉（純粋直観）と〈アプリオリな概念〉（純粋悟性概念）との〈アプリオリな総合〉によってそのつど成立する（この総合統一は純粋統覚の働きによる）。また同じくカントによれば、数学の純粋認識は、概念に対応する純粋直観を構成する作用により成立する（これも

純粋統覚の働きによる）。

43）ここでの〈何らかの直観〉が何であれ、他方の「純粋実践理性概念」とは何を意味するだろうか。「純粋実践理性概念」といえば、常識的なカント解釈からすれば、最高善に付随する三つの要請としての「諸理念」を真っ先に思い浮かべるであろう。だがこれまでの行論からいえば、ここでは「神の現存在」「霊魂の不死性」を意味しない（これらをめぐっては「理性の事実」は語りえないから）。また先に検討したように（注39）注40））、「積極的に見なされた自由」もこれに該当しない。ここで注33）での理解を振り返ってみると、この「概念」としては〈格率の形式〉ないし道徳法則そのものが最有力候補に挙がるであろう。確かに命題としての「道徳法則」も一つの判断である以上、〈純粋実践理性概念〉（理念）の一つといっていいであろう。つまり道徳法則は理念である、と（前章第四節を参照されたい）。これが含みもつ問題性についてはこのあと論じる（本節末尾）。他方〈何らかの直観〉は、道徳法則の「意識」としての〈純粋意志〉の方に語られるはずである。

44）仮にこのようにカントに都合のいいように理解するとしても、そこには自由と道徳法則との間の演繹戦術の方向性（どちらからどちらを演繹するか）についての不整合は残るのであるが。

45）この判定に対して、ここで認められたのは〈道徳法則の意識〉の知的直観であって、〈意志の自由〉の知的直観までがここで再び認められるといわれている訳ではないのであるから、思想的に破綻はしていないのだ、と（あくまでもカントの肩をもって）強弁する余地は残されている。あの「試みが徒労に終った vergeblich gesucht」という自己批判（Aka.V47. p.271）を経たあとの『実践理性批判』においては、「意志の自由」は知的直観に支えられた「事実」ではなく、あくまで「理念」に留まるのである、と。これについては p.278 の Aka.V31 からの引用を再々度確認されたい（加えて注6）も参照されたい）。しかしたとい道徳法則の方だけにせよ知的直観を容認することは、何としてもカントの思想体系に馴染まないことに加えて、先ほど検討したように（p.286）、〈道徳法則の意識の（叡知的な）唯一事実性〉は〈自由の理念が（すべての理念のうちで）唯一、知られうるもの scibilia を対象とする、という特質〉と背中合わせになっているのであるから、唯一の知的直観としての道徳法則を通して、ここに自由の知的直観性も再び仄めかされていると受け取られても止むをえないのではないだろうか。

46）カントはこの点での説得性の弱さにも気がついていた気配がある。カントは『実践理性批判』でのあの自己批判、「試みが徒労に終わった」が呟かれるまさにその文の（原文の）冒頭で、それに替わる新しい演繹戦術のことを、つまり先には演繹を必要とする側に位置づけられていた道徳法則が、突然今度は演繹を必要としない「事実」の側に配置換えされた措置のことを、「何やらまったく不可解なこと etwas ganz Widersinnisches」と自ら表現しているからである。「この試みが徒労に終わった道徳的原理の演繹に代わって、別のこと、しかも何やらまったく不可解なことが登場する」（KpV, Aka.V47）。

47）ここに至ってカントはいずれの意味においても（道徳をめぐっても）知的直観への未練を最終的に放擲したといえるであろう。まず意志の自由の知的直観は『基礎づけ』の終盤で、ついで道徳法則（の意識）の知的直観は『実践理性批判』のここ（「演繹について」）で、と。

48）前章「カントにおける価値のコペルニクス的転回——価値ニヒリズム回避の対スピノザ防衛戦略とその破綻——」第四節を見られたい。

49）実はカント自身が道徳法則を「理念」と呼んでいる（かのように読める）箇所が見られる。「それゆえこの［道徳］法則は、……自由によって可能となる一つの自然［原型的自然］の、したがって超感性的な一つの自然の理念でなければならず……」（『実践理性批判』Aka.V44）。「（意

志の）一つの因果性の法則［即ち道徳法則］の理念がそれ自身因果性をもつ、いい換えればその［法則の］因果性の決定根拠である」（同書 Aka.V50）。注 43）も参照されたい。とはいえ、〈意志の自由〉のときと違って、道徳法則の場合その素性は理念である、と明言されている箇所はない。なお直前の Aka.V50 からの引用文中の「理念がそれ自身因果性をもつ」という文言は注目されていい。これについては本書「あとがき」を見られたい。

50）ここで保証される客観的実在性は経験世界におけるそれではなく、叡知的・実践的な意味における客観的実在性であるという事情は事態を一向に救ってくれない。むしろますます、或る理念をめぐる後者の意味での客観的実在性がどうして他の理念から保証されるのか、疑問は募るばかりであろう。

51）もし反対に、仮に〈二性格説〉がのちの議論の布石として、つまり必要条件としての論拠として十分であったならば、『基礎づけ』での〈道徳法則の演繹〉が「試みが徒労に終わった」はずはなかったし、『実践理性批判』での〈自由の演繹〉もこの〈二性格説〉を論拠としたうえで難なく演繹されたはずである。つまり新たに道徳法則を「理性の事実」と規定し直す必要はなかったのではないか。その意味で、先の注 30）でも少し触れたが、カントは二著の執筆を通して、この〈二性格説〉そのもののどこかに説得性に欠けるところがあると気づいたのではないか。それがどこか、についての詳しい検討は今後の課題として残したい。

52）といっても、この規定が「批判的解明」ではじめて登場したということではない。まず「序文」でちょこっと示唆されたあと（Aka.V6. これが一回目）、すでに論じたように、第一章第七節「根本法則［道徳法則］」の「注解」で二回目、三回目の表現とともに実質的な議論が展開されていた（Aka.V31）。

53）もし以上の筆者の診断が正しいのであれば、このあとに触れるように（注 59）出だし）「批判的解明」でカントがあれほどに自分の新しい演繹の出来映えに自信ありげなのはどうしてであろうか。それはひとえに、「理性の事実」という着眼に深い自信を抱いていたからだと思われる。なぜなら、それを論拠として（途中で「いわば……として gleichsam als」により軌道修正を余儀なくされたとはいえ）最終的には演繹の逆転を成功させることができた（と思った）からであろう。これを逆からいえば、「批判的解明」を書いているときのカントは、「いわば……として gleichsam als」の導入が〈理念が理念を保証する〉という新たな「循環 Zirkel」をもたらすとは懸念していなかった、と推測される。それはどこに尾を引くか。これについては、前章第六節、および第Ⅲ部第三章「カント『人間学』の諸問題──解説に代えて──」第六節を見られたい。

54）これについては、本書第Ⅱ部第一章「カント〈実践理性の優位〉の構造と射程──人間にどこまで希望が許されるか──」第二〜四節を見られたい。

55）念のために確認するとすれば、周知のようにカントはすでに『純粋理性批判』「方法論」において、「幸福が（幸福であるに値することとしての）道徳性と厳密に釣りあっている」状態としての或る種の「最高善」を論じていた（A810f.B838f.）。ただしここでまた注意を要するのは、このとき「最高善の理想」と名づけられているものは「弁証論」で論じられた「理想」としての神を意味するのであって、『実践理性批判』でいう「最高善」は、『純粋理性批判』「方法論」においては「派生的な最高善 das höchste abgeleitete Gut」（ibid.）と表記されている点である。これについては前章の注 6）を参照されたい。

56）これを〈カントにおける特異点問題〉と命名することができるかもしれない。

57）「松果腺」についてはデカルト『情念論』§31, §32（野田又夫訳、中公文庫 p.119）を見られたい。

58）この点については、『純粋理性批判』第一版「誤謬推理論」の二元論に言及した一節（A370B

なし）および『カント事典』（弘文堂）の「二元論」の項を見られたい。また、本書第Ⅰ部第二章「カントにおける〈心身問題〉の止揚——人間悟性の自己対象化的性格の剔抉へ——」全般の行論を想い起こされたい。さらには第Ⅰ部第五章「〈研究ノート〉悟性による内的触発の現場を索めて」後篇第七節の末尾およびそこに付した注 42）を見られたい。

59）ここで注としては異例に長くなるが、「批判的解明」の主要論点について触れておきたい。それはひとえに、ここには『基礎づけ』第三章や『実践理性批判』「演繹について」にはなかった興味深い論点が多く論じられているからである。ただし煩瑣と思われる読者は、本注を飛ばして本文に戻って下さっても結構である。

　まずカントは、『実践理性批判』「序文」でのちの「批判的解明」を指して、読者は「自由の概念について［そこで］語られていることを軽々しく見過ごさないように」と念を押している（Aka.V8）。ここからも推測できるように、また先にも述べたように（注 53）、カントはここの論考の出来映えに相当の自信をもっていたようである。このことからして 注 9）に引用した「自由の概念は、その実在性が……証明［演繹］され終っている bewiesen ist」（Aka.V3）という言葉は、この「批判的解明」を念頭においていわれていたことは間違いない。確かに、「批判的解明」は最初から最後まで、〈二性格論〉と〈「いわば理性の事実として」論〉の二つの論理を駆使することによって、人間の叡知的自由の権利証明（演繹）を果たすことができた、という興奮気味の自信に漲っている。それは『基礎づけ』第三章の記述の混迷と難渋さに比べてみれば顕著に首肯できる。とはいえここでも、われわれの先に示した究極の疑問に真正面から答えるところはないのであるが。

　さて「批判駅解明」における主だった論点を列挙すると、以下の通りである（［　］内は筆者の寸評）。①〈感性的存在者としての人間は自然必然性の時間の連鎖に縛られている〉という**時間論**を前面に押しだして、経験論的な超越論的実在論が主張する「**心理学的自由**」（Aka.V96、以下頁数のみ記す）はこの時間の連続に埋没するゆえに、これに依拠した道徳論は道徳的責任を問えないこととなる、と批判する（94-97）。それによれば、人間は「物質的自動機械 Automaton materiale」（97）となるほかはない。②ついで、過去の己れの悪しき行為を**後悔**することができるという点に、自然必然性を超えた自由が客観的に実在することが証しされるとする（98f.）。この議論は**性格論**（98-100）、**良心論**（98）（これも過去論）へと絡んでいく。［とすると、叡知者は「過去を悔いる」ところにしか己れの自由を発揮することができないのか、と問いたくなるところである。問題は、今から未来に向かって叡知的意志決定の自由が働くかどうか、にあるはずなのであるが。］③この行論の途中でカントは、個々の人間の未来の行為についても「月食や日食と同様に」、全面的な自然因果論的考察による確実な予測が可能である、と挿入する。［この、（現象論的に）唯物論的な断言もまたカントの本音であろう。］④意志の自由を含めて行為の因果を最終的に**神の全能性**に委ねるとすると（これは経験論、合理論を問わず大多数の道徳論に見られる趨勢だが）、「一つの**難問 eine Schwierigkeit**」が発生する（100-102）。それは、「人間の行為が、その決定根拠をまったく人間の力の及ばないもののうちに有することとなり、……この最高存在者に依存する」（100f.）ことになるからである（他律の極）。経験論と合理論のどちらの超越論的実在論もこの「難問」を免れられず、人間の自由は救われない。人間は神によって造られた「マリオネット」にすぎないこととなろう（先の「自動機械」と五十歩百歩）（101）。この難問を突破できるのは自分の〈二性格論〉によるのみである。［実は最終的に神の全能に依拠するという解決法は（も）若き日のカントが素朴に立脚していた視点であった。前章第一節を見られたい。その意味でこのあたりの記述にも何らかのていど自己批判の意味あいが含まれているとい

えよう。ともあれ、ここでカントは、自由の演繹は神に頼るのでなく、人間の叡知性の発露としての道徳法則の意識を根拠とするしかないと主張したいようである。] ⑤この文脈で、(自分の超越論的観念論を除いて) 唯一首尾一貫した哲学構想は**スピノザ**の身心平行論のみである、と語られる (101f. これについては前章第五節を振り返られたい)。[以上④⑤は、キリスト教の創造説への (揶揄どころか) 否定を裏に含んでいるであろう (スピノザ評価も大胆不敵である)。またここには、ユダの裏切りをめぐる〈意志の自由〉に関するルターとエラスムス以来の論争が背景にあるはずである。] ただし、神はそもそも物自体 (叡知者) としての人間を創造したのである、と考えれば、上記の難問は避けられる、ともいう (102)。[これがカントの本音とは思えないが (むしろカント特有の二枚舌の可能性が高い)、もしいい分のとおりであれば、カントのいう叡知的人間も結局は神によって創造された「ヴォカンソンの自動機械」(101) となるのではないか、と問い返したくなるところである。] ⑥ついで**因果性**のカテゴリーに注目する (103-106)。ここでも結論として、人間は現象認識における因果性を超えて「自由であると考えることができる」を「自由である」に転じるのは、「いわば一つの [理性の] 事実を通して gleichsam durch ein Faktum」(これが十一回目つまり最終回)、つまり道徳法則によってであると語る (104-105)。[だがその道徳法則が実は事実でなく理念にすぎないとしたら (前述)、依然として「考えることができる」に留まっている (つまり、考えることしかできない) のではないか。] ⑦最後に、われわれとしては軽々に読みすごすことのできない裏事情をカントは吐露する (106)。即ち、実践論について批判哲学を構築する過程で、「ときに私以外の他人の学説に照らしてみて [私の立論の側に] きわめて疑わしいと思われた」ところがあったが、最終的にはそれを克服することができた、と (106)。[カントはそれが何であったかを明らかにしていないが、われわれのこれまでの検討からして、おそらくここでいわれる「きわめて疑わしいと思われた」ところとは、まさに〈意志の自由の客観的実在性〉をめぐる問題であったと思われる。とすると、その「他人」とはスピノザであったに違いない。それが⑤のスピノザの格別の記念碑的な評価となって残ったのではないか。それどころかそもそも、このスピノザからの衝撃がカントに〈演繹の戦術転換〉を促し決断させた当のものだったのかもしれない (注10) を再度見られたい)。] ——しかしこれらは (⑦を別として) 本〈研究ノート〉の主題である〈演繹をめぐる戦術転換〉の話に直接関係しないので、ここまでの本文ないし注のなかで触れることができなかった。

60) そのうえで、それは「……私たちの演繹に欠陥がある [あった] からではない」、「むしろ非難されるべきは人間の理性一般である」と責任を理性に押しつける (ibid.)。だが実際の経緯を見ると、演繹に欠陥があると認めたからこそ三年後にその戦術を変更したことは明らかである。

61) 『エチカ』第二部定理35 備考 (畠中尚志訳、岩波文庫 (上) pp.135-136. 訳文は意味を変えない範囲で読み易くした)。筆者はスピノザのこの言葉を、すでに前章の第五節末尾 (p.260) でも引用した。

62) 本〈研究ノート〉注16) に引用した『基礎づけ』におけるカントの文言 (Aka. IV448) を再度見られたい。

第 Ⅲ 部

カントの真意を読む

第一章　カントと愛国心の問題
——フリードリヒ大王賛美の真意——

　本章において筆者は以下の三つの論点を提起する。①〈世界市民思想に伴われた愛国心 Patriotism mit Cosmopolitism〉[1]。つまり世界市民思想と共存する愛国心、これが愛国心（または祖国愛）に関するカントのぎりぎりの公式見解であったこと。②カント自身の愛国心（仮にそれがあったとして）に関していえば、彼のフリードリヒ大王への周知の肯定的な評価は実は二枚舌であって、案外本音は大王に対して（も）批判的であったはずであること。③上の①に掲げた公式見解にも拘わらずカント自身に愛国心は微塵もなかったのではないか、そのことを彼自身が仄めかしていること。

　　　一

　まず「愛国心 Patriotismus」の一般的な定義を確認しておこう。『倫理思想辞典』（山川出版社）によれば、愛国心とは「一定の共同体において共有された文化や生活様式に対していだくようになる自然的な情愛」である。『社会学事典』（弘文堂）も同様であって、愛国心とは「人がそこで生まれ育ったり、［そこが］アイデンティティの基盤であったり、［そこに］帰属感をもつといったことから、［そこに］つながりの感覚をもつ、共同体、地域、エスニシティ、社会などの集団に対して抱く、愛や忠誠の意識と行動」を意味する。したがって元来は愛郷心、郷土愛、祖国愛（いずれも Vaterlandsliebe）とほぼ同義であって、愛「国」主義、民族主義、国粋主義（いずれも Nationalismus, さらには狂信的愛国主義 chauvinism〔英〕、jingoism〔英〕）とは距離がある。

　問題は、カントにおいて愛国心が彼の道徳法則に照らして是認されうるか、である。まず、愛国心が定言命法化されうるかを考えてみよう。詳述するゆとりはないが、これの答えは「否」であろう。定言命法は「どんな場合にも

同時に」各人の意志の格率に第一決定根拠として採用されるのでなければならないが、愛国心に固執すると全人類が破滅する可能性があるのであるから、愛国心が定言命法（の一つ）とならないことは（カント的に発想すれば）自明だからである。それどころか逆に、愛国心に固執すること（これを至上命題化すること）は道徳法則に照らして「悪」となろう。するとここから、愛国心を巡って善ないし中立（道徳的に容認される、の意）がありうるとすれば、仮言命法としてでしかないという帰結が導かれる。仮言命法には「もし……ならば」という Wenn-Satz（条件節）が伴うが、カントにとって愛国心が許容される際の条件とはどのようなものであろうか。それを確認するために、少し遠回りをしよう。

　まず、カントは愛国心について直接に何といっているか。「人間学遺稿」によれば、「心の病い」の一つの型としての「熱狂家 Enthusiast」の、そのまた一つの型として「愛国心の熱狂家」が挙げられている[2]。そこでは「愛国心に熱狂する人」が「公共の福祉に熱狂する人」「恋に夢中の人」らとともに、「内的直観に見入る者たち」の一員として言及される。しかしここでは限度を越えた熱狂的な愛国心が批判されているのであって、愛国心一般が「心の病い」とされている訳ではない。他の遺稿には、「……徳と学にだけ、何か絶対的なものがある。しかし、徳といっても、人間としての徳であって、市民や国民としての徳（祖国愛 Vaterlandsliebe）にとどまっていてはならない」（Aka.XV, Nr.1075）とある。祖国愛が市民的な徳の一種と認知されたうえで消極的に評価されているが、ここでもまた祖国愛は必ずしも否定されている訳ではない[3]。

　ところで絶対主義国家が成立した近代以降、愛国心の対象が「くに、郷里、故郷 country（英），Vaterland, Heimat」から「国家 state（英），Staat」に変わり、それにともなって愛国心も Patriotismus（ないし Vaterlandsliebe）から Nationalismus へと変貌したといわれる（前掲『社会学事典』）。注目するべきことに、カント自身がすでにこうした事態を鋭く捉えていたうえに、これに本質的な批判を加えていた。それをここで確認しよう。

　同じ「人間学遺稿」で、カントは次のようにいう。民族の反発・抗争は自然の摂理によるのであって、その結果民族は諸国家に分裂したが、そのさい

自国を愛する型として、（ア）宗教的優越、（イ）悟性のうぬぼれ、（ウ）軍事力の優位、（エ）他国は奴隷状態だがうちは自由だ、の四つがある（これらの組合せを含む）。各国の政府はこうした類いの愛国心を歓迎するが、しかしこれらの正体は本能的・動物的なものから発する妄想にすぎない、とカントは喝破する（Aka.XV, Nr.1353）[4]。彼は（ア）がユダヤ人とトルコ人に該当するという以外にはそれぞれがどの国家、民族に当てはまるかを明言していないが、その（ア）を含めて右の四つの妄想はすべて（イギリス、フランス、その他とともに）まさにプロイセン・ドイツにも見いだされるというのが彼の本音であったであろう[5]。カントは当然こうした近代的な国家妄想としての愛国心は（啓蒙を通して）根絶されるべきだとしたうえで、「祖国愛［愛国心］と世界市民思想 Patriotism und Cosmopolitism がそれにとって代わらねばならない」という（ibid.）。ここはカントの趣旨からすれば、〈世界市民思想に伴われた愛国心［祖国愛］Patriotism *mit* Cosmopolitism〉と読み替えて受けとるべきところであろう（その理由は以下を読まれたい）。つまりカントは、たとい祖国愛としての愛国心であっても単独で是認されることはなく（これが「と und」の意）、それが是認されるためには、「どんな場合にも同時に」世界市民思想の思想と一緒でなければならない（mit）、というのだ[6]。

　ここの「と und」はわれわれにとって重い意味をもつ。一般に A und B（A ∩ B）といわれるとき、A と B は無関係である。そのことは、例えば「彼女は中国からきた留学生です」という文を考えれば分かる。「彼女」といわれる主体（主語）が人間でありかつ女性であることは自明の前提として、その彼女は「中国人」かつ「学生」なのであるが、これら二つの属性概念はそれぞれ帰属集合が異なるのだ（中国人であるかないかということと学生であるかないかということとは何の関係もない）。そうした無関係な二つを und（と）で結ぶところにこそ、純粋統覚（ich denke）の自発性が発揮されるのではなかったか。したがって、話を戻すと、祖国愛と世界市民思想とは無関係の関係にある。そして、これら無関係な二つが（und または mit によって）共存するときに限って、前者つまり祖国愛は道徳的に是認される、とカントはこの文脈の結論としていおうとしているのだ。《仮に世界市民思想と抱き合わせであるならば、そのときにかぎって》——これが先に問題となった、

愛国心が仮言命法として認められるさいの条件節であったのである。

　では、祖国愛が帰属する集合と世界市民思想が帰属する集合とはそれぞれどのような集合であって、二つの集合はどのように異なるのか。おそらく次のように考えられるであろう。前者の集合は何に愛着をもつかという趣味判断の集合であり[7]、後者はどのような政治体制を選ぶかという（広義の）道徳判断の集合であって、両者は重なりあわない。ところで、最高善を地上に実現するという道徳的な究極目的に向かって、後者の集合からは世界市民思想が選ばれるべきである——カントはこう考えていたのではないだろうか[8]。

　ところで、先に妄想といわれた四つの要素をことごとく免れた愛国心ないし祖国愛とはどういうものか。カントは単に、近代以前の祖国愛、郷土愛に戻れ、といいたいのだろうか。そうではなく、カントはまさに〈世界市民思想に伴われた〉ところの、いわばポスト近代的な新しい祖国愛をここに待望しているのであろう。だが果して、一方で自らの政治道徳的態度として世界市民思想を選びつつ、他方で趣味判断として祖国愛を抱くということは、いうほどに簡単なことであろうか。これについては最後に触れることとしたい。

　　　二

　ここからしばらく、フリードリヒ大王に対するカントの評価について吟味しよう。

　筆者は、カントの『実用的見地における人間学』（1798）を全訳するなかで、幾つもの収穫のうちの一つとして、カントの二枚舌（素直に一読されるだけでは気づかれにくいが、実は一つの文に表裏の二つの意味が籠められており、かつカントの真意は裏の意味におかれている、の意）に気づいた[9]。その目で『啓蒙とは何か』（1784）を読み直してみると、この短い評論文がまた二枚舌の宝庫であること、フリードリヒ大王に対する評価もその二枚舌の一環を構成していることを発見した。どういうことか。

　『単なる理性の限界内における宗教』（1793）第三篇の用語をここで用いるとすれば、『啓蒙とは何か』には（『宗教論』に先立って）「見える教会」（Aka. VI101）に対する痛烈な批判が籠められている。冒頭にある啓蒙についての有

名な定義のなかの「人間自らに責めのある未成年状態」（Ⅷ35）とは、カントの真意からすればほとんど専ら、精神の宗教的な他律状態を意味している[10]。そうした「見える教会」批判の文脈のなかでカントは、存命中のフリードリヒ大王（1712-86）に都合五箇所で触れている。一箇所は明示的に（大王賛美として有名な箇所）、四箇所は暗示的に。そしてこれら五箇所すべてが、大王を啓蒙君主として高く評価していると読めるように書かれている。だが本当のところはどうか、その五箇所を順次吟味検討してみよう。

（1）「ところで、あらゆる方面から『議論するな！』と叫ばれるのを耳にする。……（ただしこの世で一人の支配者だけが、『君たちは好きなだけそして何に関しても議論せよ、しかし服従せよ！』といっている）」（Aka.Ⅷ37）。ここでの大王への言及は一見肯定的であるように読めるが、実はそうでもない。当然問題は「服従せよ」の方にある（注3）を再度参照されたい）。だがこれについては（5）まで待とう。

（2）「『われわれは現在啓蒙が完了した時代に生きているか』と問われるならば、『そうではない。しかしおそらく啓蒙［が進行中］の時代に生きているだろう』というのが答えである。……［この間ひとしきり宗教上の未啓蒙を指摘］……啓蒙一般すなわち自らに責めのある未成年状態から抜けでること、を邪魔する事物はしだいに少なくなってきた。……その点で、現代は啓蒙の時代すなわちフリードリヒの世紀である」（Aka.Ⅷ40）。カントの大王賛美として有名な箇所であり、たいがいの論文、解説書にもそういうものとして引用されている。たしかにここは積極的に大王の啓蒙性を評価している。だがあくまでもそれは相対的に、である。つまり、カントが一番いいたいのは、フリードリヒ大王の統治する現代は、最も肝心な点でまだ啓蒙が完成された状態とはいえない、というところにあるのだ。その最も肝心な点とは、引用の途中で省略された部分でカントが言及している内容からも伝わってくるように、宗教的他律からの脱却である（（4）を参照されたい）。

（3）（2）に続く段落で、カントは大王を「良心に関する事柄のすべてにおいて自分自身の理性を用いる自由を誰にでも認めた者」（Aka.Ⅷ40）と認め、賞賛を籠めて感謝している。ここは百％肯定的な評価がなされていると見える。ただし注意するべきは、引用中の「良心に関する事柄」とはここでも主

に宗教を指しており、これに関して「理性を用いる」自由といっているのは、カント自身の理性宗教（だがこれは本質に照らしてとうてい宗教とはいえない）を貫く自由を指している、という点である。だからここも、むしろそうあってほしいという、大王への期待を籠めた誘導的おべっかと取ることもできよう。

（4）「私は啓蒙の主眼点、すなわち人間が自らに責のある未成年状態から抜け出ることの主眼点を、特に宗教に関する事柄においてきた。それは、……宗教上の未成年状態は何にも増してもっとも有害」であるからだ。さて「宗教上の啓蒙を促進する国家元首」ならば、芸術、学問面での自由に加えて、立法面での批判の自由、「理性の公的使用」も容認するはずだが、その「輝かしい模範」がほかならぬ「われわれの敬慕する君主」である、とカントはいう（Aka.Ⅷ41）。ここで二点確認しておこう。まず第一に、ここでカントは文面の表面上では、大王は事実としてすでに芸術、学問、宗教、立法の順に啓蒙を進めてきたと確認しているように書いているが、本音としては芸術、学問の自由に加えて（跳んで）立法面での批判の自由を認めたほどの大王であるならば、当然その間に位置する宗教に関しても啓蒙を促進するべきであるからいっそう頑張ってちょうだい、と応援（ないしやんわりと脅迫）していると取ることができる。つまりプロイセンにおける宗教での啓蒙は、いまだに決定的に不十分であるとカントは考えていたであろうということである（（2）（3）を再度参照されたい）。これの延長上で第二に、ここの段落は、これら複合的な啓蒙の点で「われわれの敬慕する君主を凌ぐ君主はまだ現れていない」（ibid.）と締めくくられているが、裏を返せば、カントは大王を凌ぐ君主を待望しているということである[11]。

（5）（4）から続けて、段落を変えつつカントは「しかしまた」と、次のように述べる。「よく訓練された兵士を多数もつ軍隊を配備している者だけが、共和国でさえも敢えていってはならないこと、すなわち『君たちは何に関しても好きなだけ議論してよい。ただし服従せよ！』ということができる」（Aka.Ⅷ41）。この文の主語が暗にフリードリヒ大王を指していることは確かである。ここのレトリックを分析してカントの真意を探るには、他の箇所にも増してフロイトの精神分析の手法に似た力技が必要とされる。まず、

「共和国でさえも敢えていってはならないこと」とは、「君たちは何に関しても好きなだけ議論してよい」を指すだろう。つまり、例えば共和国の打倒について自由な議論を許すことは共和国にとって存在否定につながるから、言論の自由を容認する共和国といえども敢えてそこまでいえるものではないだろう、といっていると受け取ることができる。またこのことから、やはりカントは最初の（1）から一貫して、自由な議論すなわち理性の公的使用を問題にしていたのだと確認することができる。——だがそれ以上に彼はもっとおぞましい真実の指摘と批判をここで試みているのではないか。つまり、〈国家権力の本質が暴力装置にある〉ということを、カントは直截にここで暴露しているのだ[12]。国民に「『好きなだけ議論してよい』ということができる」のはどうしてかというと、君主が「よく訓練された兵士を多数もつ軍隊」を配下に用意しているからだ、と。だからこそ単に口先でだけ「服従せよ」というに止まるのでなく、現実の力関係としてそのようにいうことが可能なのだ。とすれば、「君たちは何に関しても好きなだけ議論してよい」というのは、英仏墺露に伍してヨーロッパに冠たる暴力装置を有するプロイセン君主のお情けだということにならないだろうか。なぜなら、国民（臣民）が議論を越えて不服従に至りそうになったときには、その軍隊を差し向けて暴力的に「服従」せしめることができるからだ。「啓蒙君主」の本質はここに存する、ということをカントは見抜いていたのではないか。——ここに至って、（1）における「『議論せよ、しかし服従せよ！』といっている」という大王賛美が、実際には如何にカントの二枚舌であったかが明らかになったであろう。

　加えて、この直後にカントは奇怪なことをいいはじめる。そしてそのままこの評論文を終える。つまり、強力な軍事力を誇る啓蒙君主が「自由に議論せよ」というと、そのあとそれに続いて、人間に関する事柄としては「予期しない奇怪な befremdlich 成り行き」が現出するというのだ。そして「そこではほとんどすべてが逆説的 paradox である」。どのように奇怪でどのように逆説的かというと、まず、(a) そのように言論の自由をはじめとする市民的な自由が与えられた国民に対し、かえって自由に越えることのできない桎梏としての境界線が引かれる結果となる、というのだ[13]。さらにカントはこ

れと裏返しの逆説的な成り行きとして、（b）市民的自由の度合いが低い国の国民の方が自由な思考へと促され、さらには行動の自由の能力を身につけ、最後には統治にも影響を及ぼすようになる、という（以上 Aka.Ⅷ41ff.）。いうまでもなくこれらの言葉によってカントは、市民による実力革命によっていずれ王制が覆されることを示唆している。

　ここのカントの叙述自体が多分に逆説的な二枚舌であって晦渋であるが、一度つかまえてしまえばカントの真意はかえって露骨なほどに明瞭である。まず第一にそれぞれどこの国のことをいっているかといえば、（a）はカント自身が一国民であるプロイセンの状態を指し（加えてイギリスもか）、（b）はとりあえずは隣国のフランスを指すのであろう（加えてロシアもか[14]）。すると現在フリードリヒ大王から忝くも「何についてであれどこまでも自由に議論せよ」といわれているにせよ、もっとも肝心なところでカントは越えがたい足かせを感じている、ということになる。それはおそらく、これまでの分析を振り返ってみれば、宗教上の啓蒙の局面に関してであろう。だからカントの真意としては第二に、啓蒙の最後の戦いの前線たる宗教を巡る理性の公的使用に関しては、プロイセンもまだ「市民的自由の低い国」といいたいのではないだろうか。つまり（b）の逆説も幾分かはプロイセンを指しているはずである。つまりプロイセンは二つの逆説を二つながら抱え込んでいるということ。これこそ奇っ怪中の奇っ怪というべきであろう。するとその国民は、形式的な自由を与えられているとはいえその限界を自覚したうえで、さらなる自由な思考へと使命感を燃やし、遂には行動する自由を通して統治の原則にまで影響を及ぼそうとするに至るであろう、カント自身がその先頭に立つかどうかは別として。いうまでもなくこのときカントが目指す方向性は、世界市民思想的共和制である[15]。──以上から、はたして（2）の「現代はフリードリヒの世紀である」というカントの言葉は手放しの大王賛美の言辞であったかどうか、今後われわれは再考しなくてはならないだろう[16]。

三

　われわれは先に第一節において、カントのいわば公式見解として〈どんな

場合にも同時に世界市民思想に伴われた祖国愛 ein jederzeit zugleich vom Cosmopolitism begleiteter Patriotism〉のみが愛国心として（仮言命法的に）容認される、と確認した（独語による表現は筆者による）。しかしさらにカント自身の本音はどうであったか。最後にこの点を見てみよう。

『人間学』（1798）末尾近くで、諸国民の性格を面白おかしく、しかし当たっていなくもない叙述を連ねるなかで、カントはドイツ人について次のようにいう。「……これでも分かるようにドイツ人には国民としての誇りというものがなく、いわばコスモポリタンであって祖国に執着しない。だが……どんな他の国民よりも外国人を歓待する」（Aka.Ⅶ318, p.307）。ここでいわれている、コスモポリタンとして祖国に執着しない、外国人を歓待する、の二つはカント自身のこととして読むことができる。すると残りの二つ、国民としての誇りがない、祖国に執着しない、もカント本人の本音の表明であろうと気づかれる。そう気づいた以上、ここはドイツ人一般の性格を述べている振りをしながらカントが自分の趣味と道徳的な政治選択とを読者に（『人間学』の講義の目の前の聴講者に）親しく漏らしている箇所として読むべきところであろう。とすれば、カントは個人的な趣味としては愛国心ないし祖国愛を持ち合わせていなかった、といえるであろう（愛国心を欠いた世界市民思想 Cosmopolitism *ohne* Patriotism）。すでに注６）で確認したように、この組合せは道徳的見地からいって容認されるのである。

　カントはドイツ人一般の性格に託して自分の立場を表明する筆法（舌法）をそこそこに切り上げたうえで、続けて次のようにいう。「またドイツ人は子どもを厳格に躾け礼儀正しく育てるが、それはまた大人たちが革新（とくに統治形態の自主的な改革）に加担するよりも、秩序と規則を好む自分たちの性向に合わせて専制政治を選び、それでよしとするところからきている。──これがドイツ人のいい面である」（ibid.）。引用文のダッシュよりも前の叙述は一応客観的な記述ととっていい。ここに深読みを施すとすれば、まず「革新（とくに統治形態の自主的な改革）」という語句にカントの与する党派性が読み取れる。すなわち、ここで彼は暗に王制を廃して共和制に移行する、それもできれば世界に先駆けて世界市民思想に則った共和制に移行する方向性を匂わせているのであろう（例によって、分かる読者ないし聴講者には分か

るように）。とすればここにはフランス革命についでドイツにおける（いっそう真なる）共和制革命を待望するカントの淡い期待が籠められているのであろう。どうして淡い期待かといえば、直後にカントが述べているとおり、大半のドイツ人はそうした革新に加担するよりも専制政治を選択する（道徳的判断であるべきところを趣味判断のごとくにすり替えて）からである。

したがってダッシュのあとに「これがドイツ人のいい面である」と主観的な価値批評を加えているのは、もちろんカムフラージュであり逆説的な皮肉である。そのことは直後の段落を読めばすぐに追証される。少し引用してみると、「ドイツ人のお粗末な面は、何にでも右に倣えしたがる性向であって、……とりわけ救いようがないのは、自分も同胞の国家市民と肩を並べて何とか一歩でも平等に近づく、という原理に従ってでなく、自分を特権と階級の序列のなかに厳格に格づけし、こうした序列の図式のなかで……歯止めなく奴隷根性にはまりこんでいく」（Aka.Ⅶ318f., pp.307-308）というところにある、という調子である。自国民の批評としてこれ以上ないというほど辛辣なものであるが、それ以上に見逃してならないこととして、前段落でドイツ人の「いい面」として評価された内容と、ここで「お粗末な面」としてこき下ろされている性向とは、よく考えてみるとまったく同じ事柄なのである。これは一つのことを正負両面から評価しているというのでなく、一方が本音で他方がカムフラージュであることは明らかである。あるいはここにカント特有のユーモアを感じることができるかもしれない。いずれにしても、カントはやはり自分の住んでいるプロイセン・ドイツについて、少なくともその統治形態と国民性について強い愛着心・満足を抱いていた訳ではない、といえるだろう。

以上、われわれはカントが愛国心について公式にはどのような見地を表明していたか、フリードリヒ大王賛美と見える言辞からともすれば〈カントもプロイセンの一国民として抱いていたはず〉と想定されがちな彼自身の〈祖国愛〉とはその実どういうものであったか、彼の本音のところはどうであったか、を足早に確認してきた。そのつど明らかになったことは、愛国心の問題は〈趣味と道徳の関係〉の問題の一つの応用例であること、具体的には自分の生まれ故郷にどのような愛着心を抱くかということと〈最高善〉を究極

目的とする道徳判断からして政治体制としては世界市民思想に基づいた共和制を目指すべきであるということとの、後者の主導による共存の問題であること、であった。

　だが最後に一歩踏み込んで推測してみると、カントの本音中の本音としては、われわれ人類がそれぞれの生まれ育った民族、国家にでなく、地球に住む唯一の理性的存在者としての人類 [17] にこそ愛着を抱くという世界市民思想を後世に呼びかけたかったのではないか。つまり、政治道徳的に目指すべき理念（これは道徳判断）としての世界市民思想というに加えて、趣味判断として抱かれる世界市民思想的センスへの呼びかけ。これを独語で表せば、Cosmopolitism *mit* Cosmopolitism!（趣味と道徳の両面からの世界市民思想）。これが今回の日本カント協会大会の共同討議をへて筆者が到達した、カントへの共感の地平である。

注

1）カントの表記法に従った。彼は通常「〜主義 -ismus」については語尾の -us を省略した形で表記する。以下も（ほぼ）同様とする。なお本書では Cosmopolitism を通例のように「世界市民主義」とでなく、「世界市民思想」と訳す。

2）Kant's handschriftlicher Nachlaß. Anthropologie. Aka.XV の通し番号で Nr.496.『カント全集 15 人間学』（岩波書店）所収「人間学遺稿」高橋克也訳、p.365.

3）ここの件は名こそ挙げられていないが、カントが自分の教育学講義で教科書として用いた、汎愛主義に立つバーゼドーの教育戦略への直接的な批判であろう。というのは、藤井基貴氏の文章の一節を借りるならば、「バーゼドーは既存の教会勢力を打破するために、『祖国愛 Vaterlandsliebe』を市民の義務としてかかげ、市民社会の創設に向けて、教育による『パトリオティスムス』の形成を目指した」（下記論文 p.159）からである。このほか、フリードリヒ大王が進めていた啓蒙主義的な教育政策、しかしその実、国家と王への服従を強いる臣民教育に対して、カントが世界市民思想的な見地から二面的な（面従腹背的な）評価を抱いていたことについて、藤井基貴「十八世紀ドイツ教育思想におけるカント『教育学』の位置づけ」（日本カント協会編『日本カント研究 7 ドイツ哲学の意義と展望』理想社、2006.9、所収）を参照されたい。

4）先述した「心の病い」としての「熱狂家」型の「愛国心」は、この「妄想」としての「愛国心」とほぼ同義であろう。

5）筆者の推測では、（ア）に該当する民族としてユダヤ人たちを挙げているのはカムフラージュであって、カントの真意はプロイセンにおける頑迷なプロテスタンティズムによる精神支配の指弾にあったであろう。

6）逆に、世界市民思想も常に同時に祖国愛に伴われているのでなければならない、とカントがい

おうとしているのではないことは、文脈上明らかである。

7）したがって、愛国心については厳密にいえば道徳的には「善」とも「悪」ともいえない。この点は（本章の論考が最初に口頭発表された学会の）共同討議の席上で石川文康氏から頂いた、愛は命令することができない、との指摘による。なるほどカントは、趣味判断に関して『道徳形而上学の基礎づけ』の或る箇所で「或る種の趣味に、つまりわれわれの心に備わる諸力の、目的を欠いた純粋な戯れに覚える満足に適っているものは」、道徳的な価値をでなく、「愛好（趣味）価格 Affektionspreis を持つ」といっている（Aka.IV434f.）。すると祖国愛とは固有の愛好価格を有する「戯れに覚える満足」の一つなのだ。ところで酒やスポーツも愛好価格を持つであろうが、それに関する格率（例えば、私は一年三六五日毎晩欠かさず晩酌をする、とか）は、カントにいわせれば自己や他者に対する不完全義務の観点から道徳的に制限を受けるのは当然である。とすれば、愛国心も同様の事情の下にあるといえるであろう。

8）この場合、選ばれる世界市民思想はあくまで一つの理念である。この点を含めて、カントの歴史哲学に果たす世界市民思想の中核的役割については、佐藤慶太「実践としての歴史哲学——カント歴史哲学の基礎構造について」（関西哲学会編『アルケー 第13号』2006、所収）を参照されたい。この論考はカントの理性概念に基づく実践と歴史哲学との内在的な連関を剔抉した好論文である。

9）詳しくは次々章「カント『人間学』の諸問題——解説に代えて——」第四節を参照されたい。なお拙訳『実用的見地における人間学』は注2）に示した『カント全集15 人間学』に収められている。

10）この真意とは別に、ここですでにカントは当時の皇太子フリードリヒ（二年後にフリードリヒ・ヴィルヘルム二世として就位する）とその副臣ヴェルナーの二人を暗に揶揄していた可能性が大きいことについては、次々章注14）を見られたい。

11）さらには世界市民思想に基づいた、王を戴かない共和制をカントは望んでいたはずである。しかしこの二重の期待が二年後の大王の死後、跡を継いだ大王の甥フリードリヒ・ヴィルヘルム二世とその佞臣ヴェルナーによってこっぴどく裏切られる結果となったことについては、次々章第二節を参照されたい。

12）暴力装置とはこの場合、軍隊、警察、司法制度等、殺害までを含む強制力（武器等）を有する公的武装組織を指す。ここで注意を要する点は、近代社会科学の見地からいって、一般に軍隊は外国の軍隊との戦いないし外国への侵略のためにのみあるのでなく、むしろまずもって自国民に向かっての権力維持装置の最後の砦として常備される、ということである。驚くべきことに、まさにそのことをカントは見抜いていたのである。

13）カントのこの推論は後年大王の死後、1792-1797 の間に彼が被った厳しい言論弾圧として的中する。これについても詳しくは次々章第二節を見られたい。ところでボードリヤールは次のようにいう。「［二十世紀消費社会における］余暇の根底にある要求は、解決不可能な、絶望的ともいうべき矛盾の虜となっている。余暇への要求に含まれている自由への激しい渇望は、強制と拘束のシステムが強力であることの証左なのだ」（ボードリヤール『消費社会の神話と構造』今村仁司・塚原史訳、紀伊國屋書店 p.227）。われわれはボードリヤールのこの言葉と照らしあわすことによって、カントの先見性を確認することができる。

14）この推測が当たっているとすれば、カントはこの評論文を執筆してから五年後に勃発したフランス革命を予感ないし予言していたことになる。さらにはいずれロシアにも革命の嵐が吹き荒れることになるであろうことも長期的に予期していたのかもしれない。

15）カントの目指す方向性が世界市民思想的な共和制であったことは、『啓蒙とは何か』の一か月前に（1784.11）に出版されたカントの『世界市民的見地における普遍史の理念』（Aka.Ⅷ）を読めば明らかである。また『人間学』の最後の一節「人類の性格描写の概要」（Aka.Ⅶ330ff., pp.325-331）も参照されたい。さらに注 8）に掲げた参考文献を再度参照されたい。

16）他にフリードリヒ大王に触れている箇所として、『判断力批判』§49（Aka.V315f.）および『人間学』末尾原注（Aka.Ⅶ, S.332f. Anm., pp.330-331）を参照されたい。前者では大王の詩から世界市民思想的な心術を読み取ることができるとするが、かなり牽強付会であり、後者では大王に纏わる或るエピソードを、多分に皮肉をこめて紹介している。

17）カントは『人間学』のほとんど末尾に至って次のように述べる。「地球以外の惑星に住む数ある理性的な生物と比較した場合、［人類を］同じ一人のデミウルゴス［製作神］から産みだされた被造物の集合としての理性的な生物のうち地球に住む［同じ］一つの種 Spezies［の一員］であると考えるとすれば、人類を亜種 Rasse と呼ぶこともできる」（Aka.Ⅶ331, p.328）。

第二章　〈見える大学〉と〈見えざる大学〉
――または学問論を装ったカントの党派性について――

はじめに

　二十世紀はそれまでの世紀に倍して、人間とは何か、が疑問視され、問われる百年であった。侵略的植民地分割のグローバル化、最初の世界大戦、ヒトラーの登場とユダヤ人の大量殺戮、第二次世界大戦の大量破壊、核兵器の開発と使用はもとより、二十世紀後半の日本に限定していっても、一連のオウム真理教の狂信的組織犯罪、神戸の少年Aによる「酒鬼薔薇」事件、毒入りカレーライス殺人事件、一連の「愛犬家」殺人事件があった。世紀が変わったとたん、ニューヨークの 9.11 ツインタワー爆破テロが世界を震撼させた。日本で現在捜査が進行中の事件として、埼玉と島根の二人の女性による一連の睡眠薬殺害事件、大阪での若い母親による二人の乳幼児の置き去り致死事件、等々。――これらが象徴しているのは、共同態的な人間関係の希薄化、自己の喪失、生きる意味への疑問、等々を含みつつ、総じて〈人間とは何か〉という問いへの根本的な疑問であるといっていいであろう。このような、時間的にいって世界史的な、空間的にいって全地球規模的な危機的状況のなかで、大学はどのような存在意義をもつであろうか。それをカントの学問論と、それの基礎にある道徳・宗教論と、これらが秘めていた政治論の三つと絡めながら再検討してみたい。

　のちに『学部の争い』（1798）を献呈することとなる C.F. シュトイトリンに宛てた 1793 年 5 月 4 日付の手紙のなかで、カントが純粋哲学の課題として、私は何を認識することができるか（形而上学）、私は何をなすべきか（道徳学）、私には何を望むことが許されているか（宗教学）、の三つを挙げたうえで、最後にこれらを総括して、人間とは何か（人間学）、の四つの問いを記していることは周知の事柄である（Aka.XI 429f.）。これをわれわれは第一に、

カント自身の学問経歴をそのままの順序で回顧したものとして受けとめることができるであろうし（学問論）、さらに第二に、カントの大学・教育論の構想を示したものとして受けとめ直すことも許されると思われる（リベラル・アーツ論）。

　カントの知的問題関心の対象領域の推移を辿ってみると、確かに先の三つの問いの順番に対応する。若いころ自然科学を探究し、それを承けたかたちで批判期に入って、認識論の形をとりながら実質的には自我論・自己実現論を確立する。ついで、実践論・道徳論を高唱したのち、美学・目的論をはさんで最後に宗教論に至る。これらのテーマのすべてを合わせたものが、カントが年来自発的に講義してきた「人間学」の内容と一致しているのは自然の成りゆきである。カント自身はこれを出版するにあたって「生理学的な見地からの」人間学と対比させながら『実用的見地における［からの］人間学』（1798）と命名したのであるが（Aka.Ⅶ119）、多岐にわたる内容や多方面からの素材から判断して、これを『哲学的総合人間学』と呼び替えることも十分に可能であろう。

　第二の、四つの問いを大学・教育論の構想の提示として読み換えるとは、大学における研究と教育の柱が上記の第一から第三までの三つの問いから構成されており、総じて第四の「人間とは何か」に収斂するとカントは考えていたであろう、ということである。これらはいうまでもなく広義に解釈された〈哲学する philosophieren〉という知的営為に他ならない。重複を恐れずに具体的に内容を確認すると、人間が〈己れは何者であるか〉を知るためには、規範とは何か、美とは何か、宗教とは何か、を学び知ることが必要不可欠であるだけでなく、それらの前提として、まず自然科学を探究しその知見を身につけることが大学における研究と教育の使命に含まれる、ということである。そのような形で「人間とは何か」を総合的に探求する姿勢こそ、リベラル・アーツとしての教養教育の広義の目標に他ならない、と。C.P. スノー以来理系と文系の人間の発想法の乖離が嘆かれているが[1]、教養の復権にとってカントの大学・教育論は、いま現在でも力強い理論的・思想的な後押しとなるであろう。

　だが三つの学問分野（自然科学・認識論、倫理学、理性宗教論）の領域と内

容がカントの生きた時代とわれわれが生きる現代とではおのずと乖離してきていることのほかに、他に問題が二つある。まず第一に、総じて「人間とは何か」という問いを支える根本態度として、カントの人間観がはたして現代にそのままの形で通用するか、という問題。第二に、大学教育におけるリベラル・アーツ（総合人間学）はこれまで現実に成功したことがあるだろうか、あるいは、カントの問題提起にしたがって新たに確立される可能性があるだろうか、という問題である。

　第一の問題について。純粋道徳論をはじめとするカントの〈叡知的な人間〉観ははたして今日どのていど説得性があるのだろうか。というのも（ニーチェを待たずして「神は死んだ」ことをすでに確実に感知していたはずの）カントは、あらゆる型の価値的なニヒリズムを究極の一点で食い止めるために、いわば背水の陣としてあのような二元論的な人間観を叫ばずにいられなかった、というのが実情ではなかったか[2]。この見通しが正しいとすれば、今日の時点でわれわれは「人間とは何か」という問いの根底に、カントとは別の選択肢として、自然科学等に依拠した一元論的な人間観を据えることを試みるべきではないであろうか。というのも、そうであってこそわれわれの新しい人間観は現代の無視も否定もしえない豊富な科学的知見と両立することができるであろうし、加えてそれによって人類がノモスの歪み・呪縛から脱却することができるかもしれないからである[3]。

　第二の問題について。カントは『単なる理性の限界内における宗教』（1793）第三篇で、歴史的・実定的な「見える教会」に対して理念としての「見えざる教会」を対置した。これを継いで、哲学部と他の三学部の関係を批判的・挑戦的に論じたのがカント最後の公刊となった『学部の争い』（1798）であった。実はカントにとって「見える教会」を代弁する神学部をはじめ三つの「上級学部」が〈見える大学〉に当たり、現在は「下級学部」と貶められている哲学部の本来の姿が、「見えざる教会」を学問的に根拠づける〈見えざる大学〉を意味していたといえるのではないか。すると上記したリベラル・アーツとしての総合人間学の構築も、いわば〈見えざる大学〉における営みとして理念的に受けとめるべきではないであろうか。ところで理念とは一面で現実的でありつつも他面でけっして完全に実現することのな

いもの、という性格をもっている。そのような壮大な学問構想の下に、いわばその手付けとしてカント自らが実践してきた教育の成果が『人間学』（1798）であったのではないか。──このように捉えてみると、『人間学』と『学部の争い』とがカントの生前に刊行された最後の二つの著作であったことは、偶然の符合ではないと思われる（実際両者はまるで双子のように1798年秋に相ついで出版された）。とはいえ、はたしてこのカントの構想・理念に基づいて、リベラル・アーツ（総合人間学）は現代に蘇るだろうか。

　本章はこのような問題意識の下に、カント最晩年の、学者生命を賭けた論争的な仕掛けの真相（深層）を読み解いていくことを試みる。

一　〈見える大学〉と〈見えざる大学〉

　最初にカントが「見える教会」と「見えざる教会」についてどのように定義していたかを確認してみよう。

　『宗教論』第三篇に次のようにある。まず、教会とは一般に「神的にして道徳的な法則定立の下での倫理的公共体」である、という（Aka.Ⅵ101）。そのうち、「見える教会 die sichtbare Kirche」とは、「人間がこの理想に一致する全体を目指してつくる現実の合一である」（ibid.）。ここでいわれる「この理想」とは上にあった「神的にして道徳的な法則定立の下での倫理的公共体」を指す。この定義だけでは分かりづらいが、「見える教会」はすでにこの理想に到達しているというのでなく（先に確認したように、そもそも理想・理念は現実化しないものだ）、その理想を現世に普く実現しようとして歴史的・現実的に人びとを組織してきた現存の信仰団体のことを意味している（これまで見えてきた、いまも見えている教会）。これに対して、その倫理的公共体が「可能的経験 mögliche Erfahrung の対象でない限りにおいては、見えざる教会 die unsichtbare Kirche と呼ばれる」（ibid.）。──まず注意するべきは、どちらの教会もカントによれば、「神的にして道徳的な法則定立の下での倫理的公共体」といわれている点である。一応最初に「神的にして」と冠せられてはいるが、カントの重点はいうまでもなく「道徳的な法則定立の下での」「倫理的」な公共体というところにある。つまりこれはカント自身の理

性宗教を意味する。すると、「見える教会」といういい方で名指されている組織も、いったんはカトリック教会、プロテスタント教会などを指していると受け取ってもかまわないだろうが、厳密に考えると、両教会とも実際には「道徳的な法則定立の下での倫理的公共体」を目指した「現実の合一」とはとてもいえないがゆえに「見える教会」とすらいうことができない、と受けとめることができるであろう[4]。対して「見えざる教会」は「可能的経験の対象でない限り」と定義されていることから、現実生活からすればこれが単なる理念であることは明瞭である。逆にいえば、事柄はもっぱら叡知的な道徳的心術、内面的な意志決定の場面にのみ関わるということである。

　ここからいえることとして、「はじめに」で少し触れたように、すると大学についても〈見える大学 die sichtbare Akademie〉と〈見えざる大学 die unsichtbare Akademie〉とを区別して論じることが許されるのではないだろうか。大学は研究と教育とを両輪としつつ、真理の探究と現実的課題の解決（有効性）を二つの主任務とする。筆者はここで、前者（真理の探究）が〈見えざる大学〉の任務であり、後者（現実課題の解決）が〈見える大学〉の任務である、と仮設する。ここに批判としての〈哲学する〉の立場を重ね合わせていうとすれば、有効性の見地に対する絶えざる批判・吟味・検討の立場が真理探究の見地である、ということができよう。これを「理性の公的使用」（『啓蒙とは何か』Aka.VIII37）といい換えてもいいであろう。さらに、誤解を招くことを承知のうえで特徴づけるとすれば、〈見える大学〉に実学としての諸学問を当て、〈見えざる大学〉に虚学としての批判の営みを当てることができるかもしれない。

　この解釈を支持すると思われるカントの主張を見てみよう。法学部と哲学部（批判哲学の見地）の関係についてカントは次のようにいう。「法令なるものはまず第一に、或ることが正しいことを定めているものであるが、それなのに、法令それ自身が果して正しいかどうかと問い直すことは、法律家たちによって不合理なりとしてきっと拒否されるに違いない」（『学部の争い』Aka.VII25）。このようにカントにあっては、哲学は例えば法学との関係でいえばこうした問いを問い直す立場に立ち、いわばメタ法学の位置にあるといえる。お気づきのようにここはカントが書いた文章のなかでもとりわけて批

判的な意義をもっている。というのも、問われている関連した二つの事柄の布置関係に関するこのような思考法は、究極的には、意味（価値）を索める営みそれ自体にはたして意味（価値）があるか、という問いへと収斂するに違いないからである（価値ニヒリズムの一歩手前）。筆者はこの問いの探究こそが〈見えざる大学〉としての哲学部の随一の任務であろうと考える。

　さてカントは上の「見える教会」と「見えざる教会」の区分を承けて、『学部の争い』において、「見える教会」で語られる「教会信仰」の代表者・代弁者が神学部であることを確認する。「聖書‐神学的学部［神学部］は、あたかもそのような〈歴史的なもの〉の信仰［歴史事実としてのキリスト教］が宗教に本質的に所属しているかのように断固として見なしたうえで、同じくそのようなものを神的啓示として声高に主張する」（Aka.Ⅶ37）。こうした位置づけから、われわれは神学部を〈見える大学〉の筆頭学部として認定してもいいだろう。同じく上級学部に属する法学部、医学部も〈見える大学〉に配される（実学）。これに対して、〈見えざる大学〉として神学部の一歩後ろに控える哲学部は「その学問的命題を思い通りに取り扱ってよろしいので、学問の関心にのみ配慮すべき学部」（Aka.Ⅶ18）なのであって、いい換えれば「見えざる教会」を擁護して、理性宗教の見地から先の神学部を批判することを任務とするであろう（虚学）。俗（司法、法曹界、王権、政治）は聖（見える教会、聖職者階層）に世俗的な強制を及ぼしつつこれを庇護するが、後者は前者に解釈・正当化（正統化）を反対給付する。この「見える」もの同士のもたれ合いの関係を背景として、聖（見える教会）は哲学部（見えざる大学）にも世俗的な強制を及ぼそうとするが、後者は前者に断固として妥協することなく却って前者にむかって批判・解釈ならぬ改釈を施すのだ（後述、第四節）、というのがカントの真意であろう。

　以上から、「見える教会」と「見えざる教会」の二種の教会と、同じく〈見える大学〉と〈見えざる大学〉の二種の大学との、縦横斜めの都合六通りの関係[5]を簡略ながら掴むことができたであろうか。

二　カントの総合人間学の構想

　節を改めて、カントの学問論、大学論の構想を振りかえってみよう。

　カントは、ベルリン大学からの招聘をはじめ数回の抜擢の機会をそのつど断りつつ、最後まで辺境の地にあるケーニヒスベルク大学の哲学部にとどまった。その研究経歴は先に概括を試みたが、丁寧に確認するならば、まず自然科学から出発し、認識論（内実は自己実現論）、道徳論、美論・目的論、時事・政治・平和論、宗教論へと展開したこと（先述の第一から第三の問い）を承けて、これらを総じて、カントの営みは〈総合人間学〉の構築を展望するに至った（第四の問い）、ということができるであろう。これらを時系列的に階層化しさらにそれを構造化して示すと、次のようになるだろう。

　a） まず、**自然知・世界知**（世間知）とそれの成りたちを解明する**超越論的認識論**がくる。——筆者のカント理解によれば、これは叡知的かつ感性的存在者たる人間の（世界への）自己実現の第一歩を意味する[6]。カントは後年、自分と世界の関係を「観察すること」も一つの自己実現であるという意味のことを語っている[7]。この学問的営為はいうまでもなく『純粋理性批判』に集約されている。つまり（常識的な評価とは隔たるかもしれないが）カントの『純粋理性批判』は自己実現論の確立を目指した書物で（も）あったといえよう。この、外界への知的関心、自己の知的外化は陶冶・教養 Bildung の核心の一つを形成する。いい換えれば、これが大学におけるリベラル・アーツの一画を構成するであろうし、次の **b）** の前提条件でもある。

　b） これを承けて次に、二性格をあわせもった人間に固有な（狭義の）自己実現として**実用実践** Praxis が位置づく。実用実践は幸福の原理、自愛の原理に基づく。——これはあの四つの問いに表立って登場しないうえに、カントもこれを主要論題とした著作をものしている訳ではない。しかし『道徳形而上学の基礎づけ』（1785）であれ『実践理性批判』（1788）であれ『判断力批判』（1790）であれ、随所に実用実践が（純粋実践との対比で）語られていることも事実である[8]。

　だがカントはなぜ **a）b）** の二つだけでは人間の自己実現論として十分だ

とは考えなかったのか。それは主に、実用実践においては具体的な目的が判
然とし（すぎ）ているので、かえってこの実用実践自体の合目的性を支える
べき高次の（究極の）目的が眩まされるから、というところに理由があった
はずだ。このことは、先の法学に関するカントの根底的な疑問の投げかけを
思い起こせば明らかであろう。それは「法令それ自身が果して正しいかどう
かと問い直すこと」（Aka.Ⅶ25）という作業であった。この事情をいまの場合
にあてはめ直していい換えれば、実用実践はすべて例外なく仮言命法であり、
したがって実用実践自体には究極的な善悪の基準は含まれておらず、そのま
までは価値不可知論ないし価値相対主義に陥る、またはそこに安住してしま
う、ということである。

　c）そこでカントは、人間の、感性的性格に対する叡知的性格の優位、す
なわち**純粋実践・純粋道徳**の実現という意味での（勝義の）自己実現＝意志
の自律の貫徹を「いわば純粋理性の一つの事実」として確認する（Aka.Ⅴ47）。
こうして b）と c）が合してカントの道徳論が成り立つ。——だがこの純粋
実践それ自体が理念として語られるほかはないという事情を見逃してはなら
ない。なぜなら、そこからひょっとしてカントの実践論は破綻するかもしれ
ないからである[9]。

　d）事柄の本質からすれば a）の自然認識の論究と c）の純粋実践の考察
のあいだに、b）の実用実践論と並列して位置づけるのが相応しいと思われ
るが、著述の順番を尊重するとすれば、第四に**美論**がくる[10]。ここで最も
枢要な思想・概念は、いうまでもなく「目的なき合目的性 Zweckmäßigkeit
ohne Zweck」（『判断力批判』Aka.Ⅴ226）である。——いささか唐突な物いい
となるが、この概念は究極的には価値ニヒリズムの問題と隣接しているとい
えるのではないだろうか。なぜならば〈究極的な目的がない〉という事態そ
のものは価値ニヒリズムの湧出点を意味するからである。またこの概念に関
連して、『人間学』の鍵概念である「趣味 Geschmack」「戯れ Spiel」も注目
に値する。というのも、これらには「目的なき合目的性」をさらに超えて、
いわば〈目的それ自体の無目的性〉が指摘できるからである[11]。

　e）学問体系論に入るかどうかには異論があるかもしれないが、次に**政治・
平和論**がくる。とはいえこれらの論題が彼の道徳論、最高善論から発してお

り、そこへと帰着することを考えあわせると、やはり学問体系論のなかに確とした位置を占めると見なすべきであろう。この点については次節で詳しく見る。

　f）次に、シュトイトリン宛ての手紙でいえば第三の問いに当たる**宗教論**がくる。これをひらたくいい替えれば〈要請としての理性宗教〉論となる[12]。この点についても次節と次々節で詳しく検討する。

　g）最後に、第一から第三までの問いを総括するべく、第四の問いを担う**人間学**が位置する。

　以上が、シュトイトリン宛ての手紙を下敷きにして、カントの著作の出版年次を追いつつ、時系列を加味して捉えた彼の学問体系であり、また大学教育論である、とひとまず押さえておこう[13]。ではカントは自分の人間論・大学論、とりわけその学問体系のうち個別契機としては最後の契機に当たる己れの〈理性宗教論〉を世に浸透させるために、どういう手法を工夫し駆使したか。それは世にもまれなカント特有の巧妙な文章術であった。

三　晩期カントの戦術的文章術

　1793年５月４日付のC.F.シュトイトリン宛ての手紙における〈３＋１の問い〉において、『宗教論』（1793）は純粋哲学の領域における三つの課題のうち第三の課題（人間には何を望むことが許されているか）の解決を意味していると明言されている。だが、（手紙の一か月前に出版された）この書物をめぐっての真相はそれほど簡明・無邪気なものでなかったことは、いまや周知の事実である。カント自身が件の手紙のなかでそれを暗示するかのように、うえの四つの課題を明示したあと直ちに続けて、自分の一連の宗教論をめぐる筆禍事件の経過説明（と愚痴）をシュトイトリンにむけて述べ立てている。そこには自分が主張する宗教の理性根拠説に対して「宮廷の空気が醸しだす暗雲から頭ごなしに破門が下る」（Aka.XI429）可能性さえ示唆されている。ではカントはこうした危機に直面してどのように対処したか。まず、誰もが知っている有名な逸話から確認しよう。

　カントは晩年、フリードリヒ大王（1712-86）の甥で大王の没後王位を継い

だフリードリヒ・ヴィルヘルム二世（1744-97）とその佞臣ヴェルナー（1732-
1800）により、宗教に関するいっさいの講義と著述を禁止するという勅令
（1794）とその前後三回におよぶ（検閲による）論文の印刷不許可の措置を
被った。その詳しい事情はここでは述べないが[14]、カントが心配した「頭ご
なしの破門」（の第一弾）が実際に下ったのである。ところがしかし、この
禁止の勅令を受け取った際に彼が巧妙な二枚舌を使った事情については、の
ちに『学部の争い』（1798）の序文で彼自身が誇らしげに明かしている。彼
はこのとき「国王陛下のきわめて忠実な臣下として」これを厳格に守ると書
面でもって恭しく返答したのだが、フリードリヒ・ヴィルヘルム二世が早々
に亡くなると（1797）、うえの返答を振り返って、「私はこの表現をも慎重に
選んだのであるが、それは私がこの宗教審理における私の判断の自由をいつ
までも断念するのでなく、ただ国王陛下が生存しているかぎりは断念するた
めであった」と述べて（『学部の争い』Aka.Ⅶ10Anm.）、宗教に関する発言と
著述の再開を宣言する。こういわれてみれば確かにそういう意味だったのか、
というほかはないのであるが、死んだ国王やヴェルナーからすれば一杯喰わ
されたという思いがしたことは確かであろう（よくこれでカントは最後まで国
立大学教授の地位と国籍を失わずに済んだものである）。
　この言葉から垣間知ることができるように、とりわけ晩期のカントは、学
問的な批判に見せかけた政治批判、時のノモス（宗教）を単に理論的に批判
するだけと見せかけたノモス変革のアジテーション（「見える教会」から理性
信仰へ、王制から共和制へ）という、彼特有の命を賭けた、いわば捨て身の文
章術・筆法を駆使していたのである[15]。以下それを概括してみよう。まず
ごく短く大局的に纏めるとすれば、

　（α）最初に、理性主義（自律の思想）から「見える教会」を学問的に批判する、
　（β）ついでそれを通して、フランス革命によって成立した共和制を政治
　的に擁護する、

となるだろう。
　少し考えれば分かるように、（α）と（β）は通常相互に排除しあう関係

にある。一言でいえば、学問的科学的批判はひたすら「真理」の追求を使命
とするから、政治的には中立であるべきであって、したがって政治的な発言
は禁欲するものだからである [16]。ところがカントの場合、道徳を学問的に究
明しおえた時点で（最高善を地上に実現するべく不断に努力せよ）、発言は論理
必然的に党派性を帯びたものに変貌するのだ（最高善を地上に実現する前提条
件として世界市民思想的共和制を確立せよ）[17]。そこでカントはここで必然的
に（ことの赴くままに）、（α）を装った形で（β）を主張するという論法を戦
術として用いることとなった。これを有り体にいえば、強引な（力づくの）
改釈に基づいた二枚舌を駆使する以外に手がなかった、ということである。

　ここで（α）と（β）の二つをさらに具さに分節してみよう。まず（α）
の「見える教会」の学問的批判は次の二層構造からなる。

（ⅰ）自分の主張は諸上級学部、とくに神学部との学問的テリトリーの争
　　　いである（にすぎない）と見せかけて、実は言論出版の自由を主張する、
（ⅱ）言論出版の自由の主張と見せかけて、実はカント自身の理性宗教を
　　　高唱する。

だが理性宗教の高唱とは周知のように、実質上それまでの教会信仰、啓示
宗教の超克を意味し、結局は人間の主体的な道徳的自律（＝自立）を意味し
た [18]。とはいえここまでは（辛うじて）学問的な批判の範囲内であった。
　ついでこれを踏み越えて、政治的な（党派的な）主張、即ち（β）のフラ
ンス革命擁護が隠された真意として語られていく。これはこれでまた次のよ
うな三層構造をなす。

（ⅲ）以上、学問的な批判と見せかけて、実は戦争回避の主張であり、
（ⅳ）戦争回避の主張とは取りも直さずその時点においては、イギリス、
　　　オーストリア、プロイセン、ロシアの王制の体制下にある列強が第一次
　　　対仏大同盟を結びその軍事力によってフランス革命による共和制を包囲
　　　殲滅させて、フランスをもとのブルボン王朝による王制に戻そうとして
　　　いることへの批判、つまりフランス革命とその共和制の擁護を意味する

のであるが、

（ⅴ）そこにはまたカントの最奥の意図として、世界市民思想を通して人類の道徳的改善を図り、究極的には地上における最高善の実現をめざす、という人類に課された無窮の歴史的使命＝究極の道徳的義務の主張があった。

　以上、晩期カントの一連の諸著作には、（α）（β）あわせて五層の意味層の重なりを指摘することができる。二枚舌ならぬ五枚舌というべきところである。

　カントはさらにこうした文章術の応用篇として、本音と二枚舌を混淆してカムフラージュするという手法にいっそうの磨きを掛けた。『学部の争い』にこうある。「［人間は］彼の随意志の形式的原理にしたがって国民が共同に立法的［法則定立的］であるところの統治形式による以外の他の統治を……要求するべきでない」（Aka.Ⅶ87Anm.）。ここでいう統治方式とは、共和制を意味している。つまりカントはここで、啓蒙期以降の近代（現代）政治体制としては共和制のみが許される、と主張しているに等しい（本音）[19]。

　彼の文章術が鮮やかなのは（あるいは、唖然とするのは）、これに続く議論の運びである。上のように述べたあとカントは、①まずは革命を否定する（革命は手段として道徳的でないから）、②ついでプロイセンの君主制を擁護する（啓蒙君主のおかげで共和主義の精神によって専制的に実効支配されているから）、と語る。①は理由づけがその通りである（本音）からといって、そのまま主文（革命の否定）も本音と取っていいだろうか。続いて、②の理由づけはむしろ新王へのカントの甘い勧誘（次善の、ないし次悪の策としての〈啓蒙君主による専制政治〉）であって、したがって主文自体も相当に怪しい（二枚舌）。だが①を読む者は字面に騙されて、なるほどカントは隣国で進行中の革命に反対の立場なのか、と早とちりして安心するだろう。ところが果してカントは節を改めて、フランスで起きている政治過程は「革命の現象ではない」と断言する。その理由は、フランス革命は（政治革命でなく）道徳的原理の進歩であって、したがって是認される、というものである。カントはつまり節を跨いだ時間差を使って、実質的にフランス革命を賛美しているの

である（以上、Aka.VII87f.）[20]。

　このように見てくると、振り返って一つ思い当たることがある。それは『宗教論』第三篇の篇題が、「悪の原理に対する善の原理の勝利」と称されていた事実である。この篇題は一見、道徳的な善悪、ないし宗教的な〈神と悪魔の対立〉を意味する（だけである）と見えるが、その裏に秘められた意味として、旧体制（王制）に対する共和制の勝利、フランス革命の擁護、国際関係における永遠平和を保障する体制の建設（即ち、比喩としての「神の国」の建設）、という政治的な主張が横たわっていたのではないかと気づかれる。この推測を支持するかのごとく、第三篇第一部の末尾でカントは次のようにいう。「それゆえ人類のうちに、［それも］徳の諸法則に基づいた一つの共同体としての人類のうちに、一つの主権が、つまり一つの国が自らの意志で sich 樹立され[21]、その共同体が悪に対する勝利を宣言し、その支配の下で世界に永遠平和が保証されるのは、人間の眼には見えないがたえず前進していく善の原理による改善事業［の一環］なのである」（Aka.VI124）。ここで最初に三回繰り返される「一つの」は、まずは隣国に生まれたばかりの一共和国（フランス）を示唆しつつ、同時にそれと重ねて、〈いずれは全人類を包摂するであろう一つの統一された世界共和体制〉を意味しているであろう（軽い二枚舌）。つまり「世界に永遠平和を保証する」「一つの国が自らの意志で樹立され」、という言葉によって仄めかされているものが、つい先ごろ革命によって誕生したばかりのフランス共和国のことであろうと（まずは）受け取るのが最も自然な読み方であろう。

　これと呼応するかのように、五年後に出版された『学部の争い』に、それと気がついてみればフランス革命への共感の露骨な表明と取ることのできる箇所がある。そこでは、道徳的により善い状態への進歩（先の『宗教論』第三篇の篇題によれば「善の原理の勝利」）を希望させるのみならず、すでに（条件つきではあるが一定の範囲内で）そのような進歩であると断定されているのは、紛れもなく革命後のフランス共和国なのである（Aka.VII85）。以上を図式的に二分割するならば、悪の原理＝現存の君主制＝「見える教会」vs 善の原理＝（世界市民思想に基づいた）共和体制＝「見えざる教会」、となろう。カントが死守しようとする〈見えざる大学〉が後者を思想的・理論的に正当

化する役割を担っていることは、改めて確認するまでもない[22]。

　こうした記述から、カントは自分の政治的立場が（たといそれが、自分自身の純粋道徳論とそこから導かれる理性宗教論から批判哲学的に自ずと帰結した態度であると弁じたてることができるにしても）現実の政治状況のなかでどういう意味をもつことになるか、当然ながら強く自覚していたことが分かる。ところで道徳とともに政治も宗教もノモスそのものである。したがってカントの立場は全体的に時のノモスとの鋭角的な対立を意味していたし、『学部の争い』でいえば三つの上級学部への批判、とりわけ神学部批判に直結していた[23]。カントは上級学部を指して次のようにいう。「上級学部の階級は（学識の議会の右翼として）政府の決めごとを支持するが、それにもかかわらず、真理が問題である場合になくてはならぬごとき自由なる体制にあっては、どうしても野党（左翼）も存在しなくてはならず、これが哲学部の議席である」（Aka.Ⅶ34f.）。括弧のなかの「……右翼として」の表現には、あなたがた上級学部はなるほど正当な recht 立場 Seite にお立ちですね、だから体制派＝右翼 rechte Seite であるのも何ら不思議でありません、という皮肉が籠められているであろう。けれどもそこには、あなたがたが正当でいることができるのは、保守派としてもっぱら時の権力の側にお立ちになっていらっしゃるからではないでしょうか、という批判も伺える。対してカントは自分の立場を堂々と「左翼」と宣言する。周知のように、右翼、左翼という政治的立場を表わす対語はフランス革命から始まったこと、左翼とはジャコバン党を指したことを考えあわすと、この宣言は相当に迫力のあるものと読むことができよう[24]。

　──おそらく彼のこうした幾重にもカムフラージュされた政治的な立場は、プロイセン政府のヴェルナー一派からは明瞭に読み取られていたであろうし、当時の知識人にとっても周知の事柄であって、取り立てていまさらここで暴き立てるほどのものでないかもしれない。しかし晩期の一連のカントの著作を現代に即して読み解こうとする立場からすると、こうしたカントの意図の多重構造はいま改めて明確に確認しておく必要があると思われる。

四　カントの理性宗教と聖書解釈

　ここで論点を（α）の、批判哲学からの「見える教会」への学問的批判、すなわち理性宗教の高唱に戻そう。

　カントは純粋道徳の弁証論の解決として、「最高善」を人間の究極目的に据えた（『実践理性批判』「弁証論」）。いい換えれば、人間は「最高善」の実現を一生に亘って「どんな場合でも同時に jederzeit zugleich」究極的な義務として目指さなければならない、ということである。その際「最高善」の理念が実現するために必要となる前提条件（要請）として、「霊魂の不滅」、「積極的に考えられた自由」の二つとならんで「神の現存在」が（理念として）要請された。結局カントの道徳的信仰ないし理性宗教とは、この、「最高善」の実現の前提条件として〈要請された〈神〉の現存在〉を、道徳的義務の不可欠な一環として信仰する、ということに尽きる（義務としての信仰）[25]。だから『宗教論』でも、「純粋な道徳的信仰が教会信仰に先立たなければならず」（Aka.VI117）、「この純粋な道徳的信仰のみがあらゆる教会信仰のうちで本来の宗教の本質をなす」（Aka.VI112）、といわれるのである。

　その「最高善」の理念が実現する場として、カントがあくまでこの現世つまりこの地球上の歴史過程を考えていた点は重要である。「最高善」についてすでに『判断力批判』（1790）に「自由によって可能となる、この世における最高善 das höchste durch Freiheit mögliche Gut in der Welt」という表現が見られたし（Aka.V450）、いま取りあげている『宗教論』には「地球上に可能な最高善 das höchste auf Erden mögliche Gute」とある（Aka.VI136）。裏を返せば、カントは少なくとも最高善の概念によっては、キリスト教がいう意味での来世・天国はまったく考えていないのである[26]。この点も彼の自律の思想における見逃せない重要な論点である。

　ではこうした理性宗教論の文脈のなかでも、カントは前節でみたような戦術的文章術を駆使していたであろうか。答えはすでに確認したように然りであるが（（α）の（ⅰ）（ⅱ））、カントは『学部の争い』（1798）のなかで、筆禍事件を起こした『宗教論』（1793）における聖書解釈（改釈）を振り返りつ

つ、次のようにいう。「……理性は［聖書の］字句を文字通りに解釈する
auslegenべきではないのであって、このことは解釈 Interpretation の最上の
規則に完全に違反しているように見えるが、……これまで常に行われてきた
ことである」と開き直る（Aka.Ⅶ41）[27]。「文字通りに解釈するべきではな
い」ということは、改釈 umdeuten することこそが正しいのだ、ということ
を意味する。一例を挙げるならば、『学部の争い』の別の箇所で、旧約聖書
の『創世記』におけるアブラハムのイサク献供（22章）を取りあげ、カント
は（通常のキリスト教の立場からの受け止め方をすると）度肝を抜かれるような
解釈ならぬ改釈を展開する。即ち、息子のイサクを殺させようとする声の主
が「神ではありえない」ことをアブラハムはこの言葉を聞いた瞬間から確信
していたのであって、というのもこの命令が道徳法則に真っ向から反してい
ることを彼は理性によって即座に判断することができたからだ、という
（Aka.Ⅶ63Anm.）[28]。同様に『宗教論』第三篇の或る箇所で彼は、新約聖書
『コリント人への第一の手紙』から「かくして神はすべてにおいてすべてと
なる」（15-28）を引用したのち原注を付して、この聖書の言葉に次のような
改釈を加えている。即ち、これまで連綿と続いてきた「見える教会」の歴史
信仰は遅かれ早かれ滅び、［自分が提唱する］純粋な道徳的宗教信仰へと移
行する、これが「神はすべてにおいてすべてとなる」の真の意味である、と
（Aka.Ⅵ135Anm.）。

　ここで同じく『宗教論』第三篇にある別の一節（Aka.Ⅵ121）を見てみよう。
カントは大略次のようにいう。──われわれが教会信仰から次第に解放され
て、純粋な理性宗教がいっさいを支配するようになるのは、われわれの内な
る自然的ならびに道徳的素質の必然的な成りゆきであって、この道徳的素質
は（キリスト教に限定されることなく）あらゆる宗教の基礎であると同時にそ
の解釈者 Auslegerin（巫女）である。──ここで「解釈」ということで何が
意味されているかというと、（現実のヨーロッパに戻っていえば）キリスト教
の教会信仰を純粋な理性宗教の見地から解釈（改釈）することが権利保証さ
れるべきだ、ということなのである。逆にいえば、これまで通り「見える教
会」のいいなりになるのは、「人間理性の死への跳躍 salto mortale」を意味
する、と（ibid.）[29]。

　加えて『宗教論』の別の箇所では、聖書にある神の創造を事実とすると、「自由が他の外的原因によって生じた」こととなって、結局人間はもともと「自由でなかった」ことになってしまい、叡知者の自律という立場と矛盾する、ともいっている（Aka.Ⅵ142ff.）[30]。これら二か所からだけでも、カントにおいてはあくまで自律の観点から「見える教会」批判が貫徹されていること、カントの危惧は、道徳を含めていっさいが神の無条件的な思し召しに帰してしまうとすれば自律が雲散霧消してしまうところにある（パウロの予定説への批判）こと、が確認される。

　これと関連して、カントがイエスを自分の理性宗教論のなかにどのように位置づけようとしていたかも気になることろである。一方でカントは『宗教論』第二篇において、イエスの役割は**最高善を地上に実現する**ために代贖することにあった、という（Aka.Ⅵ60f.）。他方『宗教論』第三篇の原注で、イエスの代贖の物語に必ず付随するイエスの復活と彼の昇天の二つのエピソードは、理性宗教に役立たせることはできない、ともいっている（Aka.Ⅵ128Anm.）。それぞれの理由をここで詳しく辿る余裕はないが、カントがイエスを評価する場合にあっても、あくまで道徳的信仰を教会信仰に優先させたことがここから伺うことができるであろう。

　ところで「見える教会」としての歴史的なキリスト教は啓示宗教であると当の立場から自称されていた（前述 p.329）。では「啓示 Offenbarung」そのものについてカントはどう語っているであろうか。『学部の争い』の或る個所に次のようにある。「直接的な神の啓示は超感性的な経験であるであろうが、これは不可能である」（Aka.Ⅶ47）。この言に接すると啓示は不可能と断定されていると読めるので、カントも思いきったことをいうものだな、とまずは思われる。だが一歩冷静になって、ここでカントは『純粋理性批判』の「可能的経験」としては啓示は経験されえないという意味でいっているにすぎないと受けとめ直せば、ここはそれほど驚くべき発言でもないことが分かる。というのは、可能的経験を超絶した体験としての啓示までもが不可能だとはいわれておらず、その意味での啓示体験については判断が保留されているからだ（〈啓示は超感性的な経験である〉可能性が残されているということ）[31]。だが他方、カントにおいて啓示体験は「本来の宗教の本質をなす」（前出）

ところの道徳的信仰のなかに然るべき位置はもたないことも確かであり、し
たがって非本来的宗教体験にすぎない、という裁定は覆らない。ということ
は、カトリックであれプロテスタントであれ啓示によって成り立っていると
自称するキリスト教（「見える教会」）は、宗教としては非本来的な形態であ
る、と断言されているようなものである。これこそがカントの〈理性宗教〉
論の真骨頂なのである。このように考え至ると、翻って先ほどのカントのい
い分はやはり恐るべき命題だったと（もう一度）評価し直さざるをえないだ
ろう。

おわりに

　最後に、残された論点を書き記して本章を閉じたい。
　（1）フランスでの共和主義革命に地上における最高善の実現の足がかり
を期待しつつ、自分の理性宗教による啓蒙の全世界的な浸透を期待したカン
トは、そこから自ずと連想されるように人類の将来をひたすら楽天的に眺め
ていたのであろうか。彼は『学部の争い』第一部の一節で、「いつの日にか
……あとのものが先のものとなる」（『マルコによる福音書』10-31）という聖
書の有名な言葉を引用しながら、いずれ下級学部と上級学部の地位が逆転す
る日がくるだろうと示唆する（Aka.Ⅶ35）。だが他方、上級学部と下級学部と
の合法的な争いについて、この「争いはけっして終了しえない」ともいう
（Aka.Ⅶ33）。これは、〈見えざる大学〉の完全勝利は永遠にこないことを意味
している。
　さらにはカントは次のようにも語っている。「ただしこのこと［人類のよ
り善い状態への進歩］は、例えば（……）まだ人間の存在する以前に動物界
と植物界だけを巻き込んだ自然変革の第一期の次にさらに第二期が［いず
れ］やってきて、地球という舞台に他の［新しい］被造物を登場させるため
に今度は人類にもかつてと同様のこと［種の大量死滅］を共演させる、と
いったことがなければ、のことである」（『諸学部の争い』Aka.Ⅶ89）。ここか
ら第一に、カントが進化論を先取りするかのように、可能的経験の範囲内の
未来現象として人類が他の動植物たちともろともに絶滅することはありうる

（あっておかしくない）と見ていたことが分かる。第二にここでも、フランス革命を窒息させたら人類は滅びるかもしれないぞ、という脅しが含まれている。第三に、そうしたいくつかの意味合いが含まれていようといなかろうとも、カントが人類の未来について単に無条件の楽天主義を抱いていたのでなかった、ということもまたここから読みとることができるであろう[32]。

（２）本小論で私はとくに次の四点で、従来のカント観に若干の修正を加えようと試みた。

（ⅰ）カントは文章術として自覚的に二枚舌、詭弁、強引な改釈を駆使したこと。

（ⅱ）彼の晩年の筆禍事件の裏には必ずフランス共和主義革命へのカントの（理念上の）熱烈な賛美と期待があったこと。それは彼がどこまでも世界市民思想に基づいた共和主義者であったからであるが[33]、これはまた彼の自律の思想、理性主義に淵源していること。

（ⅲ）冷静に評するならば彼の聖書解釈（改釈）には特に強引さが目立つが、これも彼自身の理性宗教の立場からすれば筋の通った発言であるといえること。

（ⅳ）総じて時のノモス（政治と宗教の癒着）への批判という観点から、とくに晩年のカントの思想的展開、執筆活動を捉えることができること。

（３）最後に、本章の「はじめに」で問いかけた課題を振り返ってみよう。まずカントの人間観がそのまま現代に通用するか、という問いがあった。次に、大学教育においてこの先リベラル・アーツ（総合人間学）が成功する見込みはあるか、という問いがあった。最初の問いについて筆者は、カントと異なって一元論的な人間観に基づいた「現代総合人間学」の可能性に賭けたい。第二の問いについては、カントの精神に共鳴して〈見えざる大学〉の構想にいっそう磨きをかける、という戦略が有力ではないかと考える。その精神は、〈虚〉があってはじめて〈実〉はなりたつ、というところに存する。

このときリベラル・アーツは、疎外と価値ニヒリズムを受容しつつ（諦観）、それらと共存する生き方として芸術（とスポーツ）を抜本的に位置づけ直すことになるであろう。

注

1）C.P.スノー『二つの文化と科学革命』松井巻之助訳（みすず書房）を参照されたい。なおこれら四つの問いについては次章第五節も参照されたい。

2）この点については本書第Ⅱ部第三章「カントにおける価値のコペルニクス的転回」第三節、同じく本書第Ⅱ部第四章「〈研究ノート〉カント実践哲学における演繹の戦術転換とその帰趨」第二節以降を振り返られたい。

3）これについては拙著『新版 逆説のニヒリズム』（花伝社）第一部を参看されたい。

4）この点については本書第Ⅱ部第二章「カントと黄金律」で論じた、イエスの黄金律に対するカントの「道徳的な法則定立」の見地からの厳しい批判を顧みられたい。

5）六通りの関係とは以下の通り。①「見える教会」と「見えざる教会」の対照関係、②〈見える大学〉と〈見えざる大学〉の対照関係、③「見える教会」と〈見える大学〉の相互依存（もたれ合い）関係、④「見えざる教会」と〈見えざる大学〉の相互依存関係、⑤「見える教会」と〈見えざる大学〉の相互批判関係、⑥「見えざる教会」と〈見える大学〉の相互批判（否定）関係。本章ではこのうち⑤がこののち焦点となる。

6）これについては本書第Ⅰ部第一章「カントの純粋統覚と物自体」、同第二章「カントにおける〈身心問題〉の止揚──人間悟性の自己対象化的性格の剔抉へ──」、同第四章「カント「観念論論駁」再考──「定理」の主語の二重性を中心に──」を振り返られたい。

7）「魂の器官について」（1796）に次のような記述がある。「私が世界における人間としての自分の場所を規定しようとする場合」、「私は自分の身体を私の外にある他の物体に対する関係のうちで観察 betrachten しなければならない」（Aka.Ⅶ35）。カントがここで「私が世界における人間としての自分の場所を規定しようとする場合」というとき、外界への自己実現の第一歩を踏み出すことを意味していると理解することができる。これについてはとくに本書第Ⅰ部第二章「カントにおける〈身心問題〉の止揚──人間悟性の自己対象化的性格の剔抉へ──」第三節後半を参照されたい。ここで『純粋理性批判』「観念論論駁」「注解2」においてカントが太陽の日周運動を語るとき、in Ansehung et^2 という熟語を「何々との関連から観察される限りの」という意味で使っていたことをわれわれは思い浮かべる必要があるであろう。これについては本書第Ⅰ部第四章の注6）を顧みられたい。

8）これについては本書第Ⅱ部第一章「カント〈実践理性の優位〉の構造と射程──人間にどこまで希望が許されるか──」のとくに第一節を参照されたい。

9）この点については本書第Ⅱ部第三章「カントにおける価値のコペルニクス的転回──価値ニヒリズム回避の対スピノザ防衛戦略とその破綻──」のとくに第五節を再度参照されたい。

10）『判断力批判』の第二部では生物学をはじめとする合目的性の統制的理念が論じられている。この主題はいうまでもなく世界観、道徳論、宗教論に大いに密接するのだが、学問体系論、大学教育論という観点からすると現在ではカント当時ほど切実な論題ではないと思われるので、ここでは措く。カントにおける「目的論」については、佐藤康邦『カント『判断力批判』と現代──目的論の新たな可能性を求めて──』（岩波書店）を見られたい。

11）カントにおける「趣味」「戯れ」が有する含意については次章「カント『人間学』の諸問題──解説に代えて──」第五節を参照されたい。

12）カントを離れていえば、実は c）の純粋道徳論を媒介せずとも、人間は本性からして宗教を要請（要求）する知性的存在者である、と筆者は考える。これについては注3）に示した拙著『新版 逆説のニヒリズム』第二部「宗教とは何か」を参看されたい。

13) カントの学問体系については、次章「カント『人間学』の諸問題——解説に代えて——」第五節「『人間学』の構想の総合性と体系性」で再説する。

14) 詳しくは次章第二節「カントをめぐる言論弾圧について」を参照されたい。

15) 実はカントはすでに若いころから二枚舌を縦横無尽に活用していたことについては、同じく次章第四節「カントの二枚舌ないし三枚舌について」を参照されたい。

16) M. ヴェーバー『職業としての学問』尾高邦雄訳（岩波文庫）を参照されたい。

17) 学問的な分析総合から帰結する歴史展望をこの世に実現するために、次いで必然的に現実政治的な主張を展開する、という事情に限っていえば、カントとマルクスは通じあうといえる。

18) 「啓示」についてカントが何といっているかについては、次節を見られたい。

19) カントはすでに三年前、『永遠平和論』(1795) 第二章「第一確定条項」で次のように明言していた。「各国家における市民的体制は共和的であるべきである」(Aka.Ⅷ349)。また〈本音と二枚舌を混淆してカムフラージュするという手法〉を駆使した作品としては、他に前章で取りあげた『啓蒙とは何か』(1784) がある。これについては前章第二節を見られたい。

20) カントはナポレオンの出現を（道徳的原理の実現という視点から）どう評価したであろうか。『学部の争い』は1798年に出版されたが、すでにナポレオンは1796〜97年にイタリア遠征を果たし輝かしい戦功を挙げている（マレンゴの戦いほか）。したがってカントはこれについてこの時点で聞き知っていたことは確実である。だがのちにナポレオンが1799年にブリュメール18日のクーデタを成功させたあたりのことはもはやカントは正確に把握することができなくなっていたのではないだろうか。ともあれ1804年に亡くなるまでのカントは、隣国の共和主義革命がナポレオンを軸としてさらに急速に変質していった過程をどう受けとめていたであろうか。これらは非現実的ながら興味が尽きない問いである。

21) 「一つの主権が、つまり一つの国が自らの意志で樹立され」の原文は sich … eine Macht und ein Reich zu errichten である。辞書を見ると errichten には元々再帰代名詞 sich を伴う再帰用法はない。ということは原文にある sich はカントが「自ら」という意を籠めて殊更に挿入したと考えられる。そこでその意をさらに強調して、試みに「自らの意志で」と訳してみた。このカントの思考法の背景にルソーの社会契約論があることは容易に推測できる。

22) 『学部の争い』の原注に、彼がフランス革命に共感しているゆえにヴェルナー一派から反政府的と中傷された事実があったことを匂わす記述がある。「革命の舞台から何百マイルも遠ざかっている地方［ケーニヒスベルク］において」「中傷的誹謗者たちは……居酒屋談義を、国家を危険にさらす革命熱だ、ジャコバン主義だ、暴徒だといいたてようとした」(Aka.Ⅶ86Anm.)。カントの居酒屋談義（おそらく自宅か友人宅での食事の席での政治論）が（スパイを通じてか）ヴェルナー一派にゆがんで伝わった可能性があると推測される。なお同年に出版された『人間学』「はじめに」にこれに呼応するかのような記述があるが、それについては次章第四節まで俟たれたい。

23) カントとノモスとの関係は他面からも触れなければ公平といえない。それは、カントの道徳思想の中核概念にあたる「自律」という語の原語が Autonomie であって、これは語の構成からすると「自主的ノモス」と訳すことができるだけでなく、実際カントの自律とは叡知界における主権的で必然的な法則である道徳法則（ノモス）を自らの意志の第一決定根拠とする自発性（自動＝或種の必然）を意味するからである。ここからも、カントの道徳説、叡知的人間観自体が近代市民社会のノモスの内面化ではないか、というカントに批判的な評価も成立しうるであろう。人間は自愛の原理を断固として拒否したうえであたかも自律の主体であるかのように道徳法則

（社会規範）を守ることができる、という訳である。これについてはとくに M. フーコーの、カントを含めた近代の主体化は隷従化＝臣下化を意味する、という鋭い批判を参照されたい（『性の歴史Ⅰ 知の意志』渡辺章章訳（新潮社）、79 頁）。

24）先には自分をジャコバン党だと中傷する輩がいてけしからんと憤っていたが（再度注 22）を見られたい）、ここでは、自分はジャコバン党です、と自ら名乗り出ているようなものである。

25）これについては本書第Ⅱ部第一章「カント〈実践理性の優位〉の構造と射程——人間にどこまで希望が許されるか——」の第四節を顧みられたい。

26）ただし『純粋理性批判』では表現上この点がまだ明確になっていなかったことについては、本書第Ⅱ部第三章「カントにおける価値のコペルニクス的転回——価値ニヒリズム回避の対スピノザ防衛戦略とその破綻——」の注 5）を参照されたい。

27）もちろんカントはここで『聖書』の文言の解釈（改釈）についてこのようにいっているのであるが、少し考えてみれば、このことはカントその人の文言をわれわれが読解する際についても当てはまることに気づくだろう。ことに彼が戦術的文章術として二枚舌を潜めている箇所についてはそういえる。即ち、読み手はそうした場合カントを「文字通りに解釈するべきではない」のである。

28）ということは、あの声の主は悪魔以外ではありえないとアブラハムは見破ったのだ、とカントはいっているのである。イサク献供についてはさらに注 3）に掲げた拙著『新版 逆説のニヒリズム』第二部 pp.172-173 を参照されたい。またこれをめぐる諸問題についての必読文献として、関根清三『アブラハムのイサク献供物語』（日本基督教団出版局）を挙げておきたい。

29）「見える教会」を改釈する権利の主張を、転じて〈見える大学〉を改釈する権利へと記号学的に読み換えるとすれば、権力・反権力を問わず研究と教育をめぐるイデオロギー対立、現実の科学政策と教育制度を、人間理性と想像力（および創造力）と感性の salto mortale（死への跳躍）でないかどうかという視点から批判すること、となろう。たといこの批判が啓蒙主義的な理性主義からの批判という限界を帯びたものであり、かつそれ自体が一つのイデオロギーではないかという批判がありうるとしても、この指摘はいまでも生命力をもつであろう。なお最後の留保については注 23）を再度参照されたい。

30）この点については第Ⅱ部第四章「〈研究ノート〉カント実践哲学における演繹の戦術転換とその帰趨」注 59）の論点④と照合されたい。

31）ここで否定されているのは「直接的な」啓示であって、したがって「間接的な」啓示については「可能的経験」のうちでも否定されていないとする解釈もありえなくもないであろうが、的外れであろう。「間接的な啓示」とは何を意味するのだろうか。

32）ここと同様に価値ニヒリズムのニュアンスを匂わすかのように、カントが『学部の争い』で「愚人主義 Abderitismus の仮説」を紹介するなかでシシュフォスの神話に言及していること（Aka.Ⅶ82）、そこでも彼は二枚舌を使っている気配があることについては、本書第二部第三章の「カントにおける価値のコペルニクス的転回——価値ニヒリズム回避の対スピノザ防衛戦略とその破綻——」の「おわりに」を思い起こされたい。

33）『啓蒙とは何か』（1784）においてカントは大いにフリードリヒ大王を賛美しているというのが世の常識となっているが、これがまったくの誤読であって、カントは大王（典型的な専制君主）の生前から同書で（二枚舌を縦横に駆使しながら幾重にも）彼を厳しく批判していた。これについては、前章「カントと愛国心の問題——フリードリヒ大王賛美の真意——」第二節を顧みられたい。

第三章　カント『人間学』の諸問題
——解説に代えて——

♪　本章では『実用的見地における人間学』からの引用箇所は、アカデミー版の巻と頁の
表示に加えて『カント全集 15 人間学』（岩波書店）の頁も表示する。

一　書名について、とりわけ「実用的見地」について

　本書（『人間学』）の題名 ,Anthropologie in pragmatischer Hinsicht‘ を日本
語にする場合、『実用的見地における人間学』と訳すことは定着している。
しかしカントのこの書物に初めて接する読者は、「実用的見地における」と
いう形容句に例外なく戸惑いを覚えるであろう。このうち「何々の見地にお
ける」とは「何々の視点から見た」「何々の観点から叙述した」の意である。
また「人間学」とはさしあたってごく自然に、「〈人間とは何か〉を学問的に
体系的に記述している書物」と受けとっておけば問題ない。したがって問題
は、「実用的見地」とは何か、「実用的 pragmatisch」とはどういうことかに
絞られる。そこで最初に簡単にこの点について確認しておこう。なお以下で
は、著書名、講義名を問わず、『実用的見地における人間学』を（多くの場
合）単に『実用的人間学』ないし『人間学』と略すこととする。
　本書を一頁目から繙いていけば自明のように、実はカント自身が「はじめ
に」の冒頭の三段落で「実用的見地における」とはどういう意味かについて
丁寧に述べている。そこでは、まず（**a**）人間とは地上に生存する生物のう
ちで唯一、文化を通して自己教育していく理性的な生物であると認識するこ
と（カントはこれを「世界知」と呼び換えている）が『実用的人間学』の目標
であること、ついで（**b**）〈自然は人間をどういう風に形作ったか〉を探求す
る「生理学的な physiologisch」人間学との対比でいえば、「実用的な
pragmatisch」人間学の特徴は、〈人間は自由の主体として自ら何を形成し
（実用実践）何をなすべきか（道徳）〉の究明にあること、さらに（**c**）人間を

「世界市民」と見なす視点にこそ『実用的人間学』の真髄があること、が表明されている（以上 Aka.Ⅶ119, pp.11-12）。

　確かにこの視点はその後の本書に一貫しており、そのことはカントが『人間学』のクライマックスの「人類の性格」論で、人間を「実用的見地」から認識するとはどういう意味かを広狭の二面から説明している箇所からも確認される（Aka.Ⅶ322ff., pp.313-317）。まず人類は技術的な素質、実用的な素質、道徳的な素質の三つの素質をもつ点で、他の動物たちと際立って区別されることが述べられる。そのうち二番目に位置する「実用的な素質」とは、最初の技術的な素質からもたらされる「文化化 kultivierung〔技術革新〕」とは別に、人間の「文明化 Zivilisierung〔市民化〕を促進していく」素質として把握されている[1]。これが狭義の「実用的」の意味である。つまり、日常的な社会生活に見られる人間関係、人間模様をカントは狭義に「実用的」と形容するのである。その先に第三に、人類全体の「道徳化 Moralisierung」が（永遠の）課題として人間に課せられている。これら三つを一括してカントは、「人間は自分に備わった理性によって、一つの社会のうちで同じ人間たちとともに生活するように、そしてその社会のうちで技術と科学によって自分を文化化〔技術革新〕し、文明化〔市民化〕し、道徳化するように使命づけられている」（強調はカント）と述べる（Aka.Ⅶ324, p.317）。

　この言葉から、先に「はじめに」で「実用的見地における」の意味として挙げられていた（a）（b）（c）の三契機は、のちの「人類の性格」論でいえばそれぞれ「文化化」「文明化」「道徳化」に対応することが分かる。そしてこれら三つを併せたものが「人間の使命に関する実用的な人間学の観点からの総括」（Aka.Ⅶ324, p.317）であるといわれているところから判断すると、「実用的」とは広義には、技術、文明、道徳の三段階、三局面の全体を含む形容詞としても使われていると理解することができるであろう。ちなみに人類がこぞって「世界市民」となる（これが『実用的人間学』に寄せたカントの最終的な希望であった）のは、いうまでもなく第三の道徳化の段階においてである[2]。またここで、「はじめに」の冒頭三段落で述べられていた『実用的人間学』の（a）（b）（c）の三つの任務は個々別々のものでなく緊密に連関している、ということも明らかになった。

　人類の歴史を過去から未来に向けて通時的に、技術的段階（文化）、社会形成段階（文明）、道徳的段階（世界市民）の三段階として把握すること、それはまた、人類の営みはどのような歴史段階においても共時的に、（自然を道具と見なす）技術的契機、（自他の人間性を道具と見なす）社交的契機、（自他の人間性を目的自体と見なす）道徳的契機の三つの契機から構成されると把握することでもあるのだが、こうした人間観・歴史観は批判期のカントに一貫したものであった。ここではその証しを一例だけ確認してみよう。

　『道徳形而上学の基礎づけ』（1785）の第二章で、カントは命法に「熟練の規則」と「利口の忠告」と「道徳の命令」の三種類があることを確認したあと、これらについて次のように述べる。「また第一の命法は技術的（技芸に関わる）命法と、第二の命法は実用的（幸福に関わる）命法と、第三の命法は道徳的（自由な振る舞い一般に、つまり道徳に関わる）命法と呼んでもいいだろう」（Aka.IV416f.）。カントはさらにここの「実用的」の語にわざわざ原注を付して次のように述べる。「実用的とは、歴史が人々を利口にする時代、つまりどうしたら人間は自分の得になることを前の時代に生きた人間よりもいっそう巧みに、あるいはせめて彼らと同じ程度に巧みに企て実行することができるかを歴史が人々に教え諭すような時代、そういう時代として叙述される一つの歴史を形容する言葉である」（幾分自由に訳した）。ここにいわれる「実用的」は、狭義のそれであることは明らかである。だからこれはまず、人類の全歴史の展開のうちの（中間の）一段階を指していると理解して構わないが（通時的理解）、加えて人類史のどの段階であっても、歴史をそのような観点から叙述した場合の形容詞であると受け取ることもできるだろう（共時的な三契機のうちの一つとして）。やや横道に逸れるが、右の引用文のなかにも、「せめて彼らと同じ程度に」のあたりに人類に対するカントの辛辣にして優しい皮肉を嗅ぎとることができるであろう（昨今の世界情勢に照らせばいっそうのこと）。

　忘れてならないのは、この『基礎づけ』を執筆していた頃は、カントはすでに十年以上に亘って毎年『人間学』を講義してきており、ちょうど講義の調子も一番脂が乗っていた時期であったであろうということである。ともあれ『基礎づけ』におけるこの「実用的」の定義がそのまま花開き結実したも

のが本書『実用的見地における人間学』にほかならない、とさえいうことが
できるであろう。

二　カントをめぐる言論弾圧について

　『人間学』がまだ滑りだしたばかりの第二節（以下 §2 のように記す）で、
「ペンの自由をあれほどにも切実に叫ぶ」という表現にぶつかるが（Aka.
Ⅶ128, p.25）、これはカント自身のことを指している。本書が出版された当時
（1798）のドイツ語圏の思想界、読書知識人には普く（しかし非公然に）知れ
わたっていた事実であるが、ここでカントがこういうのには次のような事情
があった。

　啓蒙君主と謳われたフリードリッヒ大王（Friedrich Ⅱ., der Große, 1712-
1786）が 1786 年に没したあと、大王には子供がなかったため甥のフリード
リッヒ・ヴィルヘルム二世（Friedrich Wilhelm Ⅱ., 1744-1797）がプロイセンの
王位を継承した。彼はもともと大王と異なり啓蒙思想を忌み嫌っていたので、
王位に即いて三年後に勃発したフランス革命（王制を廃止して共和制を布く）
にも当然のごとく反感を抱いた。ヴェルナー（Jean-Christoph Wöllner, 1732-
1800）はフリードリッヒ大王に「当てにならぬ陰謀好みの僧侶以外の何者で
もない」と評された人物で、大王の在世中はうだつが上がらなかったが、新
国王ヴィルヘルム二世の信任を受け、大王在世中の法務大臣で宗務、文教行
政を兼務していたツェードリッツ（Karl Abraham von Zedlitz, 1731-1793. カン
トが『純粋理性批判』を献呈した相手）のあとを襲って法務大臣に就任し、同
じく宗務、文教行政も兼務することになった。ヴェルナーは就任六日後の
1788 年 7 月 9 日に宗務勅令、同年 12 月に検閲令をあいついで発布し、検閲
を強化した。さらにフランス革命の勃発後その影響が自国に及ぶことを王と
ともに恐れて、1791 年 4 月には宗教勅令を強化し、思想的出版物に対する
直接的検閲制度を布いた。その結果、翌年 6 月にカントの論文「人間の支配
をめぐる善原理と悪原理との戦いについて」が印刷不許可とされた。そこで
カントはこの論文を第二篇として収録した『単なる理性の限界内における宗
教』（1793）を、プロイセン当局の検閲を受ける必要のないイエナ大学哲学

部の検閲を受けたうえで、1793 年 3 月に出版した。

　これがまたヴェルナーを刺激したからか、おそらく 1794 年に入ってから、現在の『諸学部の争い』第一部の基本稿が検閲により印刷不許可とされた。さらに決定打として同年 10 月 1 日付けでカントは、宗教に関する一切の講義と著述とを禁止するという、ヴェルナーが副署した王からの勅令を受けとることになった[3]。だめ押しとしてヴィルヘルム二世が死ぬ直前に、カントの新しい論文（のちに『諸学部の争い』に第二部として収録される）が雑誌編集者の手違いにより検閲に出され、（禁止令を受けたあとだから当然、宗教についてはほとんど論じていない論文であるにも拘らず、フランス革命擁護の真意が見抜かれたからか）印刷不許可とされた（1797）。結局カントはヴェルナーにより、上記の禁止令以外にも、前後して三回印刷不許可の処置を受けたことになる。——しかしこの勅令は三年後、ヴィルヘルム二世が死んだ 1797 年の 11 月に解除された。以上がカントをめぐる言論弾圧の概要である。

　本書『人間学』はこうした顚末のほとぼりが冷めない翌 1798 年に出版されているから、カントは随所でしつこいほどに（同じく同年に満を持して出版された『諸学部の争い』と同様に）ヴェルナー一派に対する辛辣な皮肉、当てこすりを飛ばしているのであるが、§2 のここがその第一弾である。大事な点は、カントが自らに被ったこの言論弾圧を執拗といえるほどに糾弾するのは、単に鬱憤晴らしという意味に止まらず（それも確かにあるだろうが）、人類史を貫く歴史観に関わる射程をもっており、照準はずっと先に当てられていたということである（この点についてもこのあとの「カントの二枚舌」に関する第四節を俟たれたい）[4]。

三　人間の自己対象化的性格について

　『人間学』§4 でカントは、自分を自分が観察すること Beobachten の困難さから説きおこして（この話術の巧みさには舌を巻く）、最後に、それは内的経験というものが観察を原理的に拒むからだ、と論を結ぶ（Aka.Ⅶ132f., pp.31-34）。だがさらにそこに原注を付して、これは純粋統覚と経験的統覚との意識の二重性に由来する問題であることを明かす。実はここの議論はカン

トの哲学のなかでも大変に難しい（おそらく最も難解な）箇所である。そこで読者の理解に資するために、ここでカントの意識論の全体像を簡潔に再構成してみよう[5]。

　さて一つの試みとして、カントの意識論を旅物語風に書き改めると、次のようにいえるだろう[6]。即ち人間は、（A）まず叡知的存在者として「単に〈私が存在する〉ということだけ」（『純粋理性批判』Aなし B157）を知性的に意識するが（純粋統覚）、それは純粋に形式的な働きであって無内容であるので、（B）ついで人間は感性的経験的存在者として内的感官に降りたって、時間の流れのなかで自分を内的に経験しようとするが（経験的統覚）、ここでもまだ具体的な経験を意識（認識）することができないので、（C）最後に外に向かって外的諸感官に助けを求め、「私の外なる空間中の」（Aなし B275）外的現象（具体）によって、つまり外的経験に依存して、私が現象の世界のうちでどのように存在するか（生きているか）をようやく認識（観察）することができるのである。もう一度この旅程を簡潔に示せば、（A）悟性における純粋統覚 →（B）内感における経験的統覚 →（C）外感における外的経験認識、となる。この認識成立論を理解するうえで重要な点は、（A）（B）（C）の旅程は重層的に積み重なっていく、ということである。つまり（B）の時点で（A）は消え去るのでなく、かえって（B）を根底で支えており、同様に（C）の外的経験も実は（A）の純粋統覚と（B）の内的な時間意識に支えられている、とカントは論じる。

　見られるように、この認識（の成立）論はそのまま私の「経験」（現実の人生）の成立の過程の叙述となっている。つまり、私はどのようにして世界に向かって経験の旅に出るのかが物語られている。結局カントは自分の〈批判哲学〉の確立の第一歩として、人間の人生経験を世界認識の成立に重ねあわせて、《認識が人生そのものである》と解明したのであった。人間のこの存在論的に根源的な性格を、ここで〈自己対象化的性格〉と命名しておこう[7]。

　だがわれわれはカントのこの〈自己対象化的性格論〉から、もう一つ重要な思想を読み取ることができるし、読み取らなくてはいけない。つまりこの旅程を逆にして（C）→（B）→（A）と辿ると、それは私にとっての「経験の対象」（世界）の成立の過程となっているのである。ここで「対象」とは、

経験において認識されてくれるもののことである。確かにせっかく認識の旅に出掛けても、向こうから認識されてくれるものが出迎えてくれるのでなかったら、その旅はいつまでたっても虚しいままであろう。人間が世界に向かってどのように経験を開いていくのかに関する最奥の機密の解明は、同時に、世界が私にとってどのようにして扉を開いてくれるかについての解明でもあるのだ。旅は往復することによってはじめて完結する、つまり必要十分条件を満たす。カントはこの二つの過程の逆向きの重なりあいを次のようにいい表す。「経験一般の可能性の諸条件は、同時にその経験の諸対象の可能性の諸条件で［も］ある」（A158B197）。これを試みに砕いて訳し直すと、「そもそも人間にとって経験というものが成立することを可能にしてくれる［アプリオリな］条件はいろいろあるけれども、これらの条件はみな同時に、世界のなかにあるさまざまな事物や事柄が人間の［いましがた成立するといったばかりの］経験の対象となってくれ、それによって客観的な認識が成立することを可能にしてくれる条件でもあるのです」となるだろう。

　以上の事情は、『純粋理性批判』の第二版で書き加えられた「観念論論駁」（A なし B274-279）で証明される「定理」の主語の二重性からも読み取ることができる。「定理」は次のような命題であった。「私自身の現存在 Dasein［現に存在すること］を端的に、しかし経験的に規定されて意識することは、私の外なる空間中の諸対象の現存在を証明する」（A なし B275）。この命題の主語はいうまでもなく「私自身の現存在を意識すること」（以下 Sub. と略）であるが、奇妙なことにそれが二つに分裂して表現されている。即ち、「それを端的に意識すること」（以下 RA と略）と「それを経験的に規定されて意識すること」（以下 EA と略）とである。前者は以前に「演繹論」で「単に〈私が存在する〉ことだけ」を意識すること（A なし B157）といい表されていた事態にほかならない。ところで「端的に意識する」とは純粋に意識することを意味し、これに対して、「経験的に規定されて意識する」とは不純に意識することを意味するから、確かに二つの主語は同じもののいい換えなどではなく、異種的なものとして分裂している。その二つが（一見無造作に）「しかし」という接続詞で結びつけられて、その主語の全体（「私自身の現存在を意識すること」）が「私の外なる空間中の諸対象の現存在」（以下

Ob. と略）を証明する、というのである。カントはこの「定理」を示したあ
と、ただちに、どうして〈Sub. が Ob. を証明する〉のかを証明する議論を
展開している（いわば二重証明）。その際重要なのは、なぜ〈純粋な意識〉が
〈不純な意識〉と一体とならざるをえないのか、そこに介在する「しかし」
の意味合いを掴むことである。細かい議論を省いて結論だけを示せば、主語
Sub. のうち第一の契機の **RA** は「純粋統覚」を、第二の契機の **EA** は「経
験的統覚」を意味している。したがって二つの契機が「しかし」で結ばれる
のは、先に示した（**A**）から（**B**）への旅立ちが不可避であることを示して
いたのであった。そして「Sub. が Ob. を証明する」というところに、（**B**）
から（**C**）へのさらなる旅の継続の不可避性が示されているのである。この
ようにカントは倦まずたゆまず人間の根源的な〈自己対象化的性格〉を説き
明かそうと努めたのであった[8]。

　大事な点は、この過程を経て人間は確かに現象世界において経験と認識を
積み重ねることが保証されたと（カントとともに）安心することができると
しても、振り返ってみれば、最初の、経験のしがらみを免れた叡知的な存在
者としての純粋な私がそもそもどのような存在の仕方をしているのかはけっ
して認識することができない、と（カントとともに）諦めなければならない
ということである。これはまた、人間が己れの本来的な姿から不可避的に
〈疎外〉されざるをえないことを意味しており、したがって疎外は人間存在
の根源的な存在構造からしてはじめから纏わりついていることを示している
のではないか。するとさらにここから、もう一歩大胆な仮説を立てることが
できるであろう。即ち、カントが『人間学』で叙述しているのは、実はこの
「本来的自己」（GMS, Aka.IV457）が疎外されたさまとしての〈実用実践〉の
地平であり、日常生活における人々の喜怒哀楽の一齣ひとこまである、と[9]。
つまり、（カント的な意味で）疎外された人間の存在の様子を縦横無尽に活写
しているのが『人間学』である、と。すると、未来に向かっての「道徳化」
「最高善の実現」の呼びかけは、そこから「本来的自己」へと回帰すること
の呼びかけであったのであろうか。——話がいささか『人間学』からはみ出
てしまったかもしれない。

四　カントの二枚舌ないし三枚舌について

　カント自身が本書の「はじめに」で自負しているように（Aka.Ⅶ122Anm., p.15原注）、カントの「人間学講義」は「自然地理学講義」とともに、その自由闊達な講義口調で市民を含めた聴講生に評判がよかったという。その理由として、話題になっている事柄の誰をも納得させる合理的な分類や解剖、意表を突く鮮やかな例示、古今東西の文学や文献からの該博な引用などとともに、あいだに掛け言葉、語源詮索などの言葉遊び、地口、駄洒落、皮肉・当てこすり・茶化しなどの手をカントがふんだんに駆使したからでもあろうことは、本文を読めば自ずと伝わってくる。ここではそのうちの〈二枚舌ないし三枚舌〉[10] を取りあげて、この手法に籠めたカントの思いは意外に深刻なものだったことを指摘したい。

　まず本書における（二枚舌一歩手前の）掛け言葉を使った駄洒落の代表的な例を確認しよう。「はじめに」でカントは、これから『人間学』という旅に出掛ける事前準備として「常に大局的な知識が局地的な知識に先行する」べきことを確認する（Aka.Ⅶ120, p.13）。ここでの「局地的な知識 Lokalkenntnis」には「酒場談義」の意味が籠められている。なぜなら「局地的な、地方の lokal」の名詞形 Lokal には「地方、場所」のほかに「居酒屋」の意味もあるからである。つまりカントは、酒場で仕入れる情報は一面的で主観的に誇張されたものが圧倒的に多いから、旅に出掛ける前の情報としては信頼がおけず、それよりもっと客観的で大局的な知識を得ておかなければならないといいたいのである。だが、すでにこの例においてカントの掛け言葉による駄洒落のさらに裏に、狭い自国のなかで語られる他国や世界の情勢に関する情報は一面的（局地的）であるから鵜呑みにするのは危険である、という真意を読み取ることができるのではないだろうか。時あたかも隣国のフランスにおいて共和主義革命が現在進行形で展開しており、そのフランス共和国と帝政（王制）プロイセンとは敵対関係にあるなかでの発言として受けとった場合、この発言は相当に真剣味を帯びたものでることが分かるであろう[11]。いわば二重の二枚舌、二枚舌に紛らわせたさらなる禁句の隠蔽（にょ

る開陳）である。あるいは三枚舌というべきかもしれない。これは（マルクスが「歴史上の大事件は繰り返す、一度目は悲劇として、二度目は喜劇として」と述べた [12] のとは逆に）、最初の二枚舌でにやっとさせておいて、一瞬間をおいてその先に潜む三枚目の舌に気づいた者には、一転して慄然とした思いをさせる手法である。――だが読者のなかには、ここに引いた例をそこまで解釈するのは深読みに過ぎるのではないかという疑念をもつ方もおられるであろう。それでは次の箇所はどうであろうか。

　未成育者の「心の弱さ」について論じている §48 の末尾で、カントは「最後にまた、成育状態に達して久しくても、浪費家の場合国家の手によって市民としては未成年状態に戻す措置を取るという事態が生じうるのであって、例えばこの浪費家が法律上は成年に達したあとも自分の資産管理の面で悟性の脆弱さを露呈してしまい、その点で彼がまだ子供である、ないし白痴同然であることがばれてしまう、といった場合である。しかしこの件に関しての判断は『人間学』の領域外の話である」と述べる（Aka.Ⅶ210, p.145）。これはこれで、種々の禁治産者の話として読めば理解のいくありきたりの論述であると見える。だがこの文言の裏にはカントのとんでもない真意（政治状況によっては国家反逆罪にも当たるような）が籠められているのである。それをここで確認してみよう。

　裏の意味に沿って訳すと次のようになる [13]。「最後にまた国事に関してさえも、或る浪費家の場合成育状態に達して久しいとしても、市民として未成年状態 Unmündigkeit に戻ってしまうという事態が発生しうるのであって、例えばこの浪費家が法制上王位を継承したあとも、自分の能力 Vermögen の統治［裏返すと「統治能力」と取れる］の点で悟性 Verstand の脆弱さを露呈してしまい、それによって彼がまだ子供である、ないし白痴であることがばれてしまう、といった場合である。しかしこの件に関してのこれ以上の批判は『人間学』の関知するところでない」。これがフリードリヒ大王の死後にプロイセン王位を継いだ大王の甥フリードリヒ・ヴィルヘルム二世を指すこと（王位継承時は四二歳）、「これ以上の批判」は（法学とは別に）、『人間学』が出版された直後に公刊された『諸学部の争い』に任されていることについても、第一部第一編訳注（165）（pp.455-456）で指摘した。解釈を補うと

すれば、その人物が「王位を継承したあとも、自分の能力の統治［統治能力］の点で悟性の脆弱さを露呈してしまう」というのは、啓蒙に反感を示しフランス革命を嫌悪するフリードリヒ・ヴィルヘルム二世の姿勢をほとんど直接に指した言葉である。それは、『啓蒙とは何か』（1784）冒頭の、「汝自身の悟性を使用する勇気をもて！これこそ啓蒙の標語である」というカントの言葉と照らしあわせてみれば明白である（Aka.Ⅷ35）。惜しくも昨年（1797）お亡くなりになられた先王の愚王にあらせられては、この勇気がお欠け遊ばしておられた（それも天性から）、という訳である [14]。

　だがしかしこの辛辣な批判は単純な二枚舌では済まない。つまり単にこの王が同じく愚昧な臣下たち（ヴェルナー一派）を通して自分に及ぼした言論弾圧に対する当てつけにすぎないのではない。その射程はさらに人類史的見地からのフランス革命の肯定的評価とその共和制の擁護にまで及んでいたはずである。裏返していえば、そもそもフリードリヒ・ヴィルヘルム二世は王位に即くべきでなかったのであり（その点でフリードリヒ大王にも何がしかの責があることになる）、その彼（フリードリヒ・ヴィルヘルム二世）が死去したいまとなってはプロイセンも王制を廃止して共和制に移行するべきである、というもう一枚の舌（主張）が見え隠れするのである。だがこの点は、（またもや）右の引用箇所からだけでは明らかではないではないかといわれるかもしれない。そこで、『人間学』の解説としてはいささか越権行為となることを承知で、この点での「これ以上の批判」（ibid. 三枚目の舌）を任されていると見なすことのできる本書（『人間学』）の姉妹編『諸学部の争い』の性格について、簡単に触れてみよう [15]。

　まずカントが原理的な共和主義者であったことを、この書によって確認しよう。『諸学部の争い』第二部の或る原注でカントは次のようにいう。人間は「彼の随意志の形式的原理に従って、国民が共同に立法的［法則定立的］であるような統治形式より以外の他の統治形式を……要求するべきではない」（Aka.Ⅶ87）。つまりこれは、文明化（市民化）の段階から道徳化へと飛躍しようとする現代（一八世紀後半から一九世紀にかけての時代）に相応しい統治形態は、共和制しか考えられないという主張である [16]。この主張は彼の批判哲学全般から判断して至極当然の立場選択といえよう。するとここから

また至極当然に、フランス革命の擁護という政治姿勢が導かれる。『諸学部の争い』からの先の引用の少し前で、暗にフランス革命を指して、カントはこの事態は「道徳的性格がより善い状態への進歩を希望させるのみならず、すでに（条件付きではあるが一定範囲内で）そのような進歩である」と評価する（Aka.Ⅶ85）。

　これら二つを確認したところで、『諸学部の争い』全体の三枚舌をまとめると次のようになるだろう。第一に、一見するとこの書が扱う問題が神学部・法学部・医学部の上級三学部と下級学部としての哲学部とのあいだの学問的テリトリーをめぐっての争いにあって、カントは両者の学問的平和共存を、つまり棲み分けを提案しているにすぎないと見せ掛けつつ（一枚目の舌）、第二にその裏に、とりわけ自分の年来の理性宗教の主張（これ自体が啓蒙思想の代表）をめぐっての言論弾圧に対して、悟性的啓蒙の立場からの厳しい弾劾を対置し、言論出版の自由を高唱しているのである（二枚目の舌。ついでにどさくさに紛れて、自分の〈理性宗教〉論があくまでも正しいことを念押しする）。とはいえこの最初の二枚舌は読者にとって相当に見え透いたものに映ることも確かであろう。ともあれここまでは学問的な議論であった。

　だが第三に、これよりも巧妙にカムフラージュされた本音として、この書は当面するヨーロッパ世界に（再び）迫っている戦争の回避と永遠平和を訴えている（三枚目の舌）。しかしこの時点で戦争を回避せよと訴えることは、実質上はフランス共和制を周りの反動的列強の軍事力（対仏同盟）で潰したりしないようにせよという主張を意味した[17]。それはまたなぜかというと、カントにとって人類の道徳化、道徳的改善を目指すにはまず共和制の普遍化が要求されるからである。この真意はもはや（哲学に支えられているとはいえ）露骨に政治的な立場表明というべきであろう。以上が『諸学部の争い』に伺える学者生命を賭けたカントの真剣な三枚舌（細かく数えると五、六枚舌）の分析である。

　右の把握がおよそのところ的を射ているとすれば、先に戻って、本書（『人間学』）にあるフリードリヒ・ヴィルヘルム二世への当てつけという二枚舌の裏に、さらに王制の廃止と共和制への移行、といった主張（三枚目の舌）が隠れていたとする先の推測にも或るていど市民権が与えられるであろう。

　ついでに付言すれば、『諸学部の争い』は二枚舌の宝庫である。がまずその前に序文でカントは、先年宗教に関する言論出版の禁止という王の勅令を「国王陛下のきわめて忠実な臣下として」厳格に守ると宣言した（先にも引用）のは、実は二枚舌であったと自ら明かす。「私はこの表現をも慎重に選んだのであるが、それは私がこの宗教審理における私の判断の自由をいつまでも断念するのではなく、ただ国王陛下が生存しているかぎりは断念するためであった」、と（強調カント、Aka.VII10）。この件をはじめて読む読者は、カントの（悪）知恵に拍手喝采するどころか、たいがいは唖然とし、下手をすると彼の道徳的誠実さに対して疑惑をすら抱きかねないだろう。続いて、先にカントの共和思想の証拠として引用した箇所（Aka.VII87）の直後で、カントは革命を否定し（有名な文言であるが）、プロイセンの君主制を擁護する（ibid.）。理由は、革命は手段として道徳的でないから（これは本音であろう）、またプロイセンの専制支配は実質的には共和主義の精神に依拠してなされているからだという（こちらは怪しい）。不用意な読者はここで、なるほどカントはフランス革命に反対であったし、政治的には王制支持の保守派だったのだと早とちりする。ところが右の舌の根も乾かないうちにカントは節を改めて、現在フランスで進行中の政治過程を暗示しつつ、「この出来事は革命の現象ではなく」道徳的原理の進歩を示すものであるから是認される、といってのける（ibid.）。時間差を利用した二枚舌というべきであろうか。

　このほかこの書では（『単なる理性の限界内における宗教』とともに）旧新両聖書に関して、例えば『創世記』第22章にあるアブラハムによるイサク殺し（未遂）についての解釈（Aka.VII63Anm.）など、ふんだんに二枚舌が駆使されている。──政治的態度に関していうと、カントの共和思想は言論弾圧よりも前の1780年代後半からフランス革命の勃発を挟んで晩年になるほど顕著になってきたと見ることができる。とすれば翻って、カントがヴェルナー一派によって言論の自由を抑圧されたのも、単に彼の斬新な宗教論だけが理由だったのではなく、知識人階級に相当の影響力をもつ高名なカントの政治的立場がプロイセンおよびドイツ全域に広まることを恐れての、時の権力としては当然の措置だったのではないか、つまり王もヴェルナーもカントがいうほどには愚昧ではなかったのではないか、とも思われてくるのである[18]。

　振り返ってみれば、カントにとって若い頃から二枚舌は自家薬籠中のレトリックであった。とするとこれは、彼の天性の性格に根ざす文体なのであろうか。それは皮肉たっぷりな『視霊者の夢』（1766）のことを思い起こせば頷くことができるし（この書は全篇が二枚舌ともいえる）、『純粋理性批判』（A版1781, B版1787）でさえも例外でない。それはほかでもない、B版の「序言」にある「信仰に席を空けるために知識を制限しなければならなかった」という有名な台詞である（AなしBXXX）。当時の読者の多くは、また現代に至るまでも大多数の読者は、この文言を、敬虔なキリスト教信仰を擁護するためにカントは、自分の批判哲学を可能的経験の範囲内に自己規制したと読むだろう。だがこのクリスチャニズムへのリップサーヴィスの真意は、〈自分の理性宗教、道徳的信仰を世に確立するために、旧来の独断的神学（これも知識ではある）に鉄槌を加えた〉という意味なのだ（そして彼のいう理性宗教とは（究極的には）人間の理性に対する信仰であって、神信仰ではない）。思えば、『永遠平和のために』のタイトル自体が「死してここに永眠す」という墓碑銘の転用（宿屋の屋号とする）の転用（自著の題とする）という二重の転用であって、カントはこれによって〈人類の自滅による死滅〉を匂わせているという周知の警鐘も二枚舌の例に加えることができるだろう（Aka.Ⅷ343）。

　なおいうまでもなく、『人間学』においても本節で取り上げた二箇所以外に、随所で二枚舌の手法が駆使されている。例えば§61の、親しい仲間と馬車で遠足に出掛けるときのお尻が痛くなって堪らない話（Aka.Ⅶ233f., pp.179-180）およびそこに付した訳注（11）（pp.462-463）、第二部「人相術の分類」のところにある原注（Aka.Ⅶ300, pp.277-278）およびそこに付した訳注（49）（p.484）を見られたい。さらにこのほかについては、読者自らの目で発見して頂きたい。

五　『人間学』の体系性と総合性

　一方で、本書はただ雑然と漫談が続いているばかりである、という印象をもつ読者がいてもおかしくない[19]。それは、本書が肩の凝らない、一般市民も含めた入門的な講義を基にしているという事情からすると、むしろ当然な

印象であろう。他方、話題の源泉の点で、本書が総合性を特徴とすることも一目瞭然である。取り挙げられる題材は天文学・物理学・化学・生物学・動物行動学などの自然科学、精神医学を含めた当時の最新の医学、古今の文学作品や絵画・音楽などの芸術、民俗・歴史・政治・宗教に関する該博な知識、さまざまな哲学的学説から取ってこられており、これらがカントの実地の見聞と融合して、そのときどきの主題に即しつつ自在に、つまり総合的に語られている。これに加えて、『人間学』の講義（著書）の章立てが認識論から感情論へ、次に情念論へ、最後に性格論へと展開しており、それらが総じて道徳論へと収斂する体系になっていることも見易い特徴である。ではカント『人間学』のこうした総合性、体系性はどこに由来するのであろうか。

　比較的知られた話であるが、カントはのちに『諸学部の争い』（1798）を献呈することになるゲッティンゲン大学神学部教授シュトイトリン（Carl Friedrich Stäudlin, 1761-1862）に宛てた 1793 年 5 月 4 日付けの手紙のなかで、自分の純粋哲学の課題は、「私は何を認識することができるか」（認識論）、「私は何をなすべきか」（実践論）、「私には何を望むことが許されているか」（宗教論）、最後にこれらを総括して「人間とは何か」、の四つの問いにまとめることができると表明している（Aka.XI429）[20]。これをわれわれは第一に、カント自身の知的経歴を（経歴の順に）回顧したものとして読むことができる。また第二に、カントの批判哲学の全体の構想を示したものとして受け取ることができるだろう。

　まずカントの一生の知的営みを辿ってみると、確かにその軌跡は先の三つの問いの順番に対応している。若い頃は物理学、天文学などの自然科学を探究し、それを基盤として批判期に入って最初に認識論（その裏に自己対象化論）を確立し、ついで実践論（道徳論）を論じたあと、美論をはさんで最後に宗教論に至るが、これは（美論の位置づけを除いて）概ね右のはじめの三つの問いに順に該当することは明らかである。ではこれらのすべてを総括する第四の問い「人間とは何か」は、カントの生涯のうちどの知的営為に対応するであろうか。答えはいうまでのなく、彼のすべての研究活動、著作活動に対応する、というのが正解である。しかし同時に、そのなかでも二十年以上に亘って続けてきた『人間学』講義こそがこの「人間とは何か」という問い

に応答しようとした営みであったと見なすことも十分可能であろう。本講義
では第三の問い「宗教とは何か」が他の二つに比して希薄なのは否めないが
[21]、全体としてまさに「人間とは何であるか」を主題としているからである。
だとすればこの書を『（哲学的）総合人間学』と呼び代えることも十分に可
能だと思われる。

　結局第一にカントの学問的営み全体が総合的かつ体系的だったのであり、
また実践的（「広義の実用的」、本章第一節を参照されたい）かつ人類史的だっ
たということができる。第二に、そうした事情と特質がそのまま構成と内容
に反映しているのが、この『人間学』の講義と著書だったといえよう。筆者
としてはとりわけ、この「総合人間学」の基底に自然科学が位置づけられて
いる点に注目したい。

　このように見てくると、『人間学』が単に総合的なだけでなく体系的な叙
述となっていること、そのなかに自然科学も芸術もふんだんに語られている
ことは、カントの自覚的な学問的構想だったことが確信されてくる[22]。そ
のように理解してこそはじめて、この講義を長年誰からも強制されることな
く自主的に開講してきた深い自負、最晩年に至ってようやくこの講義を自分
の知的哲学的営みの最後を飾る集大成（の一つ）として出版することを決意
するに至ったという、この書に寄せるカントの万感の思いが得心されるので
はないだろうか。

　ここで『人間学』の総合性（ヴァラエティに富んださま）を幾つかの話題に
即して確認してみたい。

　まず音楽についてである。いつの頃からか、カントは音楽に関してはそれ
ほど趣味が深くなかった（というよりも苦手であった）というのが定評となっ
ている[23]。しかし本当にそうだったのだろうか。本書（『人間学』）でカント
が音楽に触れている箇所は全部で十七箇所（も！）あり、そのほかに暗に音
楽のことを念頭におきながら芸術一般について語っていると思われる件が一
箇所ある（後述）。まず、自分の書いた詩、奏でる音楽、描いた絵がいくら
拙くても他人の評価など一向に気にしないという「美感的なエゴイスト（自
己中心主義者）」に触れた §2（Aka.Ⅶ129f., p.27）をはじめ、音痴を話題にし
ている箇所が三か所ある（他に §22, Aka.Ⅶ159, p.71, §28, Aka.Ⅶ168, p.84）。こ

れらはひょっとしてカント自身のことを語っているのであろうか。そうでは
あるまい。それは、教会のパイプオルガンによる幻想曲（ファンタジー）の
即興演奏のさまを正確かつ克明に描写した§5（Aka.Ⅶ136, p.36-37）[24] や、
食器のがちゃつく音とか銘々勝手にお喋りしている声で雑然としている宴席
の傍らで室内楽を演奏させる習慣の趣味のなさに憤っている§88（Aka.
Ⅶ281, p.250）などから明らかである（他にも§30, Aka.Ⅶ174, p.92 を参照された
い）。

　これらの箇所から判断すると、確かにカントは相当に音楽鑑賞体験を積ん
でおり、かつ聴き手としてのセンスが高かったと思われる[25]。そのカント
が本書で、音楽とは「いわば（概念をいっさい抜きにした）むき出しの感覚の
言語」であると述べているのは注目に値する（§18, Aka.Ⅶ155, p.65）。こうし
て見てくると、§64 で「単なる感官の享楽でなく芸術を嗜みつつ、しかも
それに加えて、自分が（趣味の洗練された人物として）こうした快感を味わう
ことができるということに満足を覚えるといった場合」と語るとき（Aka.
Ⅶ237, p.185、ここが先述の一箇所）、これはカント自身の芸術鑑賞体験を語っ
ているのであり、しかも主要には音楽鑑賞のときの話なのだと確信すること
ができるのである。

　次に、カントの女性評について。女性に関する記述は後半の「男女の性
格」論（Aka.Ⅶ303ff., pp.282-295）にだけでなく、それ以前にも随所に読むこ
とができる。そこに伺えるカントの女性批評も軽妙洒脱で面白く、彼が硬い
哲学の議論だけでなく、こうした世俗的な（つまり実用的見地における）人間
観察にも長けていたことが感知できる。読み手によってはそこに彼の女性蔑
視を見るかもしれない（例えば§48, Aka.Ⅱ209, pp.143-144）。しかしたとい そ
れが否定されえないとしても、今日まで続く男性による男性優位のイデオロ
ギーの平均値を越えるものでなく、むしろ女性への辛辣な皮肉のなかにさえ
もこの性に対するこよなき優しさが籠められていると読むこともできる（例
えば「男女の性格」論の冒頭（Aka.Ⅶ303, p.282））。カントが（何だかんだと批判
を加えていても）結局は人間を愛していたことは間違いないが（本書『カント
と自己実現』の副題を確認されたい）、その人類のうちの半分を占めるからと
いう理由による以上に、彼は女性を愛していたと思われる。

　ところがその彼がついに結婚せず一生独身で過ごしたことは事実であり、したがって子供を儲けていないことも確かであろう[26]。しかし本書には随所にカント風の猥談が鏤められており、そこからすると、単なる堅物がこうまで際どいながら絶妙に一線を越えない卑猥な話を語ることができるはずはないと思うのだが如何であろうか（例えば§5, Aka.Ⅶ136, p.37 とか§80, Aka.Ⅶ266, p.227 を見られたい）[27]。他面、女性も混じった講義の場でこうした話題をけっこう臆面もなく繰り返すカントのメンタリティの秘密を、フロイト流精神分析の手法によって読み解くことも可能であろうと思われる。しかしそれを試みるまでの用意は筆者にはないので、この点は読者の自由な解釈に任せることにしたい。

　第三に Spiel（シュピール）というドイツ語がある（名詞。動詞は spielen ［シュピーレン］。英語の play に当たる）。本書（『人間学』）ではほぼ一貫して「戯れ」「戯れる」と訳した。しかしこの単語はその他に「遊び」「ふざけ」「演技」「演奏」「芝居」「賭けごと」「試合」「ゲーム」などの意味がある（動詞でいえばさらに「からかう」「弄ぶ」など）。本書にはこの Spiel ないし spielen という単語が頻出する。つまり本書の総合性の一端をこの「戯れ Spiel」という単語が「演じている spielen」のである。例えば天候の「戯れ」（§35, Aka.Ⅶ186, p.110）、記号にまつわる構想力の「戯れ」（§39 追記、Aka.Ⅶ194, p.122）といった具合に。そこには、これらの事柄を半分ふざけて spielen 話題にして（記述して）みせるというカントのユーモア精神、サーヴィス精神が指摘できるだろう。だが後半になると、「自然の戯れ」に関する記述が多くなる。例えば§86 では、人間が「賭博 Spiel」に夢中になること自体が、もとはといえば自然が人間を「弄んでいる spielen」仕業なのだという（Aka.Ⅶ275, pp.240-241）。ここも軽妙な二枚舌（掛け言葉）となっていることは措くとして、ここはカント以前のもののいい方でいえば「神の摂理」（ないし「予定調和」）といい表されていた事態を指していることに気づく。この、神の摂理が消えて（大は生物進化史[28]から小は天候の「戯れ」まで）世界が全体として「自然の戯れ」として記述される、という特徴は何を意味しているのであろうか。

　思うに「戯れ」ないし「遊び」の本質は二つあるであろう。まずそれは、

何かはっきりした目的の「ためにする」行為でなくて「それ自体を楽しむ」行為である（幼児の一人遊びを見られたい）。他方そこには何らかのルールがあるだろう。ルールは合目的的である（鬼ごっこ）。つまり「戯れ」は〈目的のない合目的的な〉行為なのである。第二に、たといルールに基づいた確率の大小があるにせよ、「戯れ」には偶然性が本質的な要素として働く。「賭けごと」や「試合」の勝ち負けは時の運、生「演奏」には伸るか反るかの真剣味が伴うのだ。だとすればカントは果して、一方で世界と人間をめぐる諸事象は例外なしに〈可能的経験〉を成り立たせている諸原則に則って現象する、つまり総じて経験は因果的に必然である、と主張するとともに、他方で、同時にすべては偶然でもある、といいたかったのであろうか。

　だとすると、この世界全体に関するユーモアは反転してほろ苦い味を醸すだろう。偶然とは、それがそうでなければならない理由に欠けるところがある、そうであらねばならない根拠が結局はない、ということを意味するからである。人類にしても個々人にしても、ここにこのように生きる根拠、正当な理由を見つけることはできず（語る＝騙ることはできても）、単にそのように「戯れている」、より正確にいえば自然によって（自ずと）「戯れさせられている」にすぎない、と [29]。だが、これはすでに一種のニヒリズムではないだろうか。しかしこれ以上のことは、次節（の後半）に譲ろう。

六　『人間学』の射程──ニヒリズムの方へ

　本書（『人間学』）の後半は「性格論」に充てられている。ここでも個人の内的性格から説きおこして男女の性格、諸国民の性格（の比較）、（「人種の性格」を短く挿んで）人類の性格へと展開しており、前節で確認したばかりの総合性、体系性が伺える。いい換えれば、「性格論」でカントがいいたかったこと、いな本書（本講義）全体で主張したかったことは、個人の性格についてでも男女や国民の性格についてでもなく、（これら三つの面白さに比べるとそれほど面白いとも思えない）類としての人間の性格についてであったのである。だがしかし見落してならない点は、その議論の射程は最後に位置する「人類の性格」で終わっている訳でもない、ということである。つまり『人

間学』は「人類の性格」論（つまり〈人間の学〉）で完結しているのではない
のだ。というのは、カントは（言葉のうえでは明確にでなくとも）読む者には
明らかに、宇宙の他の天体に（多い少ないは不明だが）必ずや生存するはず
の他の叡知的存在者たちの道徳性の実現の仕方や程度に比べて、われわれ地
球に住む住民は類としてどのような性格を備えているのであろうか、人間は
宇宙に存在するすべての知性的存在者のあいだに立ったとき恥ずかしくない
程度の内面と社会と歴史を築いてきたであろうか、これから築く展望をもっ
ているのであろうか、と問うているからだ [30]。この悠久な人間存在論は、
何といっても彼の若いころの天文学の研究から導かれた宇宙観を背景とした
ものであろう [31]。すると実は『人間学』は総合性、体系性を保ちつつも、そ
の体系は閉じているのでなく、したがって本書は未完のまま未来に向けて、
あるいは広大な宇宙に向けて開かれているのではないだろうか、と気づかれ
てくる。
　だが開かれているのはそうした時間・空間のかなたへ、だけではない。カ
ントの生涯をかけた「人間とは何か」の探究は、他方で読者の内面に向かっ
ても開かれているはずだ。幾世代にも亘って（人類の死滅まで）本書（『人間
学』）が読み継がれていくと仮定した場合、その幾世代もの読者は本書から
何がしか「人間とは何か」というカントの呼びかけに触発されると期待する
ことができる。このように「人間とは何か」について、世代を越えて連綿と
継承されていく全人類史的な思索へと、つまり人類史を貫く思索の連帯へと
カントは呼び掛けているのではないか。――だがこの呼びかけはもはや一つ
の立派な「信仰への誘い」である。理性の善性への、〈地上における最高善
の実現の可能性〉への信仰。
　実はこの信仰への誘いはさりげなく、すでに本書（『人間学』）の「はじめ
に」の末尾に記されていた。それは以下の通りである。「体系的に企画され、
しかも実用的な観点から……平易に書かれた『人間学』には、読者世論に
とっての利点があるのであって、つまり……読者は人間の個々の何らかの特
性を自分のテーマとして取りあげ、その観察結果を『人間学』を構成する部
門のなかに提供しようとする気になるのである［総合性］。こうして『人間
学』の研究は、一方でこの専門ではアマチュアである皆さんのあいだにも自

ずと広まっていき、他方でその計画の統一性［体系性］のゆえに次第に一つの全体像へと統合されてくることになる」（Aka.Ⅶ121f., p.15）。

　この、全人類が連綿と「人間とは何か」の解答をどこまでも豊かにしていくことが、とりもなおさすこの地球上での「最高善」の成就という理念に近づいていくことでもあるのだという「信仰」が、カントの理性宗教、道徳宗教の本質だったのではないかと、筆者はこの訳業を通してようやく思い至るようになった。だが、通常の宗教的信仰に限らず、こうした「理性的な」信仰であっても、信仰であるからには究極の一点で明晰な論理的証明からどこまでも逃れる。そのことはカント自身も自覚していたはずだ。するとこの共同作業のいく先はどうなるのであろうか。『人間学』の未完の射程がもつ余韻はどのような響きを醸すであろうか。

　カントは本書のある箇所でまたもや言葉遊びに興じつつ、神信仰にも「朗らかな神信仰 Frömmigkeit in guter Laune」というものがあるように[32]、死にも「朗らかな死 Sterben in guter Laune」というものがありうると語っていた（Aka.Ⅶ236, p.183）[33]。するとわれわれはカントの『人間学』のかなたに、カント風の〈「朗らかな」ニヒリズム Nihilismus in guter Laune〉を遠望することができるかもしれない。

注

1）通常、英語の culture が「文化」と訳されたうえで芸術などの精神文化を意味し、civilization が「文明」と訳されて物質・技術文明を意味するが、これには問題がある。語源としては前者が「耕す colere（羅）」、後者が「市民 civis（羅）」に由来することから考えると、意味あいが逆のように思われるからである。とはいえ『人間学』では通常の通り Kultur を「文化」、Zivilisation を「文明」と訳すこととし、それに伴い Kultivierung を「文化化」と、Zivilisierung を「文明化」と訳したうえで、適宜前者には「技術革新」を、後者には「市民化」を充てることとする。

2）以上の観点からすれば、本書（『人間学』）の書名を『世界市民となるための人間学』としてもいいかもしれない。なおこの全人類史を展望するカントの三段階説については、本書（『カントと自己実現』）余録2.「カントの性格論と教育」も参照されたい。

3）カントはこの勅令を「国王陛下のきわめて忠実な臣下として」恭しく受けとめ、以後宗教に関しては講義であれ著作であれ公けにはいっさい意見表明を断念する旨を宣言した。この宣言がカントのしたたかな二枚舌であったことについてはすでに前章第三節で触れたが、このあと本章第四節で再び触れる。

4）本節を書くにあたっては、理想社版カント全集第一三巻『歴史哲学論集』（小倉志祥訳、1988）に収録された『学部の争い』の詳細な訳注ならびに充実した解説を参考にした。

5）この意識の二重性については、本書第Ⅰ部全体を、とりわけ第三章「『純粋理性批判』「演繹論」の「三つの難問」再考──〈自己認識の二重拘束〉をめぐって──」を振り返られたい。

6）これについては本書（『カントと自己実現』）第Ⅰ部第一章「カントの純粋統覚と物自体」を振り返られたい。とくに p.27 の「図：カントにおける超越論的四極構造」を再度見られたい。

7）人間観察と旅との密接な関係について、カントは本書（『人間学』）の「はじめに」で、「人間学の対象領域を拡張する手段としては旅をするのが一番である」と語っていた（Aka.Ⅶ120, p.13）。なお直前に述べた「認識が人生そのものである」という文言については、本書（『カントと自己実現』）の「はじめに」で述べた「認識存在論」の語義に関する説明を想起されたい。

8）以上本節で述べた事態については、本書第Ⅰ部第四章「カント「観念論論駁」再考──「定理」の主語の二重性を中心に──」で詳細に論じたところである。

9）それの代表的な記述が、§45 から §53 に掛けての（執拗なともいえる）人間の「魂の弱さ」と「心の病い」についての的確な描写であり（Aka.Ⅶ202ff., pp.133-160）、「気質について」の叙述である（Aka.Ⅶ286ff., pp.257-264）、といえよう。なお「本来的自己 das eigentliche Selbst」という表現は管見の限り『基礎づけ』第三章（Aka.Ⅳ457）に一度だけ見られる。詳述は控えるが、『純粋理性批判』における「純粋統覚」としての「私」と『基礎づけ』のここで語られる「叡知者」としての「本来的自己」とは同じ「私」を意味すると筆者は理解する。

10）〈二枚舌〉を字書で引くと「嘘を言うこと」とある（『広辞苑』）。しかし筆者はこれを、「或る表現に表と裏の二義を籠める」の意味で用いる。この場合、表の意味は当たり障りのないものであり、対して裏の意味が本音を担っている点が眼目である。〈両義的文章術〉といってもいい。

11）本書と同時並行で出版された『諸学部の争い』（1798）の原注に、ここでの駄洒落と（表裏の関係で）相呼応するかのように、以下のような記述がある。「……中傷的誹謗者どもは……こうした無邪気な居酒屋政談 Kannegießerei を国家を危険にさらす改革熱、ジャコバン主義、暴徒化だといいふらすことに努めた」（Aka.Ⅶ86）。前後の文脈から明らかなように、これはカントがフランス革命への共感のゆえにヴェルナー一派から反政府的と中傷された事実があったことを匂わせる記述である。カント自身には酒場に出掛けて政治について怪気炎を挙げる習慣がなかったことは確かだが、彼が自宅や友人に招かれたかした社交の席でしばしばフランス革命擁護の熱弁を揮ったことがヴェルナー一派に伝わった（密告された？）のであろう。ともかく或る見解ないし認識を狭く（局地的に、酒場風に）受けとるのでなく、大局的に（地球的に、人類史的に）理解し判断するように、といっている点で、二つの記述に籠めたカントの真意は一致する。この点で、『人間学』第一部末尾（Aka.Ⅶ729, pp.246-247）、およびそこに付した第Ⅰ部第三編訳注（83）（pp.476-477）も参照されたい。

12）K. マルクス『ルイ・ボナパルトのブリュメール十八日』冒頭を見られたい。

13）カントがここで使っている鍵となる単語（ないし熟語）の一つ一つが表裏のどちらにも取れる意味をもっているのだが、そのうちの主要なものを示すと以下の通りである（前の訳語が表の意味、後ろの訳語が裏の意味を担う）。「von Staats wegen 国家の名において／国事上」「Eintritt 到達／就任」「Majorennität 成年／（王位）継承権← Majorat 長子相続権」「Verwaltung 管理／統治」「Vermögen 資産／能力」。

14）ここの一文（これで一文である）に裏の意味が隠されていると読むについては、前注の語義上の（直接的）証拠のほかに、あと二つ傍証がある（①は上の本文と重複するところがあるが、記

す）。

　①本書（『人間学』）が出版された当時の読者は、ここの記述からただちにカントの『啓蒙とは何か』（1784）の冒頭の叙述を想起したであろうことは間違いない（当然カントもそれを狙ってここの文言を述べている）。それは、「啓蒙とは人間が自ら招いた未成年状態 Unmündigkeit から抜け出ることである。未成年状態とは、他人の指導なしには自分の悟性 Verstand を用いる能力がないこと Unvermögen である」（Aka.Ⅷ35）、というものであった。二つの文章が呼応していることは、独語を示した三つの単語がいま問題としている『人間学』の叙述のなかに再現されているということからも明白である（Unvermögen は Vermögen に対応する）。ということはすでにカントは『啓蒙とは何か』のなかで〈反啓蒙にして未成年状態に留まっている困り者〉の筆頭として、二年後に王位に就くことになる当時の皇太子を示唆していた可能性が高いということになる。これと連動して、そこにあった「他人の指導なしには」の「他人」という言葉は、1784年時点ですでにヴェルナーを暗示していたのであろう。またフリードリヒ・ヴィルヘルム二世の王位継承時の年齢が四二歳であったことも、『人間学』の方の文のはじめにある「或る浪費家の場合成育状態に達して久しいとしても」という文言と符合する。

　②K. フォアレンダー編集の〈哲学文庫 Philosophische Bibliothek〉（フェリックス・マイナー出版社）第 44 冊の当該箇所の欄外注（S.126）によれば、この箇所の途中の「例えばこの浪費家［放蕩者］が法制上王位を継承したあとも」以下最後までの部分は、カントの手稿にはなかったとのことである。ということはその部分（最もフリードリッヒ・ヴィルヘルム二世に対する批判が辛辣な記述）は校正の段階でカントが咄嗟に書き加えたものだったのだ（このときカントにふつふつと怨念の思いが込みあげてきたからか、それともいつもの悪戯心が湧いたのか、おそらく両方であろうが）。ところが『人間学』が初めて〈哲学文庫〉に収録されたときには（第一版1869）、編集者の J.H.v. キルヒマンの判断によってそこが削除されたとのことである。しかし（欄外注にはないが）その後まもなく第二版（1872）からは、同じくキルヒマンの思い直しによって復刻された、と推測される。ここから分かることは、一八世紀末期から一九世紀にかけてのドイツの知識人にとって、ここのカントの幾重もの難渋ない回しの意味するところは誰の目にも明らかであったということである。だからこそキルヒマンはカントの品位に傷がつくことを慮っていったんは削除したのであろう。この慮りが他方それ自体で〈思想・言論の自由／出版・公開の自由〉＝「理性の公的使用」（『啓蒙とは何か』Aka.Ⅷ37）の旗手であったカントの思想の尊厳を傷つける措置であることに彼がすぐに気づいてくれたことは、われわれにとって幸いであった。

15）『諸学部の争い』に関して詳しくは、前章「〈見える大学〉と〈見えざる大学〉——または学問論を装ったカントの党派性について——」を参照されたい。

16）共和制については『人間学』Aka.Ⅶ331, pp.326-7 も参照されたい。さらには『永遠平和のために』第二章「第一確定条項」（Aka.Ⅷ349ff.）の記述全般を見られたい。そこでは冒頭「各国家における市民的体制は共和的であるべきである」と明言されていた（Aka.Ⅷ349）。

17）1789 年の革命によりフランス共和国が誕生したあと、イギリス、プロイセン、オーストリア（ハプスブルク帝国）、ロシア、スペインなどが対仏同盟を結んでフランスを攻撃した（1793 年の第一次対仏大同盟）。だが 1796 年からのナポレオンの活躍などがあって 1797 年には第一次対仏大同盟は崩壊した。プロイセンはその前に 1795 年 4 月に単独でフランスとバーゼル条約を結び同盟から離脱した。前注で言及したカントの『永遠平和のために』（1795）は、このバーゼル条約が秘密条項を伴っていたことが露呈したことを機に執筆・公刊された。ところでこの時期はカントに対して例の勅令が下されたばかりのときであったから（本章第二節）、この書（『永遠平

和のために』）の出版は、カントが（おそらく国外追放をも覚悟したうえで）定言命法に従って実践した「理性の公的使用」（前出、『啓蒙とは何か』Aka.Ⅷ37）だったのであろう。したがってカントのいう定言命法的実践の遂行がときにいかに厳しい決断と覚悟を要求するか、の厳粛な実例ともなっているといえる。

18）フランス革命についての評価はヴェルナー体制の下では（基調としては）当然慎重にカムフラージュされる。『理論と実践』（1793）第二編（Aka.Ⅷ299ff.）、『道徳形而上学』（1797）第一部「法論」の「結語」（Aka.Ⅵ370ff.）を見られたい。そこでは政治体制の変革は革命によらず、改革によるべきだと主張される。さらには『永遠平和のために』（1795）付録Ⅰの原注（Aka.Ⅷ282）を参照されたい。

19）この点で、同じく『カント全集15 人間学』に収録されている高橋克也訳・解説『人間学遺稿』の「解説」p.550 に紹介されている、ゲーテの本書に対する否定的な評価を参照されたい。

20）これらの問いのうち前の三つは、すでに『純粋理性批判』「方法論」で提示されていた（A805B833）。なおこれら四つの問いについては前章「〈見える大学〉と〈見えざる大学〉――または学問論を装ったカントの党派性について――」の「はじめに」を振り返られたい。

21）とはいえ本書でも、カントの理性宗教の見地からの既存の宗教に対する批判は、陰に陽に随所で語られている。ほんの一例を挙げれば§5の、「言語潔癖主義 Purism[us]」という単語によって暗に（明に？）、性をめぐってのピューリタニズム Puritanismus の潔癖主義を当て擦った箇所や（Aka.Ⅶ136, pp.37-38）、その他にも§12（Aka.Ⅶ147f., pp.53-54）、§43（Aka.Ⅶ200, p.131）等がある。

22）一つ見過ごせないのは、右の四つの問いのなかに「美とは何か」が位置づけられていないという事実である。いい換えれば、この問いの一覧を見るかぎり『判断力批判』（1790）第一部の「美（感）的判断力」論がどこにも位置づけられていないように見える（これに対して、『判断力批判』のもう一つの主題である自然目的論は、第二の問いの実践論に包摂されるといえる）。思うに、美の問題は『人間学』とともに第四の問い、即ち「人間とは何か」に直結するのではないだろうか。これについては本節末尾の注29）を参照されたい。なお美の問題をカントとは別に存在論的な視角から説得的に論じた書として G. ペルトナー『哲学としての美学 〈美しい〉とはどういうことか』渋谷治美監訳（晃洋書房 2017）を見られたい。

23）こうした定評に一役買っていると思われる逸話として、カントの助手だったボロフスキーの証言によれば、最晩年のカントは住居近くの刑務所から聴こえてくる囚人たちが歌う讃美歌にいたく悩まされた、というものがある（加藤将之『カントの生涯』（理想社）、p.100）。

24）これとまったく同じ音楽体験については『純粋理性批判』でも触れられていた。B版の「誤謬推理論」におけるメンデルスゾーン（有名な作曲家メンデルスゾーンの祖父！）に対する反駁の箇所に付せられた原注を参照されたい（A なし B415Anm.）。

25）この仮定に立てば、先ほどの注23）で触れたカント晩年の逸話はかえってカントの音楽趣味が洗練されたものであったことを証ししているとも読むことができる（囚人たちの合唱の歌声がもう少し音楽性に富んでくれていさえすれば……）。ついでに記せば、カントは生涯ケーニヒスベルクに住みつづけたのであるが、年代の重なり具合を考えると、例えばハイドン（1732-1809）やモーツァルト（1756-1791）の室内楽を聴く機会がカントにもあったのではないか。

26）結婚せず子供を儲けないという格率が、「君の意志の格率がどんな場合にも同時に普遍的な法則立の原理として妥当しうるように行為せよ」という道徳の根本法則（『実践理性批判』Aka.Ｖ30）に反するのではないか、したがってカント自らが率先して道徳を破っているのではないか、

という疑問は誰しもが抱くのではないだろうか。確かにこの格率を男女ともに人類全員が（普遍！）ひとときに自分の格率として採用したならば、一世代であっという間に叡知的生物たる人間が地球上から消滅してしまうことは疑いがないからである。この疑問にカントは何と答えたであろうかは永遠の謎である。

27）この点で1762年6月12日付のヤコービ夫人からカントに宛てた手紙を参照されたい（Aka. X39. このときカントは三八歳）。北尾宏之訳、『カント全集21 書簡集Ⅰ』（岩波書店）所収、p.10.

28）ダーウィン以前であるにも拘わらず、事態的にはカントが生物の変容を進化論的に捉えていたことについては、例えばAka.Ⅶ323Anm., pp.314-315 原注を、さらには人類は類人猿から進化してきた、と考えていたことを仄めかす記述については、Aka.Ⅶ328Anm., pp.322-323 原注およびそこに付した第二部訳注（151）（p.499）を参照されたい。後者の原注の文言のなかには、「進化 Entwicklung」「次第に進化するであろう entwickelte」（接続法Ⅱ式）という用語法すら見られる。

29）上に「戯れは〈目的のない合目的的な〉行為である」と述べたが、この特質が『判断力批判』における「美」の定義の一つである「目的なき合目的性」と一致するのは偶然ではないであろう（Aka.V236§17 を参照されたい）。ところで『基礎づけ』にある「目的自体の法式」によれば、人間（性）が「目的それ自体」（Aka.Ⅳ429）であった。ここで「戯れ」と「美」と「人間性」と「目的それ自体」の四者を試みに関係づけてみるならば、《人間性はそれ自体が目的であり、それを超えて他の目的ないし根拠がある訳でなく、したがって人生は戯れであり趣味でもあって、趣味は美しい、ゆえに、人生は美しい》という結論に帰着するであろう。付言すれば、ここでいう〈美しい〉には当然ながら〈醜さ〉も含まれる（この点については拙著『リア王と疎外 シェイクスピアの人間哲学』（花伝社）第三章「魔女の誘惑のゆくえ──『マクベス』試論（2）」を参照されたい）。

30）この観点からカントは人類を、宇宙の理性的な叡知者としての一生物種に属する「亜種 Rasse」の一つとさえ見なす。本書（『人間学』）末尾 Aka.Ⅶ331, p.328 を参照されたい。

31）これについては是非とも『天界の一般自然史と理論』（1755）を参照されたい。宮武昭訳『カント全集2 前批判期論集Ⅱ』（岩波書店）所収。

32）この「朗らかな神信仰」といういい回し自体はおそらくカント自身の理性宗教における神信仰を指していわれているのであろう。

33）どのような言葉遊びかというと、まず「神信仰 Frömmigkeit（フレミッヒカイト）」と「快活 Fröhlichkeit（フレーリッヒカイト）」とが発音上似ていることに着目して（普通ならいうはずもない）〈快活な神信仰 fröhliche Frömmigkeit〉（フレーリッヘ・フレミッヒカイト）というオクシモロン（撞着語法）を捻りだし、次に（それと同義の）「朗らかな神信仰 Frömmigkeit in guter Laune」（上記）といういい回しを考案し、さらにもう一ひねり加えて「朗らかな死 Sterben in guter Laune」（上記）に至ったと思われる。これについては『人間学』第一部第二編訳注（17）（p.463）も参照されたい。オクシモロン（撞着語法）については注29）の末尾に示した拙著の p.12 の注＊＊を参照されたい。

《本論の概括》

本書の本論部分（三部立て全十二章）を閉じるにあたって、振り返り（概括）を記しておきたい。以下、本書のなかで試論として提示した諸論点を、大小を問わず箇条書きにして再確認する。なお《カントと価値ニヒリズム》に関連する項目については、のちに一括して振り返ることとする。

　第Ⅰ部「認識存在論」では大枠としては、『純粋理性批判』を「**人間悟性の自己対象化的性格**」（＝自己実現の往還の旅）の視点から捉えることができるのではないか（第一章、第二章＆第四章、第三部第三章第三節も）／このカント思想の特色は、デカルト以来の「**身心問題**」の**カント的止揚**を通してもたらされた、と捉えることができるのではないか（第二章、第三章、第五章第九節）／『純粋理性批判』B版になってはじめて登場する「**悟性の内感への触発**」という考想がその解決、止揚の鍵となったのではないか（萌芽的には第二章、本格的には第五章）／それまでの〈身心問題〉は**カントを転轍手として**〈人間的自由論〉へと変貌した（前述）あと、さらに自ずとヘーゲル、マルクスらによる〈疎外論〉〈物象化論〉**へと展開していった**、といえるのではないか（第二章「おわりに」＆第五章前篇◇5注18)）／「**アプリオリな総合判断はどのようにして可能か**」というカントに固有な問題意識は、上の〈身心問題の止揚〉と密接しているのではないか（第三章＆第四章）／以上の全体がカントの超越論的観念論における「**コペルニクス的転回**」の内実を意味するのではないか（第三章注28)）／こうした一連のカント理解を支える主要なテキストとして『純粋理性批判』中の「**演繹論**」「**観念論論駁**」「**誤謬推理論**」の三つが挙がるのではないか（第一部全般、特に第三章＆第四章）、と問題提起した。

　次に第Ⅰ部の範囲内で個別の論点等について順を追って確認すれば、以下の通りである。カントにおける表象の体系は〈**表象 ^{m} の表象 ^{n}**〉（m, n は階層を表わす）と〈**表象 ^{n} の対象 ^{m}**〉とが上下に対となって積み重なりながら構成されており、最終的には一つの**ピラミッド**をなしていると形象化できる（第一章）／カントにおいて〈**純粋統覚**〉は総じて人間に**存在性**、**自発性**、**真理性**（必然性）を保証するものとして語られている（同）／上に見た〈自己対象化的性格〉を試みに図案化すれば「**図：カントにおける超越論的四極構造**」（p.27）のようになるであろう（同）／〈身心問題のカント的止揚〉は、

それまでの〈身心関係〉論に対する三通りの応対、即ち、a）形而上学的独断論の要素の**批判**、b）経験科学的な側面の**切り離し**、c）人間的自由論の観点からの**新たな照射**、からなる（第二章）／人間的自由の有する〈自己対象化〉という特色は、人間の悟性が自らは知的直観たりえないという、**悟性の自発性の制限的な性格**に起因する（同）／『純粋理性批判』「演繹論」において「**三つの難問**」に着目すると、そこにおける〈**「考える私」**と**「直観する私」の二つの私は異なりつつしかもいかにして同じ主観として一つであるか**〉という問いがカントの最大の演繹課題であったことが分る（第一章＆第三章）／その際三つの難問の**同型性と異相性**の解明を通してそこに〈**自己認識をめぐる二重拘束**〉を突き止めることがこの難問の読解の要である（第三章）／ここに「**アプリオリな総合判断**」の祖型を見ることができるであろう（同）／カントが「私」にも〈**物それ自体**〉としての存在性を認めていた直接証拠として、「演繹論」§25冒頭の「**私がそれ自体としてどのように存在しているか** wie ich an mir selbst bin」という表現を挙げることができる（第一章、第二章、第四章、とくに第五章後篇第五節）／それに続く「**単に私は存在するということ** nur daß ich bin」という名詞節は純粋統覚がもつ二側面（次項）のうちの「私はある」を意味する（第二章＆第四章）／「純粋統覚」（〈**私は考える** ich denke〉）は〈**私はある** ich bin〉と常に必ず相即するが、この思想はデカルトの「**私は考える、私は存在する**」を真っ直ぐに継承しているといえよう（第四章注16））／『純粋理性批判』「観念論論駁」の「**定理**」の主語が二重に語られており、その二重性は「**純粋統覚**」と「**経験的統覚**」との総合の不可避性を示していることに気づくことが肝要である（第一章、第二章、特に第四章）／「観念論論駁」の「注解２」における「**或る常住不変なもの** etwas Beharrliches」と「**常住不変性** die Beharrlichkeit」との区別と連関に注目する必要がある（第一章、特に第四章）／『純粋理性批判』「演繹論」はカテゴリー（純粋悟性概念）の**客観的演繹**としては不十分であって、「**観念論論駁**」を俟ってようやく十全に果されるといえるのではないか（第四章第六節）／「観念論論駁」は逆説的にも、〈**精神の端的な実在性**〉（デカルト）から説き起こして外的現象界における**物質の実在**を「直接に」証明している、と捉えることができる（第四章「付論」）／このとき「私の外なる空

間中の対象の現存在」を証明する証明仕方は、「**物自体」の存在**までを射程に入れているはずである（第一章第四節、第二章注20））／悟性（a）と内感（b）とは「**私 a は私 b を考える**」「**私 b は私 a を直観する**」「**私 a は私 b に現象する**」という関係にある（第三章＆第五章）／B版「誤謬推理論」の「**メンデルスゾーン論駁**」における「**存在する sein**」または「**現存在 Dasein**」と「**現実存在する existieren**」または「**現実存在 Existenz**」との意味差に注目する必要がある（第四章第五節）／同所に見られる「**未規定的な unbestimmt**」「**規定可能な bestimmbar**」「**規定された bestimmt**」の三つの同族形容詞の**区別と連関**も注目に値する（同第五節）／同所の原注に見られる「**経験的な empirisch**」（B422Anm.）という形容詞は一見特異で例外的な用語法と見えるが、これもカントの超越論的観念論に特有な empirisch の含意に沿って理解することができる（同第五節）／『純粋理性批判』B版「演繹論」における「**悟性の内感への触発**」論（前述）と「感性論」§8 への B版増補部分（とくにⅡ）における**内感に特有な「諸々の関わり方 Verhält-nisse」**の直観表象論とを絡めながらカントの考想の極点を明るみに出すことが肝要である（第五章前篇◇4．＆同後篇全体）／その際に Verhältnis をこれまでのすべての邦訳のように「関係」と訳して済ますのは大疑問であって、というのはカテゴリーの第三の綱「関係 Relation」と紛らわしいからである（同後篇第二節）／「感性論」§8 への B版増補部分のⅡの B68 にある「表象」に掛かる所有代名詞は「それらの **ihrer**[2]（複数二格）」であらねばならず、というのはその先行詞は「諸々の関わり方」（複数形）でなければならないからである（同後篇第三節）／したがって Kehrbach 以降の ihrer[2] の **seiner**[2]**への改訂**（1877/8 以降現在に及ぶ）**は不可**であり、この点でハイデッガーの指摘が正しい（同後篇第三節）／外感に特有な「諸々の関わり方」が「或る対象の主観への関わり方」（B67）といわれていることから、内感に特有な「諸々の関わり方」は〈主観の主観への関わり方〉といっていいはずであり、結局は〈悟性の内感への触発〉に落着する（同後篇第四節）／したがって**内感に特有な「諸々の関わり方」の直観表象は、〈悟性の内感への触発〉**による〈直観の多様なもの〉の「結合」の概念表象と表裏一体である（同後篇第五節＆第六節）／後者は「構想力の超越論的総合」ないし「把捉の総合」

を意味する（同第五節）／この一連の考想によってカントは己れの**超越論的二元論**に纏わる「難問」「逆説」を乗り切ろうと図ったといえる（同後篇第七節）／このとき論理展開上核心的な箇所（「感性論」§8 II B67f.）において**最も要となる〈理由〉づけが**（語らずとも自明であるとの思いからであろうが——次項）**省略されていること**を見ぬくことが読解の鍵となる（同後篇第三節）／その〈語らずとも自明な〉理由とは、〈**物自体の外感への触発**〉と〈**悟性の内感への触発**〉とは「同じ仕方で」それぞれの現象を「**秩序づける**」のであるから（B156）、したがって当然、外感の「**諸々の関わり方**」を巡る事情と内感のそれとも同じはずである、という思想である（同後篇第三節注10））／このような一連の考想の飛躍が、A版においては「**主観的**」演繹に留まっていた純粋悟性概念の演繹をB版における「**客観的**」演繹へと前進させることを可能にした（同後篇第七節）。／この一連の考想の背景にはA版からあった〈**判断の統一と直観の統一とはともに純粋悟性の働き**である〉（§10）という先行命題が存しており、これがこの考想の起点となったと考えられる（第五章前篇◇2. &同後篇第六節）／カントは、内感の「諸々の関わり方」の**直観表象**（前出）と悟性による「結合」の**概念表象**（前出）とが一体となったものがまさに（A版からあった）「**純粋悟性概念の図式**」にほかならないと新たに考え直そうとしたと思われる（同後篇第八節）／カントにおいては**構想力が働く現場は感性**であるが、しかし構想力の**本籍は悟性にある**、と理解することができる（同第八節注45））、と論じた。——以上が第I部の個別の論点であった。

　第II部「実践価値論」へ移ると、カント思想の総体を「**存在**」「**自由**」「**価値**」の**三位一体**という視点から捉えることができるのではないか（第一章「はじめに」、萌芽的には第一部第一章）／カントによる人間の諸能力の超越論的な分析と総合から、**人間は本性上幸福を求める存在である**、という規定を導くことができよう（第一章第一節）／〈**純粋実践理性**〉と〈**純粋理論理性**〉との間に二つを媒介するものとして〈**実用実践理性**〉を挟むことによって、「**実践理性の優位**」の学説を二層の優位関係として立体的に理解し直すことが可能となる（同第一節）／人間は「**定言命法**」によって三重の定言的な義務を負う、と理解することができる（同第二節）／カントは「**最高善**」が実

現されるべきは「この世において in der Welt」であると考えていたことは間違いない（同第二節）。／**「最高善の理念に付随する三つの要請」**（霊魂の不死、自由、神の現存在）をそれぞれ**リアリティとアイディアリティの両契機**から理解することが重要である（同第三節＆第四節）／カントの価値体系を〈**定言的価値**〉と〈**仮言的価値**〉とからなる複合的なピラミッドとして立体的、構造的、かつ動的に把握することができる（同第五節）／カントの純粋道徳の「**根本法則**」は、経験論的な道徳哲学への批判に加えて**イエスの黄金律への批判**の意味も含み持っていたのではないか（第二章）／その際カントは**ルソーの黄金律批判から学ぶところがあった**のではないか（同）／『基礎づけ』にある**ローマ皇帝の愛用句に対する批判の真の標的はイエスの黄金律にある**（同）／「根本法則」にある Gesetzgebung という鍵語は（「立法」とでなく）「**法則定立**」と訳されるべきである（同）／**「コペルニクス的転回」**というカント思想の特性は、彼の**価値論**にも指摘することができるのではないか（第三章）／『実践理性批判』Aka.V47 にある冠飾句「**探求したが徒労に終わった vergeblich gesucht**」が前著『基礎づけ』の道徳法則の演繹法についての自己批判であると見抜くことが肝要である（同）／カントの道徳論において『基礎づけ』と『実践理性批判』との間に、道徳法則と自由の**どちらから他方を演繹するのか**を巡って決定的な**戦術転換**があった（同＆第四章）／その戦術転換の背景には〈**自由についての知的直観**〉の諦めがあったと思われる（第四章）／『実践理性批判』にある「**理性の事実**」（Aka.V31）という表現の登場の背景には（先と同様の）カントの**自己批判**が籠められている（同）／この表現は前後十一回繰り返されるが（第三章）、八回目から「理性の事実」の頭に gleichsam als（いわば……として）という二語が付け加えられたことから判断して、カントは結局〈**道徳法則の意識についての「知的直観」**〉も諦めたと推測される（第四章）／知的直観には種別があって、カントはすでに『純粋理性批判』において（いわば〈純粋悟性直観〉としての）知的直観を否定していたが、実践論においても（いわば〈純粋理性直観〉としての）〈**自由の知的直観**〉（前述）に続いてここで（同じくいわば〈純粋理性直観〉としての）〈**道徳法則の意識の知的直観**〉も**断念した**といえるのではないか（第四章注23）／その結果結局、**道徳法則も理念の一つであると捉えら**

れることとなった（第三章第四節＆第四章第五節）／カントの道徳法則または自由を巡る演繹には前後**四つの型**が認められる、それらは仮に〈初期演繹〉〈改訂版演繹〉〈逆転版演繹〉〈最終版演繹〉と命名されよう（第四章）／演繹戦術の転換後の**〈最終版演繹〉による〈自由の演繹〉も三たび循環論法に陥っている**のではないか（第三章＆第四章）、と論じた。

　第Ⅲ部では、カントはとりわけ政治的発言の文脈において二枚舌論法を多彩に駆使している（第三部全般）／例えば『啓蒙とは何か』（1784）における**フリードリヒ大王讃美は偽装である**（第一章）／この書の冒頭にある「啓蒙」についての有名な定義には、二年後に王位に就く**当時の皇太子とその腹心ヴェルナーへの痛烈な批判がすでに籠められていた**と読むことができる（第三章第四節注 14））／カントは 1784 年の時点で、**フランス革命**（1789）だけでなくずっとのちの**ロシア革命**（1917）までも予感（予言）していたのかもしれない（第一章）／『宗教論』にある「見える教会」と「見えざる教会」の対比概念を転用することによって、『諸学部の争い』を「**見える大学**」と「**見えざる大学**」との間の「争い」を巡る論争の書と捉え直すことができる（第二章）／カントの真意は常に**共和制の擁護**と己れの**理性宗教の高唱**にある（第一章＆第二章）／カント最後の出版となった『人間学』と『諸学部の争い』は対となって**フランス共和革命を擁護**する論調で貫かれている（第二章＆第三章）／カントは一方で自分をジャコバン党だと中傷するのはけしからんと憤慨しながら、他方で自分はジャコバン党ですと名乗っているようなものである（第二章第三節＆注 24））／カントは聖書の文言を己れの**理性宗教の立場**から**改釈**することを堂々と正当化した（第二章）／カントは晩年 1792 年から 1797 年の間三回の印刷不許可措置と一回の（講義と出版の）禁止令を蒙ったが、その背景には上に述べたような政治的・宗教的事情があった（第三章第二節）／『実用的見地における人間学』の「実用的」という形容詞には広狭二つの意味が籠められている（同第一節）／同書でもカントは二枚舌を駆使して**フリードリヒ・ヴィルヘルム二世の反啓蒙性を痛烈に皮肉っている**（同第四節）／この書は「**本来的自己**」（GMS, Aka.IV457）**から〈疎外〉された人間**の在りさまを縦横無尽に活写した書であるといえなくもない（同第三節）／カントは自分の〈総合人間学〉の構築への共同参画の呼び掛けを通

して、読者を思索の連帯へと、さらには〈理性宗教〉へと誘っている（同第六節）／同書に見られるカントの Spiel（戯れ）論からは〈人生は戯れであり、ゆえに人生は美しい〉という帰結が導かれるかもしれない（同第五節とくに注29））、と指摘した。

　これらに加えて、本書の底流に貫かれていた主題として《カントと価値ニヒリズム》の問題があった。これに関連する論点としては以下のものがある。──カントには一貫して価値ニヒリズムの予感があり、これを回避するための方策（思想枠組）を己れの哲学的営為のなかで探るという根本動機があったのではないか（第Ⅱ部第一章＆第三章、第Ⅲ部第三章）／その際カントの二元論的自由論にとって Spinoza の一元論的必然論が最初から最後まで隠れた（implicit な）難敵であり続けたと思われる（第Ⅱ部第三章＆第四章）／そもそも遡って『純粋理性批判』における時空のコペルニクス的転回自身が、スピノザ説に対抗する〈自由の救出作戦〉のための、ひいては価値ニヒリズム回避のための根本布石だったのではないか（第Ⅱ部第三章＆第四章）／この布石のうえに展開される、現象（必然）と物自体（自由）の二元論的な認識論にしても（第Ⅰ部第一章）、感性と悟性の分離に依拠した超越論的観念論の枠組みそのものにしても（第Ⅰ部第五章）、『純粋理性批判』「二律背反論」での力学的な「異種的なもの」を梃子とする「自由による因果性」の確保にしても（第Ⅱ部第三章）、とりわけ人間の〈経験的性格〉と〈叡知的性格〉との二性格説にしても（第Ⅰ部第一章、第Ⅱ部第一章＆第二章第四節）、すべてひとえに価値ニヒリズム回避のための（為にする）思想設計だったのではないか（第Ⅲ部第二章「はじめに」）／このような視点から、カントは一九世紀以降の近代ニヒリズムの系譜から振り返ってその先駆として位置づけることができるのではないか（第Ⅱ部第三章）／カントが批判の対象として紹介している愚人主義にカント自身が秘かに共鳴していたのではないか（第Ⅱ部第三章「おわりに」）／最晩年のカントの「朗らかな神信仰」「朗らかな死」への言及のさらに先に〈朗らかなニヒリズム〉を展望することができるかもしれない（第Ⅲ部第三章第六節末尾）、と問題提起した。これらの論点は本書の副題の後半「そのゆくえ」に関わるものであった。

　以上とは別に、『純粋理性批判』のA版にはなかったがB版で初めて登場

したと思われる論点を五つ指摘した。①**人間には**（純粋悟性的な）**知的直観は許されない**という断言（再述、第Ⅰ部第二章＆第三章）、②「**アプリオリな総合判断はどのようにして可能か**」という十全な形での問いの立て方（第Ⅰ部第四章注13)）、③直観の形式（純粋直観）は「**諸々の関わり方 Verhältnisse**」**の表象しか含まない**（第Ⅰ部第五章第四節）、④〈**悟性の内感への触発**〉論（再述、第Ⅰ部第五章前篇◇４.＆同後篇）、⑤この触発によって、一方で③の**内感に特有な「諸々の関わり方」**の直観表象が、他方で**直観の多様なものの「結合」**が**表裏一体**のものとして産まれる（再述、同後篇第五節＆第六節）、の五点である。──①も含めて五点は一連の考想を成す。それが前段落で確認された〈価値ニヒリズムの回避〉の戦略の戦略性である。

　加えて独語の読み方に関わって、**a)** 通常「何々に関して」と訳される in Ansehung et [2] という熟語は、ansehen（観察する）の原義に戻って「**何々との関連から観察される限りで**」等と丁寧に訳すべき場合があること（B277f. など）（第Ⅰ部第一章＆同第四章）、**b)** 接続詞の「**と、および und**」や「**または oder**」に関して、文脈から判断して und でいえば「**即ち**」「**つまり**」（いい換え）または「**さらには**」（畳み掛け）と、oder でいえば「**いい換えれば**」等と訳すべき場合があること（第Ⅰ部第三章＆同第五章）、の二点を指摘した[1]。

1）und にはこのほかに「したがって」「だから」等と訳すべき場合もある。

【余録】カントとの対話三題

余録１．カント版〈人づきあいの極意〉

　前回はシェイクスピアとの出会いとその後について書かせて頂いた。今回は、私の専門であるイマヌエル・カントについて、同じく肩の凝らない文章を書かせて頂く。

　カントは 1724 年に生まれて 1804 年に死んだドイツの哲学者である。名の知られた代表作としては、『純粋理性批判』(1781) をはじめとする三つの批判書がある（あとの二つは『実践理性批判』と『判断力批判』）。

　哲学の本は難しい。なかでもカントは特に難しい、とよくいわれる。これは事実である。

　とりわけ彼の道徳論は難しい上に、厳格で形式的な議論となっていて、哲学研究者の間ですら評判が悪いほどである。ただし私の乏しい読書体験からいうと、フィヒテ、ヘーゲル、フッサール、アドルノ、ラカン、デリダの方がもっと難解だ。とはいえ、カントの文章を読みこなすことができたならば、他の大概の哲学書は読めるはずである。

　ところがそのカントにも、実に読みやすい著作がある。最晩年に出版された『人間学』(1798) がそれである（正式には『実用的見地における人間学』という）。なぜ読みやすいかというと、実はこの本は長年彼が同じタイトルで喋ってきた講義の内容を、最後にそのまま本にしたものだからである。しかもこの講義は、ケーニヒスベルクの市民の紳士淑女にも開放されていたという。さしずめ現代の大学市民講座のはしりである。だから、読みやすいだけでなく、随所に冗談や語呂合わせなどの脱線話が挟まれていて、楽しい書物（お喋り）となっているのである。

　私自身がこの事実を実感をもって発見したのは、つい最近である。それまでに既存の三つの異なった翻訳で三回読んでいたにもかかわらず、である。

どういうことかといえば、数年前に足かけ三年を掛けて、この本を自分で全訳する機会を得たからである（岩波書店『カント全集 15 人間学』2003 所収）。それ以前に読んだ翻訳では今ひとつもどかしかった多くの箇所が、自分の目を通して一文一文真意にそって解き明かされていく、という醍醐味を味わったのである。

　その一例として、このあと、〈人づきあい〉に関してカントが語る極意ないし戒めを紹介しよう。（上に書いたように）主著の道徳論が極めて難解であるのに比して、こちらの日常的な道徳訓の親しみ易さを味わって頂きたいからである。

　カントはこの本の後半、人間の性格を論じている箇所で、まず次のように切り出す。「そういう訳だから［どういう訳かは省略］、性格に密接に関係する原則を列挙するとすれば、否定形で表現するのが一番である」（上記訳書p.268）。つまり、「何々せよ」という表現より、「何々しないように」といういい方のほうが、人間の弱い性には受け入れられやすい、というのである。まず、こうした人間観察に、私はカントの優しさを感じるのだが、皆さんはどうであろうか。

　以下、五つの格言めいた戒めをカントは列挙するのだが、その第一弾は次の通り。「故意に本当でないことを喋らないこと。それからまた、いったんいったことをあとで撤回するという恥を掻かないために、慎重に話すこと。」どちらも人づきあいをする上で守るべきマナーとして、私たちにも納得がいく（後半が肯定形の表現になっているのは、カントのうっかりであろう）。

　第二の極意は、「腹の中では憎らしいと思っているのに当人の前では好感を抱いているようなふりをする、といった偽善的な態度を取らないこと」とある。読む者みな、ぎくりとしないだろうか。それよりも——ということは、カント自身にもこうした「ふり」をした体験があるんだ、と推測すると面白い、と思うのは私だけか。

　三番目は、まず「（いったん同意した）約束は破らないこと」で始まるが、これは陳腐に属する（みんな「そりゃそうだ」といいながら守っていない、という意味で）。ところが、続きが味わい深い。「またついでにいえば、友情がもはや潰えていても、その友情の思い出は大事にすること。」ここを読み返す

たびに、この教訓だけでも大事にしよう、としみじみ思う（カントは本当は
ここを「恋愛関係がもはや潰えていても」と語りたかったのではないか、と私は
密かに推測している）。続けて、「さらに、以前に人から得た信頼と懇意をあ
とになって悪用しないこと」という。こういう振る舞いはカントの生涯には
なかったはずだ、と私は確信する。

　四番目は長いので、途中をはしょって引用すると、「根性の曲がった人間
どもとは趣味仲間としては関わり合わないこと。……そうした連中とはただ
仕事の上での付き合いに限ること」、とカントはいう。私も（皆さんと同様）、
この極意も遵守することにしている。

　最後に、「誰か他人の、浅はかで陰険な言辞に発した陰口を気にしないこ
と」とある。そういわれても、気にしないで済ますことは実際には難しいだ
ろう、と思う間もなく、カントは次のように諭してくれる。「というのは、
気にすること自体がすでにこちらに弱みのあることの証拠と取られるからで
ある。」こういわれると、難しいかもしれないがカントのいう通り、これか
らは陰口を気にしないよう努めよう、という気持ちになるから面白い。

　以上、カントの易しくも優しい口調を少しでも味わって頂けただろうか。

［初出は、埼玉県立総合教育センター発行『埼玉教育 第 59 巻第 5 号』2005.04、
コラム「けやき」、一部削除］

余録2．カントの性格論と教育

　ドイツ近代 18 世紀の哲学者イマヌエル・カント（1724-1804）は多方面に
わたって業績を残したが、その思想的特質を一言で表せば、〈人間讃歌〉の
哲学であったといっていいと思う。その一端を垣間見てみるべく、カント最
晩年の著作『実用的見地における人間学』（1798）を取り上げてみよう（『カ
ント全集 15 人間学』岩波書店、所収）。

　この著作の後半は「第二部 人間学的な性格論」と題され、個人、男と女、
諸国民などの性格が論じられていく。ここにはカントの人間観察・人間知の
幅の広さと奥深さが縦横無尽に活かされていて、とくに女性批評、外国人の
特性比較など、抱腹絶倒の記述が随所に見られる。しかし今回は残念ながら
これらについては割愛せざるをえない。そののち最後に、本書のクライマッ
クスともいうべき「人類の性格」論に至る（以下、前掲邦訳書 pp.313-325）。

　ここでカントは、地球上に生きるさまざまな動物のなかで、人類を識別し
性格づけることが可能になる特有な「素質」を三つ挙げる。すなわち、技術
的な素質、実用的な素質、道徳的な素質である。

　最初の「技術的な素質」についてカントは、手、指、指先の三つの（器用
さの）組み合わせに「理性的な動物としての人類の性格の特徴」が表れてい
る、という。誠に鋭い指摘だと思う。というのも、二百年以上も前に語られ
書かれたにもかかわらず、これを現代の人類学的な知見に照らしていい直せ
ば、人間の祖先（ホモ属）が約七百万年前に類人猿から分岐して（チンパン
ジーと分かれて）それまでの樹上生活からサバンナに降り、直立二足歩行と
なったことによって、前肢が解放されて「手」となり、「指（先）」の器用さ
が開花した、ということをいっているからである。またそれと並行して大脳
新皮質の運動野（ペンフィールドの有名な「運動のこびと」）が発達したのだが、
「理性的な動物としての」というカントの言葉は（結果として）そのことを指
していると理解することができる。——この点をいまの学校教育に照らせば、

図画工作、技術・家庭、体育等の時間に該当するだろう。例えば、鉛筆をナイフで削らない（削れない）子どもが圧倒的に多数となった反面、彼ら／彼女らのゲーム機器の操作、パソコンのキーボード操作の巧みさには目を見張るものがある、等々。――カントはこの素質の開花の段階を「文化化Kultivierung（技術革新）」と名づけた。ただし留意するべきは、この段階の人類は「理性的な」と形容されてはいるが、あくまで「動物」に留まっている、とされている点である。ここでカントが、「人間は［神の似姿でなく］動物である」と断言していることの驚くべき大胆さを見逃さないで頂きたい。

　第二の「実用的な素質」が開花するのが、「文明化 Zivilisierung（市民化）」の段階である。これについてカントは、人類は「社会関係を営むなかで……連帯に向かう使命を自覚した生物となる」という。今風にいうと、他者と交わる際の人間関係力の形成のことをいっているといえよう。さらにカントは、「人間は［礼儀や社会性などを］指導するという点でも躾ける（訓練する）という点でも教育の能力を備えており、またそうした教育を必要としている」という。――これは教科の勉強とは別に、級友と協力したり部活動の仲間と連帯しながら児童・生徒が学校生活や社会生活を積極的に築いていけるように教師が援助・指導する、という面に対応するといえようか（各種の特別活動の指導がその一例）。

　最後の「道徳的な素質」こそが、カントにとって真に〈人間の証明〉に当たる人類の性格である。ここでカントは、人間は叡知的性格の持ち主としては本性からして善であるが、同時に感性的性格からいうと本性から悪であって、このいい方は矛盾ではない、という。これが哲学的・倫理学的にどういう意味なのか、については専門的にいろいろと解釈が分かれるところである。そこは措くとして、カントは、だから人間は善に向かって教育されなければならない、と結論づける。なぜなら、もしそうしなかったら人類社会は崩壊し人類は滅びるからだ。――したがって、先の二つの段階がこれまでの、および現在進行形の人類史に当たるに対して、この第三の素質（性格）を開花させる「道徳化」の段階は、未来に向けての（カントにとっては19世紀以降の）人類史的課題である、とカントは位置づける。

　ではカントは、人類は一路善に向かって進歩する、とする楽観的な啓蒙思

想に浸って安心していたのだろうか。ここでは詳論できないが、実はそうでなかったどころか、本当のところは相当に悲観的だったようだ（世界全体が共和体制へ生まれ変わるための足がかりとなることを期待したフランス革命の、その後の凄惨な推移を見るなどして）。だがしかしその悲観に留まることなく、善に向かって「人間を教育する任を担うのは再び人間である」、とカントは続ける。学校教育の視点からするとここから、教育とは教師と児童生徒との二つの世代をつなぐ直接的、人格的な営みであって、世代から世代へとつづく人類に課された永遠の使命なのだ、と読みとるべきであろう。

　このようにカントは、三層の人間観に立って、教育の任務を大きく三様に捉えていた。

　カントの問題意識は、彼が生きた 18 世紀よりも現代の 21 世紀にこそいっそう切実味があると思われる。はたしてカントが考えていた〈人類（史）的見地に立った善〉とは何か。それを子どもたちにどのように教え伝えるのか。さらにその先、その善をこの地球上に実現する方途はどこに探られるべきであろうか。

［初出は、ジアース教育新社発行『SYNAPSE No.14』2012.02、巻頭言「接点」］

余録3．カントとの対話・始末記

　私とカントとの対話は「うわさ」から始まった。それは高校2年のときの「倫理社会」（現行の「倫理」）の授業においてであった。担当の先生は太鼓矢先生と仰った。先生は毎週一人の哲学者を取りあげて、前の晩から徹夜で書きあげたというガリ版刷りの教材を使ってその哲学思想を伝授してくださった。ただし50人近くいた生徒のうち真面目に耳を傾けていたのは私を含めて2、3人しかいなかった。それでも熱心に準備をなさったうえで3学期の最後まで手を抜くことなく授業をして下さった太鼓矢先生は、私がいまでも心から尊敬し感謝する二人の先生のうちのお一人である。その授業がソクラテスから始まって近代に移り、二学期になってクライマックスを迎えたころ、例外が起こった。一人の哲学者に二週二時間が宛がわれたのである。なぜかといえば「それまでのすべての哲学がその哲学者に流れ込み、それからあとのすべての哲学が彼から流れ出た」からだ、と仰りながら紹介されたのがカントであった。振り返れば陳腐なお定まりのレッテルともいえる言葉であるが、私はこう考えた、だったら大学に進んで勉強するならこの哲学者にしよう、と。かくして「うわさ」が一人の少年の将来を決する結果となった。

　ここでさらに遡って中学のときの恩師についても触れたい。私には気がついて見ると変な癖があって、何でも文章（文学、哲学、評論文など）を読むとき、文章自体を客観的に正確に読解するというよりも、書き手がまさにその文章を書いているときの気持ち、思考状況になりきることによってその文章を我が物にする、という姿勢を（無自覚にであるが）貫いてきた。これについては、中学の1年と3年の時に教わった国語の先生——朝井先生と仰った——の言葉が思い出深い。3年生になって4月、一年ぶりに国語の時間に再会した朝井先生から授業終了後呼び止められ、面と向かっていきなり「渋谷は国語の力が落ちたなあ」といわれたのである。そのときはきょとんとしただけであるが、60年近く経っても忘れられない言葉である。まず、朝井先

生は1年のときから私の国語の学力に期待を掛けて下さっていた、ということが伝わってきた。次に、その期待はうえに述べた文章を読むときの私の変な癖にあると直感的に推測できた。それ以降その癖が今日に至るまで持続しているのであるが、そのことにまったく悔いはない。ゆえに朝井先生は私にとってもうお一人の決定的な恩師なのである。

　何を隠そう、この癖をそのままカント読解にぶつけて今日に至っている。それが初めて形になって残ったのが、カントの『実用的見地における人間学』の全訳である（『カント全集15 人間学』岩波書店、2003所収）。すでに50歳を過ぎてからの仕事だった。ところでカントの文章は一文が長いのでも有名である。ときに優に一頁を超えることもある。その長いうねりのなかにこそカントの思索の秘密が隠されているのではないか。そう思った私は、翻訳に臨んで、試みに訳文を途中で切らずに訳しきることを心に決めて取りかかった。結果として何とか破綻することなくやりおおせたのは幸運であった。日本語も結構融通無碍だなあ、とこのとき実感した。

　と同時に、私はようやくカントと友達になれた、それもときに〈ため口〉も許してもらえる親しい先輩として、と思うようになった。以来私にとってカントは研究対象というよりも、対話の相手となってくれたのである。ここで私が放つ〈ため口〉を二つほど披露すると、「それ、証明になっているの？」とか、「本当は結局、先輩もニヒリストじゃあないの？」といった調子である。

　それからさらに20年近く経ってこの2年間、これまでのカント研究を総まとめして一冊の本に仕上げる仕事に集中してきた。既出論文10本の改訂作業と2本の〈研究ノート〉の書き下ろしが中心であるが、あとは微修正を残すのみというところにまで漕ぎつけた。ここ数か月、カントとの対話を日々心置きなく楽しみながら最後の筆を加えている。

［初出は、日本アスペン研究所『Aspen On-line Community』2021.03］

あとがき

　本書を閉じるにあたって、このような書を世に問う意義がどこにあるのか、若干の省察を加えて結びに代えたいと思う。まずカント研究という狭い枠組みでいうならば、筆者のカント思想の捉え方、視座のうちの幾つかが今後のカント研究に多少とも貢献を果たすかもしれないということがあるだろう[1]。しかしより広い枠組みでいうならば、筆者が捉えた限りでのカントの思索の苦闘の足跡からは、人類が現代から近未来に掛けて直面している存在的、倫理的、歴史的、地球物理的な危機状況にあって、われわれに存在論的、倫理学的なパラダイム転換を促す示唆とその原型となる思想 Gedanke（考え抜かれたもの）を読み取ることができるであろうということが挙げられる。それはどういうことか。以下カント思想に対する現代の最有力な（と筆者には思われる）批判に一瞥を加えたうえで、カント思想の現代的射程についての簡単な素描だけでも試みておきたい。

1）　具体的には【本論の概括】を参照されたい。

　ヘーゲルによる人倫 Sittlichkeit の見地からのカントの「定言命法」思想の限界の指摘（『精神現象学』1807「法則を吟味する理性」）を嚆矢として、これまでカントの超越論哲学についてさまざまな批評が試みられてきた。なかでも第二次世界大戦後各方面から、その〈主観−客観〉図式の限界と〈啓蒙〉思想の逆説との二点が指摘されることが常となっている。極言すれば前者（〈主観−客観〉図式）から人間性の〈疎外〉が、後者（〈啓蒙〉思想）から〈近代ニヒリズム〉（ひいてはナチズム）が導かれたのではないか、ということである[2]。本書も読まれようによってはこうした評価を裏づけるものとなっているといえよう。しかしこれら二つの批判的見地から振り返ってこそ、カントからなお学ぶべき思考態度が（これまでのカント評価の語り口とは別様に）新しく見えてくるのではないか。筆者はそのつもりで以下の A）B）の

二点を挙げたい。一言でいえば、〈疎外〉と〈価値ニヒリズム〉を忌避することなく直視したうえで受容する姿勢をカントから（正確にはカントの姿勢の延長線上に）読み取ることができるのではないか、ということである。

2）それらの一端については、フーコーの指摘（本書第Ⅲ部第二章注23)）を振り返られたい。さらには本書第Ⅱ部第一章注24)に挙げたホルクハイマー／アドルノ『啓蒙の弁証法』（徳永恂訳、岩波文庫）に当たられたい。

　A）まずカントの人間観そのものからいまなお学ぶものがあるであろう。彼の人間観は、本書の観点に立ちつつそこに私見を加味するならば、次の四つの契機に纏めることができる。第一に、人間の本質は、外的現象世界への**自己実現、外化** Entäußerung にある（第Ⅰ部第一章＆第二章）。第二に、人間は個としても類としても、実用実践（文化、文明）を律するものとして〈最高善の地上における実現〉という**理念を追求するよう**自らの理性によって定められている、と自覚する存在者である（第Ⅱ部第一章）。その際その理念は、**世界市民思想** Cosmopolitism に立脚した共和制の下でしか実現する見通しはない、という条件が付く（第Ⅲ部第一章第三節）。第三に、人間を動物の一種と認識するカントは同時に、**人類もいずれ必ず滅びる存在である**ことを承知し主張していた。つまり、各個人が「死への存在」である（敢えてこれを否定する人はいないであろう[3]）のと同様に、人間という動物も**種ごと「死への存在」**であるといっているに等しい（第Ⅲ部第二章「おわりに」）。そのうえで第四に、滅びるとしても自滅するのでなく（『永遠平和論』）、人類が近い将来塵となって宇宙に帰るまで[4]、第一と第二の契機、即ち〈外界への自己実現〉と〈内面における理念の追求〉という**二つの姿勢をあくまで堅持しよう**、とカントは呼びかけているのではないか（本書全体から）。なかでも後者の〈人間は何らかの理念を追求するよう理性によって定められた存在である〉というカントの規定は、いわば理念なき現代に生きるわれわれにとって再び三たび嚙みしめるべき伝言ではないだろうか[5]。

3）個々人が寿命の限界を克服する（つまり不死となる）可能性についてのまじめな議論として、例えばY.N.ハラリ『ホモ・デウス テクノロジーとサピエンスの未来 上』（柴田裕之訳、河出書房新社）第一章を参照されたい。ただしハラリも示唆するように、たとい個人が永遠に死なない

可能性を獲得したとしても、人類自体が破滅する暁にはその個人も死滅する。付言するならば、この書は近現代を支配する〈人間至上主義〉（≒人間讃歌思想）と〈自由と民主主義の尊重〉という二つの思想の歴史存在論的限界を鋭く指摘している点で、筆者のカント把握と通じるものがある。とくに同書下巻第七章を見られたい。

4）パスカル（1623-1662）はよく知られる断片のなかですでに次のように語っていた。「人間は一本の葦にすぎない。自然のうちで最もか弱いもの、しかしそれは考える葦だ。……宇宙に押しつぶされようとも、人間は自分を殺すものよりさらに貴い。人間は自分が死ぬこと、宇宙が自分より優位にあることを知っているのだから。宇宙はそんなことは何も知らない」（傍点は筆者。塩川徹也訳『パンセ 上』岩波文庫、pp.257-258）。ここにある「人間は自分が死ぬことを知っている」という文言を「人間は自分たちがいずれ絶滅することを知っている」と読み替えると、カントになるだろう。

5）カントは『実践理性批判』の或る箇所で「理念はそれ自身因果性をもつ」（KpV, Aka.V50）と述べている。ただしこの文言は長い複文中の従属文のなかの短い関係代名詞節を切り取ったものであり、加えて元の複文がおかれた文脈全体については慎重な検討が必要な箇所である。とはいえこの短い断片から或る種の啓示・閃きを受け取るとしても、読み方として間違っているとはいえないだろう。──まず人間は理念・理想を抱くことができる（前述）ことを背景に置いたうえで、加えて（大事なこととして）その理念・理想は、それが抱かれることだけですでに、それを抱いた人間（個人であれ集団であれ人類としてであれ）をその理念の実現に向けて駆動する力（因果性）を発揮するのだ、とカントはいっている、と。何であれ一度でも「理念・理想」を心の内に抱いたことのある者であれば、カントのこの言葉が嘘でないことを実感をもって確信するであろう。なおこの引用文の元の文脈については、本書第Ⅱ部第四章注49）を参照されたい。

　B）カントは（とくに晩年）上記の四つの契機を徹底的に思索し抜いたと思われる。その間ずっと彼が垣間見ていたものが〈価値ニヒリズム〉ではなかったか、と筆者は述べた（第Ⅱ部第一章第六節〜「おわりに」、同第三章、第Ⅲ部第三章、他）。それはどういうことか。──ここでカント自身の卓抜な喩え、〈真理は茫漠たる仮象の大海に浮かぶ小島にすぎない〉（大意）という比喩（『純粋理性批判』「原則論」A235B294f.）をさらに転用するならば、人間は自らの人格のうちに内在する「人間性 Menschheit」を目的それ自体と見なしその尊厳を最高価値として尊ぶ、というカントの崇高な価値体系（＝人間讃歌）は実のところ、価値としての無の大洋、即ち価値ニヒリズムの大海原に浮かぶ小さな孤島にすぎないのではないか、ということになるだろう。カント自身がこのことに気づき掛けていたのではないか。すると次に、この（いずれ一度は）価値の花が咲き誇る（かもしれない）孤島は、存続している間は自画自賛のめでたい楽園といえるとしても、反面いつ無の大海に没し

去ってもおかしくはないのだ[6]。ということはしかしこれを逆手にとって考えれば、人類が生存している限りは（大海に没し去らない間は[7]）、自らの「思考態度 Denkungsart」としてそのような自律的な価値体系を築くこと、その価値体系の理念に沿って個々の人生歩みつつ類としての歴史を積み重ねようと「考える」ことは可能である、といえるだろう。そしてそこには理念に特有な駆動力が湧くであろう。

6）このことに密接に関連して、最近新たに「所奪性」または「所奪可能性」という注目されるべき存在論的、宗教学的概念が提唱された。この概念は「与えられている贈りものをいつ奪われるかも知れないという可能性」（下記書 p.298）を意味するのであるが、よく知られた「贈与性」（または「所与性」）という概念が、この生が〈現に贈りものとして与えられてあること（のありがたさ）〉を意味するのに対して、これと常に背中合わせにわれわれの存在を規定している概念として提起されている。詳しくは、関根清三『内村鑑三 その聖書読解と危機の時代』（筑摩書房、2019）第三章「小括」pp.292-301 に当られたい。

7）最も楽観的にいってあと数十万年であろう。

　ところでいま触れた「思考態度」というカントに特有な語法については、『実用的見地における人間学』の次の一節が注目される。「ヒューマニズムの精神 Humanität とは、社会生活の営みのなかで豊かな生活と徳とを統一させようとする思考態度のことである」（Aka.Ⅶ277, p.244）。カントはここでも「豊かな生活と徳とを統一させる」という何気ない表現によって〈最高善〉の実現を示唆している。ということは、人間性を至上価値と尊びながら〈最高善の理念〉をこの地上に実現しようと人類が力を合わせて努力しようとする考え方、心構えをヒューマニズムという、と語っていることになる。翻ってこの「ヒューマニズムの精神」を本書の副題にある「人間讃歌」の精神と呼び換えることも可能であろう（本書「はじめに」）。問題はこの「人間讃歌」の内実がこれまでの近現代的な理念のままでいいのか、それとも新しい理念に生まれ変わってくれるであろうか、にあるであろう。その際カントの、地球人に限定されない宇宙論的視座（第Ⅲ部第三章注 30）などがここでも変容の手掛かりを与えてくれるのではないだろうか[8]。

8）このときカントの〈世界市民思想 Cosmopolitism〉は〈宇宙市民思想 *Cosmo*politism〉へと昇華する。

　カント自身は最後まで価値ニヒリズム（価値の全面崩壊）を何としても回避しようと踠きつつ（第Ⅱ部第一章第六節など）、ときに挫折感と諦めの心境に近づくことがあったとしても（第Ⅱ部第三章「おわりに」など）、またそれに加えて己れの二元論的人間観には最も肝心なところでどうしても説得しきれないものが残ることに彼自身が気づき掛けていたのだとしても（第Ⅱ部第四章第六節など）、こうしたカントの思いとは別に、カントが面した以上に現実の問題として〈価値ニヒリズム〉に直面しているわれわれは、だからこそ、

A）どんな場合であっても jederzeit〈理念を抱いて生きる〉覚悟とともに、

B）彼のこうした〈徹底的に考える〉姿勢を範とし（第Ⅰ部第五章後篇）[9]、もう一度これを基本に据えるところから始めてはどうであろうか[10]。

9）さらに第Ⅱ部第四章末尾の［付言］を参照されたい。

10）ここで残された大事な論点を二つ記す。1）筆者が念頭に置く「価値ニヒリズム」の概念とはどういうものか。これについてはかつて拙著『逆説のニヒリズム』（花伝社、初版1994、新版2007）第一部に骨格を論述したので参照されたい。2）筆者は一方でカントのいう自由とは〈自分のことを自由だと思える程度には自由だ〉といえるにすぎない水準に止まるのではないかとしつつ（第Ⅱ部第三章第五節）、他方で〈人間が抱く理念は抱かれること自体によって或る種の（自然必然性を超えた？）因果性を発揮する〉とするカントの思想に着目した（「あとがき」注5））。だがよく考えるとこれら二つは同じ事柄を意味しているのであって、それが背中合わせに語られているに過ぎないことに気づく。この、自由をめぐる両面価値的な事態を、スピノザの〈人間が自分のことを自由だと思うのは、人間の行動を決定する諸原因の全系列を洞察できない限りでのたわごとである〉という事前の批判・嘲笑（第Ⅱ部第三章第五節末尾）を念頭におきつつ、どのようにより深く省察していくか。これが今後われわれに残された最大の〈突破するべき理論的課題〉となるであろう。それはとりもなおさず一元論に立脚した自由論の試みとなるはずである（第Ⅲ部第二章「はじめに」および「おわりに」、さらには第Ⅱ部第一章注36）を参照されたい）。

謝辞

　五十年を経て本書を上梓するに至ることができたのは、ひとえにその間に
多くの方たちから賜った学恩とご厚情のお蔭である。本書を閉じるにあたっ
て、その方たちにこの場をお借りして感謝の言葉を表させて頂きたい。

　まずはじめに、三人の方々にその深い学恩のゆえに心から感謝を申し上げ
る。それは、学部学生時代以来優しい眼差しをもって筆者をカント研究の道
に導いて下さった故小倉志祥先生、1987 年から 1988 年に掛けて八か月間の
ウィーンでの研究滞在を受け入れて下さって以来今日に至るまで、その誠実
で親しいお人柄と真摯で深い思索とによっていま現在も筆者を導いて下さっ
ているウィーン大学のギュンター・ペルトナー教授、大学院時代以来数々の
世界水準の研究成果を通して筆者の鑑となって下さっているうえに、日頃親
しくお声掛けを頂きつつ学問的な相互理解と励ましを賜っている関根清三氏
のお三方である。関根氏は加えて、東京大学文学部でのそれぞれ二年間に亘
る演習と特殊講義の機会を非力な筆者に計らって下さった。このときの経験
がその後筆者がいっそうカント研究に励む機縁となった。さらに氏は本書の
二つの〈研究ノート〉の初稿が成ったおり、お忙しいなかにも拘らず通読の
労をお取り下さったうえで、説得性に難のある箇所、用語法の不適切な箇所、
等を丹念に指摘して下さった。記して深く感謝申し上げる。

　この他にも幾多の方々から学恩を頂戴している。それらの方々のうち一部
の方の名を挙げさせて頂きつつ、感謝の意を表したい。

　ウィーンから帰国後の筆者に間を置かずお声掛け下さり、氏を中心として
発足したばかりの「カント研究会」にお誘い下さった中島義道氏、マインツ
での第七回国際カント学会（1990.03~04）以来親しくお付き合いを賜った故
石川文康氏、カント全集（岩波書店）の刊行に際して筆者に『実用的見地に
おける人間学』を翻訳する機会を計らって下さった（同郷の）牧野英二氏、
ご著書と温かいご厚誼を通して筆者のカント研究を導いて下さった九州の岩

390

限敏氏と神戸の山本通雄氏のお二人、慶応義塾大学文学部での二年間に亘る
カント講義の機会を授けて下さった樽井正義氏、音楽を通しての交誼に加え
て上智大学文学部でニーチェの演習を担当するよう計らって下さった大橋容
一郎氏、ときおりお会いしてカント思想のあれこれについて二人で思う存分
語り合う機会を頂戴した福田喜一郎氏、ひととき小規模な研究会を立ちあげ
多方面に亘る勉強の機会を共にして下さった御子柴善之氏、宇田川尚人氏、
丹木博一氏のお三方、海外との共同研究に加わるようお声掛け下さりドレス
デンまで同行させて頂いた加藤泰史氏、ご自身の科研費によるカント研究合
宿（八王子）に参加するようお声掛け下さった木阪貴行氏、岩波書店カント
全集第 15 巻『人間学』の訳業の際「人間学遺稿」の部門をご担当する形で
ご一緒に仕事をさせて頂いた高橋克也氏、筆者が或る学会で口頭発表したお
り（第 II 部第三章の初型）その場で共感を示して下さったのを機縁に、惜し
くも若くして病没されるまで途切れることなく学問的交流を賜った故川谷茂
樹氏、の諸氏である。そのほか紙数の関係で名を挙げることは控えさせて頂
くが、「カント研究会」を通して知己となったすべての諸氏にも感謝したい。

　加えていろいろな機会を通して励ましを賜った出身学科の多くの先輩の
方々、同年配の友人諸氏、後輩の諸氏にも感謝申し上げたい。遥か昔、大学
院生時代に最初期の「全国若手哲学研究者ゼミナール」を通して知り合うこ
とができ、その後も研究会などで議論の仲間に加えて頂いた友人、知人たち
の学恩にも感謝したい。また最近では日本アスペン研究所の「土曜塾」の仲
間の皆さんとご一緒に丸二年を掛けて『純粋理性批判』を読み通すことがで
きたのも貴重な体験であった。同様に放送大学埼玉学習センターの学生の皆
さんとの『純粋理性批判』の研究会も筆者にとってありがたい勉強の機会と
なっている。どちらの皆さまにも感謝したい。さらには埼玉大学、放送大学、
東京大学、慶応大学での私のカント講義または演習を受講して下さったすべ
ての（かつての）学生たちにも感謝する。

　以上とは別に、訳文の通りのよさに加えて組版上の画期的な工夫により A
版 B 版の叙述の差異が鮮明となった熊野純彦氏の手になる『純粋理性批判』
の訳業（作品社 2012）にも深く感謝する。この工夫に助けられることがな
かったならば本書第 I 部第五章の〈研究ノート〉後篇の構想は成らなかった

であろう。これとは別に、「カント研究会」仲間の菅沢龍文氏、中澤武氏、山根雄一郎氏の三氏が訳された M. キューン『カント伝』（春風社 2017）の訳業にも感謝する。この千頁を超える浩瀚な伝記を読み通して、カントの実際の人柄、物の考え方、世界観が、長年筆者の思い描いてきたそれと一致していたことを深く確信することができたことは、本書を纏めるにあたって大きな励ましとなった。またカント全集第 15 巻『人間学』の巻末に掲載した『実用的見地における人間学』の「解説」を本書に転載することを快くお認め下さった岩波書店編集部にも感謝申し上げる。

　最後に、本書の出版の実現に直接関わって、三人の方々のお名前を挙げさせて頂く。まず、三たび筆者の書いたものの出版をご快諾下さった花伝社の平田勝社長には万感の思いを籠めて感謝申しあげたい。出版のお願いに伺ったあの日の、「お引き受けします」との力強いお言葉は生涯忘れることがないだろう。平田社長は筆者にとって大学の同じ学科の大先輩でいらっしゃるが、学問の道を志して上京なさりながらも時の日本の歴史状況に主体的に取り組まれる別の道を歩まれることとなった。その苦難の月日のなかでの氏の隠れたご奮闘のお陰で、その後多くの後輩たちが無事に学問の道を歩むことが可能となったのであるが、筆者もその一人である。ここで僭越な言と承知のうえで記させて頂くと、平田社長が抱かれておられた元々の思いの幾分かを本書が担うことができているとすれば、筆者にとってこれほど嬉しいことはない。お二人目として、前二著に続いてこのたびも本書の装幀を担当して下さった加藤光太郎氏に深く感謝したい。そのつどわが拙著の内容と性格にぴったりのデザインを創作して下さる氏の力量には敬服するばかりである。感謝の辞の締め括りとしてもうお一人、本書の編集の労を誠実かつ柔軟にお取り下さった花伝社の佐藤恭介編集部長にも厚く御礼申し上げる。
　　2021 年夏　新型コロナウィルス禍の下、緊急事態宣言が続くなかで

　　本書を妻と子に捧げる。

渋谷治美（しぶや・はるよし）

1948 年静岡県御前崎に生まれる。1972 年東京大学文学部倫理学科卒業。1978 年東京大学大学院人文科学研究科博士課程満期退学。1979 年東京大学文学部助手。1982 年埼玉大学教育学部講師、その後助教授、教授。2014 年埼玉大学定年退職。2015 年放送大学特任教授。2019 年放送大学定年退職。現在、埼玉大学名誉教授。この間、1996 年冬学期ウィーン大学哲学科客員教授。2004~2008 年埼玉大学教育学部長。2008~2011 年埼玉大学副学長。2015~2019 年放送大学埼玉学習センター所長。

専攻はカント思想、総合人間学。

主な著書に『新版 逆説のニヒリズム』（花伝社 2007）、『リア王と疎外──シェイクスピアの人間哲学』（花伝社 2009）。主な訳書にカント『実用的見地における人間学』（『カント全集 15 人間学』岩波書店 2003 所収）、G. ペルトナー『哲学としての美学 〈美しい〉とはどういうことか』（監訳、晃洋書房 2017）。

カントと自己実現──人間讃歌とそのゆくえ

2021 年 10 月 25 日　初版第 1 刷発行

著者─────渋谷治美
発行者────平田　勝
発行─────花伝社
発売─────共栄書房
〒 101-0065　　東京都千代田区西神田 2-5-11 出版輸送ビル 2F
電話　　　　03-3263-3813
FAX　　　　03-3239-8272
E-mail　　　info@kadensha.net
URL　　　　http://www.kadensha.net
振替　　　　00140-6-59661
装幀─────加藤光太郎
印刷・製本──中央精版印刷株式会社

新版　逆説のニヒリズム

渋谷治美

定価（本体 2000 円＋税）

●ポスト 9・11 に問いかける哲学
≪人はそれぞれ根拠なく生まれ、意義なく死んでいく≫
価値転換、価値創造のニヒリズム——無限に開かれた自由の哲学に
向けて。宇宙論的ニヒリズムへの招待。

リア王と疎外
──シェイクスピアの人間哲学──

渋谷治美

定価（本体 2200 円＋税）

●シェイクスピアの人間哲学
芸術作品はいずれにせよ、人間が最終的な主題である。人間と人間の格闘
を縦横無尽に描くシェイクスピアの作品から言葉の本性（語り＝騙り）を
読み解く。